POR QUE AS PESSOAS ACREDITAM EM COISAS ESTRANHAS

PSEUDOCIÊNCIA, SUPERSTIÇÃO E OUTRAS CONFUSÕES DOS NOSSOS TEMPOS

REVISTO E AMPLIADO

Michael Shermer

Prefácio de
Stephen Jay Gould

JSN
EDITORA LTDA.

Dados Internacionais de Catalogação na Publicação (CIP)
(Câmara Brasileira do Livro, SP, Brasil)

Shermer, Michael
Por que as pessoas acreditam em coisas estranhas : pseudociência, superstição e outras confusões dos nossos tempos / Michael Shermer prefácio de Stephen Jay Gould ; [tradução Luis Reyes Gil]. -- 1. ed. rev. e ampl. -- São Paulo : JSN Editora, 2011.

Título original: Why people believe weird things.
Bibliografia
ISBN 978-85-85985-30-1

1. Crença e dúvida 2. Parapsicologia 3. Pseudociência 4. Veracidade e falsidade I. Gould, Stephen Jay. II. Título.

11-10413 CDD-133

Índices para catálogo sistemático:

1. Crenças em coisas estranhas 133

Título original: Why People Believe Weird Things

Direitos de tradução para o Brasil: JSN Editora Ltda.
Tradução: Luis Reyes Gil
Preparação e revisão: Luiz Carlos Cardoso
Capa e diagramação: Luciana T. Noro

ISBN: 978-85-85985-30-1

2018 2017 2016 2015 2014 2013 2012 2011
10 9 8 7 6 5 4 3 2 1

POR QUE AS PESSOAS ACREDITAM EM COISAS ESTRANHAS

À memória de Carl Sagan, 1934-1996, colega e inspirador, cuja palestra sobre "O Fardo do Ceticismo", há dez anos, me serviu de guia quando eu estava intelectual e profissionalmente à deriva e acabou inspirando o nascimento da Skeptics Society, da revista *Skeptic* e deste livro, assim como o meu compromisso com o ceticismo e as possibilidades libertadoras da ciência.

O que me parece indicado é um sutil equilíbrio das duas necessidades conflitantes: fazer o mais cético escrutínio de todas as hipóteses que nos forem apresentadas e, ao mesmo tempo, ter uma grande abertura para novas ideias. Se você for apenas cético, as novas ideias não conseguirão penetrá-lo. Nunca aprenderá nada novo. Você se tornará um velho excêntrico, convencido de que as tolices governam o mundo (e, sem dúvida, existem muitos dados para apoiar essa tese).

Por outro lado, se ficar aberto até o extremo da credulidade e não tiver um mínimo de ceticismo em você, não saberá distinguir as ideias úteis das que não têm valor. Se todas as ideias têm a mesma validade, você está perdido, porque desse modo, a meu ver, nenhuma ideia terá validade.

Carl Sagan, "The Burden of Skepticism", palestra em Pasadena, 1987

Sumário

PREFÁCIO

O poder positivo do ceticismo

Stephen Jay Gould

O ceticismo ou o desmascaramento costumam receber aquele olhar atravessado que em geral se reserva a atividades – como a remoção do lixo – que precisam ser feitas forçosamente para termos uma vida segura e saudável, mas que parecem um tanto sem graça ou não merecedoras de uma celebração ostensiva. No entanto, essa atividade tem uma nobre tradição, desde a cunhagem pelos gregos do termo "cético" (uma palavra que significa "ponderado") até o último livro de Carl Sagan, *O Mundo Assombrado pelos Demônios: A Ciência Vista como uma Vela no Escuro* (Companhia das Letras, 1996). Como também escrevi um livro nesses moldes – *The Mismeasure of Man* –, devo confessar a minha própria crença nesse enfoque.

A necessidade – tanto intelectual quanto moral – do ceticismo decorre da famosa observação metafórica de Pascal de que os humanos são "caniços pensantes", ou seja, ao mesmo tempo gloriosamente singulares e singularmente vulneráveis. A consciência, concedida apenas à nossa espécie na história da vida na Terra, é a invenção evolucionária mais admiravelmente poderosa já desenvolvida. Embora acidental e imprevisível, ela deu ao *Homo sapiens* um poder sem precedentes, tanto sobre a história da nossa própria espécie como sobre a vida de toda a biosfera contemporânea.

Mas somos caniços pensantes, não criaturas racionais. Nossos padrões de pensamento e ação levam à destruição e à brutalidade com a mesma frequência com que produzem bondade e esclarecimento. Não desejo especular sobre as fontes do nosso lado escuro: seriam elas heranças evolucionárias da "natureza amorosos foram falsamente acusados e processados. A questão se resolveu pelos clássicos testes cegos duplos – a informação conhecida apenas pelo autista e não pelo facilitador nunca apareceu nas mensagens, enquanto a informação conhecida apenas pelo facilitador e não pelo autista em geral aparecia, sim, nas supostas mensagens –, mas não antes que a vida de pais amorosos (que já haviam sofrido bastante com as circunstâncias de base) tivesse sido tragicamente afetada, talvez de modo permanente (pois uma pessoa nunca supera de vez uma acusação abominável como essa, mesmo que tenha sido provada absolutamente improcedente – um fato bem apreciado por todos os cínicos caçadores de bruxas).

Os maus olhos com que é visto o ceticismo vêm da impressão de que, por mais necessária que seja a atividade, ela acaba sendo encarada apenas como uma derrubada negativista das falsas declarações. Não é isso – como este livro mostra bem. O devido desmascaramento é feito no interesse de um modelo alternativo de explicação, não como um exercício niilista. O modelo alternativo é a própria racionalidade, associada à decência moral – o instrumento conjunto mais eficaz para o bem que o nosso planeta já conheceu.

PREFÁCIO

O poder positivo do ceticismo

Stephen Jay Gould

O ceticismo ou o desmascaramento costumam receber aquele olhar atravessado que em geral se reserva a atividades – como a remoção do lixo – que precisam ser feitas forçosamente para termos uma vida segura e saudável, mas que parecem um tanto sem graça ou não merecedoras de uma celebração ostensiva. No entanto, essa atividade tem uma nobre tradição, desde a cunhagem pelos gregos do termo "cético" (uma palavra que significa "ponderado") até o último livro de Carl Sagan, *O Mundo Assombrado pelos Demônios: A Ciência Vista como uma Vela no Escuro* (Companhia das Letras, 1996). Como também escrevi um livro nesses moldes – *The Mismeasure of Man* –, devo confessar a minha própria crença nesse enfoque.

A necessidade – tanto intelectual quanto moral – do ceticismo decorre da famosa observação metafórica de Pascal de que os humanos são "caniços pensantes", ou seja, ao mesmo tempo gloriosamente singulares e singularmente vulneráveis. A consciência, concedida apenas à nossa espécie na história da vida na Terra, é a invenção evolucionária mais admiravelmente poderosa já desenvolvida. Embora acidental e imprevisível, ela deu ao *Homo sapiens* um poder sem precedentes, tanto sobre a história da nossa própria espécie como sobre a vida de toda a biosfera contemporânea.

Mas somos caniços pensantes, não criaturas racionais. Nossos padrões de pensamento e ação levam à destruição e à brutalidade com a mesma frequência com que produzem bondade e esclarecimento. Não desejo especular sobre as fontes do nosso lado escuro: seriam elas heranças evolucionárias da "natureza vermelha em seus dentes e garras" ou apenas estranhezas não adaptativas na operação de um cérebro projetado para desempenhar funções bem diferentes daquelas que agora regulam as nossas vidas coletivas? De qualquer modo, somos capazes tanto dos horrores mais inacreditáveis como dos atos mais comovedores de coragem e nobreza – ambos perpetrados em nome de algum ideal como a religião, o absoluto, o orgulho nacional e coisas desse tipo. Nunca ninguém expôs melhor esse dilema humano, de viver aprisionado entre os dois polos da sua natureza, do que Alexander Pope, em meados do século 18:

> *Situado nesse istmo de um estado intermediário,*
> *Um ser de sombria sabedoria e rude grandeza...*
> *Suspenso a meio caminho; na dúvida entre agir ou descansar;*
> *Na dúvida entre se achar um deus ou uma besta;*
> *Na dúvida entre preferir a sua mente ou o seu corpo;*
> *Nascido, mas para morrer; com razão, mas para errar.*

Só duas saídas podem nos salvar do caos organizado das nossas potencialidades sombrias – aquele lado que nos deu as cruzadas, a caça às bruxas, a escravatura e o holocausto. A decência moral fornece um ingrediente necessário, mas que não se mostra suficiente. O segundo alicerce deve vir do lado racional da nossa mente. Pois, a não ser que usemos a razão humana rigorosamente, tanto para descobrir e reconhecer a factualidade da natureza quanto para seguir as implicações lógicas de uma ação humana eficaz que forem abertas por esse conhecimento, perderemos o jogo para as forças terríveis da irracionalidade, do romantismo, da crença "verdadeira" intransigente e da aparente inevitabilidade da ação das massas. A razão não é apenas uma grande parte da nossa essência; é também a nossa potencial salvação da perversa e precipitada ação das massas, que, regida pela emoção, sempre parece se impor. O ceticismo é o agente da razão contra o irracionalismo organizado – e é portanto uma das chaves da decência social e cívica humana.

Michael Shermer, como líder de uma das mais destacadas organizações céticas da América do Norte e como vigoroso ativista e ensaísta a serviço dessa forma operacional da razão, é uma figura importante da vida pública americana. O presente livro sobre os seus métodos e experiências e sobre a sua análise da atração exercida pela crença irracional fornece uma esclarecedora perspectiva das necessidades e dos êxitos do ceticismo.

O velho clichê de que o preço da liberdade é a eterna vigilância deve ser o lema desse movimento, pois, se um culto em aparência benigno mantém a mesma estrutura de potencial irracionalidade de uma caça às bruxas ostensivamente militante, então devemos estar atentos e críticos em relação a todo movimento que se baseie na supressão do pensamento. A esse respeito, fiquei muito impressionado pela análise que Shermer fez do candidato menos provável a promover danos – o movimento "Objetivista" de Ayn Rand, que pareceria, à primeira vista, parte da solução e não do problema. Mas Shermer mostra que essa seita, apesar de suas belas palavras sobre lógica e crença racional, age como um verdadeiro culto a dois critérios-chave: primeiro, o fenômeno social de exigir lealdade incontestada a um líder (o culto à personalidade) e, segundo, o fracasso intelectual de um irracionalismo central usado como critério da potencial filiação (a falsa crença de que a moralidade pode ter um único estado objetivo – que é determinado e ditado, é claro, pelos líderes do culto).

O livro de Shermer passa desse caso de minimalismo tão extremo para os irracionalismos mais "conceituais" (embora vazios de lógica e contexto empírico) do criacionismo e da negação do Holocausto, até chegar às formas mais assustadoras da atividade, representadas em épocas passadas pelas cruzadas e pelas caças às bruxas e, hoje, pela histeria em relação aos cultos satânicos e ao abuso sexual de crianças (um problema real e trágico, é claro), numa escala simplesmente inconcebível e portanto apoiada numa conspiração inconsciente de falsas acusações, por mais fortemente sentidas que se mostrem.

Na realidade, temos apenas uma grande arma contra essa irracionalidade – a própria razão. Mas as cartas não estão a nosso favor na América contemporânea, onde até mesmo uma bem-intencionada aparição nos programas televisivos de entrevistas *Oprah* ou *Donahue* (aos quais Shermer compareceu com resultados problemáticos, como será descrito adiante) permitiu fazer apenas declarações curtas e de certo impacto, mas não uma análise adequada. Por isso temos que tentar mais. Podemos, temos, queremos fazer isso. Já obtivemos vitórias importantes, grandes e pequenas – desde decisões da Suprema Corte contrárias ao criacionismo até o desmascaramento de falsos paranormais e curadores.

Nossas melhores armas vêm do arsenal dos procedimentos científicos básicos – pois nada pode superar a técnica experimental básica do teste cego duplo e os métodos fundamentais de observação da análise estatística. Quase todos os irracionalismos modernos podem ser vencidos por essas ferramentas científicas elementares, quando bem aplicadas. Por exemplo, num caso bem próximo da minha situação pessoal (sou pai de um jovem autista), a esperança comovente mas na verdade irrazoável de conseguir comunicação com autistas não dotados de fala por meio do uso de "facilitadores" (pessoas que alegam ser capazes de guiar os dedos de autistas não dotados de fala por um teclado de computador para digitar mensagens) não foi tratada com o suficiente ceticismo (sempre parecia que o velho tabuleiro ouija me enganava!) quando a maioria dos facilitadores digitava as mensagens que os pais queriam ouvir ("Papai, te amo; desculpe nunca ter sido capaz de dizer isso"). Mas quando vários facilitadores, envolvidos na loucura com estilo caça às bruxas de colocar o abuso sexual infantil como fonte de todos os problemas, passaram a achar (talvez de modo inconsciente) que o autismo devia ter uma causa similar e começaram a digitar mensagens de acusação por meio da sua "facilitação", então a "inofensiva" esperança se transformou num pesadelo, pois vários pais amorosos foram falsamente acusados e processados. A questão se resolveu pelos clássicos testes cegos duplos – a informação conhecida apenas pelo autista e não pelo facilitador nunca apareceu nas mensagens, enquanto a informação conhecida apenas pelo facilitador e não pelo autista em geral aparecia, sim, nas supostas mensagens –, mas não antes que a vida de pais amorosos (que já haviam sofrido bastante com as circunstâncias de base) tivesse sido tragicamente afetada, talvez de modo permanente (pois uma pessoa nunca supera de vez uma acusação abominável como essa, mesmo que tenha sido provada absolutamente improcedente – um fato bem apreciado por todos os cínicos caçadores de bruxas).

Os maus olhos com que é visto o ceticismo vêm da impressão de que, por mais necessária que seja a atividade, ela acaba sendo encarada apenas como uma derrubada negativista das falsas declarações. Não é isso – como este livro mostra bem. O devido desmascaramento é feito no interesse de um modelo alternativo de explicação, não como um exercício niilista. O modelo alternativo é a própria racionalidade, associada à decência moral – o instrumento conjunto mais eficaz para o bem que o nosso planeta já conheceu.

INTRODUÇÃO À EDIÇÃO EM BROCHURA

Magical Mistery Tour

Os quês e porquês das coisas estranhas

O mal da hipocrisia não está no fato de ser visível aos outros, mas no de ser invisível a quem a pratica. No seu *Sermão da Montanha*, Jesus indicou tanto o problema quanto a solução:

> *"Hipócrita! Tira primeiro a trave de teu olho e então cuidarás em tirar o argueiro do olho do teu irmão". (Mateus 7:5)*

No verão de 1997, quando eu terminava uma série de viagens pelo país para divulgar a edição em capa dura deste livro, testemunhei um exemplo disso. Estava agendado para comparecer a um programa de rádio apresentado por um dos herdeiros intelectuais de Ayn Rand – o filósofo objetivista Leonard Peikoff, que, como um monge medieval, carregava a chama da Verdade de Rand nos seus livros e artigos e na época também em seu programa de rádio. Contaram-nos que Peikoff estava interessado em me entrevistar no seu programa porque eu escrevera um livro exaltando a importância da razão, o valor mais alto da filosofia objetivista. Na verdade, eu achava que estava sendo convidado por causa do capítulo 8 do meu livro, que continha uma crítica a Ayn Rand, e que a intenção de Peikoff era não permitir que essa crítica ficasse sem resposta. Com sinceridade, eu estava um pouco tenso antes do programa, porque, apesar de conhecer razoavelmente bem a filosofia de Rand (lera as suas principais obras e a maioria das obras menores), Peikoff é um homem brilhante, áspero, que conhece a obra de Rand em detalhes e é capaz de fazer citações literais de cor. Já o vira reduzir a pó os seus oponentes em debates, usando o humor e uma lógica implacável. Mas eu escrevera o que havia escrito e decidi criar coragem e encarar a situação.

Imaginem então a surpresa que tive quando o meu assessor de divulgação veio com a notícia de que a entrevista havia sido cancelada porque eles estavam ressentidos com a minha crítica da personalidade de Ayn Rand, do seu movimento e dos seus seguidores, que haviam feito objeções ao fato de eu tê-los classificado como um culto e que não iriam reconhecer um livro que "contém declarações caluniosas à senhora Rand". Obviamente, alguma pessoa do programa se dera ao trabalho de ler o livro. Disseram que estavam dispostos a debater comigo a metafísica da moralidade absoluta (eles acreditam que existe tal coisa e que foi Rand quem a descobriu), mas não num fórum que daria reconhecimento ao meu livro difamatório. A grande ironia de tudo isso é que o meu capítulo sobre Ayn Rand se concentra em mostrar como um dos indícios de um culto é a sua incapacidade ou falta de disposição de levar em conta críticas ao seu líder ou às crenças do seu líder. Assim, embora negassem ser um culto, Peikoff e seu Ayn Rand Institute fizeram justamente o que um culto faria, ou seja, abafaram as críticas.

Espantado por ver todos cegos a uma hipocrisia óbvia, liguei eu mesmo para o produtor e lhe ressaltei as duas importantes advertências que havia incluído no meu capítulo: "Primeiro, que a crítica ao fundador ou aos seguidores de uma filosofia não constitui, por si, uma negação de qualquer parte dessa filosofia. Segundo, que as críticas a uma parte de uma filosofia não a impugnam como um todo". Expliquei-lhe que em muitos níveis eu tinha grande respeito por Ayn Rand. Ela é a personificação do individualismo austero e do racionalismo puro. Eu endosso muitas de suas reflexões econômicas. Numa era pluralista à procura de heróis não tradicionais, ela se destaca como uma das poucas mulheres num campo dominado por homens. Contei-lhe que tinha até uma foto dela na parede de casa. Isso fez com que me desse atenção por um momento e então pedi que me citasse algum exemplo específico de calúnia, já que essa palavra é muito forte e indica uma intenção difamatória. "*Tudo* no capítulo é uma calúnia à senhora Rand", ele encerrou. "Mas me dê pelo menos *um* exemplo", insisti. "Ela não traiu o marido? Ela não excomungou seguidores que haviam quebrado a sua rigorosa moralidade, mesmo em assuntos tão triviais como a escolha de uma música?" Ele respondeu que teria que ler o capítulo de novo. Nunca mais ligou. (É justo também ressalvar que um grupo bastante razoável de estudiosos do The Institute for Objectivist Studies, chefiado por David Kelly, é muito aberto a críticas dirigidas a Rand e não declara por ela uma veneração do tipo demonstrado pelo seu antigo herdeiro intelectual, Nathaniel Branden, que a via como "o maior ser humano que já existiu".)

Ayn Rand parece gerar fortes emoções, a favor ou contra, em qualquer um que conheça a sua obra. Fui acusado não só de caluniar, mas de apresentar um mero ataque *ad hominem* a Ayn Rand. Não tive a intenção de fazer nenhuma das duas coisas. Quis apenas escrever um capítulo sobre os cultos. Já se escreveu tanto sobre cultos em geral e sobre cultos específicos, como o da Igreja da Cientologia ou o dos membros da seita Branch Davidian, que eu não quis repetir o trabalho de outras pessoas. Houve um tempo em que me considerei um objetivista e um entusiasta seguidor de Ayn Rand. Para ser franco, ela era uma espécie de heroína, ou pelo menos os personagens de suas novelas eram heróis, especialmente os de *A Revolta de Atlas* (Sextante Ficção, 2010). Desse modo, era um pouco penoso para mim examinar o meu herói pelas lentes do ceticismo e aplicar uma análise fundada no culto a um grupo que eu nunca teria considerado assim. No entanto, como ocorreu com as minhas outras investidas contrárias ao cristianismo, ou contrárias às afirmações da Nova Era e a outros sistemas de crença (recontados nestas páginas), conforme o tempo me fez tomar certa distância e perspectiva, eu reconheci no objetivismo o tipo de certeza e de pretensão à Verdade comum a cultos e religiões, incluindo em especial a veneração, a infalibilidade e a onisciência do líder, e a crença de se estar na posse da verdade absoluta, particularmente no que se refere às questões morais. Essas são as características de um culto – como é definido pela maioria dos especialistas em cultos, e não por mim; eu simplesmente examinei o movimento objetivista para ver em que medida se encaixava nesses critérios. Depois de ler este capítulo você poderá julgar.

"Julgar" é o termo apropriado aqui. Decidi de propósito abrir esta Introdução com um trecho sobre a hipocrisia do *Sermão da Montanha*, porque esse capítulo de Mateus (7) começa com: "Não julgueis, para que não sejais julgados". Nathaniel Branden abre as memórias de seus anos com Rand, adequadamente intituladas *Judgement Day* ("O Dia do Juízo"), com esta mesma citação e uma análise feita por Ayn Rand:

> *O preceito "Não julgueis, para que não sejais julgados" é uma abdicação da responsabilidade moral: é um cheque moral em branco que a pessoa dá aos outros em troca de um cheque moral em branco que ela espera receber. Não há como fugir do fato de que homens têm que fazer escolhas, não há como fugir dos valores morais; quando valores morais estão em jogo, nenhuma neutralidade moral é possível. Abster-se de condenar um torturador é virar um acessório para a tortura e o assassinato das suas vítimas. O princípio moral a ser adotado é:* "Julgai, e estareis preparados para serdes julgados".

Na verdade, o que Jesus diz na íntegra é:

> *Não julgueis, para que não sejais julgados. Porque com o juízo que julgardes sereis julgados, e com a medida com que tiverdes medido vos hão de medir a vós.*
> *E por que reparas tu no argueiro que* **está** *no olho do teu irmão, e não vês a trave que* **está** *no teu olho?*
> *Ou como dirás a teu irmão: "Deixa-me tirar o argueiro do teu olho", estando uma trave no teu?*

Hipócrita, tira primeiro a trave do teu olho e então cuidarás em tirar o argueiro do olho do teu irmão. (Mateus 7:1-5)

Ayn Rand fez uma leitura totalmente equivocada de Jesus. Ele não exorta o princípio da neutralidade moral ou de um cheque moral em branco, mas faz uma advertência contra a severidade farisaica e o "julgamento apressado". Existe uma longa tradição dessa linha de pensamento na *Mishnah*, uma coleção talmúdica de comentários sobre os costumes e leis judaicos: "Não julgues teu semelhante até estares na posição dele" (Aboth 1:6) (ver *The Interpreter's Bible*, vol. 7, págs. 324-326, para uma discussão extensa desse assunto). Jesus quer que sejamos cautelosos e não cruzemos a linha entre um julgamento moral legítimo e um julgamento hipócrita. A metáfora do "argueiro" e da "trave" é intencionalmente uma hipérbole. O homem que não tem virtude sente-se elevado moralmente ao julgar a virtude do seu vizinho. O "hipócrita" é o crítico que disfarça as suas próprias falhas deslocando a atenção para as falhas dos outros. Aqui Jesus está talvez oferecendo um insight sobre a psicologia humana, que leva, por exemplo, o adúltero a ficar obcecado em julgar as ofensas sexuais das outras pessoas, o homófobo secretamente a se admirar com a própria sexualidade, ou leva às vezes aquele que acusa alguém de difamador a se sentir culpado dessa acusação.

Por mais ilustrativa que essa experiência tenha sido para mim, meu intercâmbio com os objetivistas foi apenas uma das vias do que considero uma coleta de dados para descobrir mais a respeito de por que as pessoas acreditam em coisas estranhas. O fato de, primeiro, escrever o livro, depois participar de centenas de entrevistas por rádio, jornal e televisão e reler as centenas de resenhas e cartas geradas por tudo isso me permitiu ter uma boa amostra dos interesses das pessoas e do que as leva a se desviarem. Foi uma Magical Mistery Tour.

Por que as Pessoas Acreditam em Coisas Estranhas foi resenhado pela maioria das grandes publicações, em geral com poucas críticas desfavoráveis, e alguns leitores tiveram a gentileza de apontar um punhado de erros de ortografia e gramática e outros pequenos erros que conseguiram escapar dos (apesar disso) competentes editores da minha editora (e que foram corrigidos na presente edição). Mas alguns comentaristas fizeram críticas mais substanciais, que vale a pena mencionar, porque nos ajudaram a refinar o pensamento sobre as muitas controvérsias deste livro. Portanto, com o espírito de uma saudável aceitação das críticas, é bom examinar algumas dessas observações.

Talvez a crítica mais valiosa em termos de um autoexame foi a publicada no *Toronto Globe and Mail* (28 de junho de 1997). O articulista destacou um problema importante sobre o qual todos os céticos e cientistas deviam refletir. Depois de observar inicialmente que "a reflexão racional não termina com os princípios do método científico, eles mesmos sujeitos a várias formas de estranhas crenças de vez em quando", ele conclui: "O tipo de ceticismo que desmascara agressivamente tende às vezes a se tornar ele mesmo um culto, um tipo de cientificismo fascista, mesmo quando é empreendido com as melhores intenções racionais". Descontando a retórica exagerada (nunca encontrei um colega cético que eu pudesse qualificar como um cultista ou um fascista), ele sem dúvida tem razão ao dizer que há limitações para a ciência (algo que não nego) e que às vezes o ceticismo faz a sua caça às bruxas. É por isso que enfatizo neste livro, e praticamente em toda palestra pública que faço, que *o ceticismo não é uma posição; o ceticismo é uma abordagem a afirmações*, do mesmo modo que *a ciência não é um assunto, mas um método.*

Numa resenha muito inteligente e ponderada, a revista *Reason* (novembro de 1997) me repreendeu por minha declaração de que é nossa tarefa "investigar e refutar afirmações falsas". Isso está errado: não devemos entrar numa investigação com a ideia preconcebida de que vamos refutar uma dada afirmação, mas sim com a ideia de "investigar afirmações para descobrir se são falsas" (como aparece agora no texto corrigido). Após examinar as evidências, aí, sim, a pessoa pode ficar cética em relação à afirmação, ou cética em relação aos céticos. Os criacionistas são céticos em relação à teoria da evolução. Os "revisionistas" do Holocausto são céticos em relação à historiografia tradicional do holocausto. Eu sou cético em relação a esses céticos. Em outros casos, tais como os de memórias resgatadas ou abduções por alienígenas, eu sou cético em relação às próprias afirmações. O que importa são as provas e, por mais limitadas que sejam, o método científico é a melhor ferramenta que temos para determinar se as afirmações são verdadeiras ou falsas (ou pelo menos oferecer probabilidades de que sejam verdadeiras ou falsas).

O articulista do *The New York Times* (4 de agosto de 1997) mostrava-se ele mesmo cético quanto aos dados da Pesquisa Gallup que apresentou no Capítulo 2 sobre a porcentagem de americanos que acreditam em astrologia, percepção extrassensorial, fantasmas etc., e queria saber "como essa alarmante pesquisa foi conduzida e se ela mediu uma convicção real ou um flerte casual com as noções do invisível". Na realidade, eu também me fiz essas perguntas em relação a esta e a outras pesquisas, e estou preocupado com a maneira pela qual certas perguntas foram enunciadas, assim como com as potenciais deficiências de tais pesquisas em medir o nível de compromisso que alguém tem com uma determinada afirmação. Mas dados de relatos pessoais podem ser confiáveis quando corroborados por outras pesquisas independentes, e esses números sobre crença têm se mostrado consistentes ao longo de várias décadas e em pesquisas de institutos diferentes. Nossas próprias pesquisas informais, feitas por meio da revista *Skeptic,* também confirmam essas estatísticas como sendo alarmantemente altas. Dependendo das afirmações, um entre quatro americanos acredita no paranormal. Embora nossa própria sociedade seja muito menos supersticiosa do que, digamos, a da Europa medieval, nós obviamente temos um caminho muito longo a percorrer antes que publicações como a *Skeptic* se tornem obsoletas.

De todas as resenhas, a que me provocou a maior gargalhada foi a publicada em novembro de 1997 na edição do *Aeon*, um "Jornal sobre Mito, Ciência e História Antiga". É divertida não só pela analogia que usa, mas porque, se existe uma publicação que possa ser considerada a antítese da *Skeptic*, ela é com certeza a *Aeon*. No parágrafo inicial Cochrane conclui: "Para mim, elogiar o novo livro de Michael Shermer é um pouco como o O. J. Simpson aplaudir a declaração final de Marcia Clark, no sentido de que o autor provavelmente incluiria o mito de Saturno, de David Talbott, que eu endosso, entre as pseudociências que ele se alegra em expor. No entanto, devo elogiá-lo, pois esse é um livro muitíssimo divertido e provocador". Um elogio em termos, já que Cochrane, junto com outros resenhistas e pessoas que me enviaram cartas (algumas delas bons amigos), me censuraram pelo meu capítulo sobre *The Bell Curve* (15).

Algumas pessoas me acusaram por eu ter feito ataques *ad hominem* na minha análise de Wycliffe Draper, criador do Pioneer Fund, uma agência que, desde 1937, vem financiando pesquisa sobre a hereditariedade e as diferenças raciais em termos de QI. Nesse capítulo mostro a conexão histórica entre teorias raciais sobre QI (que um suposto QI mais baixo dos negros seria em grande parte herdado e portanto imutável) e teorias raciais da história (o Holocausto é propaganda judaica) por meio do Pioneer Fund, que também tem uma ligação direta com Willis Carto, um dos fundadores do atual movimento de negação do Holocausto. No entanto, eu sou por formação um psicólogo e historiador da ciência, por isso estou interessado em questões extracientíficas, como de onde vem o financiamento e, portanto, que viés isso pode criar na pesquisa realizada. Em outras palavras, estou interessado não só em examinar dados, mas em explorar os motivos e desvios preconceituosos que se insinuam na coleta de dados e na sua interpretação. Portanto, a questão é: como podemos explorar esse aspecto interessante e (a meu ver) importante da ciência sem sermos acusados de ataques *ad hominem*?

No final, porém, esse capítulo é sobre raça, não sobre QI, nem sobre o controvertido livro de Charles Murray e Richard Herrnstein *The Bell Curve* ("A Curva do Sino", Free Press, 1994). O assunto é similar àquele que ficou conhecido como o "problema da demarcação" na discriminação de ciência e pseudociência, física e metafísica: onde colocamos as linhas nas árcas sombreadas? Similarmente, onde é que uma raça começa e a outra termina? Qualquer definição formal será arbitrária, no sentido de que não existe uma resposta "correta". Eu me inclino a concordar que as raças devem ser encaradas como "conjuntos nebulosos", em relação aos quais os meus colegas podem comentar (e o fazem) "o que é isso, Shermer, você não sabe a diferença em relação a um branco, um negro, um asiático e um nativo americano?". Tudo bem, com frequência, e num sentido geral, eu sei a diferença, desde que o indivíduo em questão se encaixe bem no meio, entre os limites nebulosos. Mas me parece que os limites nebulosos dos inúmeros conjuntos (e ninguém sabe ao certo quantos são) estão se tornando tão amplos e sobrepostos que essa distinção é ditada mais por fatores culturais do que por biológicos. De que raça é o Tiger Woods? Hoje podemos vê-lo como uma mistura incomum de heranças étnicas, mas há milhares de anos todos os humanos talvez tivessem essa aparência e os historiadores do futuro voltarão os olhos para esse breve período de segregação racial e o verão como um fugaz piscar na tela de uma trajetória humana que abrange centenas de milhares de anos.

Se a teoria da "origem africana" da nossa espécie for verdadeira, então parece que uma única raça migrou da África (provavelmente "negra"), depois se ramificou nas populações e raças geograficamente isoladas, cada uma com traços únicos, e finalmente se misturou de novo numa só raça com o estabelecimento da exploração e da colonização global iniciadas no final do século 15. A partir do século 16 e por todo o século 20, os conjuntos de raças se tornaram mais nebulosos devido aos casamentos inter-raciais e a outras formas de interação sexual, e em algum tempo no decorrer do próximo milênio esses nebulosos limites ficarão tão indistintos que teremos de abandonar de vez o conceito de raça como um meio de discriminação (nos dois sentidos do termo). Infelizmente, a mente humana é tão boa em descobrir padrões que sem dúvida outros critérios para dividir as pessoas encontrarão lugar no nosso vocabulário.

Um dos mais interessantes desenvolvimentos desde a publicação de *Por que as Pessoas Acreditam em Coisas Estranhas* é a ascensão do que podemos chamar de "Novo Criacionismo" (para diferenciá-lo do velho criacionismo de séculos atrás, que eu discuto no livro). O Novo Criacionismo vem em duas partes:

1. Criacionismo de Design Inteligente: *reúne os argumentos produzidos pela direita religiosa conservadora, que acredita que a "complexidade irredutível" da vida indica que ela foi criada por um* designer *inteligente, ou seja, por Deus.*
2. Criacionismo Comportamental Cognitivo: *reúne os argumentos da esquerda liberal, multicultural, que acredita que a teoria da evolução não pode ou não deve ser aplicada ao pensamento e ao comportamento humanos.*

Imagine o seguinte: o casamento da direita conservadora com a esquerda liberal. Como isso se dá?

No Capítulo 11, eu esboço as três principais estratégias dos criacionistas no século 20, incluindo a proibição de se ensinar a evolução nas escolas, o pedido para que o ensino do Gênesis tivesse a mesma cota de tempo que o de Darwin e o pedido de que a "ciência da criação" e a "ciência da evolução" ganhassem também um tempo igual – sendo a "ciência da criação" uma tentativa de driblar a Primeira Emenda rotulando as suas doutrinas religiosas como "ciência", como se bastasse a presença desse nome para lhe dar o status. Essas três estratégias foram derrotadas nos tribunais, a começar pelo famoso "Julgamento do Macaco" de Thomas Scopes, em 1925, e terminando com o julgamento da Louisiana, que passou por todas as instâncias até chegar à Suprema Corte dos Estados Unidos, onde foi derrotado em 1987 por sete votos a dois. Isso encerrou o que chamei de estratégias "de cima para baixo" dos criacionistas, visando a legislar a entrada de suas crenças na cultura por meio das escolas públicas. Esse Novo Criacionismo, não importa quanto dure antes de mudar para outra forma, sustenta a minha afirmação de que os criacionistas não estão em via de desaparecer e de que os cientistas não podem se dar ao luxo de ignorá-los.

1. *Criacionismo de Design Inteligente.* Com essas derrotas, os criacionistas se voltaram para estratégias "de baixo para cima", baseadas em farto envio pelo correio de literatura criacionista às escolas, em debates nas escolas e faculdades e no recurso a pessoas como o professor de direito da Universidade da Califórnia, Berkeley, Phillip Johnson, ou o bioquímico Michael Behe e até o comentarista conservador William F. Buckley, que promoveu um debate no programa de televisão *Firing Line*, da PBS, em dezembro de 1997, em que ficou decidido: "Os evolucionistas devem reconhecer a criação". A "novidade" desse criacionismo é, sem dúvida, a sua linguagem, pois agora os criacionistas falam em "design inteligente", ou seja, que a vida só pode ter sido criada por um designer inteligente, porque ela exige uma "complexidade irredutível". Um dos exemplos favoritos é o do olho humano, um órgão muito complexo, no qual, segundo os argumentos deles, todas as partes devem trabalhar ao mesmo tempo para tornar a visão possível. O olho, ficamos então sabendo, é irredutivelmente complexo: tire qualquer de suas partes e o todo desaba. Como a seleção natural poderia ter criado o olho humano, sendo que nenhuma de suas partes individuais tem qualquer significado adaptativo?

Em primeiro lugar, não é verdade que o olho humano seja irredutivelmente complexo, de modo que a remoção de uma de suas partes resulte em cegueira. Qualquer forma de detecção de luz é melhor do que nenhuma e muitas pessoas têm deficiências visuais, decorrentes de uma variedade de doenças e danos aos olhos, mas mesmo assim são capazes de utilizá-los relativamente bem e levar uma vida normal. (Esse argumento cai na categoria da "falácia do isso ou aquilo" discutida no Capítulo 3, que trata de como o pensamento se desencaminha.) Mas a resposta mais profunda ao argumento é que a seleção natural não criou o olho humano a partir de um armazém de peças usadas espalhadas e ociosas, assim como a Boeing, ao criar o 747, não deixou de aproveitar os dez milhões de passos hesitantes e todos os avanços e retrocessos ocorridos desde os Irmãos Wright até hoje. A seleção natural simplesmente não funciona assim. O olho humano é o resultado de um longo e complexo caminho que começou há centenas de milhões de anos com uma *simples mancha ocular*, na qual um punhado de células sensíveis à luz fornecia informação ao organismo sobre uma fonte de luz importante – o sol; depois surgiu uma pequena superfície indentada cheia de células sensíveis à luz, que fornecia dados adicionais a respeito de direção. A seguir foi a vez de uma *mancha ocular num recesso profundo*, em que células adicionais, a uma profundidade maior, forneciam informação mais precisa sobre o ambiente. Mais tarde houve um *olho do tipo câmera pinhole*, capaz de focalizar uma imagem sobre uma camada de células sensíveis à luz embutida a boa profundidade; depois, uma *lente pinhole*, capaz de focalizar a imagem; mais adiante, um *olho complexo*, encontrado em mamíferos modernos, entre os quais o homem. Além disso, o olho evoluiu independentemente uma dezena de vezes diferentes, por meio de seus próprios caminhos singulares, e só isso já nos revela que não houve um criador com algum plano único, geral.

O argumento do "Design Inteligente" também padece de outra grave falha: o mundo simplesmente não é sempre projetado com tanta inteligência! O próprio olho humano serve como exemplo. A retina é configurada em três camadas, com os cones e bastonetes sensíveis à luz no fundo, distantes da luz, debaixo de uma camada de células amácrinas bipolares, horizontais, por sua vez situadas sob uma camada de células ganglionares que ajudam a levar o sinal do olho até o cérebro. Toda essa estrutura se assenta sob uma camada de vasos sanguíneos. Para uma visão ótima, por que motivo um designer inteligente teria construído um olho invertido e de cabeça para baixo? A razão é que o designer inteligente não construiu o olho a partir do zero. A seleção natural construiu o olho partindo do simples para o complexo, usando os materiais disponíveis e seguindo a configuração particular do organismo ancestral.

2. *Criacionismo Comportamental Cognitivo.* O aberrante casamento da direita conservadora com a esquerda liberal chega a nós nesta bizarra forma de criacionismo que aceita a teoria evolucionária em relação a tudo o que fica abaixo da cabeça humana. A ideia de que nossos pensamentos e comportamentos possam ser influenciados por nosso passado evolucionário é política e ideologicamente inaceitável para muitos da esquerda, que nutrem receios (reconheço que com algum fundamento) devido ao mau uso que se fez da teoria no passado, sob a forma conhecida como darwinismo social. É compreensível que os programas de eugenia, que produziram desde esterilizações na América até extermínios em massa na Alemanha nazista, desestimulem muitas pessoas ponderadas de explorarem de que modo a seleção natural, além de fazer a seleção para os olhos, também selecionou cérebros e comportamentos. Esses críticos do evolucionismo defendem que a teoria nada mais é do que uma ideologia socialmente construída, destinada a suprimir os pobres e marginalizados e justificar o status quo dos que estão no poder. O darwinismo social é a confirmação final da falácia naturalista de Hume do "ser-dever": tudo o que é deveria ser. Se a natureza assegurou a certas raças ou a um certo sexo genes "superiores", então é assim que a sociedade deve ser estruturada.

Mas, em seu zelo justificado, esses críticos vão longe demais. Hoje encontramos na literatura termos tão ideológicos quanto "opressivo", "sexista", "imperialista", "capitalista", "controle" e "ordem" sendo vinculados a conceitos físicos como DNA, genética, bioquímica e evolução. O cúmulo dessa forma secular de criacionismo ocorreu numa conferência interdisciplinar de 1997, quando um psicólogo, defendendo a ciência de um ataque de críticos da ciência, elogiou os avanços da genética moderna, a começar pela descoberta do DNA em 1953. Perguntaram-lhe então retoricamente: "O senhor acredita em DNA?"

Com certeza, isso é tão ridículo quanto parece, embora eu entenda as preocupações da esquerda, dada a tumultuada história de abuso da teoria evolucionista em geral e da eugenia em particular. Eu mesmo também fico horrorizado ao ver como algumas pessoas usaram Darwin para controlar, subjugar ou até destruir outras pessoas. Um dos motivos subjacentes que levaram William Jennings Bryan a abraçar a causa antievolucionista no julgamento de Thomas Scopes foi a aplicação do darwinismo social pelos alemães durante a Primeira Guerra Mundial para justificar o seu militarismo. O reconhecimento público do mau uso da ciência é uma iniciativa válida, que eu apoio e da qual participo (ver os capítulos 15 e 16). Mas aqui, de novo, os criacionistas estão sucumbindo à "falácia do ou isso ou aquilo", achando que, devido a erros e desvios ocasionais e mesmo a brutais maus usos da ciência, a iniciativa toda deve ser abandonada. Faz lembrar a história de jogar o bebê fora junto com a água do banho.

Talvez seja útil acrescentar a esta introdução um exemplo do que julgo ser uma aplicação adequada e prudente da teoria evolucionista ao comportamento humano. Especificamente, quero indagar, a partir de uma perspectiva evolucionista, por que as pessoas acreditam em coisas estranhas.

Os humanos são animais que procuram padrões. Nós procuramos sentido num mundo complexo, peculiar e contingente. Mas somos também animais contadores de histórias e durante milhares de anos nossos mitos e religiões nos sustentaram com histórias sobre padrões significativos – de deuses e de Deus, de seres sobrenaturais e forças místicas, do relacionamento de humanos com outros humanos e com os seus criadores, e do nosso lugar no cosmos. Uma das razões pelas quais os humanos continuam pensando magicamente é que a maneira de pensar moderna, científica, tem apenas duzentos anos de idade, enquanto a humanidade existe há uns duzentos mil anos. O que andamos fazendo nesses longos milênios que se passaram? Como nossos cérebros evoluíram para lidar com os problemas desse mundo radicalmente diferente?

Este é um problema no qual trabalham os psicólogos evolucionistas – cientistas que estudam o cérebro e o comportamento a partir da perspectiva evolucionista. Eles sustentam o argumento muito razoável de que o cérebro (e junto com ele a mente e o comportamento) evoluiu ao longo de um período de dois milhões de anos, a partir do pequeno cérebro do tamanho de um punho dos australopitecíneos até o cérebro do tamanho de um melão do moderno *Homo sapiens*. Como a civilização só surgiu há cerca de 13 mil anos com a domesticação de plantas e animais, 99,99% da evolução humana teve lugar no nosso ambiente ancestral (chamado de ambiente da adaptabilidade evolutiva). As condições *daquele* ambiente foram as que moldaram nosso cérebro, não o que aconteceu ao longo dos últimos 13 mil anos. A evolução não é tão veloz assim. Leda Cosmides e John Tooby, codiretores do Centro de Psicologia Evolucionista da Universidade da Califórnia, Santa Bárbara, resumiram o campo do seguinte modo num folheto descritivo de 1994:

> *A psicologia evolucionista se baseia no reconhecimento de que o cérebro humano é uma grande coleção de recursos computacionais funcionalmente especializados, que evoluíram para resolver os problemas adaptativos encontrados regularmente por nossos ancestrais caçadores-coletores. Pelo fato de os humanos compartilharem uma arquitetura evoluída universal, todos os indivíduos comuns desenvolvem de modo confiável um conjunto caracteristicamente humano de preferências, motivações, estruturas conceituais comuns, programas emocionais, procedimentos racionais de conteúdo específico e sistemas de interpretação especializados – programas que operam além da superfície da variabilidade cultural manifesta e cujos* designs *constituem uma definição precisa da natureza humana.*

Em seu novo livro, *Como a Mente Funciona* (Companhia das Letras, 1998), Steven Pinker descreve esses recursos computacionais especializados como "módulos mentais". O "módulo" é uma metáfora, não está necessariamente localizado em algum ponto do cérebro e não deve ser confundido com a noção dos frenólogos do século 19, que atribuíam a certas protuberâncias do crânio funções cerebrais específicas. Um módulo, diz Pinker, "pode ser dividido em regiões interconectadas por fibras, que fazem a região atuar como uma unidade". Um feixe de neurônios aqui, conectado a outro feixe de neurônios ali, "espalhando-se desordenadamente pelas saliências e reentrâncias do cérebro", podem formar um módulo. É a sua interconexão que constitui a chave para a função do módulo, e não a sua localização.

Mas, embora acreditem que a maioria dos módulos mentais é bem específica, os psicólogos evolucionistas falam em módulos mentais como sendo de "domínio específico" e de "domínio geral". Tooby, Cosmides e Pinker, por exemplo, rejeitam a ideia de um processador de domínio geral, enquanto muitos psicólogos aceitam a noção de uma inteligência global, chamada "g". O arqueólogo Steven Mithen, em seu livro *A Pré-História da Mente* (Editora Unesp, 2003), chega ao ponto de dizer que é um processador de domínio geral que nos faz humanos modernos: "O passo crítico na evolução da mente moderna foi a passagem de uma mente projetada como um canivete suíço para uma mente com fluidez cognitiva, de um tipo de mentalidade especializado para um tipo generalizado. Isso permitiu às pessoas projetarem ferramentas complexas, criarem arte e acreditarem em ideologias religiosas. Mais do que isso, o potencial para outros tipos de pensamento cruciais para o mundo moderno pode ser atribuído à fluidez cognitiva" (pág. 163).

Assim, em vez da metáfora do módulo, gostaria de sugerir que evoluímos até desenvolver um *Motor de Crença*, que tem a face de Jano – em certas condições leva ao pensamento mágico –, um *Motor de Crença Mágico*; e, sob circunstâncias diferentes, leva ao pensamento científico. Podemos encarar o Motor de Crença como o processador central que fica sob os módulos mais específicos. Vou tentar me explicar melhor.

Evoluímos para nos tornarmos habilidosos, buscadores de padrões, criaturas que descobrem causas. Aqueles que eram melhores na descoberta de padrões (ficar a favor do vento é ruim para caçar animais, o esterco de vaca faz bem aos cultivos) produziam a maior descendência. Somos os seus descendentes. O problema de procurar e descobrir padrões é saber quais deles são significativos. Infelizmente, nossos cérebros não são sempre bons para discriminar isso. A razão é que a descoberta de um padrão não significativo (pintar animais na parede de uma caverna antes de caçar) geralmente não causa danos e pode até ser útil para reduzir a ansiedade em certas situações. Assim, ficamos com o legado de dois tipos de erro de pensamento: *Erro Tipo 1: acreditar em algo falso* e *Erro Tipo 2: rejeitar uma verdade.* Como esses erros não vão necessariamente nos matar, eles persistem. O Motor de Crença evoluiu como mecanismo para nos ajudar a sobreviver porque, além de cometermos os erros Tipo 1 e Tipo 2, cometemos o que poderíamos chamar de *Acerto Tipo 1: não acreditar em algo falso* e *Acerto Tipo 2: acreditar numa verdade.*

Parece razoável argumentar que o cérebro consiste tanto de módulos específicos quanto de módulos gerais, e que o Motor de Crença é um processador de domínio geral. Ele é, na verdade, um dos mais gerais de todos os módulos porque no seu cerne está a base de toda a aprendizagem. Afinal, precisamos aprender alguma coisa sobre nosso ambiente, e essas crenças são aprendidas por meio da experiência. Mas o *processo de formar crenças* é geneticamente predeterminado. Para explicar o fato de o Motor de Crença ser capaz tanto de cometer os Erros Tipo 1 e Tipo 2 e os Acertos Tipo 1 e Tipo 2, precisamos considerar duas condições sob as quais ele evoluiu:

1. *Seleção Natural:* O Motor de Crença é um *mecanismo útil* para a sobrevivência, não para aprender sobre ambientes perigosos e potencialmente letais (quando os Acertos Tipo 1 e Tipo 2 ajudam a sobreviver), mas para reduzir a ansiedade em relação ao ambiente por meio do pensamento mágico – existe evidência psicológica de que o pensamento mágico reduz a ansiedade em ambientes inseguros, comprovação médica de que a oração, a meditação e a veneração podem levar a uma maior saúde física e mental, e evidências antropológicas de que magos, xamãs e os reis que fazem uso delas têm maior poder e conseguem mais cópulas, espalhando assim seus genes para o pensamento mágico.

2. *Spandrel:* A parte de pensamento mágico de um Motor de Crença é também um *spandrel* – metáfora cunhada por Stephen Jay Gould e Richard Lewontin para indicar um subproduto de um mecanismo evoluído. Em seu influente ensaio de 1979, "The Spandrels of San Marco and the Panglossian Paradigm: A Critique of the Adaptationist Programme" (*Proceedings of the Royal Society*, V. B205: 581-598), Gould e Lewontin explicam que em arquitetura os *spandrels* são "os espaços triangulares afilados formados pela intersecção de dois arcos redondos em ângulo reto". Este espaço de sobra nas igrejas medievais é preenchido com desenhos elaborados e belíssimos, de aparência tão significativa, "que somos tentados a vê-los como ponto de partida de qualquer análise, como a causa em certo sentido de toda a arquitetura circundante. Mas isso seria inverter o sentido adequado da análise". Perguntar "qual é o propósito do *spandrel*" é fazer a pergunta errada. Seria como perguntar "por que os machos têm mamilos?". A pergunta correta é "por que as *fêmeas* têm mamilos?". E a resposta é que as fêmeas precisam deles para nutrir seus bebês, e que machos e fêmeas são construídos a partir do mesmo molde arquitetônico. Simplesmente foi mais fácil para a natureza construir machos com mamilos inúteis do que reconfigurar a arquitetura genética subjacente.

Nesse sentido, o componente de pensamento mágico do Motor de Crença é um *spandrel*. Nós pensamos magicamente porque temos que pensar causalmente. Cometemos Erros Tipo 1 e 2 porque precisamos fazer Acertos Tipo 1 e 2. Temos pensamento mágico e superstições porque precisamos do pensamento crítico e da busca de padrões. Os dois não podem ser separados. O pensamento mágico é um subproduto necessário do mecanismo evoluído do pensamento causal. No meu próximo livro, *Por que as Pessoas Acreditam em Deus*, há uma versão expandida dessa teoria, na qual apresento abundante evidência histórica e antropológica, mas aqui vou permitir que as "coisas estranhas" sobre as quais escrevi no livro sirvam como exemplos desse pensamento mágico ancestral em humanos inteiramente modernos. Os que acreditam em OVNIs, abduções por extraterrestres, percepção extrassensorial e fenômenos psíquicos cometeram um Erro Tipo 1 ao pensar: estão acreditando em algo falso. Os criacionistas e os negadores do Holocausto cometeram um Erro Tipo 2 ao pensar: estão rejeitando uma verdade. Não é que essas pessoas sejam ignorantes ou desinformadas; elas são inteligentes mas desinformadas. Seu pensamento se equivocou. Os Erros Tipo 1 e 2 estão neutralizando os Acertos Tipo 1 e 2. Felizmente, existe abundante evidência de que o Motor de Crença é maleável. O pensamento crítico pode ser ensinado. O ceticismo pode ser aprendido. Os Erros Tipo 1 e 2 são tratáveis. Sei disso. Eu me tornei cético depois de ser enganado por um monte dessas crenças (expostas em detalhe neste livro). Sou um cético renascido, por assim dizer.

Depois de oferecer essa resposta mais profunda à questão do "por quê", permitam-me terminar com o diálogo final de uma entrevista que dei a Georgea

Kovanis, no *Detroit Free Press* (2 de maio de 1997). Ela compreendeu a ideia mais ampla do ceticismo quando imprimiu minha resposta de duas palavras à sua pergunta final: "Por que deveríamos acreditar em qualquer coisa do que você diz?" Minha resposta: "Não deveriam".

Cogita tute - pense por você.

Nota sobre a edição revista e ampliada

Durante anos os detratores dos céticos e a mídia vêm perguntando: "Qual é o mal de se acreditar em OVNIs, percepção extrassensorial, astrologia e pseudociência em geral? Será que vocês céticos não estão simplesmente querendo tirar a diversão da vida das pessoas?" Uma resposta admirável como exemplo foi fornecida pelo Heaven's Gate, uma seita religiosa de culto de OVNIs, no dia 27 de março de 1997, quando a notícia do suicídio em massa apareceu e um frenesi alimentado pela mídia e que durou dois dias inteiros inundou o escritório da Skeptics Society. Uma semana depois lançou-se a primeira edição de *Por que as pessoas acreditam em coisas estranhas* e por isso a turnê para a publicidade do livro foi muito marcada pelas explicações sobre como os membros daquele grupo, pessoas inteligentes e cultas, podiam acreditar tão intensamente em algo a ponto de sacrificar a própria vida.

A questão tem uma relevância renovada, à luz da recente onda de terrorismo suicida em nosso litoral e ao redor do mundo, e das reações às vezes incendiárias a esses ataques. Compreender a psicologia dos sistemas de crenças é o foco principal deste livro, e o novo capítulo que aparece no final desta edição revista e ampliada, chamado "Por que Pessoas *Inteligentes* Acreditam em Coisas Estranhas", lida com essa questão de frente, trazendo à luz a mais recente pesquisa sobre sistemas de crença, tentando entender em particular como pessoas cultas e inteligentes também acreditam naquilo que é evidentemente irracional. Minha resposta é decepcionantemente simples: *Pessoas inteligentes acreditam em coisas estranhas porque são competentes para defender crenças que elas acabaram adotando por razões não inteligentes.*

Os humanos são animais buscadores de padrões, contadores de histórias, que estão à procura do significado profundo atrás de eventos na aparência aleatórios do dia a dia. Espero que este livro de alguma maneira ajude a navegar o caminho através do frequentemente confuso desfile de afirmações e crenças que nos são apresentadas como histórias e padrões que fazem sentido.

Altadena, Califórnia
dezembro de 2001

POR QUE AS PESSOAS ACREDITAM EM COISAS ESTRANHAS

PRÓLOGO

A seguir, em *Oprah*

Na segunda-feira, 2 de outubro de 1995, pela primeira vez em seus dez anos de existência, o *Oprah Winfrey Show* apresentou um sensitivo como convidado principal. Era Rosemary Altea (um pseudônimo), que afirma se comunicar com os mortos. O seu livro sobre essa extraordinária afirmação – *The Eagle and the Rose: a Remarkable True Story* – ficou várias semanas na lista dos mais vendidos do *The New York Times* e do *The Wall Street Journal* (*The Eagle*, "A Águia", é um nativo americano – o espírito-guia de Altea – e Altea é "*the Rose*"). Oprah começou se justificando, dizendo que trazia a convidada apenas porque vários amigos seus de confiança haviam descrito Altea como alguém de excelência no mundo da paranormalidade. Em seguida, a produção passou um vídeo de vários minutos, gravado no dia anterior, que mostrava Altea com uma pequena plateia num *flat* de Chicago, fazendo inúmeras perguntas, tecendo considerações e às vezes fornecendo algumas informações específicas sobre os entes queridos falecidos daquelas pessoas. Altea passou então a lidar com a plateia do estúdio. "Alguém aqui perdeu um ente querido por afogamento?" "Vejo um homem atrás de você." "Havia um barco no acidente?" E assim por diante.

Ao contrário de muitos sensitivos que tenho visto, Altea estava indo mal. A plateia não dava as dicas de que ela precisava para "adivinhar" a sua informação. Por fim, já no meio do programa, ela descobriu um veio fértil. Recorrendo a uma mulher de meia-idade parcialmente escondida atrás de uma câmera do estúdio, Altea disse que a mulher havia perdido a mãe dela, que morrera de câncer. A mulher soltou um grito e começou a chorar. Além disso, Altea observou, o rapaz perto da mulher era filho dela e estava com problemas na escola e indeciso quanto à carreira. O rapaz confirmou a observação e contou a sua história triste. A plateia ficou assombrada. Oprah, em silêncio. Altea desencavou mais detalhes e previsões. Após a gravação, uma mulher ficou em pé e anunciou que havia vindo ao estúdio para desmascarar Altea, mas que agora passara a acreditar.

Entra o cético. Três dias antes da gravação do programa, uma das produtoras de Oprah me ligou. Mostrando-se chocada por ver que o editor da revista *Skeptic* nunca ouvira falar de Rosemary Altea, a produtora já se preparava para convidar outra pessoa a participar do programa quando eu lhe disse, sem ter visto nada, exatamente de que maneira Altea trabalhava. A produtora me mandou uma passagem de avião. Nos poucos minutos que me foram dados, expliquei que aquilo que a plateia acabara de testemunhar podia ser visto no Magic Castle em Hollywood, em qualquer dos shows noturnos que apresentasse um leitor de pensamentos capaz de trabalhar bem uma plateia. Quando digo "trabalhar" me refiro à velha técnica de leitura a frio, em que o leitor de pensamentos faz perguntas gerais até descobrir alguém que se mostre generoso em dar respostas. As perguntas contínuas acabam acertando o alvo. "Foi câncer de pulmão? É, porque estou sentindo uma dor aqui no peito." A pessoa então diz: "Foi ataque cardíaco". "Ataque cardíaco? Sim, isso explica as dores no peito". Ou: "Estou vendo um afogamento. Havia um barco no local? Estou vendo algo parecido com um barco na água, acho que está num lago ou num rio, talvez". E assim por diante. Numa plateia de 250 pessoas, todas as principais causas de morte estarão representadas.

Os princípios da leitura a frio são simples: comece pelo geral (acidentes de carro, afogamentos, ataques do coração, câncer), mantenha o diálogo positivo ("Ele quer que você saiba que ele a ama muito", "Ela pede para lhe dizer que não está mais sofrendo", "A dor dele já foi embora agora") e leve em conta que sua plateia vai lembrar dos acertos e esquecer dos erros ("Como é que ela sabia que era câncer?" "Como é que descobriu o nome dela?"). Mas como foi que Rosemary Altea, sem perguntar, soube que a mãe daquela mulher morrera de câncer e que o filho dela estava indeciso em relação à carreira? Para Oprah, para 250 testemunhas oculares no estúdio e para milhões de espectadores da tevê, Altea deu a impressão de ter uma linha direta com o mundo espiritual.

A explicação, porém, é bem mais deste mundo. Leitores de pensamento chamam de leitura quente aquela feita quando eles dispõem de informação prévia sobre a pessoa. Naquele dia, antes do programa, eu dividi uma limusine do hotel até o estúdio com vários outros convidados, entre eles a tal mulher e o filho dela. No trajeto, eles mencionaram que já haviam encontrado Altea antes e tinham sido convidados pelas produtoras do *Oprah* para compartilhar a sua experiência com o público da televisão. Como quase ninguém sabia desse pequeno fato, Altea conseguiu usar esse conhecimento prévio da mulher e do filho para transformar uma derrota em vitória. Naturalmente eu apontei esse fato, mas, por incrível que pareça, a mulher negou que já conhecia Altea e essa observação simplesmente foi cortada do programa na edição final.

Duvido que Altea engane as suas plateias usando propositadamente as técnicas de leitura a frio. Ao contrário, acho que ela desenvolveu de boa fé uma crença em seus "poderes psíquicos" e de boa fé aprendeu a leitura a frio por tentativa e erro. Ela diz que tudo começou em novembro de 1981, quando "acordei de manhã cedo e o vi em pé junto à minha cama, olhando para mim. Embora eu estivesse ainda meio dormindo, soube que não era uma aparição, um espectro na noite" (1995, pág. 56). A partir daí, como o seu livro revela, foi um longo processo de se abrir para a possibilidade de um mundo espiritual por meio do que os psicólogos chamam de *alucinações hipnopômpicas* – visões de fantasmas, alienígenas ou entes queridos já falecidos que ocorrem conforme a pessoa emerge do sono profundo – e interpretações místicas de experiências incomuns.

Mas, quer falemos de ratos pressionando uma barra para conseguir comida, quer de humanos jogando nos caça-níqueis de Las Vegas, basta um acerto ocasional para que eles voltem querendo mais. A crença e o comportamento de Altea foram moldados por um condicionamento operante num programa de reforço de índice variável – montes de erros, mas com acertos suficientes para moldar e manter o comportamento. Um *feedback* positivo na forma de clientes felizes pagando até 200 dólares por sessão era um mecanismo suficiente para reforçar a própria crença nos seus poderes e para estimulá-la a aprimorar as suas habilidades psíquicas.

A mesma explanação provavelmente vale para o mestre da leitura a frio no mundo da paranormalidade – James Van Praagh –, que manteve fiel audiência por meses no *talk show* de estilo New Age da NBC, *The Other Side*, até ser desmascarado no *Unsolved Mysteries*. Eis como.

Pediram-me para ficar sentado numa sala com nove outras pessoas. Van Praagh foi solicitado a fazer uma leitura para cada um de nós, que tínhamos em comum o fato de ter perdido um ente querido. Trabalhei junto com a produção para assegurar que Van Praagh não tivesse conhecimento prévio de nada a respeito de qualquer um de nós (os leitores de mente costumam assinar revistas de marketing demográfico para poder arriscar palpites estatisticamente fundamentados sobre as pessoas, a partir da sua idade, gênero, raça e residência, e além disso se sabe que alguns chegam ao extremo de recorrer a agências de detetives). Ou seja, as suas leituras teriam de ser realmente "a frio". A sessão durou onze horas e incluiu várias pausas para lanche, um intervalo maior para almoço e várias interrupções na filmagem enquanto os técnicos acertavam as câmeras. Van Praagh abriu com meia hora de música New Age e blá-blá-blá astrológico de preparação para a nossa jornada ao outro lado. Seus maneirismos eram um pouco efeminados e ele se apresentava como alguém muito empático, como se pudesse "sentir a nossa dor".

Para a maioria de nós, Van Praagh descobriu a causa da morte usando uma técnica que eu ainda não vira antes. Ele esfregava o peito ou a cabeça, dizia: "Sinto uma dor aqui", e observava o rosto da pessoa para ver a sua reação. Após a terceira vez, de repente entendi por quê: a maioria das pessoas morre de problemas do coração, dos pulmões ou do cérebro, não importa a causa específica (que pode ser infarto, derrame, câncer de pulmão, afogamento, queda ou acidente de automóvel). Com várias pessoas ele não conseguiu nada e admitiu isso. "Não estou conseguindo nada. Desculpe. Se não sinto, não sinto." Mas com a maioria de nós ele obteve muitos detalhes, assim como a causa específica da morte – não sem ter cometido muitas e muitas falhas. Nas primeiras duas horas, contei o número de "nãos" e de negativas com a cabeça. Houve uns cem erros para apenas uma dúzia ou algo assim de acertos. Com o tempo e a possibilidade de fazer perguntas suficientes, qualquer um de nós pode, depois de um pouco de treino, tornar-se sensitivo o suficiente para fazer exatamente o que Van Praagh faz.

Também notei que, nas pausas técnicas, Van Praagh puxava conversa com as pessoas na sala. "Você está aqui por causa de quem?", perguntou a uma mulher. Ela contou que era por causa da mãe. Algumas leituras mais tarde, Van Praagh virou-se para a mulher e disse: "Vejo uma mulher em pé atrás de você. É a sua mãe?" Em todas as ocasiões ele se mantinha positivo. Havia redenção para todos – nossos entes queridos nos perdoavam por qualquer erro; eles ainda nos amavam; eles não estavam mais sofrendo; eles queriam que fôssemos felizes. O que mais poderia ele dizer? "Seu pai quer que você saiba que nunca vai perdoá-lo por ter batido o carro dele", ou algo no estilo? O marido de uma mulher jovem havia sido atropelado por um carro. Van Praagh disse à mulher: "Ele quer que você saiba que você vai se casar de novo". Ela revelou que estava de casamento marcado e, é claro, creditou o acerto a Van Praagh. Mas, como expliquei diante das câmeras, Van Praagh não disse nada nesse sentido. Ele fez a sua costumeira generalização positiva sem especificar nada. Não disse que ela estava de fato prestes a se casar. Disse apenas que algum dia ela ia se casar de novo. E daí? A outra opção que ele teria seria dizer à jovem mulher que ela continuaria uma viúva solitária pelo resto da vida, ou seja, algo estatisticamente improvável e bastante depressivo.

O momento mais dramático do dia foi quando Van Praagh acertou o nome do filho de um casal, morto quando eles passavam de carro no meio de um tiroteio. "Estou vendo a letra K", ele proclamou. "É Kevin ou Ken?" A mãe respondeu em lágrimas, com a voz embargada, "Sim, Kevin". Ficamos todos pasmos. Então percebi em volta do pescoço da mãe um colar com um círculo grande, pesado, e a letra "K" inscrita em diamantes sobre um fundo preto. Van Praagh negou ter visto o círculo quando apontei isso diante das câmeras. Em onze horas de gravação e de conversas nos intervalos, ele com certeza deve ter visto a joia. Afinal, eu vi, e o profissional era ele.

As reações dos participantes do programa foram a meu ver ainda mais intrigantes do que as técnicas de leitura da mente usadas por Altea e Van Praagh. Qualquer um pode aprender técnicas de leitura a frio em meia hora. Elas funcionam porque as pessoas *querem* que funcionem. Todas as pessoas presentes à gravação do *Unsolved Mysteries*, exceto eu, queriam que Van Praagh fosse bem-sucedido. Elas foram lá para falar com os seus entes queridos. Nas entrevistas pós-gravação, todos os nove participantes fizeram uma avaliação positiva de Van Praagh, mesmo aqueles poucos com os quais ele não teve acertos. A filha de uma das participantes havia sido estuprada e morta havia muitos anos e a polícia ainda não tinha pistas do autor do crime, nem sobre como o crime fora cometido. A mãe já percorrera vários programas de entrevistas procurando desesperadamente ajuda para encontrar o assassino da filha. Van Praagh foi para ela como sal numa ferida aberta. Reconstruiu a cena do crime, descreveu um homem em cima da jovem estuprando-a e apunhalando-a com uma faca e deixou essa mãe enlutada em lágrimas. (Todos acharam que Van Praagh acertou a causa da morte, só que antes, na sessão da manhã, enquanto ele tateava esfregando o peito e a cabeça, a mãe havia feito com os dedos o gesto de cortar a garganta, indicação de como a filha havia sido morta. Todos, exceto eu, já tinham esquecido essa dica na hora em que Van Praagh a usou.)

Após a gravação de *Unsolved Mysteries*, ficou claro que todos, exceto eu, estavam impressionados com Van Praagh. Os outros me desafiaram, perguntando como eu explicava todos os seus impressionantes acertos. Quando eu finalmente revelei quem era, o que estava fazendo ali e como funciona a leitura a frio, a maioria ficou interessada, mas várias pessoas foram embora. Uma mulher olhou brava para mim e disse que eu havia sido "inconveniente" ao destruir as esperanças daquelas pessoas enlutadas.

Aí está a chave para compreender esse fenômeno. A vida é contingente e cheia de incertezas; a mais assustadora dessas é que não sabemos de que maneira, quando e onde se dará a nossa morte. Para um pai, há um medo ainda maior, que é o de sofrer a morte de um filho, o que torna aqueles que tiveram uma perda como essa especialmente vulneráveis àquilo que um leitor de mentes pode fazer. Sob a pressão da realidade nos tornamos crédulos. Procuramos reafirmar certezas indo atrás de pessoas que leem o futuro ou a palma da mão, astrólogos e sensitivos. Nossas faculdades críticas recuam ao ser tomadas de assalto pelas promessas e esperanças oferecidas para aliviar as grandes ansiedades da vida. Não seria maravilhoso se a gente não morresse realmente? Não seria maravilhoso se pudéssemos falar de novo com entes queridos que perdemos? É claro que sim. Os céticos não diferem dos crentes em desejos como esses. Trata-se de um impulso humano muito antigo. Num mundo em que a própria vida era tão incerta quanto a refeição seguinte, nossos ancestrais por todo o globo desenvolveram crenças na vida pós-morte e no mundo espiritual. Assim, quando estamos vulneráveis e com medo, o provedor de esperança só tem que fazer a promessa de uma vida após a morte e oferecer a mais frágil das provas. A credulidade humana fará o resto, como o poeta Alexander Pope observou em seu *Ensaio sobre o Homem*, de 1733 (Epístola I, l. 95):

> *A esperança brota eterna do peito do homem;*
> *Ele nunca é, mas sempre espera ser feliz.*
> *A alma, inquieta, confinada em seu lar,*
> *Descansa e discorre sobre uma vida futura.*

Essa esperança é o que move todos nós – tanto céticos quanto crentes – a sentir atração por mistérios não explicados, a procurar significado espiritual num universo físico, a desejar imortalidade e querer que nossas esperanças de eternidade se cumpram. É isso que leva muita gente a procurar espiritualistas, gurus da Nova Era e sensitivos da tevê, que oferecem uma barganha fáustica: eternidade em troca da suspensão condescendente da descrença (e geralmente também em troca de uma contribuição aos cofres do provedor).

Mas a esperança brota eterna ainda para os cientistas e céticos. Somos fascinados por mistérios e temos grande reverência pelo universo e pela capacidade dos humanos de conseguir tanto em tão pouco tempo. Procuramos a imortalidade por meio dos nossos esforços cumulativos e conquistas duradouras; também queremos que as nossas esperanças de eternidade se cumpram.

Este livro é sobre pessoas que compartilham crenças e esperanças similares, mas que procuram realizá-las por métodos bem diversos. É sobre a distinção entre ciência e pseudociência, história e pseudo-história, e a diferença que isso faz. Embora cada capítulo possa ser lido independentemente, a leitura cumulativa dos capítulos mostra a atração exercida por poderes psíquicos e percepção extrassensorial, OVNIs e abduções por alienígenas, fantasmas e casas assombradas. Mas, além disso, o livro lida com controvérsias não necessariamente à margem da sociedade, que podem ter consequências sociais perniciosas: a ciência da criação e o literalismo bíblico, a negação do Holocausto e a liberdade de expressão, raça e QI, extremismo político e direita radical, moderna caça às bruxas desencadeada por pânicos morais e histeria de massas, incluindo o movimento de resgate da memória, o abuso de rituais satânicos e a facilitação da comunicação. Aqui a diferença de pensamento faz toda a diferença.

E, mais do que isso – muito mais –, o livro é uma celebração do espírito científico e do prazer inerente de explorar os grandes mistérios do mundo, mesmo quando as respostas finais não são facilmente acessíveis. A jornada intelectual é o que importa, não o destino. Vivemos na era da ciência. É por isso que a pseudociência floresce – os pseudocientistas sabem que suas ideias devem pelo menos *parecer* científicas, porque a ciência é a pedra de toque da verdade na nossa cultura. A maioria de nós abriga algum tipo de fé na ciência, uma confiança de que, de algum modo, a ciência resolverá os nossos principais problemas – a aids, a superpopulação, o câncer, a poluição, as doenças cardíacas e assim por diante. Alguns até alimentam visões cientificistas de um futuro sem envelhecimento, no qual vamos ingerir computadores nanotecnológicos que reparem células e órgãos, erradiquem doenças que ameacem a vida e nos mantenham na idade que escolhermos.

Por isso a esperança brota eterna não só para os espiritualistas, pessoas religiosas, ligadas à Nova Era e sensitivas, mas para materialistas, ateístas, cientistas e, sim, até mesmo para os céticos. A diferença está em onde encontramos esperança. O primeiro grupo usa a ciência e a racionalidade quando lhe é conveniente, jogando-as fora quando não é. Para esse grupo, qualquer pensamento serve, desde que preencha a tão profundamente enraizada necessidade humana de certeza. Por quê?

Os humanos desenvolveram a capacidade de procurar e encontrar conexões de coisas e eventos no ambiente (cobras com guizo devem ser evitadas) e aqueles que fizeram as melhores conexões produziram a maior progênie. Nós somos os seus descendentes. O problema é que o pensamento causal não é infalível. Fazemos conexões quer elas existam, quer não. Essa falha na identificação tem duas variedades: falsos negativos podem matá-lo (cobras com guizo são inofensivas); falsos positivos simplesmente fazem perder tempo e energia (uma dança da chuva é capaz de acabar com a seca). Ficamos com uma herança de falsos positivos – alucinações hipnopômpicas se tornam fantasmas ou alienígenas; barulhos de alguém batendo numa casa vazia indicam espíritos e *poltergeists*; sombras e luzes numa árvore se tornam a Virgem Maria; sombras aleatórias de montanhas em Marte são vistas como um rosto construído por alienígenas. A crença influencia a percepção. Fósseis "faltantes" em estratos geológicos tornam-se evidência da criação divina. A ausência de uma ordem escrita de Hitler para exterminar judeus significa que talvez nunca tenha havido tal ordem... ou mesmo tal extermínio. Configurações coincidentes de partículas subatômicas e estruturas astronômicas indicam um *designer* inteligente do universo. Vagos sentimentos e memórias, evocados por meio de hipnose e imaginação dirigida em terapia, evoluem para memórias nítidas de abuso sexual na infância, mesmo quando não há provas que corroborem isso.

Os cientistas têm seus falsos positivos – mas os métodos da ciência foram concebidos especificamente para extirpá-los. Pegando um exemplo espetacular recente de falso positivo, se os achados da fusão a frio não tivessem se tornado públicos antes da confirmação de outros cientistas, não teriam sido nada fora da rotina. É exatamente assim que a ciência progride – com a identificação de inúmeros falsos negativos e falsos positivos. O público, no entanto, raramente fica sabendo disso porque os achados negativos não costumam ser divulgados. A possibilidade de que os implantes de silicone nos seios causassem graves danos à saúde virou uma grande notícia; mas a conclusão de que não havia prova científica corroborativa e replicável disso passou quase despercebida.

Você pode perguntar, então: o que significa ser cético? Algumas pessoas acreditam que o ceticismo é a rejeição de novas ideias, ou, pior, confundem *cético* com *cínico* e acham que os céticos são um bando de ranhetas irados que não se dispõem a aceitar nenhuma afirmação que desafie o *status quo*. Essa é uma visão errada. O ceticismo é uma abordagem provisória das afirmações. *O ceticismo é um método, não uma posição.* Idealmente, os céticos não entram numa investigação fechados à possibilidade de que o fenômeno seja real ou de que a afirmação seja verdadeira. Por exemplo, quando investiguei as afirmações dos negadores do Holocausto, terminei sendo cético em relação a esses céticos (ver capítulos 13 e 14). No caso das memórias resgatadas, critiquei a posição dos céticos (ver capítulo 7). Podemos ser céticos em relação a uma crença ou em relação àqueles que a desafiam.

As análises neste livro explicam em três níveis por que as pessoas acreditam em coisas estranhas: 1) porque a esperança brota eterna; 2) porque o pensamento pode se equivocar de uma maneira geral; 3) porque o pensamento pode se equivocar de modos particulares. Eu misturo exemplos específicos de "crenças estranhas" com princípios gerais a respeito do que podemos aprender a partir do exame dessas crenças. Nesse sentido, adotei o estilo de Stephen Jay Gould como modelo de uma saudável mistura de particular e universal, de detalhes e quadro geral; e, como inspiração, adotei a missão de James Randi de entender alguns dos mistérios de nossa época e de épocas passadas que despertam maior perplexidade.

Nos cinco anos desde que fundei a Skeptics Society e a revista *Skeptic*, a minha sócia, amiga e esposa Kim Ziel Shermer propiciou-me incontáveis horas de *feedback* em refeições enquanto rodávamos de carro ou fazíamos passeios de bicicleta e na nossa caminhada diária pela montanha com os cães e a nossa filha Devin. Minha outra sócia na *Skeptic*, Pat Linse, tem-se revelado bem mais do que uma brilhante diretora de arte. É de uma espécie rara, muito culta em ciência e arte, e suas prolíficas leituras (ela não tem tevê em casa) lhe permitem não só conversar sobre praticamente qualquer assunto como fazer contribuições originais e construtivas ao movimento cético.

Também gostaria de agradecer a todos os que nos ajudaram a produzir a revista *Skeptic* e em levar adiante a nossa série de palestras no Caltech, sem o que este livro não existiria. Jaime Botero tem estado lá comigo desde que eu dava aulas de introdução à psicologia no curso noturno no Glendale College, há uma década. Diane Knudtson trabalhou em praticamente todas as palestras da Skeptics Society em troca apenas de uma refeição e de alimento para o pensamento. Brad Davies produziu vídeos de todas as palestras e forneceu um valioso *feedback* a respeito das muitas e diferentes ideias dos palestrantes. Jerry Friedman construiu o nosso banco de dados, organizou a pesquisa da Skeptics Society e forneceu informações valiosas sobre o movimento pelos direitos dos animais. Terry Kirker continua contribuindo para a promoção da ciência e do ceticismo à sua maneira singular.

Em geral, os capítulos começaram como ensaios originalmente publicados na revista *Skeptic*, da qual sou editor. Leitores céticos podem então perguntar com razão: quem edita o editor? Quem é cético em relação ao cético? Todos os ensaios deste volume foram lidos e editados pelos editores da minha editora, Elizabeth Knoll, Mary Louise Byrd e Michelle Bonnice; pelas minhas sócias Kim e Pat; por um ou mais dos editores colaboradores da revista *Skeptic*; e, quando adequado, por um membro do conselho editorial da revista *Skeptic* ou por um especialista na área. Nesse sentido, agradeço de coração a David Alexander, Clay Drees, Gene Friedman, Alex Grobman, Diane Halpern, Steve Harris, Gerald Larue, Jim Lippard, Betty McCollister, Tom McDonough, Paul McDowell, Tom McIver, Sara Meric, John Mosley, Richard Olson, D'art Phares, Donald Prothero, Rick Shaffer, Elie Shneour, Brian Siano, Jay Snelson, Carol Tavris, Kurt Wochholtz e especialmente a Richard Hardison, Bernard Leikind, Frank Miele e Frank Sulloway, por não permitirem que a amizade interferisse com a brutal honestidade na edição de meus ensaios. Na W. H. Freeman gostaria de agradecer a Simone Cooper, que brilhantemente organizou a minha turnê nacional de divulgação do livro e fez com que ela fosse mais um prazer do que uma obrigação; a Peter McGuigan, por colocar o livro em áudio de modo que pessoas possam ouvi-lo, assim como lê-lo; a John Michel, por seu *feedback* crítico em relação a este livro e à transição para o meu próximo, *Por que as Pessoas Acreditam em Deus*. Agradeço especialmente a Sloane Lederer, que manteve o progresso da editoração e da promoção deste livro apesar das numerosas mudanças de pessoal na editora, assim como por entender a profunda importância daquilo que os céticos estão tentando realizar ao escrever livros como este. Obrigado aos meus agentes Katinka Matson e John Brockman e à sua diretora de direitos estrangeiros Linda Wollenberger, por ajudarem a produzir o livro nesta e em outras línguas. Finalmente, Bruce Mazet tornou possível para a Skeptics Society, para a revista *Skeptic* e para a Millennium Press combater a ignorância e a compreensão equivocada; ele nos levou bem além daquilo que jamais sonhei fôssemos capazes de realizar.

Em sua obra-prima de 1958, *The Philosophy of Physical Science*, o físico e astrônomo *sir* Arthur Stanley Eddington perguntava sobre as observações feitas pelos cientistas: "*Quis custodiet ipsos custodes? – Quem vai observar os observadores?*". "O epistemólogo", respondeu Eddington. "Ele os observa para ver o que eles de fato observam, que com frequência é bem diferente daquilo que dizem observar. Ele examina o procedimento deles e as limitações essenciais do equipamento que trazem para a sua tarefa, e, ao fazer isso, torna-se consciente de antemão das limitações às quais os resultados que eles obtêm terão de se conformar" (1958, pág. 21). Hoje, os observadores dos observadores são os céticos. Mas quem observará os céticos? Você. Por isso, vá em frente e divirta-se.

PARTE 1

CIÊNCIA E CETICISMO

A ciência se funda na convicção de que a experiência, o esforço e a razão são válidos; a magia, na crença de que a esperança não pode falhar, nem o desejo enganar.

– *Bronislaw Malinowski,* Magia, Ciência e Religião, *1948.*

1

Existo, logo penso

Manifesto de um cético

Na página inicial de seu esplêndido livrinho *To Know a Fly*, o biólogo Vincent Dethier faz esta bem-humorada observação sobre como as crianças crescem e se tornam cientistas: "Embora crianças pequenas tenham um tabu em relação a pisar em formigas, porque alguns dizem que fazer isso provoca chuva, nunca pareceu ser tabu para elas arrancar as patas ou as asas das moscas. A maioria das crianças um dia supera esse comportamento. As que não conseguem, acabam mal ou viram biólogos" (1962, pág. 2). Em seus primeiros anos, as crianças são viciadas em conhecimento, questionando tudo a seu alcance, embora exibindo pouco ceticismo. A maioria nunca aprende a distinguir ceticismo de credulidade. Eu demorei muito tempo para isso.

Em 1979, incapaz de conseguir um emprego em período integral como professor, arrumei trabalho como repórter de uma revista de ciclismo. No primeiro dia, fui mandado para uma coletiva de imprensa realizada em homenagem a um homem chamado John Marino, que acabara de cruzar a América de bicicleta num tempo recorde de 13 dias, 1 hora e 20 minutos. Quando lhe perguntei como conseguira isso, John me falou de dietas vegetarianas especiais, terapia de megavitaminas, jejum, hidroterapia do cólon, banhos de lama, iridologia, exame de sangue citotóxico, *rolfing*, acupressura e acupuntura, quiropraxia e massoterapia, íons negativos, poder da pirâmide e uma série de coisas estranhas com as quais eu não estava familiarizado. Sendo um cara relativamente curioso, quando assumi o ciclismo a sério como esporte pensei em experimentar tudo isso, para ver por mim mesmo se funcionava. Uma vez jejuei por uma semana, tomando apenas uma estranha mistura de água, pimenta caiena, alho e limão. No fim de semana, John e eu pedalamos de Irvine até o lago Big Bear e voltamos, algo como 112 quilômetros para ir e outros 112 para voltar. Na metade da subida da montanha eu desabei, muito doente devido a tal mistura. Em outra vez John e eu fomos a um *spa* perto do lago Elsinore para tomar um banho de lama, que supostamente sugaria as toxinas para fora do meu corpo. Minha pele ficou seca e avermelhada por uma semana. Montei um gerador de íons negativos no meu quarto para carregar o ar e obter mais energia. O gerador deixou as paredes cheias de um pó preto. Fui num iridólogo que leu a minha íris e me falou que as pintinhas verdes nos meus olhos queriam dizer que havia algo de errado com os meus rins. Até hoje os meus rins estão funcionando otimamente.

Mergulhei de corpo e alma no ciclismo. Comprei uma bicicleta profissional um dia depois de conhecer John e fiz a minha primeira corrida naquele fim de semana. Participei pela primeira vez de uma corrida de 100 milhas um mês depois e da minha primeira de 200 milhas mais tarde naquele ano. Continuei tentando coisas estranhas porque achava que não tinha nada a perder e, quem sabe, talvez elas melhorassem o meu desempenho. Tentei a hidroterapia do cólon porque parece que algumas coisas ruins ficam entupindo a nossa tubulação e com isso a eficiência digestiva diminui, mas tudo o que consegui foi passar uma hora com uma mangueira enfiada num lugar bem desconfortável. Instalei uma pirâmide no meu apartamento porque supostamente ela concentraria energia. Tudo o que consegui foram uns olhares de estranhamento das pessoas que apareciam em casa. Comecei a receber massagens, que eram muito agradáveis e relaxantes. Então o meu massagista decidiu que uma massagem nos "tecidos profundos" era melhor para tirar o ácido láctico dos meus músculos. Isso já não era tão relaxante. Aí um rapaz me massageou com os pés. Isso foi ainda menos relaxante. Tentei *rolfing*, que é *realmente* uma massagem dos tecidos profundos. Mas doeu tanto que nunca mais voltei.

Em 1982, John e eu, e mais dois outros homens, competimos na primeira Race Across America, uma corrida transcontinental de bicicleta, de 4.800 quilômetros, sem interrupções, de Los Angeles a Nova York. Na preparação, fizemos exame de sangue citotóxico, porque alegadamente detecta alergias a comidas que fazem as plaquetas do sangue formar grumos e obstruir os capilares, diminuindo o fluxo do sangue. Àquela altura éramos um pouco céticos em relação à veracidade dessas várias afirmações e então enviamos o sangue de um mesmo homem sob vários nomes. Cada amostra foi devolvida com diferentes alergias a comida, o que nos fez ver que havia um problema não com o nosso sangue, mas com o teste deles. Na corrida, eu dormia com um "eletroacuscópio", que servia para medir as minhas ondas cerebrais e me colocar num estado alfa, para me proporcionar um sono melhor. Também deveria rejuvenescer meus músculos e curar quaisquer contusões. A empresa jurou que o tal aparelho ajudou Joe Montana a ganhar o Super Bowl. Pelo que deu para ver, para mim foi totalmente ineficaz.

O eletroacuscópio foi ideia do meu quiroprático. Comecei a visitar um quiroprático não porque precisasse de um, mas porque havia lido que a energia flui pela medula espinhal e pode ficar bloqueada em vários pontos. Descobri que, quanto mais eu era ajustado, mais precisava ser ajustado, porque o meu pescoço e as minhas costas continuaram ficando "desalinhados". Isso prosseguiu por uns dois anos, até que finalmente parei de vez de me consultar e desde então nunca mais precisei de um quiroprático.

Resumindo, corri como ciclista ultramaratonista profissional por dez anos, o tempo todo tentando de tudo (exceto drogas e esteróides) que pudesse incrementar a minha performance. Conforme a Race Across America foi ganhando maior porte – a corrida foi transmitida durante vários anos pelo programa *Wide World of Sports*, da ABC –, tive muitas ofertas para experimentar todo tipo de coisa, e geralmente o fiz. A partir desse experimento de dez anos, com um grupo-amostra de uma só pessoa, tirei duas conclusões: a primeira, que nada aumentou o desempenho, ou aliviou a dor, ou melhorou o bem-estar, a não ser longas horas em cima do selim, dedicação a um programa de treinamento consistente e dieta balanceada; e a segunda, que vale a pena ser cético. Mas o que significa ser cético?

O que é um cético?

Tornei-me cético num sábado, 6 de agosto de 1983, na longa e íngreme estrada para Loveland Pass, Colorado. Era o terceiro dia da segunda Race Across America e o nutricionista da minha equipe de apoio acreditava que, se eu seguisse o seu programa de terapia com megavitaminas, venceria a corrida. Ele estava fazendo doutorado e tinha experiência como nutricionista; então, achei que devia saber o que estava fazendo. A cada seis horas eu empurrava para dentro um bom punhado de vitaminas e minerais variados. O gosto e o cheiro daqueles comprimidos quase me davam enjoo e eles me atravessaram com rapidez, produzindo o que imaginei ser a mais cara e colorida urina da América. Depois de três dias disso, decidi que a terapia de megavitaminas, junto com a hidroterapia do cólon, a iridologia, o *rolfing* e todas essas terapias alternativas da Nova Era eram um monte de bobagens. Naquela subida até Loveland Pass, eu obedientemente enfiei as vitaminas na boca e depois as cuspi fora na estrada quando meu nutricionista não estava olhando. Ser cético me pareceu bem mais seguro do que ser crédulo.

Após a corrida, descobri que o doutorado do meu nutricionista seria concedido por uma faculdade de nutrição não reconhecida e, pior que isso, *eu* era o assunto da sua dissertação acadêmica! Desde então, tenho percebido que essas extraordinárias afirmações e crenças da Nova Era tendem a atrair pessoas da periferia da academia – pessoas sem treinamento científico formal, credenciadas (quando o são) por escolas não reconhecidas, com insuficiência de dados de pesquisa para sustentar as suas teses e prepotentes demais em relação ao que o seu elixir particular é capaz de conseguir. Isso não desaprova automaticamente todas as asserções feitas por indivíduos que exibam essas características, mas seria prudente mostrar-se cético ao deparar com eles.

Ser cético não é novidade, claro. O ceticismo remonta à Grécia Antiga e à Academia de Platão, ou seja, tem 2.500 anos. Mas o dito de Sócrates, "Só sei que nada sei", não nos leva muito longe. O moderno ceticismo acabou se tornando um movimento baseado na ciência, a começar pelo clássico de Martin Gardner, de 1952, *Fads and Fallacies in the Name of Science*. Os numerosos ensaios e livros que Gardner escreveu nas quatro décadas seguintes, como *Science: Good, Bad and Bogus* (1981), *The New Age: Notes of a Fringe Watcher* (1991) e *On the Wild Side* (1992), estabeleceram um padrão de incredulidade a respeito de uma ampla variedade de crenças bizarras. O ceticismo acompanhou a cultura pop através dos inúmeros desafios psíquicos e aparições na mídia do mágico James "o Assombroso" Randi, ao longo das décadas de 1970 e 1980 (incluindo 36 participações suas no *Tonight Show*). O filósofo Paul Kurtz ajudou a criar dezenas de grupos de céticos pelos Estados Unidos e no exterior e publicações como a revista *Skeptic* têm circulação nacional e internacional. Hoje, um florescente grupo de pessoas que se autodenominam céticos - cientistas, engenheiros, médicos, advogados, professores e pessoas intelectualmente curiosas de todas as esferas da vida - conduz investigações, realiza reuniões mensais e conferências anuais e provém a mídia e o público em geral com explanações naturais para fenômenos aparentemente sobrenaturais.

O moderno ceticismo está incorporado ao método científico, que envolve colher dados para testar explanações naturais para fenômenos naturais. Uma afirmação se torna factual quando é confirmada em tal medida que se afigura razoável oferecer-lhe uma concordância provisória. Mas todos os fatos na ciência são temporários e sujeitos a contestação e portanto o ceticismo é um *método* que leva a conclusões provisórias. Algumas coisas, como detecção de água com galhos, percepção extrassensorial e criacionismo, têm sido testadas e foram reprovadas nos testes com uma frequência suficiente para podermos concluir temporariamente que são falsas. Outras, como hipnose, detectores de mentiras e vitamina C, vêm sendo testadas, mas os resultados são inconclusivos, portanto precisamos continuar formulando e testando hipóteses até chegar a uma conclusão. A chave do ceticismo é navegar os traiçoeiros estreitos entre o ceticismo do tipo "nada sei" e a credulidade do estilo "vale tudo", aplicando contínua e vigorosamente os métodos da ciência.

A falha do ceticismo puro é que, quando levado a um extremo, a própria posição fica insustentável. Se você é cético em relação a tudo, terá que ser cético também em relação ao próprio ceticismo. Como a partícula subatômica decadente, o puro ceticismo salta fora do visor da nossa câmara de neblina intelectual.

Existe também uma noção popular de que os céticos têm a mente fechada. Alguns até nos chamam de cínicos. Em princípio, os céticos não têm a mente fechada nem são cínicos. O que chamo de cético é *alguém que questiona a validade de uma afirmação particular exigindo evidências que a provem ou invalidem*. Em outras palavras, os céticos são do Missouri – o estado americano do "só acredito vendo". Quando ouvimos alguma afirmação fantástica, dizemos: "Isso é muito bom, mas prove".

Eis um exemplo. Por muitos anos ouvi histórias sobre o "fenômeno dos cem macacos" e fiquei fascinado com a possibilidade de haver algum tipo de consciência coletiva que pudéssemos aproveitar para diminuir o crime, eliminar as guerras e conseguir uma união geral enquanto espécie. Com efeito, na eleição presidencial de 1992, um candidato – o doutor John Hagelin, do Partido da Lei Natural – afirmou que, se fosse eleito, implementaria um plano que resolveria os problemas das nossas cidades do interior: a meditação. Hagelin e outros (especialmente os defensores da Meditação Transcendental, ou MT) acreditam que o pensamento pode de algum modo ser transferido de uma pessoa para outra, especialmente pessoas num estado meditativo; se gente suficiente meditar ao mesmo tempo, algum tipo de massa crítica será alcançado, induzindo assim uma mudança planetária significativa. O fenômeno dos cem macacos é bastante citado como prova empírica dessa teoria impressionante. Na década de 1950, diz a história, cientistas japoneses deram batatas aos macacos da ilha Koshima. Um dia, um dos macacos aprendeu a lavar as batatas e depois ensinou essa habilidade aos outros. Quando cerca de cem macacos haviam aprendido a habilidade – a chamada massa crítica –, de repente todos os macacos passaram a dominá-la, mesmo os de outras ilhas, a centenas de quilômetros de distância. Vários livros sobre esse fenômeno divulgaram amplamente a teoria nos círculos da Nova Era. *Lifetide* (1979), de Lyall Watson, e *The Hundreth Monkey* (1982), de Ken Keyes, por exemplo, tiveram diversas reedições e venderam milhões de exemplares; Elda Hartley chegou a fazer um filme chamado *The Hundreth Monkey* ("O Centésimo Macaco").

Como exercício de ceticismo, comece perguntando se os eventos realmente aconteceram como foi relatado. Não aconteceram. Em 1952, primatologistas deram batatas-doces aos macacos japoneses para evitar que atacassem as fazendas locais. Um macaco, de fato, aprendeu a lavar a terra das batatas-doces num riacho ou no mar e outros macacos, de fato, aprenderam a imitar o comportamento. Agora vamos examinar o livro de Watson mais atentamente. Ele admite que "temos de completar o resto da história a partir de comentários pessoais e fragmentos do folclore entre pesquisadores de primatas, porque a maioria deles ainda não tem muita certeza do que aconteceu. Por isso sou forçado a improvisar os detalhes". Watson então especula que "um número não especificado de macacos na ilha Koshima estava lavando batatas-doces no mar" – bem longe do nível de precisão que se poderia esperar. Ele então faz a sua declaração: "Digamos, para efeito de argumentação, que o número era de 99 macacos e que, às 11 horas da manhã de uma terça-feira, mais um convertido foi acrescentado à congregação da maneira usual. Mas a adição do centésimo macaco aparentemente levou o número a ultrapassar algum tipo de limiar, empurrando-o para dentro de uma espécie de massa crítica". Nesse ponto, diz Watson, o hábito "parece ter saltado barreiras naturais e começado a aparecer de modo espontâneo em outras ilhas" (1979, págs. 2-8).

Vamos parar bem aqui. Os cientistas não "improvisam" detalhes ou fazem adivinhações a esmo, a partir de "comentários" e "fragmentos de folclore". Na verdade, alguns cientistas *registraram exatamente* o que aconteceu (por exemplo, Baldwin et. al. 1980; Imanishi 1983; Kawai 1962). A pesquisa começou com um bando de vinte macacos em 1952 e cada um dos macacos da ilha foi atentamente observado. Por volta de 1962, o bando havia aumentado para 59 macacos e exatamente 36 dos 59 macacos estavam lavando suas batatas-doces. A "repentina" aquisição do comportamento na realidade levou dez anos e os "cem macacos" eram na verdade apenas 36 em 1962. Além disso, podemos especular infinitamente a respeito do que os macacos sabiam, mas o fato é que nem todos os macacos do bando estavam exibindo o comportamento de lavar as batatas. Ou seja, os 36 macacos não eram massa crítica nem em casa. E, embora existam relatos de comportamento similar em outras ilhas, as observações foram feitas entre 1953 e 1967. Não foi algo repentino nem necessariamente conectado com Koshima. Os macacos das outras ilhas podiam ter descoberto essa habilidade simples por eles mesmos, por exemplo, ou habitantes de outras ilhas podiam ter-lhes ensinado. De qualquer modo, não só não há evidência que sustente essa afirmação extraordinária, como não há sequer um fenômeno real a ser explicado.

Ciência e ceticismo

O ceticismo é parte vital da ciência, que defino como *um conjunto de métodos destinados a descrever e interpretar fenômenos observados ou inferidos, passados ou presentes, e que objetiva constituir um corpo de conhecimento testável, aberto à rejeição ou à confirmação.* Em outras palavras, a ciência é uma via específica de analisar informações para testar afirmações. Não é simples definir o *método científico*, como o filósofo da ciência e laureado pelo Nobel *sir* Peter Medawar observou: "Pergunte a um cientista como ele concebe o método científico e ele adotará uma expressão ao mesmo tempo solene e furtiva: solene, porque sente que deve declarar uma opinião; furtiva, porque ficará imaginando como esconder o fato de que não tem nenhuma opinião a declarar" (1969, pág. 11).

Existe farta literatura sobre o método científico, mas há pouco consenso dos autores. Isso não significa que os cientistas não saibam o que estão fazendo. Fazer e explicar podem ser coisas diferentes. No entanto, os cientistas concordam que os elementos descritos a seguir estão presentes quando se pensa de modo científico:

- ***Indução:*** Formular uma hipótese extraindo conclusões gerais dos dados existentes.
- ***Dedução:*** Fazer predições específicas com base nas hipóteses.
- ***Observação:*** Coletar dados, a partir de hipóteses que nos dizem o que procurar na natureza.
- ***Verificação:*** Testar as predições confrontando-as com observações adicionais para confirmar ou invalidar as hipóteses iniciais.

A ciência, é claro, não é rígida assim; e nenhum cientista conscientemente segue esses "passos". O processo é uma constante interação – fazer observações, extrair conclusões, fazer predições e checá-las com as evidências. E as observações da coleta de dados não são feitas no vazio. A hipótese molda que tipo de observações você fará da natureza e essas hipóteses são elas mesmas moldadas por sua formação, cultura e tendências particulares de observador.

Esse processo constitui o cerne do que os filósofos da ciência chamam de método *hipotético-dedutivo*, que, segundo o *Dictionary of the History of Science*, envolve "a) formular uma hipótese, b) coordená-la com uma declaração de 'condições iniciais', c) deduzir desses dois pontos uma predição e d) descobrir se esta predição se cumpre ou não" (Bynum, Browne e Porter, 1981, pág. 196). Não é possível dizer o que vem primeiro, se a observação ou a hipótese, já que as duas são inseparavelmente interativas. Mas as observações adicionais são o que dá corpo ao processo hipotético-dedutivo e servem como árbitro final sobre a validade das predições. Como *sir* Arthur Stanley Eddington notou: "Quanto à veracidade das conclusões da ciência, a observação é a suprema corte de apelação" (1958, pág. 9). Por meio do método científico, podemos formular as seguintes generalizações:

- ***Hipótese:*** Uma afirmação que pode ser testada, referente a um conjunto de observações.
- ***Teoria:*** Uma hipótese (ou conjunto de hipóteses) bem sustentada e testada.
- ***Fato:*** Uma conclusão confirmada em tal medida que se torna razoável oferecer-lhe uma concordância provisória.

Devemos diferenciar teoria de *construto* – que é uma afirmação não testável a respeito de um conjunto de observações. Podemos nos referir aos organismos vivos da Terra dizendo "Deus os fez" ou afirmando "Eles evoluíram". A primeira declaração é um construto, a segunda uma teoria. A maioria dos biólogos até chamaria a evolução de fato.

Com o método científico, almejamos a *objetividade* – ou seja, basear as conclusões numa validação externa. E evitamos o *misticismo* – ou seja, basear as conclusões em *insights* pessoais, dispensando a validação externa.

Não há nada de errado com o *insight* pessoal como ponto de partida. Muitos grandes cientistas atribuíram as suas ideias importantes a *insights*, intuições e outros recursos mentais difíceis de definir. Alfred Russel Wallace disse que a ideia da seleção natural "surgiu de repente" para ele durante um ataque de malária. Mas ideias intuitivas e *insights* místicos só se tornam objetivos depois de validados externamente. Como o psicólogo Richard Hardison explicou:

> *"Verdades" místicas, por sua natureza, são estritamente pessoais e não é possível submetê-las a validação externa. São todas reivindicações da verdade. Leitura de folhas de chá, astrologia e budismo; todas elas podem ser legítimas ou não se as julgarmos na ausência de evidências relacionadas. Isso não é depreciar nenhuma dessas fés; é simplesmente constatar a impossibilidade de se verificar a sua correção. O místico está numa posição paradoxal. Quando procura apoio externo para os seus pontos de vista, precisa recorrer a argumentos externos; nesse processo, ele nega o misticismo. A validação externa é, por definição, impossível para o místico. (1988, págs. 259-260.)*

A ciência nos faz tender ao *racionalismo* – ou seja, basear conclusões na lógica e na evidência. Por exemplo, como sabemos que a Terra é redonda? É uma conclusão lógica extraída de observações como:

- A sombra da Terra sobre a Lua é redonda.
- O mastro de um navio é a última coisa que vemos quando ele se afasta no horizonte.
- O horizonte é curvo.
- Fotografias tiradas do espaço.

E a ciência nos ajuda a evitar o *dogmatismo* – que consiste em basear conclusões na autoridade e não na lógica e nas evidências. Por exemplo, como sabemos que a Terra é redonda?

- Nossos pais nos disseram.
- Nossos professores nos disseram.
- Nosso pastor nos disse.
- Nosso livro escolar diz isso.

As conclusões dogmáticas não são necessariamente inválidas, mas pedem outras perguntas: Como as autoridades chegaram às suas conclusões? Elas foram guiadas pela ciência ou por outros meios?

A tensão essencial entre ceticismo e credulidade

É importante reconhecer que a ciência e o método científico são falíveis. Mas é nessa falibilidade que está a sua maior força: a autocorreção. Quer um erro tenha sido cometido de maneira honesta ou desonesta, quer uma fraude tenha sido perpetrada de modo consciente ou inconsciente, haverá uma hora em que ela será excluída do sistema pela falta de verificação externa. O fiasco da fusão a frio é um exemplo clássico da rápida exposição do erro pelo sistema.

Devido à importância desse aspecto da autocorreção, existe geralmente entre os cientistas o que o físico do Caltech e prêmio Nobel Richard Feynman chamou de "um princípio de pensamento científico que corresponde a uma espécie de honestidade incondicional – uma atitude de ficar sempre com um pé atrás". Feynman diz: "Se você está fazendo um experimento, deve relatar tudo o que acredita que pode invalidá-lo – não apenas aquilo que a seu ver está correndo bem em relação ao experimento, mas outras causas que talvez possam explicar os seus resultados" (1988, pág. 247).

Apesar desses mecanismos incorporados, a ciência continua sujeita a problemas e falácias, que vão desde uma notação matemática inadequada até distorções subjetivas do pensamento. Mas, como observou o filósofo da ciência Thomas Kuhn (1977), a "tensão essencial" na ciência é entre o total compromisso com o *status quo* e uma busca cega de novas ideias. As mudanças de paradigma e as revoluções na ciência dependem de um equilíbrio adequado desses impulsos opostos. Quando uma parte suficiente da comunidade científica (em particular aqueles que ocupam posições de poder) se dispõe a abandonar a ortodoxia em favor da (antes) radical teoria nova, então, e só então, é que pode ocorrer uma mudança de paradigma (ver capítulo 2).

Charles Darwin é um bom exemplo de cientista que negociou a tensão essencial entre ceticismo e credulidade. O historiador da ciência Frank Sulloway identifica três características no pensamento de Darwin que o ajudaram a encontrar o seu equilíbrio: 1) ele respeitava as opiniões dos outros, mas se dispunha a desafiar autoridades (ele intimamente compreendia a teoria da criação especial, apesar de derrubá-la com sua própria teoria da seleção natural); 2) prestava muita atenção às evidências negativas (Darwin incluiu um capítulo chamado "Dificuldades na Teoria" em *A Origem das Espécies* – e, como resultado, seus opositores raramente podiam apresentar-lhe uma contestação com a qual ele já não tivesse lidado); e 3) ele generosamente se valeu da obra de outros (a correspondência de Darwin é composta por mais de 14 mil cartas, a maioria com extensas discussões e sequências de perguntas e respostas sobre problemas científicos). Darwin estava sempre questionando, sempre aprendendo, confiante o suficiente para formular ideias originais, mas também modesto o suficiente para reconhecer a própria falibilidade. "Em geral, é a comunidade científica como um todo que exibe essa tensão essencial entre tradição e mudança", Sulloway observa, "já que a maioria das pessoas tem uma preferência por uma maneira de pensar ou outra. O que é de fato raro na história da ciência é encontrar essas qualidades contraditórias combinadas de um modo tão bem-sucedido num mesmo indivíduo" (1991, pág. 32).

A tensão essencial ao lidar com "coisas estranhas" é entre ser tão cético a ponto de não captar as ideias revolucionárias e ter a mente tão aberta que os artistas da fraude consigam ludibriá-lo. O equilíbrio pode ser encontrado respondendo a algumas perguntas básicas: Qual é a qualidade da evidência que sustenta a afirmação? Quais são os antecedentes e credenciais da pessoa que faz a afirmação? A coisa funciona conforme anunciado? Como acabei descobrindo durante a minha odisseia pessoal no mundo da saúde alternativa e das terapias e implementos para aptidão física, com frequência as evidências são fracas, os antecedentes e credenciais dos que fazem as afirmações são questionáveis e a terapia ou implemento quase nunca faz o que promete.

Esse último ponto pode muito bem ser o crucial. É comum me perguntarem a respeito de astrologia. As pessoas em geral pedem a minha opinião sobre a teoria que está por trás da astrologia. Querem saber se o alinhamento de corpos planetários pode influenciar significativamente o destino humano. A resposta é não, mas o ponto mais importante é que a pessoa não precisa entender de gravidade ou conhecer as leis que regem o movimento dos planetas para avaliar a astrologia. Tudo o que se precisa é perguntar: ela funciona? Ou seja, será que os astrólogos predizem de modo preciso e específico o destino humano a partir dos alinhamentos planetários? Não, eles não fazem isso. Nenhum astrólogo fez previsões sobre a queda do voo 800 da TWA, nenhum astrólogo previu o terremoto de Northridge. Portanto, a teoria por trás da astrologia é irrelevante, porque a astrologia simplesmente não faz o que os astrólogos afirmam que faz. Ela se esvai de mãos dadas com o centésimo macaco.

A ferramenta da mente

Vincent Dethier, em sua discussão das compensações da ciência, percorre um panteão das mais óbvias – dinheiro, segurança, prestígio – e também das transcendentes: "um passaporte para o mundo, um sentimento de pertencer a uma raça, um sentimento que transcende fronteiras políticas e ideologias, religiões e línguas". Mas ele deixa de lado todas essas em troca de uma "mais grandiosa e mais sutil" – a natural curiosidade dos humanos:

> *Uma das características que distinguem o homem de todos os outros animais (e sem dúvida o homem é um animal) é a necessidade do conhecimento pelo conhecimento. Muitos animais são curiosos, mas neles a curiosidade é uma faceta da adaptação. O homem tem uma fome de saber. E, para muitos homens, o fato de serem dotados da capacidade de saber faz com que se sintam no dever de saber. Todo o conhecimento, mesmo pequeno, mesmo que irrelevante para o progresso e o bem-estar, é uma parte do todo. É disso que o cientista faz parte. Conhecer a mosca é compartilhar um pouco do aspecto sublime do Conhecimento. Esse é o desafio e o prazer da ciência. (1962, págs. 118-119.)*

No seu nível mais básico, é a curiosidade sobre como as coisas funcionam que define a ciência. Como Feynman observou: "Fiquei fascinado, por assim dizer – sentindo-me como alguém que ganhou algo maravilhoso quando criança e está sempre buscando isso de novo. Estou sempre procurando, como uma criança, as maravilhas que sei que vou encontrar – talvez não todas as vezes, mas uma vez ou outra" (1988, pág. 16). A questão mais importante em educação, então, é esta: Que ferramentas são dadas à criança para ajudá-la a explorar, apreciar e entender o mundo? Das várias ferramentas ensinadas na escola, a ciência e o pensamento cético em relação a todas as afirmações devem estar entre as principais.

As crianças nascem com a capacidade de perceber relações de causa e efeito. Nossos cérebros são máquinas naturais para juntar fragmentos de eventos que possam estar relacionados e resolver problemas que exijam a nossa atenção. Podemos visualizar um antigo hominídeo da África tirando lascas, desgastando e dando forma a uma pedra, produzindo assim uma ferramenta que o ajudará a escavar uma grande carcaça de mamífero. Ou imaginar o primeiro indivíduo que, ao golpear uma pederneira, descobriu que podia criar uma faísca e acender um fogo. A roda, a alavanca, o arco e a flecha, o arado – invenções concebidas para permitir-nos moldar o nosso ambiente em vez de sermos moldados por ele – nos colocaram num caminho que levou ao nosso moderno mundo científico e tecnológico.

No nível mais básico, devemos pensar em continuar vivos. Pensar é a característica humana mais essencial. Há mais de três séculos, o matemático e filósofo francês René Descartes, após uma das mais completas e céticas purificações da história do intelecto, concluiu que uma coisa ele sabia com certeza: "*Cogito ergo sum* – Penso, logo existo". Mas existir humanamente é pensar. Invertendo Descartes, podemos dizer: "*Sum ergo cogito* – Existo, logo penso".

2

A coisa mais preciosa que temos

A diferença entre ciência e pseudociência

A parte do mundo conhecida como Ocidente industrializado poderia, em sua totalidade, ser vista como um monumento à Revolução Científica, iniciada há mais de quatrocentos anos e resumida numa única frase por um de seus iniciadores, Francis Bacon: "Conhecimento é poder". Vivemos numa era de ciência e tecnologia. Trinta anos atrás, o historiador da ciência Derek J. De Solla Price observou que, "usando qualquer definição razoável de cientista, podemos dizer que, de todos os cientistas que já existiram até hoje, 80% a 90% estão vivos neste momento. Por outro lado, qualquer jovem cientista que esteja começando agora, se no final de seu tempo normal de vida voltar o olhar para a sua carreira, descobrirá que 80% a 90% de todo o trabalho científico que for realizado até o final desse período terá ocorrido diante de seus próprios olhos e que apenas 10% a 20% terão antecedido a sua experiência" (1963, págs. 1-2).

Hoje, por exemplo, temos publicados mais de 6 milhões de artigos em bem mais de 100 mil revistas científicas. O DDC (Dewey Decimal Classification) lista hoje mais de mil diferentes classificações sob a entrada "Ciência Pura". E em cada uma dessas classificações há dezenas de periódicos especializados. A Figura 1 mostra o crescimento no número de publicações científicas, desde a fundação da Royal Society em 1662, quando havia duas, até o presente.

Praticamente cada campo de estudo mostra uma curva de crescimento exponencial como esta. Conforme o número de indivíduos trabalhando num campo cresce, também aumenta o volume de conhecimento, o que cria mais empregos, atrai mais pessoas e assim por diante. As curvas de crescimento da filiação à

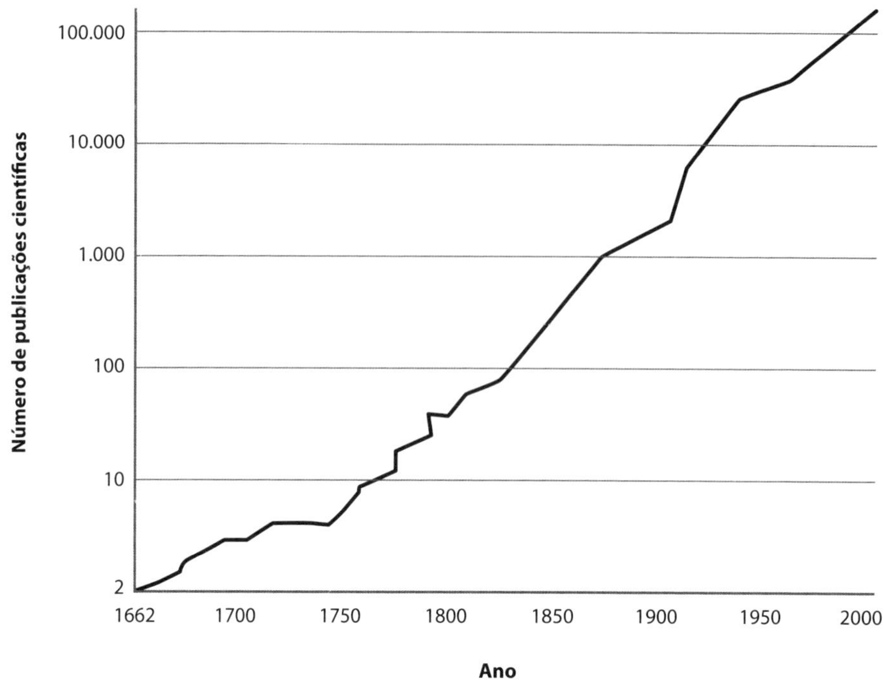

Figura 1: Número de publicações científicas, de 1662 até 2000 (De Solla Price, 1963)

American Mathematical Society (fundada em 1888) e à Mathematical Association of America (fundada em 1915), que aparecem na figura 2, mostram substancialmente esse fenômeno. Em 1965, ao observar a taxa acelerada com que os indivíduos estavam entrando nas ciências, o ministro da Ciência e Educação da Grã-Bretanha concluiu: "Por mais de duzentos anos, cientistas em toda parte foram uma minoria significativa da população. Na Grã-Bretanha, hoje, eles superam em número o clero e os oficiais das Forças Armadas. Se a taxa de progressão mantida desde a época de *sir* Isaac Newton continuasse por mais duzentos anos, todo homem, mulher e criança da Terra seriam cientistas, assim como cada cavalo, vaca, cachorro e mula. (*In* Hardison, 1988, pág. 14.)

A velocidade dos meios de transporte também mostrou progressão geométrica, com a maior parte da mudança sendo feita no último 1% da história humana. O historiador francês Fernand Braudel nos diz, por exemplo, que "Napoleão não se movia com maior rapidez do que Júlio César" (1981, pág. 429). Mas no século 20 a velocidade do transporte aumentou astronomicamente (no sentido figurado e literal), como mostra a lista a seguir:

1784 ..... Diligência .... 16 km/h
1825 ..... Locomotiva a vapor .... 21 km/h

1870 ..... Bicicleta .... 17 km/h
1880 ..... Trem a vapor .... 160 km/h
1906 ..... Automóvel a vapor .... 200 km/h
1919 ..... Primeiras aeronaves .... 263 km/h
1938 ..... Aeroplano .... 643 km/h
1945 ..... Aeroplano de combate .... 975 km/h
1947 ..... Avião-foguete Bell X-1 .... 1.237 km/h
1960 ..... Foguete .... 6.437 km/h
1985 ..... Ônibus espacial .... 29 mil km/h
2000 ..... Sonda TAU de espaço profundo .... 362 mil km/h

Um último exemplo de mudança tecnológica baseada em pesquisa científica servirá para esclarecer de vez esse ponto. Vários tipos de dispositivo para marcação do tempo – indicadores, mostradores e relógios – melhoraram exponencialmente em precisão, como é ilustrado na figura 3.

Mas, se estamos vivendo na Era da Ciência, por que então existem tantas crenças pseudocientíficas e não científicas? Religiões, mitos, superstições, misticismo, cultos, noções da Nova Era e bobagens de todo tipo têm penetrado os meandros tanto da cultura popular como da alta cultura. Uma pesquisa da Gallup de 1990 com 1.236 adultos americanos mostrou alarmantes porcentagens de crença no paranormal (Gallup e Newport 1991, págs. 137-146).

Astrologia 52%
Percepção extrassensorial 46%
Bruxas 19%
Alienígenas desembarcando na Terra 22%
O continente perdido da Atlântida 33%
Dinossauros e humanos foram contemporâneos 41%
O dilúvio de Noé 65%
Comunicação com os mortos 42%
Fantasmas 35%
Tiveram de fato uma experiência paranormal 67%

Existem muitas outras ideias populares hoje em dia que têm pouca ou nenhuma sustentação científica, como a detecção de água com galhos de árvores, o Triângulo das Bermudas, poltergeists, biorritmo, criacionismo, levitação, psicocinese, astrologia, fantasmas, detetives paranormais, OVNIs, visão a distância, aura kirlian, emoções em plantas, vida após a morte, monstros, grafologia, criptozoologia, clarividência, mediunidade, poder das pirâmides, cura pela fé, o Abominável Homem das Neves, prospecção com uso de paranormalidade, casas assombradas, máquinas de movimento perpétuo, locais sem gravidade e, engraçado, controle de natalidade astrológico. A crença nesses fenômenos não se limita a um punhado de gente extravagante ou mesmo lunática. É algo mais generalizado do que a maioria de nós gostaria de imaginar, o que é estranho se considerarmos em que medida a ciência já avançou desde a Idade Média. Será que já não deveríamos saber que fantasmas não podem existir a não ser que as leis da ciência sejam falhas ou incompletas?

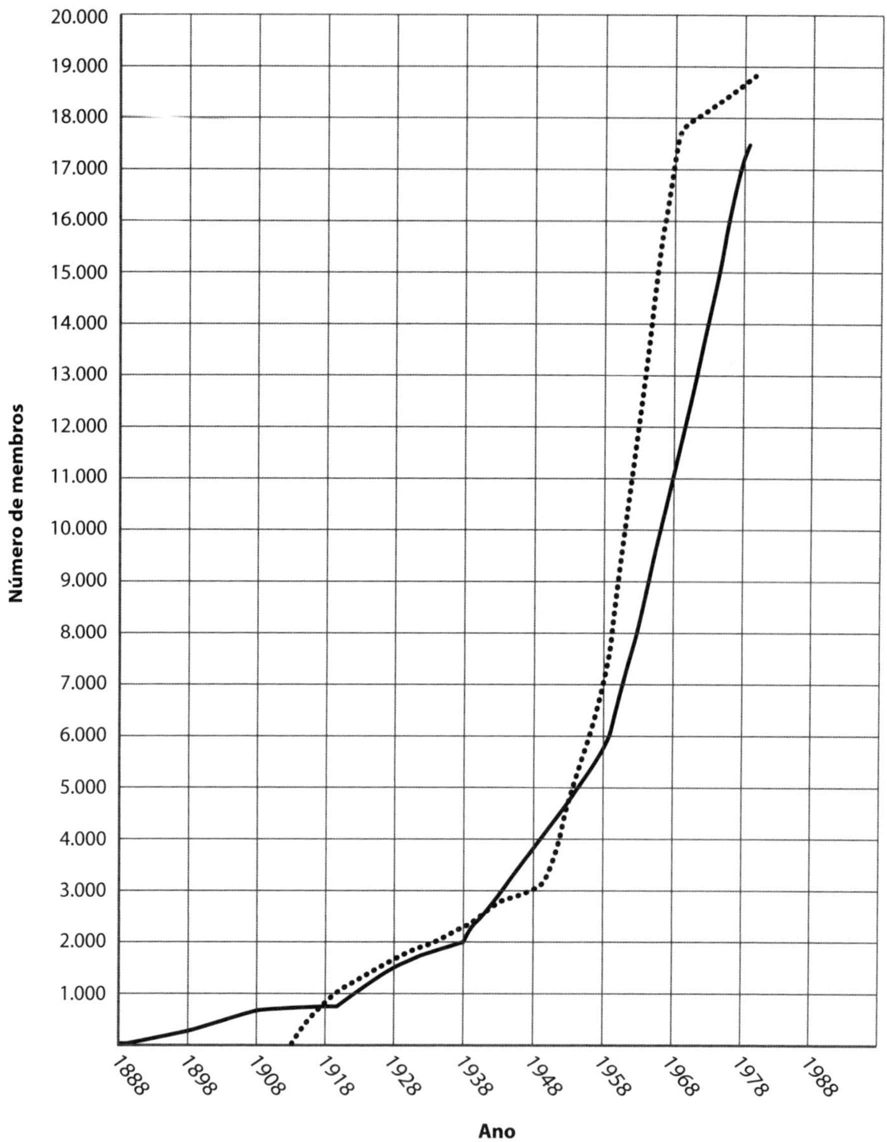

Figura 2: Crescimento da filiação à American Mathematical Society (linha contínua) e à sua predecessora, a New York Mathematical Society, fundada em 1888; e de filiação à Mathematical Association of America (linha pontilhada), fundada em 1915 [Cortesia da Mathematical Association of America].

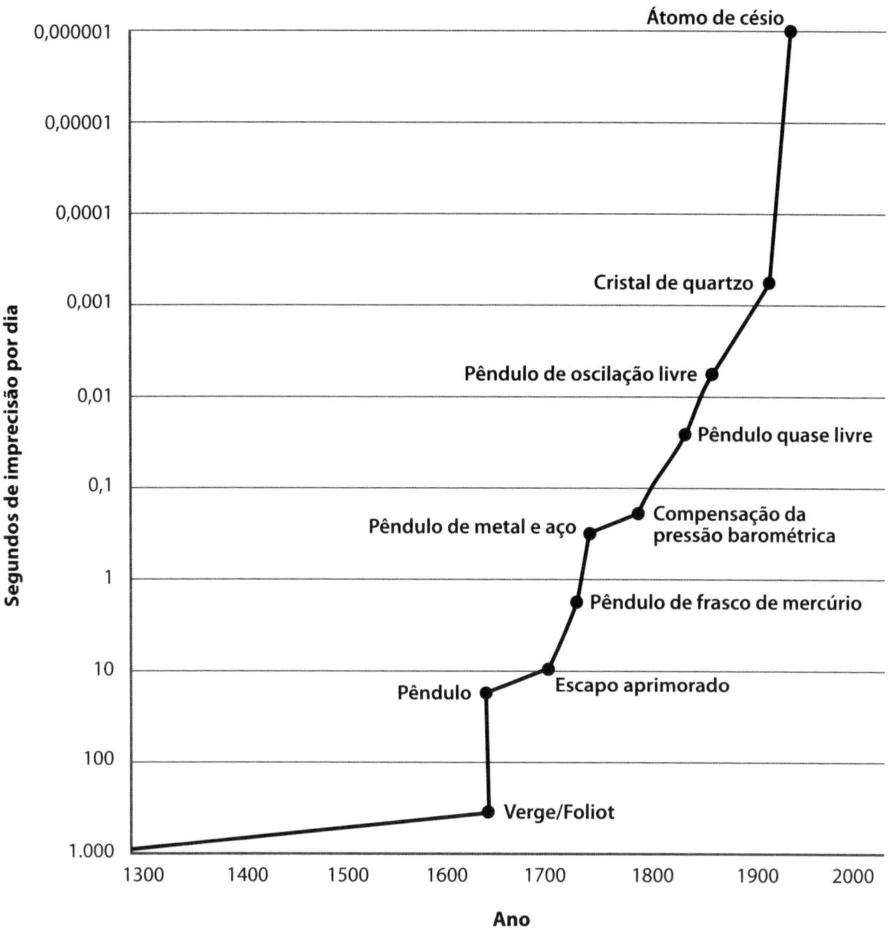

Figura 3: Precisão dos dispositivos de marcação do tempo, de 1300 até 2000.

O paradoxo de Pirsig

Há um diálogo impagável de pai e filho no clássico relato de aventura intelectual de Robert Pirsig (1974), *Zen and the Art of Motorcycle Maintenance* ("Zen e a Arte da Manutenção de Motocicletas", Paz e Terra, 1988), sobre uma viagem de moto pelo país, com muitas discussões de fim de noite. O pai diz ao filho que não acredita em fantasmas porque "eles são não científicos. Eles não são feitos de matéria e não têm energia e, portanto, segundo as leis da ciência, só existem na imaginação das pessoas. Mas as leis da ciência tampouco contêm matéria e energia e, portanto, também existem apenas na mente das pessoas. É melhor não acreditar nem em fantasmas nem nas leis da ciência". O filho, agora confuso, fica achando que o pai debandou para o niilismo. (1974, págs. 38-39.)

– Então você não acredita em fantasmas nem na ciência?

– Não, em fantasmas eu acredito.

– O quê?

– Bom, as leis da física e da lógica... Os sistemas numéricos... O princípio de substituição algébrica. São os nossos fantasmas. Só que a gente tem uma fé tão grande neles, que eles parecem reais. Por exemplo, parece perfeitamente natural pressupor que a gravidade e a lei da gravidade existiam antes que Isaac Newton as descobrisse. Pareceria loucura pensar que até o século XVII não existia gravidade.

– É claro.

– O que tenho em mente – digo eu – é a ideia de que, antes que a Terra se formasse, antes que o Sol e as estrelas surgissem, antes que qualquer outra coisa fosse criada, a lei da gravidade já existia.

– E óbvio.

– Mesmo assim, parada ali, sem massa nem energia, sem estar na cabeça de ninguém, porque ninguém existia, nem situada no espaço, porque também não havia espaço, parada ali no nada, ela ainda existia?

Agora John já não tem mais tanta certeza.

– Se a lei da gravidade já existisse, eu francamente não saberia quais as condições a que as coisas deveriam atender para não existirem. Parece-me que a lei da gravidade passou por todos os testes possíveis de inexistência. Não se pode imaginar sequer uma propriedade de inexistência que não se aplique à lei da gravidade. Nem tampouco uma propriedade de existência que se aplique a ela. Ainda assim, todo mundo acha natural acreditar que ela já existia.

– É, acho que eu tenho de pensar melhor sobre o assunto – reconhece John.

– Bom, calculo que, se você pensar bastante, depois de dar umas quinhentas mil voltas vai chegar a uma única conclusão possível, inteligente e racional: a lei da gravidade e até mesmo a própria gravidade não existiam antes de Isaac Newton. Não existe conclusão mais coerente. E isso quer dizer – prossigo, antes que ele me interrompa –, isso quer dizer que a lei da gravidade existe apenas na nossa cabeça! É um fantasma!

É isso o que chamo de *Paradoxo de Pirsig.* Um dos problemas mais complicados para historiadores e filósofos da ciência nas três últimas décadas foi resolver a tensão entre a visão da ciência como uma busca progressiva, culturalmente independente e objetiva da Verdade, e a visão da ciência como uma criação não progressiva, socialmente construída e subjetiva do conhecimento. Os filósofos da ciência rotulam essas duas abordagens respectivamente como *internalista* e *externalista.* A *internalista* concentra-se no trabalho interno da ciência, independente de seu contexto cultural mais amplo: o desenvolvimento das ideias, hipóteses, teorias e leis e a lógica interna delas e entre elas. O belga-americano George Sarton, um dos fundadores do campo da história da ciência, lançou a visão internalista. A discussão de Sarton sobre a abordagem internalista pode ser resumida da seguinte maneira:

1. O estudo da história da ciência só se justifica por sua relevância em relação à ciência presente e futura. Portanto, os historiadores devem entender a ciência atual para ver de que modo a ciência passada moldou o seu desenvolvimento.
2. A ciência é "conhecimento positivo sistematizado" e "a aquisição e a sistematização de conhecimento positivo são as únicas atividades humanas verdadeiramente cumulativas e progressivas" (Sarton, 1936, pág. 5). Portanto, o historiador deve considerar cada passo histórico em termos de seus efeitos progressivos ou regressivos.
3. Embora a ciência esteja entranhada na cultura, ela não é influenciada pela cultura em nenhum grau significativo. Portanto, o historiador não precisa se preocupar com o contexto externo e deve se concentrar nas tarefas internas da ciência.
4. A ciência, por ser positiva, cumulativa e progressiva, é a contribuição mais importante para a história da humanidade. Portanto, é a coisa mais importante que um historiador pode estudar. Fazer isso ajudará a evitar guerras e a construir pontes entre as pessoas e as culturas.

Em contraste, a abordagem *externalista* concentra-se em colocar a ciência no contexto cultural mais amplo, que inclui religião, política, economia e ideologias e considera o efeito que estas têm no desenvolvimento das ideias, hipóteses, teorias e leis científicas. O filósofo da ciência Thomas Kuhn iniciou a tradição externalista em 1962, com a publicação de seu *The Structure of Scientific Revolutions* ("A Estrutura das Revoluções Científicas", Perspectiva, 2003). Nesse livro, ele introduz os conceitos de paradigma científico e mudança de paradigma. Refletindo sobre a tradição internalista, Kuhn conclui: "Os historiadores da ciência têm para com o falecido George Sarton uma dívida imensa por seu papel em estabelecer a sua profissão, mas a imagem da sua especialidade que ele propagou continua a ser muito prejudicial, apesar de já ter sido rejeitada há muito tempo" (1977, pág. 148).

O historiador da ciência Richard Olson, que passou da física para a história da ciência, consegue um equilíbrio dessas duas posições. Olson abre o seu livro de 1991, *Science Deified and Science Defied*, com uma citação do psicólogo B. F. Skinner que sucintamente define a posição internalista: "Nenhuma teoria muda aquilo a que se refere". Olson vai adiante e rejeita esse internalismo estrito: "Há uma questão importante sobre se é possível interpretar tal declaração de modo que possa ser verdadeira mesmo que os objetos da teoria sejam inanimados; mas não há dúvida de que é falsa quando aplicada a humanos e a outros organismos vivos". Uma posição mais equilibrada, diz Olson, é encarar a ciência ao mesmo tempo como produto e como produtora de cultura: "De muitas maneiras a ciência tem meramente justificado as sucessivas substituições de mitos obsoletos por outros mais modernos como base para a sua compreensão do mundo. A própria teoria científica só surge a partir e sob a influência de seu meio social e intelectual; ou seja, ela é um produto assim como é um determinante da cultura" (pág. 3). Tal equilíbrio é requerido porque o internalismo estrito é impossível, mas, se todo o conhecimento é socialmente construído e fruto da cultura, a posição externalista fica submetida a si mesma e deve então colapsar. A crença de que todo conhecimento é determinado culturalmente e portanto carece de certeza é em grande parte o fruto de um meio cultural incerto.

O externalismo extremo (às vezes chamado de *relativismo forte*) não pode estar certo. No entanto, aqueles de nós que fomos treinados pela geração de historiadores de Olson (ele foi um dos meus orientadores de tese) sabemos muito bem que os fenômenos sociais e as tradições culturais influenciam *de fato* as teorias, que, por sua vez, determinam como os fatos são interpretados; os fatos então reforçam as teorias e assim sucessivamente, até que, por alguma razão, um paradigma muda. No entanto, se a cultura *determina* a ciência – se os fantasmas e as leis da natureza existem apenas na mente das pessoas –, então a ciência não é melhor do que a pseudociência. Não há diferença entre os fantasmas e as leis da ciência?

Podemos escapar desse círculo de questões reconhecendo o seguinte a respeito da ciência: apesar de ser influenciada pela cultura, a ciência pode ser considerada cumulativa e progressiva quando esses termos são usados de uma maneira precisa e isenta de julgamentos. O progresso científico é *o crescimento cumulativo de um sistema de conhecimento ao longo do tempo, no qual aspectos úteis são mantidos e aspectos inúteis são abandonados, com base na rejeição ou confirmação de conhecimento testável.* Por essa definição, a ciência (e por extensão a tecnologia) é a única tradição cultural progressiva, não de alguma maneira moralista ou hierárquica, mas de um modo tangível e definível. A ciência, não importa se é deificada ou desafiada, é progressiva nesse sentido cumulativo. É isso o que coloca a ciência à parte de todas as outras tradições, especialmente da pseudociência.

A solução do problema internalista-externalista – o paradoxo de Pirsig – exige precisão semântica e estudo de exemplos históricos. Um exemplo servirá para ilustrar as fascinantes conexões de ciência e política. A maioria dos teóricos políticos veem o *Leviatã* (1651) de Thomas Hobbes como um dos tratados políticos mais importantes da era moderna. A maioria, porém, não percebe em que medida a política de Hobbes deve às ideias científicas da sua época. Hobbes, na verdade, via-se como o Galileu Galilei e o William Harvey da ciência da sociedade. A carta-dedicatória para o seu *De Corpore Politico* (1644) é um dos mais imodestos manifestos da história da ciência: "Galileu... foi o primeiro que abriu para nós o portal da filosofia natural universal, que é o conhecimento da natureza do movimento... O corpo da ciência do homem, a parte mais aproveitável da ciência natural, foi descoberto primeiro com admirável sagacidade por nosso conterrâneo, o doutor Harvey. A filosofia natural é portanto bem jovem; mas a filosofia civil é ainda mais jovem, já que não é mais velha... do que o meu próprio *de Cive*" (1839-1845, vol. 1, págs. VII-IX).

Hobbes travou contato com o pensamento científico quando tinha quarenta anos. Ao deparar com um exemplar dos *Elementos* de Euclides na casa de um amigo, debruçou-se sobre um teorema e só conseguiu entendê-lo quando examinou as definições e postulados precedentes. Num daqueles vislumbres tão importantes nos anais da ciência, Hobbes começou a aplicar a lógica geométrica à teoria social. Assim como Euclides construiu uma ciência da geometria, Hobbes construiria uma ciência da sociedade, começando pelo primeiro princípio de que o universo é composto por matéria em movimento. O seu segundo princípio era que toda vida depende de "movimento vital", assim como ocorre, nas palavras de Hobbes, "com o movimento do sangue, perpetuamente circulando (como tem sido demonstrado a partir de muitos sinais e marcas infalíveis pelo doutor Harvey, o primeiro a observá-lo) pelas veias e artérias" (1839-1845, vol. 4, pág. 407). Por meio dos sentidos, o cérebro detecta o movimento mecânico dos objetos no ambiente. Como todas as ideias simples vêm desses movimentos básicos dos sentidos, as ideias complexas devem vir de combinações de ideias simples. Assim, todo o pensamento é um tipo de movimento no cérebro chamado "memórias". Conforme o movimento diminui, as memórias ficam mais fracas.

Os humanos também estão em movimento, impulsionados pelas paixões – apetites (prazer) e aversões (dor) –, para manter o movimento vital da própria vida. Para obter prazer e evitar a dor, a pessoa precisa de poder. No estado natural, todos são livres para exercer poder sobre os outros e assim obter maior prazer. Hobbes chama isso de *direito natural*. Paixões desiguais entre indivíduos que vivem em estado natural levam a um estado de "guerra de todos contra todos". Na sua passagem mais famosa sobre teoria política, Hobbes imagina a vida sem governo e sem estado: "Em tais condições não há lugar para atividade industriosa porque o fruto dela é incerto... não há cômputo do tempo, não há artes, letras, sociedade e, o pior de tudo, o medo e o perigo de morte violenta são contínuos e a vida do homem é solitária, pobre, sórdida, embrutecida e curta" ([1651] 1968, pág. 76). Felizmente, argumenta Hobbes, os humanos têm a razão e podem alterar o direito natural em favor da *lei natural*, a partir da qual nasce o contrato social. O contrato requer que os indivíduos abram mão de *todos* os direitos (exceto o de autodefesa) em favor do soberano que, como o Leviatã bíblico, é responsável apenas perante Deus. Comparado com a guerra de todos contra todos, o soberano presidindo o estado é bem superior e forma a base de uma sociedade racional, na qual a paz e a prosperidade serão disponíveis em larga escala.

Exagerei na simplificação das etapas da complexa teoria de Hobbes, mas a questão é que sua argumentação era euclidiana e seu sistema era mecânico. Ele começou com princípios básicos metafísicos e terminou com uma estrutura social completa. Além disso, como muitos teóricos da política consideram Hobbes o pensador mais influente da idade moderna, a conexão que Hobbes fez de política e ciência ainda se sustenta. Ciência e cultura são interativas e não separadas e independentes, apesar das tentativas dos cientistas de mantê-las separadas. Um dos fundadores da ciência moderna, Isaac Newton, na terceira edição (1726) da sua grande obra, os *Principia*, afirmava: "Até o momento não fui capaz de descobrir a causa das propriedades da gravitação a partir dos fenômenos e não invento hipóteses; e as hipóteses, sejam metafísicas ou físicas, sejam qualidades ocultas ou mecânicas, não têm lugar na filosofia experimental" ([1729] 1962, vol. 2, pág. 547). No entanto, Olson demonstrou que com muita frequência Newton inventava, sim, hipóteses, "como a conjetura de que a luz é corpuscular e se parece com bolas de tênis, que é claramente apresentada na primeira dissertação sobre óptica" (1991, pág. 98). Além disso, diz Olson, mesmo em relação à lei da gravidade – a maior realização de Newton –, ele inventou hipóteses: "É inegável que ele tenha de fato especulado sobre a causa da gravidade – não só privadamente, mas também em escritos publicados. Já se argumentou de modo bem convincente que, quanto ao estudo da filosofia natural experimental no século 18, as conjeturas e hipóteses de Newton... eram mais importantes do que a anti-hipotética tradição dos *Principia*" (1991, pág. 99). De fato, o que poderia ser mais oculto e metafísico do que "a ação a distância" produzida pela gravidade? O que é a gravidade? É a tendência dos objetos de se atraírem mutuamente. Por que os objetos são atraídos mutuamente? Por causa da gravidade. Além de ser tautológica, essa explanação soa bastante fantasmal, o que nos leva à solução do paradoxo de Pirsig.

Os fantasmas existem? As leis científicas existem? Não há diferença entre fantasmas e leis científicas? É claro que há e a maioria dos cientistas acredita em leis científicas e não em fantasmas. Por quê? Porque uma lei científica é *uma descrição de uma ação que se repete regularmente e que está aberta a rejeição ou confirmação.* Uma lei científica descreve alguma ação na natureza que pode ser testada. A descrição está na mente. A ação que se repete está na natureza. O teste a confirma ou rejeita como lei. A lei da gravidade, por exemplo, descreve a atração repetida entre objetos e tem sido testada inúmeras vezes em relação à realidade externa, e portanto foi confirmada. Os fantasmas nunca foram testados de modo bem-sucedido em relação à realidade externa (eu não levo em conta fotos borradas com manchas que podem ser explicadas e replicadas por distorções de lente ou por aberrações da luz). A lei da gravidade pode ser considerada factual, o que significa que foi confirmada em tal medida que é razoável oferecer-lhe uma concordância provisória. Os fantasmas podem ser considerados não factuais porque nunca foram confirmados em *nenhuma* medida. Por fim, embora a lei da gravidade não existisse antes de Newton, a gravidade existia. Os fantasmas nunca existem, a não ser na descrição feita por quem acredita neles. A diferença entre fantasmas e leis científicas é significativa e real. O paradoxo de Pirsig está solucionado: todas as descrições estão na mente, mas as leis científicas descrevem fenômenos naturais que se repetem, enquanto as afirmações pseudocientíficas são idiossincráticas.

Pseudociência e pseudo-história

Tudo bem, os fantasmas são uma bobagem, junto com a maioria das afirmações reunidas sob a categoria de pseudociência, rótulo pelo qual me refiro a *afirmações apresentadas de modo que parecem científicas embora careçam de evidência para sustentá-las e de plausibilidade.* A busca de vida extraterrestre não é pseudociência, pois é plausível, mesmo que a evidência dela seja até o momento inexistente (o programa SETI – Search for Extraterrestial Intelligence – procura sinais de rádio extraterrestres). As afirmações de abdução por alienígenas, porém, são pseudociência. Não só falta evidência física, mas é altamente implausível que alienígenas estejam levando milhares de pessoas para as suas naves espaciais que pairam sobre a Terra sem que ninguém detecte essas naves ou comunique o desaparecimento das pessoas.

Mas e a respeito de eventos históricos? Como sabemos que aconteceram, já que não se repetem, nem na natureza nem em laboratório? Como veremos nos capítulos 13 e 14, há uma significativa diferença entre história e pseudo-história. A maioria das pessoas pode argumentar que a história não é uma ciência. No entanto, elas terão de concordar com o fato de que os negadores do Holocausto e os afrocentristas radicais estão fazendo algo diferente daquilo que fazem os historiadores. Onde está a diferença? No capítulo 1, enfatizei que a validação externa por meio da observação e do teste é uma das características-chave da ciência. O que nos dizem aqueles que creem em abduções é que não há como testar as suas afirmações porque a experiência foi, em certo sentido, um evento histórico, e não estávamos lá para observar por nós mesmos. Além disso, a própria experiência de abdução é com frequência uma memória reconstruída por meio de "regressão hipnótica", o que torna a validação externa ainda mais difícil.

No entanto, eventos históricos podem ser testados. A validação externa é possível. Por exemplo, a estudiosa de clássicos Mary Lefkowitz escreveu uma resposta às afirmações afrocentristas de que a civilização ocidental, a sua filosofia, ciência, arte, literatura e tudo o mais vieram da África, não da Grécia e de Roma. O livro de Lefkowitz, *Not Out of Africa*, levantou muita poeira nos Estados Unidos e ela foi acusada de tudo, de racista a politicamente incorreta. Ela escreveu o livro depois de assistir a uma palestra realizada em fevereiro de 1993 no Wellesley College (onde leciona) pelo doutor Yosef A. A. ben-Jochannan, um conhecido radical afrocentrista. Entre as declarações exorbitantes feitas na palestra estava a afirmação de que as ideias de Aristóteles, que se tornaram o alicerce da filosofia ocidental, foram roubadas pelo filósofo grego da biblioteca de Alexandria, em que negros africanos haviam depositado as suas obras. Na sessão de perguntas e respostas, Lefkowitz perguntou a ben-Jochannan como isso seria possível, já que a biblioteca foi construída após a morte de Aristóteles. A resposta foi esclarecedora:

> *O doutor ben-Jochannan não foi capaz de responder à pergunta e disse que se ressentiu do tom da inquirição. Vários estudantes me procuraram após a palestra*

acusando-me de racismo e sugerindo que eu havia sofrido uma lavagem cerebral da parte de historiadores brancos...

... Como se isso não fosse suficientemente perturbador, houve também o estranho silêncio da parte de muitos de meus colegas professores. Vários deles sabiam muito bem que aquilo que o doutor ben-Jochannan estava dizendo era factualmente incorreto. Uma das professoras declarou mais tarde que tinha achado a palestra tão "desastrosa" que decidira não dizer nada... Depois, quando fui procurar a diretora da faculdade para explicar que não havia evidência factual que sustentasse algumas afirmações afrocentristas a respeito da história antiga, ela replicou que cada um de nós tinha uma visão da história diferente, mas igualmente válida...

... Quando declarei numa reunião de professores que Aristóteles não poderia ter roubado a sua filosofia da biblioteca de Alexandria no Egito porque a biblioteca só foi construída após a sua morte, outro colega respondeu: "Não me interessa quem roubou o que de quem". (1996, págs. 2, 3, 4.)

Nisso reside o problema. Cada um de nós pode ter uma visão diferente da história, mas elas não são todas igualmente válidas. Algumas são históricas e outras são pseudo-históricas, ou seja, *não contam com evidência que lhes dê sustentação e não têm plausibilidade, além de ser apresentadas primordialmente com propósitos políticos ou ideológicos.*

Uma variedade de fontes atesta independentemente o tempo de vida de Aristóteles (384-322 a.C.) e também a data mais antiga para a biblioteca de Alexandria (depois de 323 a.C.). É um fato que Aristóteles morreu antes que a biblioteca de Alexandria fosse construída. Seria necessária uma massiva e ampla campanha de negação e falsificação para mudar esse fato, que é exatamente o que os afrocentristas radicais fazem. Sem dúvida, os humanos são capazes de quase qualquer coisa, como, por exemplo, alterar as conclusões históricas. Mesmo assim, como Lefkowitz aponta, "não existe razão para se dar crédito a afirmações sobre conspiração se não se consegue produzir nenhuma evidência real para sustentá-las" (pág. 8). O que nos leva a outro ponto importante: pseudo-historiadores e historiadores não tratam o seu público do mesmo modo e usam os dados de maneira diferente. Se o doutor ben-Jochannan quisesse argumentar que Aristóteles foi influenciado por certas ideias ou estava familiarizado com elas porque circulavam entre a Grécia e a África, poderia ter examinado as evidências em favor e as contrárias a essa teoria. Na verdade, Lefkowitz faz exatamente isso. Mas o doutor ben-Jochannan não está interessado em fatos históricos na mesma medida em que se interessa por condimentos históricos, não se interessa em ensinar as nuances da historiografia e sim em instilar sua agenda afrocentrista. Ele parte de um ponto válido, que é a influência da ideologia sobre o conhecimento, mistura-o com a ignorância ou a apatia de uma plateia em relação a eventos históricos, acrescenta alguns poucos fatos históricos e um monte de inferências excêntricas sobre o passado – e faz pseudo-história.

As ciências da história estão enraizadas numa rica série de dados a respeito do passado, que, embora não replicáveis, são assim mesmo válidos como fontes de informação para concatenar eventos específicos e confirmar hipóteses gerais. A impossibilidade de observar de fato eventos passados ou de montar experimentos controlados não é obstáculo para uma saudável ciência da paleontologia ou da geologia; então, por que deveria sê-lo para uma saudável ciência da história humana? A chave está na capacidade de testar as próprias hipóteses. Com base em dados do passado o historiador ensaia a construção de uma hipótese e depois a verifica, cotejando-a com "novos" dados revelados pela fonte histórica.

Eis um exemplo disso. Uma vez tive a oportunidade de escavar um dinossauro com Jack Horner, curador de paleontologia no Museu das Rochosas, em Bozeman, Montana. Em *Digging Dinosaurs*, Horner reflete sobre o processo histórico descrevendo as duas fases da famosa escavação, na qual expôs os primeiros ovos de dinossauro encontrados na América do Norte. O estágio inicial foi "tirar os fósseis do solo"; o segundo foi "olhar os fósseis, estudá-los, formular hipóteses baseadas no que havíamos visto e tentar prová-las ou refutá-las" (Horner e Gorman, 1988, pág. 168). A primeira fase de desencavar os ossos da pedra em volta deles é um trabalho extenuante. No entanto, conforme se passa dos martelos pneumáticos e picaretas para o instrumental odontológico e para pequenos pincéis, a interpretação histórica se acelera como uma função de cada fração de osso desenterrada, assim como se acelera o próprio entusiasmo de prosseguir escavando. "A paleontologia não é uma ciência experimental, é uma ciência histórica", explica Horner. "Isso significa que os paleontólogos raramente são capazes de testar as suas hipóteses em experimentos de laboratório, mas mesmo assim ainda podem testá-las" (pág. 168). Como?

Em 1981, Horner descobriu um sítio em Montana com cerca de 30 milhões de fragmentos de fósseis de ossos de maiassauro, dos quais ele concluiu, "numa estimativa conservadora, que havíamos descoberto o túmulo de 10 mil dinossauros" (pág. 128). Horner e sua equipe não escavaram 30 milhões de fragmentos fósseis. Em vez disso, extrapolaram a partir de algumas áreas expostas selecionadas quantos ossos havia no leito de 2 km por 400 m. A formulação da hipótese começou com uma questão: "O que um depósito como esse poderia representar?" (pág. 129). Não havia evidência de que predadores houvessem mastigado os ossos, embora muitos estivessem partidos pela metade, no sentido longitudinal. Além disso, os ossos estavam todos dispostos de leste para oeste – pela extensão do depósito de ossos. Os ossos pequenos haviam sido separados dos maiores e não havia ossos de maiassauros bebês, apenas de maiassauros com comprimento de 2,7 m a 7 m. O achado colocava mais perguntas do que fornecia respostas. O que teria feito os ossos se partirem no sentido do comprimento? Por que os ossos menores teriam se separado dos maiores? Tratava-se de uma manada gigante, todos mortos ao mesmo tempo, ou aquilo havia sido uma espécie de cemitério por muitos anos?

Uma primeira hipótese, de que uma corrente de água e lama havia enterrado o bando vivo, foi rejeitada porque "não fazia sentido que até mesmo uma poderosa corrente de lama conseguisse partir os ossos longitudinalmente... nem fazia sentido que um bando de animais vivos enterrados na lama acabasse com os esqueletos desarticulados". Aplicando o método hipotético-dedutivo, Horner formulou uma segunda hipótese: "Parecia tratar-se de um evento em duas etapas, com os dinossauros morrendo em um incidente e os ossos sendo destruídos em outro". Como havia uma camada de cinza vulcânica de cerca de 45 cm acima do leito de ossos, a atividade vulcânica estava implicada na morte da manada. Dedução: como os fósseis de ossos se dividiram apenas no sentido longitudinal, concluiu-se que o dano aos ossos ocorreu bem depois do evento que causara a morte, que podia ter sido uma erupção vulcânica, especialmente considerando que os vulcões "eram inúmeros nas Rochosas lá atrás no final do período cretáceo". Conclusão: "Uma manada de maiassauros havia sido morta pelos gases, fumaça e cinzas de uma erupção vulcânica. E, se uma imensa erupção matara todos eles de uma vez, então deveria também ter matado tudo o mais em volta", incluindo abutres ou predadores. Depois talvez tivesse havido uma inundação, quem sabe devido a um lago fraturado, que carregou os corpos em putrefação corrente abaixo, separando os ossos grandes dos pequenos (que são mais leves), dando-lhes uma orientação uniforme. "Finalmente, a cinza, sendo leve, teria subido para o alto dessa pasta fluida, conforme ela se assentou, ao mesmo tempo que os ossos afundavam." E quanto aos maiassauros bebês? "Talvez os bebês daquele ano ainda estivessem nos ovos ou em ninhos quando o vulcão entrou em erupção, ou talvez o acasalamento ainda não tivesse começado." E quanto aos bebês da estação anterior, que agora já seriam jovens? Horner admite que "ninguém pode afirmar com certeza se esses dinossauros produziam ninhadas a cada ano" (págs. 129-133).

Mesmo no primeiro estágio de uma escavação, enquanto os fósseis estão sendo extraídos do envoltório de pedra, já se aplica com constância o método hipotético-dedutivo. Quando cheguei ao acampamento de Horner, esperava encontrar o diretor de uma escavação totalmente patrocinada ocupado em gritar ordens para a sua equipe. Fiquei surpreso ao deparar com um paciente cientista sentado de pernas cruzadas diante da vértebra cervical de um *Apatousaurus* de 140 milhões de anos e imaginando o que fazer exatamente com ela. Logo depois chegou um repórter de jornal local (o que visivelmente era uma ocorrência corriqueira, pois ninguém tomou conhecimento dele) e perguntou a Horner o que aquela descoberta representava para a história dos dinossauros. Ela alterava alguma das suas teorias? Onde estava a cabeça? Havia mais de um corpo no sítio? E assim por diante. As respostas de Horner eram condizentes com as de um cientista cauteloso: "Ainda não sei". "Sei lá." "Precisamos de mais evidências." "Vamos ter que esperar para ver."

Isso era ciência histórica em sua melhor expressão. Por exemplo, após dois longos dias em que não foi revelado nada além de rocha sólida e da minha própria inépcia em enxergar um osso dentro de uma pedra, um dos assistentes indicou que a pedra que eu estava prestes a jogar fora era um pedaço de osso que parecia ser parte de uma costela. *Se* fosse uma costela, *então* o osso deveria manter a sua forma de costela conforme mais camadas de terra fossem removidas. Foi o que o osso fez por cerca de 30 cm, até que de repente se estendeu para a direita. Seria uma costela ou outra coisa? Jack se deslocou para verificar. "Poderia ser parte da pelve", sugeriu. *Se* fosse parte da pelve, *então* deveria também se estender para a esquerda quando mais terra fosse removida. Como foi previsto, o palpite de Jack se confirmou por evidência empírica posterior. E assim continuou, dia após dia. A escavação toda dependia desse tipo de raciocínio hipotético-dedutivo. Em certo sentido, a ciência histórica se torna experimental quando predições baseadas em evidência inicial são verificadas ou rejeitadas por evidências posteriores. A escavação da história, quer ela seja de ossos ou de textos, é o procedimento experimental do cientista histórico interessado em testar uma hipótese.

Devo observar que existem diferenças entre evidência paleontológica e evidência histórica humana. A primeira é principalmente uma evidência de primeira ordem – estritamente física, natural e interpretada extrapolando de que modo as leis naturais se aplicam agora e no passado. A segunda é tipicamente uma evidência de segunda ordem – documentos escritos por humanos altamente seletivos que acrescentam, suprimem e alteram a evidência. Os historiadores têm aprendido a tratar a evidência histórica de modo diferente do usado para tratar a evidência arqueológica ou paleontológica, reconhecendo que os lapsos nas evidências históricas com frequência têm a ver com o fato de os humanos escreverem sobre o que lhes interessa e sobre o que julgam ser importante na época. A natureza não suprime o registro daquilo que é marginalizado socialmente. Mesmo assim, como o historiador da ciência Frank Sulloway mostrou em seu controvertido livro *Born to Rebel*, de 1966, as hipóteses históricas podem ser testadas (ver capítulo 16, para uma discussão do modelo de Sulloway). Nos últimos cem anos, por exemplo, os historiadores têm levantado a hipótese de que classes sociais e conflito de classes sociais são a força que move as revoluções, tanto políticas quanto científicas. Sulloway testou essa hipótese marxista codificando milhares de indivíduos participantes de dezenas de revoluções por sua classe social e depois fazendo análise estatística para ver se havia de fato diferenças significativas de classe social entre os lados opostos das revoluções. A constatação é de que não havia. Marx estava equivocado, mas foi preciso um historiador treinado em ciências para descobrir esse fato ao realizar um simples experimento histórico.

Como a ciência muda

A ciência difere da pseudociência e a história difere da pseudo-história, não só em evidências e plausibilidade mas em como elas mudam. A ciência e a história são cumulativas e progressivas, no sentido de que continuam a melhorar e a refinar o conhecimento do nosso mundo e do nosso passado com base em novas observações e interpretações. A pseudo-história e a pseudociência, se é que chegam a mudar, o fazem basicamente por razões pessoais, políticas ou ideológicas. Mas *como* é que a ciência e a história mudam?

Uma das teorias mais úteis sobre como a ciência muda é o conceito de "mudança de paradigma", de Thomas Kuhn (1962). O paradigma define a "ciência normal" de uma época – conforme é aceita pela maioria dos cientistas praticantes em um determinado campo – e uma mudança (ou revolução) pode ocorrer quando um certo número de cientistas renegados e heréticos ganha suficiente evidência e poder para destronar o paradigma existente. O "poder" fica visível nos aspectos sociais e políticos da ciência: cargos de pesquisa e professorais em grandes universidades, influência junto a entidades patrocinadoras, controle de publicações e conferências, autoria de livros de prestígio e assim por diante. Defino paradigma como *um modelo compartilhado pela maioria mas não por todos os membros de uma comunidade científica, destinado a descrever e interpretar fenômenos observados ou inferidos, passados ou presentes, e voltado para a construção de um corpo de conhecimento testável, aberto a rejeição ou confirmação.* Em outras palavras, um paradigma capta o pensamento científico da maioria, mas na maior parte do tempo coexiste com paradigmas concorrentes – condição necessária para que novos paradigmas possam desbancar os antigos.

O filósofo da ciência Michael Ruse, em *The Darwinian Paradigm* (1989), identificou pelo menos quatro usos do termo paradigma.

1. ***Sociológico,*** focado num "grupo de pessoas que se aproximam, sentindo ter uma visão compartilhada (quer a tenham de fato ou não) e que em certa medida formam um grupo à parte dos outros cientistas" (págs. 124-125). No âmbito da psicologia, os psicanalistas freudianos são um bom exemplo de ciência guiada por um paradigma sociológico.
2. ***Psicológico,*** em que os indivíduos no paradigma literalmente veem o mundo de modo diferente em relação àqueles que estão fora do paradigma. Quase todos nós conhecemos aquelas figuras reversíveis usadas em experimentos de percepção, como a figura mutável de uma mulher na qual é possível perceber tanto uma idosa quanto uma jovem, com a percepção de uma delas impedindo de ver a outra. Nesse experimento em particular, quando se apresenta aos submetidos ao teste uma imagem forte de "mulher jovem" e depois a figura ambígua, isso induz à percepção da mulher jovem na figura, e, quando se apresenta primeiro uma imagem de "mulher idosa" seguida pela imagem ambígua, em 95% das vezes a mulher idosa é percebida na figura ambígua (Leeper, 1935).

De modo similar, alguns pesquisadores encaram a agressão em humanos como biologicamente inata e essencial, enquanto outros a veem como culturalmente induzida e dispensável. Aqueles que concentram a sua pesquisa em provar uma dessas duas visões estarão fazendo ciência guiados por um paradigma psicológico: ambas as visões têm sustentação, mas a escolha de em qual delas acreditar preferencialmente é influenciada por fatores psicológicos.

3. ***Epistemológico,*** no qual "a maneira de se fazer ciência está determinada pelo paradigma", pois as técnicas de pesquisa, os problemas e as soluções provêm das hipóteses, teorias e modelos. Uma teoria de frenologia que leve a desenvolver equipamento frenológico para medir protuberâncias no crânio seria um exemplo de ciência guiada por paradigma epistemológico.
4. ***Ontológico,*** no qual, no sentido mais profundo, "o que existe depende crucialmente do paradigma que se sustenta. Para Priestley, literalmente não havia algo como oxigênio... No caso de Lavoisier, ele não apenas acreditava no oxigênio: o oxigênio existia" (págs. 125-126). De modo similar, para Georges Buffon e Charles Lyell, as variedades numa população eram apenas degenerações da espécie originalmente criada; a natureza as eliminava para preservar a essência das espécies. Para Charles Darwin e Alfred Russel Wallace, as variedades eram a chave da mudança evolucionária. Cada visão depende de um paradigma ontológico diferente: Buffon e Lyell não podiam ver as variedades como motores da evolução porque a evolução não existia para eles; Darwin e Wallace não viam as variedades como degenerações porque a degeneração é irrelevante para a evolução.

Minha definição de paradigma vale para os usos *sociológico*, *psicológico* e *espistemológico*. No entanto, torná-lo totalmente *ontológico* significaria que qualquer paradigma é tão bom quanto qualquer outro, porque não há fonte externa de corroboração. Leitura de folhas de chá e previsões econômicas, fígados de carneiro e mapas meteorológicos, astrologia e astronomia, todos igualmente determinam a realidade sob um paradigma ontológico. Não que isso seja errado. Mas é ridículo. Por maiores dificuldades que os economistas e meteorologistas encontrem para prever o futuro, eles ainda são melhores nisso do que o leitor de folhas de chá ou do que aquele que adivinha examinando fígados de carneiro. Os astrólogos não são capazes de explicar o funcionamento interno de uma estrela, predizer o resultado da colisão de galáxias ou mapear o curso de uma espaçonave até Júpiter. Os astrônomos são, pela simples razão de que operam segundo um paradigma científico que está a toda hora sendo aprimorado em relação às rudes realidades da própria natureza.

A ciência é progressiva porque os seus paradigmas dependem de conhecimento cumulativo, obtido por meio de experimentação, corroboração e refutação. Pseudociência, não ciência, superstição, mito, religião e arte não são progressivos porque não têm metas ou mecanismos que permitam o acúmulo de conhecimento assentado no passado. Os seus paradigmas ou não mudam ou coexistem com outros paradigmas. O progresso, no sentido cumulativo, não é seu propósito. Isso não é uma crítica, apenas uma observação. Os artistas não se aprimoram a partir dos estilos de seus predecessores; inventam novos estilos. Pastores, rabinos e sacerdotes não tentam melhorar em relação aos seus mestres; repetem, interpretam e transmitem os seus conhecimentos. Os pseudocientistas não corrigem os erros de seus predecessores; eles os perpetuam.

O que quero dizer com mudança cumulativa, portanto, é que, quando um paradigma muda, os cientistas não abandonam a ciência como um todo. Em vez disso, aquilo que continua útil no paradigma é mantido, conforme vão sendo acrescentados novos aspectos e formuladas novas interpretações. Albert Einstein enfatizou esse ponto ao refletir sobre as suas próprias contribuições à física e à cosmologia: "Criar uma nova teoria não é como destruir um velho celeiro e erguer um arranha-céu no lugar. É mais como subir em uma montanha, obter visões novas e mais amplas e descobrir conexões inesperadas do nosso ponto de partida com o seu rico ambiente. Mas o ponto do qual partimos ainda existe e pode ser visto, embora pareça bem menor e forme uma pequena parte da nossa visão ampla, obtida ao vencermos os obstáculos em nossa aventura de escalar" (*in* Weaver, 1987, pág. 133). Embora Darwin tenha substituído a teoria da criação especial pela da evolução por seleção natural, muito do que havia antes foi mantido na nova teoria – a classificação de Linneu, a geologia descritiva, a anatomia comparada e assim por diante. O que mudou foi a maneira com que esses vários campos foram associados entre si ao longo da história – a teoria da evolução. Houve crescimento cumulativo *e* mudança paradigmática. Isso é progresso científico, definido como *o crescimento cumulativo de um sistema de conhecimento ao longo do tempo, no qual os aspectos úteis são mantidos e os não úteis são abandonados, com base na rejeição ou confirmação de conhecimento testável.*

O triunfo da ciência

Embora tenha definido a ciência como progressiva, admito que não é possível saber se o conhecimento não coberto pelo método científico é absolutamente certo, porque não temos um lugar externo – nenhum ponto de Arquimedes – a partir do qual possamos ver a Realidade. Mas é inegável que a ciência é muito influenciada pela cultura na qual está imersa e que os cientistas podem todos compartilhar um viés comum que os leve a pensar de certo modo a respeito da natureza. Mas isso não exclui nada da natureza progressiva da ciência, no sentido cumulativo.

A esse respeito, o filósofo Sydney Hook faz uma interessante comparação de artes e ciências: "A Madona Sistina de Rafael sem Rafael, as sonatas e sinfonias de Beethoven sem Beethoven são inconcebíveis. Na ciência, ao contrário, é muito provável que a maioria das realizações de qualquer cientista tenha sido alcançada por outros indivíduos trabalhando no campo" (1943, pág. 35). A razão para isso é que a ciência, tendo o progresso como uma de suas metas primordiais, procura compreender por meio de métodos objetivos (mesmo que raramente o consiga). As artes buscam despertar emoções e reflexão por meios subjetivos. Quanto mais subjetivo o intento, mais individual a arte se torna e, portanto, mais difícil senão impossível de ser produzida por outra pessoa. Quanto mais objetivo for o intento, maior a probabilidade de que outra pessoa possa também repetir essa realização. A ciência, na realidade, depende da repetição para a verificação. A teoria da seleção natural de Darwin teria passado pela cabeça de outro cientista – e, de fato, passou simultaneamente pela mente de Alfred Russel Wallace –, porque o processo científico é empiricamente verificável.

No Ocidente industrializado, a ênfase no progresso científico e tecnológico afetou muito as culturas ocidentais – em tal medida, que hoje definimos uma cultura como progressiva se ela estimula o desenvolvimento da ciência e da tecnologia. Na ciência, os aspectos úteis são mantidos e os não úteis são abandonados por meio da confirmação ou rejeição de conhecimento testável pela comunidade de cientistas. O método científico, desse modo, é construído para ser progressivo. Em tecnologia, os aspectos úteis são mantidos e os não úteis abandonados, com base na rejeição ou aceitação das tecnologias pelo público consumidor. As tecnologias, portanto, são também construídas para ser progressivas. As tradições culturais (arte, mito, religião) podem exibir alguns dos aspectos encontrados na ciência e na tecnologia, como o de ser aceitas ou rejeitadas em sua própria comunidade ou pelo público, mas nenhuma delas teve como sua meta primordial o crescimento cumulativo por meio de uma dívida com o passado. Mas no Ocidente industrializado a cultura assumiu uma nova feição: *ela tem como meta primordial o acúmulo de tradições e artefatos e usa, ignora e retoma tradições e artefatos culturais à medida que sejam necessários para auxiliar o progresso da ciência e da tecnologia.* Não podemos, em nenhum sentido absoluto, equiparar felicidade a progresso, ou progresso a felicidade, mas um indivíduo que encontre felicidade numa variedade de conhecimentos e artefatos, que aprecie a novidade e a mudança e goste dos padrões de vida estabelecidos pelo Ocidente industrializado, vai encarar uma cultura movida pelo progresso científico e tecnológico como progressiva.

Ultimamente a palavra *progresso* assumiu um sentido pejorativo, implicando superioridade em relação àqueles que "não progrediram tanto", ou seja, àqueles que não adotaram os valores ou o padrão de vida definidos pelo Ocidente industrializado, ou porque não foram capazes disso ou porque não se dispuseram a estimular o desenvolvimento da ciência e da tecnologia. Não me refiro a *progresso* nesse sentido pejorativo. O fato de uma cultura se orientar ou não para a ciência e a tecnologia não a torna melhor ou pior que outra, nem torna um modo de vida mais moral que outro ou um povo mais feliz que outro. Ciência e tecnologia têm inúmeras limitações e são faca de dois gumes. A ciência produziu o mundo moderno, mas pode também destruí-lo. Nossos avanços nas ciências físicas nos deram o plástico e os explosivos plásticos, os carros e os tanques, os aviões supersônicos e os bombardeiros B-1; também puseram o homem na Lua e os mísseis nos seus silos. Viajamos mais rápido e mais longe, mas o mesmo se dá com nossos agentes destrutivos. Os avanços na medicina nos permitem viver o dobro do que viviam os nossos ancestrais há apenas 150 anos e agora temos um problema de superpopulação potencialmente devastador, sem uma solução correspondente para a superpopulação. As descobertas em antropologia e cosmologia nos deram uma visão da origem das espécies e de como funciona o universo. Mas, para muitas pessoas, essas visões e suas correspondentes ideologias são um insulto às crenças pessoais e religiosas e uma ameaça provocadora ao confortável *status quo*. Pela primeira vez na história, nosso progresso científico e tecnológico coloca à nossa disposição várias maneiras de causar a extinção de nossa própria espécie. Isso não é bom nem mau. É simplesmente o resultado de um sistema cumulativo de conhecimento. Mas, por mais falha que possa ser, a ciência é no presente momento o melhor método que temos para fazer o que queremos que ela faça. Como Einstein observou: "Uma coisa eu aprendi na minha longa vida: que toda a nossa ciência, comparada à realidade, é primitiva e infantil – e, no entanto, é a coisa mais preciosa que temos".

3

Como o pensamento erra

Vinte e cinco falácias que nos levam a acreditar em coisas estranhas

Em 1994, a NBC começou a levar ao ar um programa no estilo Nova Era chamado *The Other Side* ("O Outro Lado"), que explorava casos de alegada paranormalidade, vários mistérios e milagres e outras coisas "estranhas". Participei muitas vezes no papel do testemunho cético – o "outro lado" de *The Other Side*, se você preferir. Na maioria dos *talk shows*, o programa é "equilibrado" quando tem de meia dúzia a uma dúzia de pessoas que acreditam e um solitário cético fazendo a voz da razão ou da oposição. *The Other Side* não era diferente, embora o produtor executivo, muitos dos produtores do programa e até o apresentador fossem céticos em relação à maioria das crenças apresentadas. Fiz um programa sobre lobisomens para o qual eles trouxeram um camarada de avião da Inglaterra. Ele realmente parecia um pouco com aquilo que vemos nos filmes – tinha costeletas grandes e peludas e orelhas bem pontudas –, mas, quando conversamos, descobri que na verdade ele não se lembrava bem de como virava lobisomem. Ele relembrou a experiência sob hipnose. Na minha opinião, seu caso era de falsa memória, fosse ela plantada pelo hipnotizador ou fantasiada por ele mesmo.

Outro programa foi sobre astrologia. Os produtores trouxeram da Índia um astrólogo sério, profissional, que explicou como trabalhava usando mapas astrais, com todo o jargão próprio. Mas, como ele era sério demais, acabaram apresentando outro astrólogo, de Hollywood, que fez todo tipo de previsões sobre a vida dos artistas de cinema. Ele também fez algumas leituras para membros da plateia. Disse por exemplo a uma moça jovem que ela enfrentava problemas em seus relacionamentos de longo prazo com os homens. No intervalo, ela me contou que tinha apenas catorze anos de idade e que estava lá com a sua classe do colegial para aprender como eram produzidos os programas de televisão.

Na minha opinião, a maioria dos que creem em milagres, monstros e mistérios não são vigaristas, enganadores ou lunáticos. São pessoas normais, cujo pensamento normal se equivocou de alguma maneira. Nos capítulos 4, 5 e 6 vou discutir em detalhes os poderes psíquicos, os estados alterados de consciência e as abduções por alienígenas, mas gostaria de concluir a parte 1 deste livro examinando as 25 falácias do pensamento que podem levar qualquer um a acreditar em coisas estranhas. Agrupei-as em quatro categorias, apresentando as falácias específicas e os problemas de cada uma. Mas, para confirmar que o pensamento pode seguir um rumo correto, começo com o que chamo de máxima de Hume e encerro com o que denominei dito de Spinoza.

A máxima de Hume

Os céticos devem muito ao filósofo escocês David Hume (1711-1776), cujo *An Enquiry Concerning Human Understanding* ("Investigação sobre o Entendimento Humano") é um clássico da análise cética. A obra foi publicada pela primeira vez anonimamente em Londres, em 1739, como *A Treatise of Human Nature*. Nas palavras de Hume, a obra "caiu morta do prelo, sem alcançar nenhuma distinção, nem ao menos excitar um murmúrio entre os zelotas". Hume atribuiu isso ao seu próprio estilo de escrita e refez o manuscrito como *An Abstract of a Treatise of Human Nature*, publicado em 1740, e depois como *Philosophical Essays Concerning the Human Understanding*, publicado em 1748. A obra tampouco recebeu reconhecimento e então, em 1758, ele apresentou a versão final, sob o título *An Enquiry Concerning Human Understanding*, que hoje consideramos a sua maior obra filosófica.

Hume fazia distinção entre um "ceticismo antecedente", tal como o método de René Descartes de duvidar de tudo que não tenha um critério "antecedente" infalível de crença, e o "ceticismo consequente", o método que Hume empregou, que reconhece as "consequências" dos nossos sentidos falíveis, mas corrige-os por meio da razão: "Um homem sábio faz com que a sua crença seja proporcional à evidência". Não saberíamos encontrar palavras melhores para um lema cético.

Mais importante ainda é a prova infalível de Hume, uma análise dos milagres no estilo "quando tudo o mais falha". Porque, quando alguém depara com um verdadeiro crente, cuja afirmação aparentemente sobrenatural ou paranormal não tem uma evidente explicação natural imediata, Hume fornece um argumento, a seu ver tão importante, que colocou as próprias palavras entre aspas e as chamou de máxima:

A consequência óbvia é (e trata-se de uma máxima geral que merece a nossa atenção) "que nenhum testemunho é suficiente para estabelecer algo como milagre, a não ser que seja de tal espécie que a sua falsidade se mostre mais milagrosa do que o fato que ele se esforça por estabelecer".

Quando alguém me conta que viu um homem morto voltar à vida, imediatamente pondero comigo se é mais provável que essa pessoa esteja querendo me enganar (ou esteja sendo enganada) ou, então, se o mais provável é que o fato que ela relata tenha realmente acontecido. Quer dizer, eu avalio um milagre em relação ao outro; e, segundo a superioridade que venha a descobrir, pronuncio a minha decisão, sempre rejeitando o milagre maior. Se a falsidade do seu testemunho for mais milagrosa do que o evento que a pessoa relata, então, e só então, é que ele poderá pretender fazer jus à minha crença ou opinião. ([1758] 1952, pág. 491.)

Problemas do pensamento científico

1. A teoria influencia as observações

Sobre o esforço humano para compreender o mundo exterior, Werner Heisenberg, físico e prêmio Nobel, concluiu: "O que observamos não é a própria natureza, mas a natureza exposta ao nosso método de investigação". Na mecânica quântica, essa noção foi formalizada como a "interpretação de Copenhague" da ação quântica: "uma função de probabilidade não prescreve um certo evento mas descreve um *continuum* de eventos possíveis até que uma medição interfira com o isolamento do sistema e um evento isolado seja atualizado" (*in* Weaver 1987, pág. 412). A interpretação de Copenhague elimina a correlação um-para-um de teoria e realidade. A teoria em parte *constrói* a realidade. A realidade, é claro, existe independentemente do observador, mas as nossas percepções da realidade são influenciadas pelas teorias que estruturam o nosso exame dela. Assim, os filósofos dizem que a ciência *carrega o ônus da teoria.*

Que a teoria molda percepções da realidade é verdadeiro não só para a física quântica, mas para todas as observações. Quando Colombo chegou ao Novo Mundo, a sua teoria era que estava na Ásia e ele passou a perceber o Novo Mundo como tal. A canela era uma especiaria oriental muito apreciada e o primeiro arbusto do Novo Mundo que exalava aroma de canela foi declarado como *sendo* canela. Quando encontrou a aromática árvore gumbo-limbo nas Índias Ocidentais, Colombo concluiu que era uma espécie asiática similar à almécega (aroeira) do Mediterrâneo. Uma castanha do Novo Mundo foi igualada à descrição que Marco Polo fez de um coco. O médico de bordo de Colombo chegou a declarar, a partir de algumas raízes caribenhas encontradas por seus homens, que havia descoberto o ruibarbo chinês. Uma teoria da Ásia produziu observações da Ásia, embora Colombo estivesse a meio mundo de distância dela. Tal é o poder da teoria.

2. O observador muda aquilo que observa

O físico John Archibald Wheeler afirmou: "Até mesmo na observação de um objeto minúsculo como um elétron, [um físico] tem que cruzar limites. Precisa invadir. Tem que instalar seu equipamento de medição escolhido... Além disso, a medição muda o estado do elétron. O universo jamais será o mesmo depois disso" (*in* Weaver 1987, pág. 427). Em outras palavras, o ato de estudar um evento pode modificá-lo. Os cientistas sociais muitas vezes deparam com esse fenômeno. Os antropólogos sabem que, quando estudam uma tribo, o comportamento dos seus membros pode ser alterado pelo fato de estarem sendo observados por alguém de fora. Os participantes de um experimento em psicologia podem alterar o seu comportamento se souberem qual é a hipótese experimental que está sendo testada. É por isso que os psicólogos usam controles cegos e duplamente cegos. A ausência desses controles é frequente em testes de poderes paranormais e é uma das maneiras clássicas de o pensamento tomar um rumo errado nas pseudociências. A ciência tenta minimizar e reconhecer os efeitos que a observação pode ter sobre o comportamento daquilo que está sendo observado; a pseudociência, não.

3. O equipamento constrói resultados

O equipamento utilizado num experimento muitas vezes determina os resultados. O tamanho de nossos telescópios, por exemplo, tem moldado e remoldado nossas teorias a respeito das dimensões do universo. No século 20, os telescópios de 60 e 100 polegadas de Edwin Hubble sobre o Monte Wilson, no sul da Califórnia, propiciaram aos astrônomos pela primeira vez um poder de visão suficiente para distinguir estrelas individuais em outras galáxias, provando assim que aqueles objetos indistintos chamados nebulosas, que imaginávamos em nossa galáxia, eram na verdade galáxias separadas. No século 19, a craniometria definiu a inteligência como o tamanho do cérebro e foram projetados instrumentos que a mediam enquanto tal; hoje, a inteligência é definida pela facilidade em desempenhar certas tarefas e é medida por outro instrumento, o teste de QI. *Sir* Arthur Stanley Eddington ilustrou o problema com esta brilhante analogia:

> *Vamos supor que um ictiólogo está explorando a vida no oceano. Ele joga uma rede na água e recolhe uma variedade de peixes. Ao examinar a sua pesca, faz isso da maneira usual de um cientista, sistematizando o que ela lhe mostra. Chega a duas generalizações:*
>
> *1) Nenhuma criatura tem menos de 5 cm de comprimento.*
>
> *2) Todas as criaturas do mar têm guelras.*
>
> *Na aplicação dessa analogia, a pesca corresponde ao corpo de conhecimento que constitui a ciência física e a rede é o equipamento sensório e intelectual que usamos para chegar a ela. O lançamento da rede corresponde às observações.*
>
> *Um espectador poderia objetar que a primeira generalização está errada. "Há muitas criaturas do mar com menos de 5 cm de comprimento; o que ocorre é que*

a sua rede não está apta a pegá-las." O ictiólogo rejeita essa objeção com desdém: "Qualquer coisa que não possa ser pega pela minha rede está ***ipso facto*** *fora do escopo do conhecimento ictiológico e não é parte do reino dos peixes que foi definido como tema do conhecimento ictiológico. Em suma, o que a minha rede não pega não é peixe". (1958, pág. 16.)*

Do mesmo modo, o que o meu telescópio não vê não está lá, e o que o meu teste não pode medir não é inteligência. Obviamente, as galáxias e a inteligência existem, mas o modo como as medimos e compreendemos é muito influenciado pelo nosso equipamento.

Problemas do pensamento pseudocientífico

4. Anedotas não fazem uma ciência

Anedotas – histórias recontadas para dar sustentação a uma afirmação – não fazem uma ciência. Sem evidência corroborativa de outras fontes, ou provas físicas de algum tipo, dez anedotas não serão melhores do que uma, e uma centena não será melhor do que dez delas. Os casos são relatados por contadores de histórias humanos, falíveis. O fazendeiro Bob, de Puckerbrush, Kansas, pode ser honesto, frequentador de igreja, homem dedicado à família, aparentemente não sujeito a delírios, mas precisamos de evidências físicas de naves espaciais alienígenas ou de corpos de alienígenas, não apenas de uma história sobre desembarques e abduções às três da madrugada numa estrada rural deserta. O mesmo vale para certas afirmações médicas. Histórias de que o câncer da titia Maria foi curado porque ela assistia a filmes dos Irmãos Marx ou comia extrato de fígado de frangos castrados não fazem sentido. O câncer pode ter regredido por si só, como acontece com alguns tipos de câncer; ou ter sido mal diagnosticado; ou, ou, ou... O que precisamos é de experimentos controlados, não de anedotas. Precisamos de cem pessoas com câncer, todas adequadamente diagnosticadas e comparadas. Depois precisamos colocar 25 delas assistindo a filmes dos Irmãos Marx, 25 vendo filmes de Alfred Hitchcock, 25 assistindo a noticiários e 25 não assistindo a nada. Em seguida, temos que deduzir a taxa média de regressão desse tipo de câncer e depois analisar os dados procurando diferenças estatisticamente significativas entre os grupos. Se houver diferenças estatisticamente significativas, deve-se ainda procurar confirmação de outros cientistas que tenham conduzido os seus próprios experimentos, separados dos nossos, antes de convocar a imprensa para anunciar a cura do câncer.

5. A linguagem científica não cria uma ciência

Vestir um sistema de crença com a roupagem da ciência, usando linguagem e jargão próprios da ciência, como é feito na "ciência da criação", não significa nada se não houver também evidências, testes experimentais e corroboração. Pelo fato de a ciência ter uma aura tão poderosa em nossa sociedade, aqueles que querem ganhar respeitabilidade mas não têm comprovação tentam driblar a falta de evidência procurando parecer "científicos". Eis um exemplo clássico, extraído de uma coluna New Age do jornal *Santa Monica News*: "Este planeta tem estado sonolento há éons e com o influxo de frequências energéticas mais altas está prestes a acordar em termos de consciência e espiritualidade. Os mestres da limitação e os mestres da profecia usam a mesma força criativa para manifestar as suas realidades, mas os primeiros se movem numa espiral descendente e os últimos numa espiral ascendente, cada grupo ampliando a vibração ressonante inerente". Como assim? Não tenho ideia do que isso significa, mas utiliza elementos de linguagem de um experimento de física: "frequências energéticas mais altas", "espirais ascendentes e descendentes" e "vibração ressonante". No entanto, essas expressões não querem dizer nada, porque não têm definições precisas e operacionais. Como você mede as frequências energéticas mais altas de um planeta ou a vibração ressonante dos mestres da profecia? Aliás, o que *é* um mestre da profecia?

6. Declarações categóricas não tornam as afirmações verdadeiras

Uma coisa provavelmente se revela pseudocientífica quando é apresentada com afirmações grandiosas sobre o seu poder e a sua veracidade, mas é sustentada por uma evidência tão escassa como os dentes de uma galinha. L. Ron Hubbard, por exemplo, abre o seu livro *Dianetics: The Modern Science of Mental Health* com esta declaração: "A criação da Dianética é um marco para o homem, comparável à sua descoberta do fogo e superior à sua invenção da roda e do arco" (*in* Gardner 1952, pág. 263). O guru da energia sexual Wilhelm Reich chamou a sua teoria da Orgonomia de "uma revolução na biologia e psicologia comparável à Revolução Copernicana" (*in* Gardner 1952, pág. 259). Eu tenho um arquivo atulhado de papéis e cartas de autores obscuros com afirmações estranhas como essas (eu o chamo de arquivo das "Teorias sobre Tudo"). Os cientistas às vezes também cometem esse erro, como vimos às 13h do dia 23 de março de 1989, quando Stanley Pons e Martin Fleischmann convocaram uma coletiva de imprensa para anunciar ao mundo que haviam conseguido a fusão nuclear a frio. O excelente livro de Gary Taubes sobre o desastre da fusão a frio, com o título muito adequado de *Bad Science* (1993), examina exaustivamente as implicações desse incidente. Talvez cinquenta anos de física possam se revelar equivocados a partir de um único experimento, mas não se deve jogar fora a fornalha até que o experimento tenha sido reproduzido. A moral é que quanto mais extraordinária for a afirmação, mais extraordinariamente bem testada deverá ser a sua evidência.

7. Heresia não equivale a estar certo

Eles riram de Copérnico. Riram dos irmãos Wright. Bem, mas também riram dos irmãos Marx. O fato de se dar risada não significa que se está certo. Wilhelm Reich comparou-se a Peer Gynt, o gênio não convencional em descompasso com a sociedade, malcompreendido e ridicularizado como herético até que provou ter razão: "Seja lá o que vocês tiverem feito comigo ou venham a fazer no futuro, quer me glorifiquem como um gênio ou me coloquem num hospício, quer me adorem como o seu salvador ou me enforquem como espião, cedo ou tarde a necessidade vai forçá-los a compreender que eu descobri as leis da vida" (*in* Gardner 1952, pág. 259). Na edição de janeiro/fevereiro de 1996 de *Journal of Historical Review*, o órgão da negação do Holocausto, foi publicada uma famosa citação do filósofo alemão do século 19 Arthur Schopenhauer, com frequência lembrada pelos que estão marginalizados: "Toda verdade passa por três estágios. Primeiro, é ridicularizada. Depois, sofre violenta oposição. Por fim, é aceita como óbvia". Mas não é "toda verdade" que passa por esses três estágios. Muitas verdades são aceitas sem ser ridicularizadas ou sofrer oposição, violenta ou de outro tipo. A teoria da relatividade de Einstein foi largamente ignorada até 1919, quando a evidência experimental comprovou que era correta. Ele não foi ridicularizado e ninguém se opôs violentamente às suas ideias. A citação de Schopenhauer é apenas uma racionalização, uma maneira pomposa que aqueles que são ridicularizados ou sofrem violenta oposição empregam para dizer: "Está vendo? Eu devo estar certo". Não desse jeito.

A história está repleta de casos de cientistas solitários trabalhando numa linha contrária à de seus pares e atacando as doutrinas do seu campo de estudo. A maioria deles acaba por revelar-se errada e nem sequer lembramos do seu nome. Para cada Galileu ao qual são mostrados instrumentos de tortura por defender uma verdade científica existem milhares (ou dezenas de milhares) de desconhecidos cuja "verdade" nunca está à altura da de outros cientistas. Não se pode esperar que a comunidade científica teste todas as fantásticas afirmações que aparecem, ainda mais quando tantas delas são logicamente inconsistentes. Se se quer fazer ciência, tem-se que aprender a jogar o jogo da ciência. Isso implica conhecer os cientistas da sua área, intercambiar dados e ideias informalmente com colegas e formalmente apresentar resultados em congressos, revistas que tenham consultores da área, publicar livros e assim por diante.

8. O ônus da prova

Quem tem que provar o que para quem? A pessoa que faz a afirmação extraordinária é que precisa arcar com o ônus de provar aos especialistas e à comunidade em geral que a sua crença tem maior validade do que a aceita por quase todos os demais. Tem-se que fazer intermediações para a nova opinião ser ouvida. Depois, tem-se que arregimentar especialistas na defesa dela para convencer a maioria a apoiá-la e a abandonar a opinião antes apoiada. Por fim, quando se estiver em maioria, o ônus da prova passará a quem estiver do outro lado e quiser contestar a afirmação vigente a partir das suas próprias não usuais. Os evolucionistas ficaram com o ônus da prova por meio século depois de Darwin, mas agora o ônus está com os criacionistas. Cabe-lhes mostrar por que a teoria da evolução está errada e por que o criacionismo está certo, e não aos evolucionistas defender o evolucionismo. O ônus da prova recai sobre os negadores do Holocausto. Eles é que têm de provar que o Holocausto não aconteceu, em vez de os historiadores provarem que ocorreu de fato. A razão disso é que há montanhas de evidências de que tanto a evolução como o Holocausto são fatos. Em outras palavras, não é suficiente ter evidências. É preciso convencer os outros da validade das suas evidências. E, quando se está do outro lado, esse é o preço a pagar, não importa se se está certo ou se se está errado.

9. Boatos não equivalem a realidade

Os boatos começam com "Li em algum lugar que..." ou "Ouvi alguém dizer que...". Não demora muito e o boato vira realidade, conforme o "Eu sei que..." passa de pessoa para pessoa. Os boatos *podem* ser verdade, é claro, mas em geral não são. Não obstante, compõem ótimas histórias. Existe a "história verdadeira" do maníaco que fugiu do hospício, que tem na mão uma prótese em gancho e fica assombrando os casais de namorados nas alamedas da América. Há também a lenda da "Caronista que Desaparece": um motorista dá carona a uma mulher que de repente some do carro levando o seu paletó; os habitantes da cidade contam então ao motorista que a mulher a quem ele deu carona morreu naquele mesmo dia, só que no ano anterior, e ele acaba descobrindo o seu paletó no túmulo dela. Tais histórias se espalham logo e nunca mais são esquecidas.

O historiador da ciência da Caltech, Dan Kevles, contou-me num jantar uma história que ele suspeita ser apócrifa. Dois estudantes não voltaram de um passeio de esqui a tempo de fazer o seu exame final, pois as atividades do dia anterior haviam se estendido até tarde da noite. Eles disseram ao seu professor que o pneu do carro havia furado e ele marcou nova prova para o dia seguinte. Colocando os estudantes em salas separadas, deu-lhes apenas duas questões: 1) "Valendo 5 pontos, qual é a fórmula química da água?" 2) "Valendo 95 pontos, qual dos pneus furou?" Dois dos presentes ao jantar já tinham ouvido uma história mais ou menos parecida. No dia seguinte, repeti a história para os meus alunos e, antes que chegasse ao desfecho, três deles gritaram ao mesmo tempo: "Qual dos pneus furou?" Lendas urbanas e boatos persistentes estão por toda parte. Eis alguns:

- O ingrediente secreto do refrigerante Dr. Pepper é o suco de ameixa.
- Uma mulher matou o seu *poodle* acidentalmente ao decidir secá-lo no micro-ondas.
- Paul McCartney morreu e foi substituído por um sósia.
- Há jacarés gigantes vivendo nos esgotos de Nova York.
- O pouso na Lua foi uma fraude, filmada num estúdio de Hollywood.
- George Washington tinha dentes postiços de madeira.
- O número de estrelas dentro do "P" do título da revista *Playboy* indica quantas vezes o editor Hugh Hefner fez sexo com a garota da página dupla central.
- Um disco voador caiu no Novo México e os corpos dos extraterrestres estão sendo mantidos pela Força Aérea num armazém secreto.

Quantas histórias assim você já ouviu... e já acreditou nelas? Nenhuma nunca foi confirmada.

10. O inexplicado não é inexplicável

Muitas pessoas, por excesso de autoconfiança, acham que se *elas* não conseguem explicar uma coisa, ela deve ser inexplicável e, portanto, trata-se de um verdadeiro mistério paranormal. Um arqueólogo amador declarou que, se ele não conseguia imaginar de que modo as pirâmides haviam sido construídas, então elas deviam ter sido obra de alienígenas. Mesmo pessoas mais razoáveis no mínimo acham que, se os *especialistas* não conseguem explicar algo, essa coisa deve ser inexplicável. Feitos como entortar colheres, andar sobre brasas ou comunicar-se por telepatia mental são muitas vezes encarados como tendo natureza paranormal ou mística, porque a maioria das pessoas não consegue explicá-los. Quando são explicados, aí a maioria responde: "Ah, é claro", ou: "De fato, parece óbvio, depois que você sabe". Vejamos o andar sobre brasas. As pessoas especulam se há poderes sobrenaturais que permitem resistir à dor e ao calor, ou misteriosas substâncias cerebrais que bloqueiam a dor e evitam queimaduras. Mas a explicação simples é que os carvões leves e macios têm capacidade muito baixa de conter calor e sua condutividade calorífica é também muito pequena, o que faz o calor demorar a chegar aos pés. Desde que não se fique parado em cima deles, não se queimarão os pés. (Pense num bolo num forno de 230 graus centígrados. O ar, o bolo e a fôrma estão todos a 230 graus, mas apenas a fôrma de metal queimará a sua mão. O ar tem uma capacidade calorífica muito baixa e também escassa condutividade, por isso você pode enfiar a mão bem dentro no forno para alcançar o bolo e a fôrma. A capacidade calorífica do bolo é um pouco mais alta que a do ar, mas, como ele tem pequena condutividade, pode-se encostar nele por um instante sem se queimar. A fôrma de metal tem capacidade calorífica similar à do bolo, mas a sua condutividade é grande. Se se encostar nela, haverá queimadura.) É por isso que os mágicos não contam os seus segredos. A maioria dos truques que fazem é, em princípio, relativamente simples (embora muitos desses truques sejam difíceis de executar) e conhecer o segredo tira toda a magia.

Existem no universo muitos mistérios genuínos não resolvidos e não há problema em dizer: "Não sabemos ainda, mas um dia saberemos, talvez". O problema é que a maioria de nós acha mais reconfortante ter alguma certeza, mesmo que prematura, do que viver com mistérios não resolvidos ou não explicados.

11. As falhas são racionalizadas

Em ciência, o valor dos achados negativos – fracassos – é sempre levado em conta. Em geral, esses achados não são desejados e quase nunca se divulgam. Mas na maioria das vezes é por meio dos fracassos que nos aproximamos da verdade. Cientistas honestos admitem prontamente os seus erros, mas todos os cientistas se mantêm na linha por receio de que seus colegas venham a divulgar qualquer tentativa de escamotear. Não é o que ocorre com os pseudocientistas. Estes ignoram ou racionalizam os fracassos, especialmente quando expostos. Se forem de fato pegos fraudando – o que não é uma ocorrência frequente –, dizem que os seus poderes em geral funcionam, mas não sempre; por isso, quando pressionados a se apresentar na televisão ou no laboratório, às vezes recorrem a truques. Se a sua performance simplesmente falha, já têm um monte de explicações criativas prontas: controles demais num experimento provocam resultados negativos; os poderes não funcionam na presença de céticos; os poderes não funcionam na presença de equipamento elétrico; os poderes vêm e vão, e essa foi uma das vezes em que não vieram. Por fim, afirmam que, se os céticos não conseguem explicar tudo, então deve existir algo de paranormal; eles caem de novo na falácia de *o inexplicado é inexplicável.*

12. Racionalização após o fato

Também conhecido como "*post hoc, ergo propter hoc*", literalmente "após isso, então por causa disso". No seu nível mais básico, é uma forma de superstição. O jogador de beisebol que deixa de raspar a barba e consegue dois *home runs*. O apostador que usa os seus sapatos da sorte porque daquela vez em que ganhou uma bolada estava com eles nos pés. Mais sutilmente, os estudos científicos podem cair também nessa falácia. Em 1993, um estudo descobriu que crianças amamentadas no peito têm QI mais elevado. Discutiu-se muito sobre que ingrediente do leite da mãe poderia aumentar a inteligência. Isso fez as mães que alimentavam os filhos com mamadeira se sentirem culpadas. Mas logo os pesquisadores começaram a perceber que os bebês amamentados no peito recebiam tratamento diferente. Talvez as mães que amamentavam passassem mais tempo com os seus bebês e a maior atenção por parte delas fosse a causa das diferenças de QI. Como Hume nos ensinou, o fato de dois eventos virem um após o outro, em sequência, não significa que tenham uma ligação causal. Correlação não implica uma relação de causa.

13. Coincidência

No mundo paranormal, as coincidências costumam ser vistas como algo muito significativo. Elas são atribuídas à "sincronicidade", como se houvesse alguma força misteriosa operando nos bastidores. Para mim, a sincronicidade nada mais é que um tipo de contingência – uma conjuntura de dois ou mais eventos, sem propósito aparente. Quando a conexão se dá de um modo que parece impossível segundo a nossa intuição das leis da probabilidade, tendemos a achar que algo misterioso está atuando.

Mas a maioria das pessoas tem uma compreensão muito escassa das leis da probabilidade. Se um apostador ganha seis vezes seguidas, pode tanto imaginar que enveredou por "um filão quente" como achar que na próxima jogada está "fadado a perder". Duas pessoas numa sala de trinta descobrem que têm a mesma data de nascimento e concluem que há algo de misterioso nisso. Você está indo pegar o telefone para ligar para o seu amigo Zeca. Antes de tirar o fone do gancho o telefone toca e... é o Zeca. Você pensa: "Nossa, que coisa! Isso não pode ser mera coincidência. Talvez o Zeca e eu estejamos nos comunicando telepaticamente". Na verdade, tais coincidências não são coincidências pelas regras da probabilidade. O apostador previu dois resultados possíveis, o que foi uma aposta bastante segura! A probabilidade de que duas pessoas numa sala de trinta tenham a mesma data de nascimento é de 0,71%. E você não levou em conta quantas vezes Bob não ligou nas mesmas circunstâncias, ou quantas vezes foi outra pessoa que ligou, ou então foi o Zeca que ligou mas você não estava pensando nele, e assim por diante. Como o psicólogo behaviorista B. F. Skinner provou em laboratório, a mente humana procura relações entre eventos e com frequência as encontra, mesmo quando elas não estão presentes. As máquinas caça-níqueis se baseiam nos princípios skinnerianos de reforço intermitente. O humano tolo, assim como o ratinho tolo, só precisa de uma compensação ocasional para continuar acionando a manopla. A mente faz o resto.

14. Representatividade

Como dizia Aristóteles: "A soma das coincidências equipara-se à certeza". Nós nos esquecemos da maioria das coincidências insignificantes e lembramos apenas das significativas. Tendemos a lembrar dos acertos e a ignorar os desacertos, e esse é o feijão com arroz dos sensitivos, profetas e adivinhos que fazem centenas de previsões em todo dia 1º de janeiro. Primeiro, eles aumentam a probabilidade de um acerto prevendo coisas bem gerais, do tipo "haverá um grande terremoto no sul da Califórnia", ou "Vejo problemas na Família Real". No janeiro seguinte, publicam os seus acertos e ignoram os palpites errados, sabendo que quase ninguém se dará ao trabalho de checar.

Devemos sempre lembrar do contexto mais amplo no qual um evento aparentemente incomum ocorre e sempre analisar eventos não usuais por sua representatividade na sua classe de fenômenos. No caso do "Triângulo das Bermudas", uma área do oceano Atlântico em que navios e aviões desaparecem "misteriosamente", há a suposição de que algo estranho ou do outro mundo está acontecendo. Mas devemos considerar em que quantidade esses eventos são representativos nessa área. Há muito mais rotas marítimas cortando o Triângulo das Bermudas do que nas áreas em volta; por isso, acidentes e problemas e desaparecimento são mais prováveis nessa área. Na verdade, o índice de acidentes é *menor* no Triângulo das Bermudas do que nas áreas em volta. Talvez a área devesse ser chamada de "Triângulo das Não Bermudas" (ver Kusche, 1975, para uma extensa explicação desse mistério solucionado). Do mesmo modo, ao investigar casas assombradas, devemos ter uma medição de referência dos barulhos, rangidos e outros eventos antes de afirmar que alguma ocorrência é incomum (e portanto misteriosa). Eu costumava ouvir ruídos de pancadas nas paredes da minha casa. Fantasmas? Não. Encanamento em mau estado. Às vezes ouvia rangidos no porão. *Poltergeists*? Não. Ratos. Um ótimo conselho é primeiro tentar entender muito bem a explicação provável deste mundo antes de procurar explicações do outro mundo.

Problemas lógicos do pensamento

15. Palavras emotivas e falsas analogias

Palavras emotivas são usadas para despertar emoções e às vezes para obscurecer a racionalidade. Podem ser palavras emotivas positivas – *maternidade, América, integridade, honestidade*. Ou negativas – *estupro, câncer, mal, comunista*. Do mesmo modo, metáforas e analogias podem turvar o pensamento com emoções ou nos desviar para um caminho lateral. Um especialista pode referir-se à inflação como "o câncer da sociedade" ou dizer que a indústria está "estuprando o meio ambiente". No discurso que fez ao ser indicado candidato à presidência dos EUA pelo Partido Democrata em 1992, Al Gore construiu uma elaborada analogia da história de seu filho doente com a América como um país também doente. Assim como o seu filho, que vivia à beira da morte mas era cuidado e trazido de volta a uma condição saudável pelo pai e pela família, a América também seria cuidada e recuperaria a sua saúde com a nova administração. Assim como as anedotas, tampouco as analogias e as metáforas constituem provas. São apenas recursos de retórica.

16. *Ad ignorantiam*

Esta falácia é um apelo à ignorância ou à falta de conhecimento e está relacionada com as falácias já vistas do *ônus da prova* e do *inexplicado é inexplicável*. Manifesta-se quando alguém argumenta que, se você não consegue refutar uma afirmação, então ela deve ser verdadeira. Por exemplo, se você não consegue provar que não existem poderes psíquicos sobrenaturais, então eles devem existir. O absurdo desse argumento fica claro, por exemplo, quando dizemos que, se você não consegue provar que Papai Noel não existe, então ele existe. Você pode também fazer o inverso, ou seja, argumentar que, se ninguém consegue provar que Papai Noel existe, então ele não deve existir. Em ciência, a crença deve partir de uma evidência positiva que sustente uma afirmação, e não da falta de evidência em favor de uma afirmação ou contra.

17. *Ad hominem* e *Tu quoque*

Literalmente, "ao homem" e "você também", essas falácias redirecionam o foco: deixam de tratar da ideia e passam a tratar da pessoa que sustenta a ideia. O objetivo de um ataque *ad hominem* é desacreditar quem faz a afirmação, na esperança de que isso desacredite a própria afirmação. Chamar uma pessoa de ateu, comunista, pedófilo ou neonazista não invalida a declaração dela. Pode ser útil saber se alguém é de determinada religião ou defende uma ideologia particular, caso isso tenha de algum modo introduzido um viés na pesquisa, mas as afirmações devem ser refutadas direta, não indiretamente. Se os negadores do Holocausto, por exemplo, são neonazistas ou antissemitas, isso por certo vai guiar a escolha que farão dos eventos históricos que querem enfatizar ou ignorar. Mas se eles, por exemplo, estão afirmando que Hitler não tinha um plano-mestre para exterminar os judeus da Europa, a resposta "Ah, ele está dizendo isso porque é neonazista" não refuta o argumento. Se Hitler tinha ou não um plano-mestre é uma questão que pode ser determinada historicamente. Com *tu quoque* ocorre algo similar. Se alguém acusa você de sonegar imposto, responder "Bem, você também sonega" não prova nada, para nenhum dos dois lados.

18. Generalização apressada

Em lógica, a generalização apressada é uma forma de indução imprópria. Na vida, ela é chamada de preconceito. Em ambos os casos, chega-se às conclusões antes que os fatos as justifiquem. Talvez porque nossos cérebros tenham evoluído para ficar constantemente procurando conexões entre eventos e causas, esta falácia é uma das mais comuns de todas. Um par de professores ruins significa que a escola toda é péssima. Alguns carros com problemas significam que aquela marca de automóveis não presta. Um punhado de membros de um grupo é usado para julgar o grupo inteiro. Em ciência, devemos reunir cuidadosamente o máximo de informação possível antes de anunciar as nossas conclusões.

19. Excessiva confiança nas autoridades

Em nossa cultura, tendemos a confiar cegamente nas autoridades, especialmente quando a autoridade é considerada muito inteligente. A pontuação do QI adquiriu proporções quase místicas na última metade do século passado, mas tenho notado que a crença no universo paranormal não é incomum entre os membros da Mensa (o clube daqueles que têm QI muito alto, que constituem uma elite de 2% da população); alguns deles até defendem que seu "Psi-Q" é também superior. O mágico James Randi adora satirizar autoridades com Ph. D. – depois que eles obtêm o doutorado, diz Randi, acham praticamente impossível dizer duas coisas: "Eu não sei" e "Eu estava equivocado". As autoridades, em virtude de sua *expertise* numa área, podem ter melhor chance de estar certas em seu campo, mas seguramente não há garantia de sua correção e sua *expertise* não as qualifica necessariamente a extrair conclusões em outras áreas.

Em outras palavras, faz diferença, sim, *quem* está fazendo a afirmação. Se é alguém com prêmio Nobel, consideramos isso, pois a pessoa conta com um grande acerto anterior. Se for um enganador desacreditado, damos uma sonora gargalhada, porque ele já se mostrou equivocado antes. Embora a *expertise* seja útil para separar o joio do trigo, é perigosa, pois podemos: 1) aceitar uma ideia errada só porque está sendo apoiada por alguém que respeitamos (falso positivo) ou 2) rejeitar uma ideia correta só porque é apoiada por alguém que não respeitamos (falso negativo). Como você pode evitar esses erros? Examinando a evidência.

20. Ou isso ou aquilo

Também conhecida como *falácia da negação* ou *falso dilema*, é a tendência a dicotomizar o mundo, de modo que, se você desacredita uma posição, o observador é forçado a aceitar a outra. Essa é a tática favorita dos criacionistas, que afirmam que a vida *ou* foi divinamente criada *ou* então evoluiu. Depois, eles passam a maior parte do tempo desacreditando a teoria da evolução, para poderem argumentar que, já que a evolução está errada, o criacionismo deve estar certo. Mas não é suficiente apontar fragilidades numa teoria. Se a sua teoria de fato é superior, ela deve explicar tanto os dados "normais" explicados pela velha teoria como os dados "anômalos" não explicados pela velha teoria. Uma nova teoria precisa de evidência a favor dela, não apenas de evidência contra a posição oposta.

21. Raciocínio circular

Também conhecida como *falácia da redundância*, *fugir da pergunta fazendo-se de desentendido*, ou *tautologia*, ela ocorre quando a conclusão ou afirmação é meramente uma reafirmação de uma das premissas. A apologética cristã está cheia de tautologias: *Existe um Deus? Sim. Como você sabe? Porque a Bíblia o diz. Como você sabe que a Bíblia está certa? Porque foi inspirada por Deus.* Em outras palavras, Deus é, porque Deus é. A ciência também tem a sua cota de redundâncias: *O que é a gravidade? A tendência de os objetos serem atraídos mutuamente. Por que os objetos são atraídos mutuamente? Por causa da gravidade.* Em outras palavras, a gravidade é, porque a gravidade é. (Na verdade, alguns dos contemporâneos de Newton rejeitaram a sua teoria da gravidade por vê-la como uma regressão ao pensamento oculto medieval.) Obviamente, uma definição tautológica operacional ainda pode ser útil. No entanto, por difícil que seja, devemos tentar construir definições operacionais que possam ser testadas, demonstradas como falsas e refutadas.

22. O *Reductio ad absurdum* e a ladeira escorregadia

Fazer *reductio ad absurdum* é refutar um argumento levando-o ao seu desdobramento lógico até que fique reduzido a uma conclusão absurda. Então, se as consequências de um argumento são absurdas, com certeza ele deve ser falso. Isso não é necessariamente assim, embora às vezes forçar um argumento até seus limites seja um exercício útil de pensamento crítico; com frequência, esse é um modo de descobrir se uma afirmação tem validade, especialmente se for possível levar adiante um experimento testando a redução efetiva. Similarmente, a falácia da ladeira escorregadia consiste em construir um cenário no qual uma coisa conduza, em última análise, a um final tão extremo que seja melhor nunca dar o primeiro passo. Por exemplo: *Comer sorvete da Ben & Jerry vai fazer você engordar. Engordar vai fazer você ficar obeso. Em pouco tempo você estará pesando 150 quilos e vai morrer de doença cardíaca. Comer sorvete da Ben & Jerry leva à morte. Nem tente.* Com certeza, comer uma casquinha de sorvete da Ben & Jerry *pode* contribuir para a obesidade, que, possivelmente, em casos bem raros, acabará levando à morte. Mas a consequência não se segue necessariamente da premissa.

Problemas psicológicos no pensamento

23. O esforço inadequado e a necessidade de certeza, controle e simplicidade

A maioria de nós, na maior parte do tempo, quer certeza, quer controle do nosso ambiente e quer explicações boas, claras e simples. Tudo isso pode ter alguma base evolucionária, mas, numa sociedade multifacetada com problemas complexos, essas características podem simplificar demais a realidade e interferir com o pensamento crítico e a resolução de problemas. Por exemplo, acredito que crenças em paranormalidade e afirmações pseudocientíficas florescem nos mercados econômicos em parte devido à incerteza do próprio mercado. Segundo James Randi, depois do colapso do comunismo na Rússia, houve um significativo aumento dessas crenças. Isso ocorre porque as pessoas agora não só estão mais livres para tentar enganar umas às outras com fraudes e tramoias, mas acreditam de verdade que descobriram algo concreto e significativo sobre a natureza do mundo. O capitalismo é uma estrutura social muito menos estável do que o comunismo. Essas incertezas levam a mente a procurar explicações para os caprichos e contingências do mercado (e da vida em geral), e a mente com frequência se volta para o sobrenatural e o paranormal.

O pensamento científico e crítico não vem naturalmente. Exige treino, experiência e esforço, como Alfred Mander explicou em seu *Logic for Millions*: "O pensamento é um trabalho especializado. Não é verdade que somos naturalmente dotados da capacidade de pensar com clareza e lógica, sem que tenhamos de aprender como ou sem a prática disso. Pessoas com mente não treinada não devem ter a expectativa de que vão pensar com clareza e lógica maiores do que as de pessoas treinadas; não podem esperar ser bons carpinteiros, golfistas, jogadores de bridge ou pianistas sem nunca ter aprendido ou praticado" (1847, pág. VII). Devemos sempre trabalhar para suprimir a nossa tendência de estar absolutamente certos e de ter total controle, e também a nossa tendência de procurar a solução mais simples e sem esforço para um problema. Aqui e ali as soluções podem ser simples, mas em geral não são simples.

24. Inadequações na solução de problemas

Todo pensamento crítico e científico é, sob certo aspecto, resolução de problemas. Existem inúmeros distúrbios psicológicos que causam inadequações na resolução de problemas. O psicólogo Barry Singer demonstrou que, quando as pessoas recebem a tarefa de escolher a resposta certa para um problema depois que lhes dizemos se determinados palpites estão certos ou errados, elas:

A. Imediatamente formulam uma hipótese e procuram apenas exemplos que possam confirmá-la.
B. Não procuram evidências que possam refutar a hipótese.
C. Mostram-se muito lentas em mudar a hipótese, mesmo quando ela está obviamente errada.
D. Se a informação é complexa demais, adotam hipóteses excessivamente simples ou estratégias para soluções.
E. Se não há solução, se o problema é um truque e os "certos" e "errados" são dados ao acaso, formulam hipóteses sobre as relações coincidentes que observam. A causalidade é sempre encontrada. (Singer e Abell, 1981, pág. 18.)

Se isso ocorre com os humanos em geral, então todos devemos nos esforçar para superar essas inadequações na solução de problemas da ciência e da vida.

25. Imunidade ideológica ou o Problema de Planck

No dia a dia, como na ciência, todos nós resistimos a uma mudança fundamental de paradigma. O cientista social Jay Stuart Snelson chama a essa resistência *sistema imune ideológico*: "adultos cultos, inteligentes e bem-sucedidos raramente mudam os seus pressupostos mais fundamentais" (1993, pág. 54). Segundo Snelson, quanto mais conhecimento os indivíduos acumulam e quanto mais bem fundamentadas se tornam as suas teorias (e, lembre-se, todos tendemos a procurar e a lembrar de evidências que confirmem, e não de contraevidências), maior é a confiança em sua ideologia. A consequência disso, no entanto, é que desenvolvemos uma "imunidade" a novas ideias que não corroborem as anteriores. Historiadores da ciência chamam isso de *Problema de Planck*, referência ao físico Max Planck, autor desta observação sobre o que precisa ocorrer para haver inovação na ciência: "Uma inovação científica importante raramente avança persuadindo e convertendo gradualmente os seus opositores: é raro que Saulo se transforme em Paulo. O que ocorre é que seus oponentes aos poucos vão morrendo e a geração seguinte passa a se familiarizar com a ideia desde o início" (1936, pág. 97).

O psicólogo David Perkins conduziu um interessante estudo correlacional no qual descobriu forte relação positiva da inteligência (medida por um teste padrão de QI) com a capacidade de fornecer razões para assumir um ponto de vista e defender essa posição; descobriu também forte relação negativa da inteligência com a capacidade de considerar uma alternativa. Ou seja, quanto maior o QI, maior o potencial para a imunidade ideológica. A imunidade ideológica está incorporada ao empreendimento científico, em que funciona como um filtro contra novidades potencialmente ameaçadoras. Como o historiador da ciência I. B. Cohen explicou: "Sistemas de ciência novos e revolucionários tendem a encontrar resistência, mais do que a ser recebidos de braços abertos, porque todo cientista bem-sucedido tem um interesse intelectual, social e até financeiro estabelecido na manutenção do *status quo*. Se toda nova ideia revolucionária fosse recebida de braços abertos, o resultado seria um caos absoluto" (1985, pág. 35).

No final, a história recompensa aqueles que estão "certos" (pelo menos provisoriamente). A mudança ocorre. Em astronomia, o universo ptolemaico geocêntrico foi lentamente desalojado pelo sistema heliocêntrico de Copérnico. Em geologia, o catastrofismo de George Cuvier foi pouco a pouco removido pela teoria do uniformitarismo, de James Hutton e Charles Lyell, que apresentava maior sustentação. Na biologia, a teoria da evolução de Darwin suplantou a crença criacionista na imutabilidade das espécies. Na história da Terra, a ideia de Alfred Wegener de deriva continental levou quase meio século para substituir o dogma aceito, de continentes fixos e estáveis. A imunidade ideológica pode ser superada na ciência e na vida diária, mas exige tempo e corroboração.

O dito de Spinoza

Nós céticos temos a tendência muito humana de nos comprazer em derrubar o que já acreditamos ser uma bobagem. É divertido identificar o raciocínio falacioso das outras pessoas, mas essa não é bem a questão. Como pensadores céticos e críticos, devemos ir além das nossas reações emocionais, pois, ao compreender como foi que os outros erraram e como a ciência está sujeita ao controle social e a influências culturais, podemos melhorar a nossa compreensão de como o mundo funciona. Por isso é tão importante compreender a história tanto da ciência como da pseudociência. Se olharmos para o quadro geral, vendo como esses movimentos evoluem, e entendermos como o seu pensamento deu errado, não cometeremos os mesmos erros. O filósofo holandês do século 17 Baruch Spinoza colocou isso de maneira perfeita: "Tenho me esforçado sempre para não ridicularizar, não deplorar, não desprezar as ações humanas, mas tentar compreendê-las".

PARTE 2

PSEUDOCIÊNCIA E SUPERSTIÇÃO

Regra 1

Não devemos admitir mais causas para as coisas naturais do que as que são tão verdadeiras quanto suficientes para explicar a sua aparência.

A esse propósito, os filósofos dizem que a natureza não faz nada em vão e que uma coisa será tanto mais vã quanto menos servir; pois a natureza se compraz com a simplicidade e não é influenciada pela pompa de causas supérfluas.

– Isaac Newton, "Regras do Raciocínio na Filosofia", Principia Mathematica, *1687.*

4

Desvios

O normal, o paranormal e Edgar Cayce

Um dos ditos bem-humorados mais citados no ramo da estatística é a classificação das mentiras feita por Disraeli (e esclarecida por Mark Twain), que estabelece três categorias: "mentiras, mentiras sórdidas e estatísticas". Na verdade, o problema reside, é claro, no mau uso da estatística e, em termos mais gerais, na compreensão inadequada que a maioria de nós tem da estatística e das probabilidades ao lidar com o mundo real. Quando se trata de avaliar a probabilidade de que algo aconteça, a maioria de nós superestima ou subestima as probabilidades de uma maneira que pode fazer com que eventos normais pareçam fenômenos paranormais. Vi um exemplo clássico disso numa visita à Association for Research and Enlightenment (A.R.E.), de Edgar Cayce, localizada em Virginia Beach, na Virgínia. Num dia em que eu estava na cidade, Clay Drees, professor no vizinho Virginia Wesleyan College, e eu decidimos fazer-lhes uma visita. Tivemos a sorte de chegar num dia relativamente movimentado em que a equipe da A.R.E. estava realizando um "experimento" de percepção extrassensorial (ESP). Eles afirmavam que a percepção extrassensorial podia ser comprovada cientificamente, por isso consideramos a A.R.E. um alvo legítimo para nós, céticos.

Segundo a sua própria literatura, a A.R.E. foi "fundada em 1931 para preservar, pesquisar e tornar acessíveis as leituras de Edgar Cayce", um dos mais destacados "sensitivos" do século 20. Como boa parte das organizações desse tipo, a A.R.E. tem muitos dos sinais exteriores da ciência: um edifício cujo tamanho e cuja fachada sugerem autoridade e modernidade; uma extensa biblioteca de pesquisa, contendo tanto as leituras sensitivas de Edgar Cayce como um bom acervo de livros de ciência e pseudociência (embora eles não usem tal classificação); uma livraria que vende uma série de títulos sobre o paranormal, incluindo livros sobre vida espiritual, autodescoberta, autoajuda, vidas passadas, saúde, longevidade, cura, sabedoria indígena e o futuro. A A.R.E. apresenta-se como uma "organização de pesquisa" que "continua a indexar e catalogar informação, realizar investigações e experimentos e promover conferências, seminários e palestras".

O *corpus* de crenças aceitas é como um Quem é Quem da esfera do paranormal. O índice de títulos da biblioteca inclui as seguintes leituras psíquicas de Cayce: anjos e arcanjos, influências astrológicas sobre as experiências na Terra, cura econômica, avaliação das habilidades sensitivas, intuição, visões e sonhos, carma e a lei da graça, cura magnética, os anos perdidos de Jesus, a unidade de vida e morte, estadas planetárias e astrologia, princípios da ciência mediúnica, reencarnação, regressão da alma e vibrações, entre outros. Cada "leitura" consistia do seguinte: Cayce se reclinava numa cadeira, fechava os olhos, entrava num "estado alterado" e ditava durante horas. Em sua vida, Cayce fez nada menos do que 14 mil leituras mediúnicas sobre mais de 10 mil assuntos! Há uma biblioteca médica separada, com seus próprios registros, que reúne as leituras mediúnicas de Cayce sobre todas as doenças que se pode imaginar e sua cura. Um desses registros é o "Famoso 'Livro Preto' de Edgar Cayce", que lhe dará "uma fórmula simples para remover cicatrizes", explicar "as melhores horas para dormir", dizer qual é "o melhor exercício", esclarecer o que "vai ajudar a sua memória" e, na página 209, resolver esse que é o mais misterioso enigma médico, "como se livrar da má respiração".

A A.R.E. também tem a sua própria editora – A.R.E. Publishing Company – e incorpora a Atlantic University of Transpersonal Studies. Esta última oferece "um programa independente de estudos", que tem cursos como: "TS 501 – Introdução aos Estudos Transpessoais" (as obras de Cayce, Abraham Maslow, Victor Frankl e sobre budismo), "TS 503 – A Origem e o Desenvolvimento da Consciência Humana" (sobre magos antigos e a grande deusa-mãe), "TS 504 – Filosofias Espiritualistas e a Natureza da Humanidade" (sobre criação e evolução espiritual), "TS 506 – A Vida Interior: Sonho, Meditação e Imaginação" (sonhos como ferramentas para a resolução de problemas), "TS 508 – Tradições Religiosas" (hinduísmo, budismo, judaísmo, islão e cristianismo) e "TS 518 – A adivinhação como uma maneira de medir tudo" (astrologia, tarô, I Ching, grafologia, quiromancia e leituras psíquicas).

Uma miscelânea de palestras e seminários estimula os seguidores dessas crenças e oferece oportunidades para os não iniciados se envolverem. Uma palestra sobre "Egito, Mito e Lenda", ministrada por Ahmed Fayed, articula uma pauta não tão oculta: a vida de Cayce no antigo Egito. "Nomeando o Nome: Escolhendo Jesus, o Cristo, como seu Mestre Vivo" demonstra a abertura da A.R.E. às religiões mais tradicionais e a sua falta de discriminação em relação a todo e qualquer sistema de crenças. Um "Seminário sobre como Fazer Soar e Entoar Harmônicos de Voz" promete equipá-lo com "ferramentas para a aquisição de poder e transformação". Um seminário de três dias chamado "O Poder Curativo de Memórias de Vidas Passadas" destaca, entre outros, Raymond Moody, que afirma que as experiências de quase morte são uma ponte para o outro lado.

Quem foi Edgar Cayce? Segundo a literatura da A.R.E., ele nasceu em 1877 numa fazenda perto de Hopkinsville, Kentucky. Quando jovem, "mostrava ter poderes de percepção que ultrapassavam os cinco sentidos. No final, acabou se tornando o sensitivo mais documentado de todos os tempos". Ao que parece, quando tinha 21 anos, os médicos de Cayce não foram capazes de descobrir uma causa ou uma cura para uma "paralisia gradual que o ameaçava com a perda da voz". Cayce reagiu entrando num "sono hipnótico" e recomendou uma cura para si mesmo, que, segundo ele, funcionou. A descoberta da sua capacidade de diagnosticar doenças e recomendar soluções em seu estado alterado o levou a fazer isso em bases regulares para outras pessoas com problemas médicos. Isso, por sua vez, expandiu-se para leituras mediúnicas de caráter geral sobre milhares de tópicos diferentes, abrangendo qualquer aspecto concebível do universo, do mundo e da humanidade.

Foram escritos muitos livros sobre Edgar Cayce, alguns por seguidores não críticos (Cerminara, 1967; Stearn, 1967) e outros por céticos (Baker e Nickell, 1992; Gardner, 1952; Randi, 1982). O cético Martin Gardner demonstra que Cayce era inclinado à fantasia desde a juventude, conversando com frequência com anjos e tendo visões de seu falecido avô. Com escolaridade até o ginásio, Cayce adquiriu o seu amplo conhecimento por meio de leituras intensas e a partir delas teceu elaborados relatos e deu diagnósticos detalhados no decorrer de seus transes. Suas primeiras leituras mediúnicas foram feitas na presença de um osteopata, de quem tomou emprestado muito da sua terminologia. Quando a sua esposa contraiu tuberculose, Cayce ofereceu este diagnóstico: "A condição no corpo é bem diferente daquela que tivemos antes... da cabeça, dores se estendem pelo corpo a partir da segunda, quinta e sexta dorsais e a partir da primeira e segunda lombares... obstruções aqui e lesões flutuantes ou lesões laterais nas fibras musculares e nervosas". Como Gardner explica: "Isso é linguajar que faz sentido para um osteopata e para ninguém mais" (1952, pág. 217).

James Randi vê em Cayce todos os truques familiares da atividade paranormal: "Cayce gostava de expressões como 'Sinto que...' e 'talvez' – palavras qualificadoras usadas para evitar fazer declarações positivas" (1982, pág. 189). Os remédios de Cayce parecem prescrições de um herborista medieval: para uma ferida na perna, use creosoto de faia; para convulsões em bebês, emplastro de pessegueiro; para edemas, suco de percevejo; para artrite, massagens com óleo de amendoim; e para a tuberculose da sua esposa, cinzas de bambu. As leituras e os diagnósticos de Cayce eram corretos? Seus remédios funcionavam? É difícil dizer. Os testemunhos de alguns poucos pacientes não equivalem a um

Figura 4: Máquina de ESP na Association for Research and Enlightenment. [Foto de Michael Shermer.]

experimento controlado e entre as suas falhas mais óbvias estão vários pacientes que morreram no período a contar da época em que escreveram para Cayce até a leitura que ele havia feito. Num desses exemplos, Cayce fez uma leitura para uma garota recomendando-lhe um complexo programa nutricional para curar a doença, mas advertiu: "E isso depende de se uma das coisas que se pretendia fazer hoje tiver sido feita ou não, percebe?" A garota, no entanto, havia morrido no dia anterior (Randi, 1982, págs. 189-195).

Foi, portanto, com uma razoável expectativa que passamos sob as palavras "Que possamos tornar manifesto o amor de Deus e do homem" e entramos nas salas do legado de Edgar Cayce. Dentro não havia laboratórios nem equipamento científico, exceto uma máquina de ESP orgulhosamente exibida junto a uma parede na sala de recepção (figura 4). Uma placa grande perto da máquina anunciava que logo a seguir seria realizado um experimento de ESP numa sala adjacente. Era a nossa oportunidade.

A máquina de ESP mostrava os cartões-padrão de Zener (criados por K. E. Zener e que mostram formas fáceis de distinguir, interpretadas nos experimentos psíquicos), com um botão para apertar correspondente a cada um dos cinco símbolos – sinal de mais, quadrado, estrela, círculo e linhas onduladas. Um dos diretores da A.R.E. começou uma palestra sobre ESP, Edgar Cayce e o desenvolvimento de poderes sensitivos. Explicou que algumas pessoas já nascem com o dom da mediunidade, enquanto outras precisam de prática, mas que todos temos esse poder em algum grau. Quando pediu voluntários, apresentei-me para ser receptor. Não me deram nenhuma instrução sobre como receber mensagens mediúnicas, então perguntei o que devia fazer. O instrutor me instruiu a ficar concentrado na testa do emissor. Foi pedido às outras 34 pessoas na sala que fizessem a mesma coisa. Todos recebemos uma Folha de Avaliação do Teste de ESP (figura 5), com colunas para as nossas escolhas mediúnicas e para as respostas corretas, fornecidas após o experimento. Fizemos dois testes de 25 cartões cada. Eu obtive 7 respostas certas no primeiro teste, no qual honestamente tentei captar a mensagem, e 3 certas no segundo, no qual marquei o sinal de mais em todos os cartões.

O instrutor explicou que "5 certas é a média, entre 3 e 7 certas considera-se como acaso e qualquer número de acertos acima de 7 é evidência de ESP". Perguntei: "Bem, de 3 a 7 é acaso, qualquer coisa acima de 7 é prova de ESP; e quem acerta menos de 3?" O instrutor respondeu: "Isso é sinal de ESP negativa" (ele não explicou o que significa). Então pesquisei o grupo. No primeiro teste, três pessoas acertaram 2 e outra acertou 8; no segundo teste, uma conseguiu acertar 9. Assim, embora eu aparentemente não tivesse poderes mediúnicos, pelo menos quatro outras pessoas tinham. Será que tinham mesmo?

Antes de concluir que as pontuações altas indicam alto grau de ESP, você precisa saber que tipo de pontuação as pessoas obtêm por puro acaso. As pon-

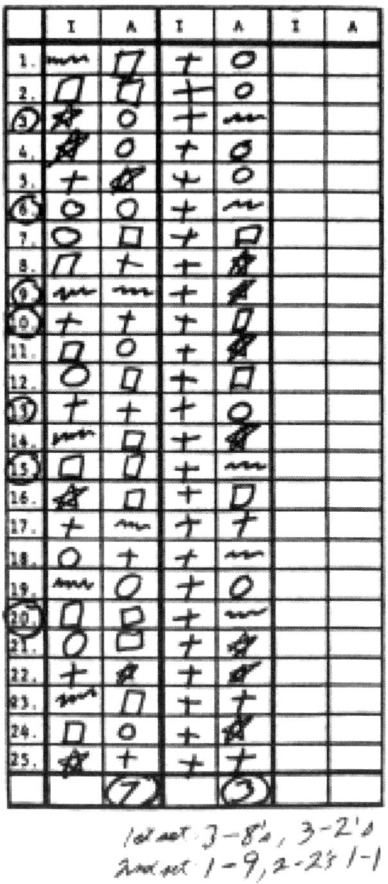

Figura 5: A Folha de Avaliação do Teste ESP de Michael Shermer.

tuações esperadas como fruto do acaso podem ser previstas pela teoria da probabilidade e por análise estatística. Os cientistas usam comparações dos resultados de testes previstos estatisticamente com os resultados dos testes reais, para determinar se os resultados são significativos, ou seja, se são melhores que os esperados como resultado do acaso. Os resultados do teste ESP claramente batem com o padrão esperado para resultados aleatórios.

Expliquei para o grupo: "No primeiro teste, três acertaram 2, três acertaram 8 e todos os demais [29 pessoas] pontuaram entre 3 e 7. No segundo teste, houve uma pessoa que acertou 9, duas acertaram 2 e uma acertou 1, *e todos os que pontuaram eram pessoas diferentes daquelas que tiveram pontuação mais alta ou mais baixa no primeiro teste!* O instrutor virou-se para mim e disse, com um sorriso: "Você é engenheiro ou algum desses estatísticos ou algo no gênero?" O grupo riu e ele voltou à palestra sobre como melhorar a sua ESP com a prática.

Quando abriu para perguntas, esperei até que todos tivessem resolvido as suas dúvidas e perguntei: "Você diz que trabalha na A.R.E. há várias décadas, certo?" Ele assentiu. "E diz que com a experiência a pessoa pode melhorar a sua ESP, certo?" Ele logo soube aonde eu queria chegar e disse: "Bem...", e nesse ponto me adiantei e cheguei à conclusão: "A esta altura você já deve estar muito bem nesse tipo de teste. Que tal se a gente lhe enviar os sinais na máquina? Aposto que você consegue acertar pelo menos 15 das 25". Ele não achou muito divertida a minha sugestão e explicou ao grupo que fazia muito tempo que não praticava ESP e que, além disso, já estávamos sem tempo para o experimento. Rapidamente dispensou o grupo e com isso um punhado de pessoas me cercou e quis explicações sobre o que eu queria dizer com "uma distribuição normal em torno de uma média de 5".

Num pedaço de papel, desenhei uma versão esquemática da curva normal de frequência, mais conhecida como curva de sino (veja a figura 6). Expliquei que a média de respostas corretas ("acertos") que se espera obter aleatoriamente é de 5 (5 em 25). O valor pelo qual o número de acertos se desviaria da média padrão de 5, em decorrência do acaso, seria de 2. Assim, para um grupo daquele tamanho, não deveríamos atribuir nenhum significado especial ao fato de que alguém conseguisse 8 respostas certas ou que outra pessoa conseguisse apenas 1 ou 2 acertos. Isso seria exatamente o que se deveria esperar como decorrência do acaso.

O resultado desses testes sugeria que o que estava operando era apenas o fator aleatório. O desvio da média para esse experimento não constituía nada além do que seria de esperar. Se aumentássemos o grupo para a casa dos milhões, digamos num programa de tevê, haveria uma oportunidade ainda maior de se fazer uma interpretação equivocada das altas pontuações. Nesse cenário, uma pequena fração iria ficar 3 desvios-padrão acima da média, ou conseguiria 11 acertos, uma porcentagem ainda menor chegaria a 4 desvios-padrão, ou 13 acertos, e assim por diante, tudo conforme previsto pelo acaso e alea–

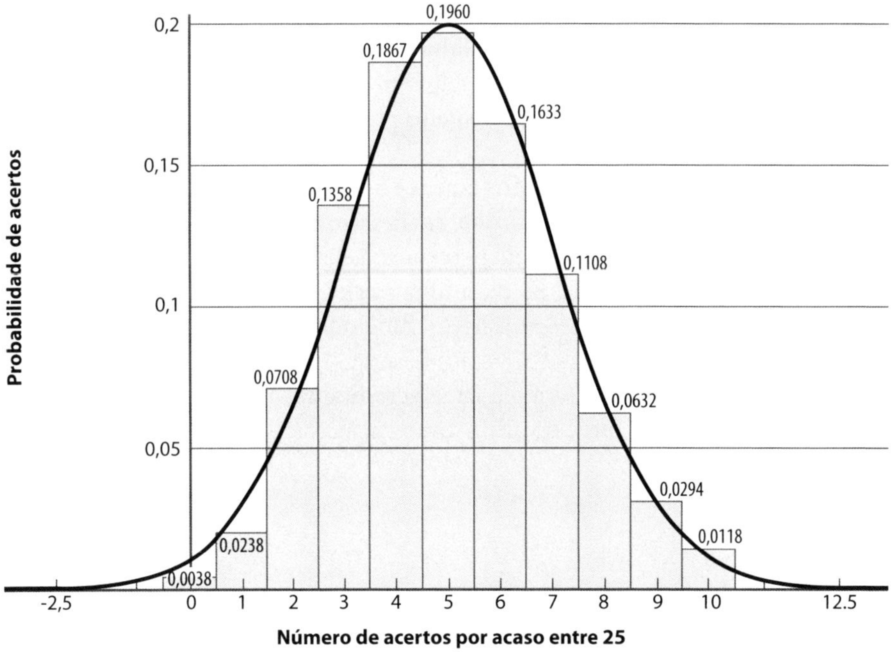

Figura 6: Curva de sino para um teste de 25 questões com 5 respostas possíveis. Se o acaso estiver operando, a probabilidade prevê que a maioria das pessoas (79%) vai obter entre 3 e 7 acertos, enquanto a probabilidade de alcancar 8 ou mais acertos é de 10,9% (assim, num grupo de 25, várias pontuações nessa faixa vão sempre ocorrer por puro acaso), a de alcançar 15 corretas é de cerca de 1 em 90 mil, a de conseguir 20 corretas é de cerca de 1 em 5 bilhões, e a de conseguir acertar todas as 25 é de cerca de 1 em 300 quatrilhões.

toriedade dos grandes números. Os que acreditam em poderes mediúnicos tendem a se focar nos resultados dos sujeitos que se desviam mais do padrão (no sentido estatístico) e destacá-los como prova desse poder. Mas as estatísticas nos dizem que, quando temos um grupo suficientemente grande, sempre haverá alguém que alcança uma pontuação bastante alta. Existem mentiras e mentiras sórdidas, mas as estatísticas são capazes de revelar a verdade quando a pseudociência está sendo impingida a um grupo não suspeito.

Após o experimento ESP, uma mulher me seguiu até eu sair da sala e disse: "Você é um daqueles céticos, não é?"

– Sim, sou – respondi.

– Bem, então – replicou ela –, como explica coincidências como a de eu ir até o telefone para ligar para uma amiga e de repente o telefone toca e é ela que está ligando para mim? Isso não é um exemplo de comunicação psíquica?

– Não, não é – respondi. – É um exemplo de coincidência estatística. Deixe-me perguntar-lhe uma coisa: quantas vezes você vai até o telefone para ligar para a sua amiga e não acontece de ela ligar para você? Ou quantas vezes a sua amiga liga para você sem que você tenha ido até o telefone com a intenção de ligar?

Ela disse que teria de pensar a respeito para me responder. Mais tarde encontrou comigo e disse que havia entendido: "Eu só lembro das vezes que esses eventos acontecem e esqueço todos aqueles outros que você sugeriu".

– Bingo – exclamei, achando que havia conseguido converter alguém. – Você entendeu. Trata-se apenas de percepção seletiva.

Mas foi excesso de otimismo da minha parte. – Não – ela concluiu –, isso prova apenas que os poderes sensitivos funcionam em algumas vezes e em outras, não.

Como diz James Randi, aqueles que acreditam no paranormal são como "patinhos de borracha, que não afundam nunca".

5

Adentrando o invisível

As experiências de quase morte e a busca da imortalidade

Mandei minh'Alma cruzar o Invisível,
Para que notícias do além me trouxesse:
E logo minh'Alma voltou e me disse:
"Eu mesma sou o teu Céu e o teu Inferno".
– Omar Khayyám, Rubaiyat

Em 1980 participei de um seminário de fim de semana em Klamath Falls, Oregon, a respeito de "Controles Voluntários de Estados Interiores", ministrado por Jack Schwarz, um nome bem conhecido dos adeptos da medicina alternativa e dos estados alterados de consciência. Segundo o material de divulgação do seminário, Jack é sobrevivente de um campo de concentração nazista, no qual os anos de isolamento, as condições miseráveis e a tortura física lhe ensinaram como transcender o corpo e ir a lugares em que não pudesse ser agredido. O curso de Jack ensinava os princípios do controle mental por meio da meditação. O domínio desses princípios permite à pessoa controlar voluntariamente funções corporais como frequência do pulso, pressão sanguínea, dor, fadiga e sangramento. Numa demonstração de forte impacto, Jack pegou uma agulha enferrujada de costurar velas, com 25 centímetros de comprimento, e enterrou-a no seu bíceps. Ele sequer piscou e quando arrancou a agulha do braço havia apenas um pingo de sangue no orifício. Fiquei impressionado.

A primeira parte do curso foi mais geral. Aprendemos sobre a cor, a localização e o poder dos nossos chacras (centros de energia que fazem a ponte entre a esfera física e a psicoespiritual), o poder da mente para controlar o corpo por meio do uso desses chacras, a cura de doenças pela visualização, como tornar-se uno com o universo por meio da interação de matéria e energia e outras coisas notáveis. A segunda parte do curso foi prática. Aprendemos a meditar e depois cantamos uma espécie de mantra para focalizar as nossas energias. Isso prosseguiu por um certo tempo. Jack explicou que algumas pessoas poderiam experimentar emoções surpreendentes. Não foi o que ocorreu comigo, por mais que tentasse, mas outros com certeza sentiram isso. Várias mulheres caíram da cadeira e começaram a se contorcer no chão, respirando de modo ofegante e gemendo no que me pareceu um estado orgásmico. Alguns homens também entraram nesse estado. Para me ajudar a sintonizar os meus chacras, uma mulher me levou a um banheiro com espelho de parede, fechou a porta, apagou a luz e tentou me mostrar as auras de energia que envolvem os nossos corpos. Fiz a maior força para ver, mas não vi nada. Uma noite estávamos dirigindo por uma estrada tranquila do Oregon e ela começou a apontar pequenas criaturas de luz no acostamento. Também não consegui ver nada disso.

Participei de alguns outros seminários de Jack e, como isso foi antes de me tornar um "cético", posso dizer honestamente que tentei experimentar o que os outros pareciam experimentar – mas a coisa sempre me escapava. Em retrospecto, acho que o que acontecia tinha a ver com o fato de algumas pessoas serem inclinadas à fantasia, outras abertas à sugestão e à influência dos demais e um terceiro grupo ter facilidade em deixar que a sua mente entre em estado alterado de consciência. Como eu imagino que as experiências de quase morte são um tipo de estado alterado de consciência, vamos examinar esse conceito agora.

O que é um estado alterado de consciência?

A maioria dos céticos há de concordar comigo que as experiências místicas e espirituais não são nada mais do que o produto da fantasia e da sugestão, mas muitos questionarão a minha terceira explicação sobre os estados alterados de consciência. James Randi e eu discutimos a respeito disso longamente. Ele, junto com outros céticos como o psicólogo Robert Baker (1990, 1996), acredita que não existe o que é chamado de estado alterado de consciência, porque não há nada que se possa fazer num tal estado alterado que não se consiga fazer num estado não alterado (ou seja, o estado normal, desperto e consciente). A hipnose, por exemplo, costuma ser considerada um tipo de estado alterado, embora o hipnotizador Kreskin, "O Incrível", ofereça pagar 100 mil dólares a qualquer um que leve outra pessoa a fazer algo sob hipnose que ela não seja capaz de fazer no estado normal de vigília. Baker, Kreskin, Randi e outros acham que a hipnose não passa de uma fantasiosa representação de papéis. Eu discordo.

A expressão *estados alterados de consciência* foi cunhada pelo parapsicólogo Charles Tart em 1969, mas os psicólogos da corrente principal têm consciência já há algum tempo de que a mente é mais do que apenas a consciência de vigília. O psicólogo Kenneth Bowers argumenta que os experimentos provam "a existência de algo bem mais predominante e sutil no comportamento hipnótico do que a obediência voluntária e intencional às exigências percebidas na situação" e que "a hipótese de 'fingimento' é uma interpretação totalmente inadequada da hipnose" (1976, pág. 20). O psicólogo experimental Ernest Hilgard, de Stanford, descobriu por meio de hipnose um "observador oculto" na mente, que tem consciência do que está acontecendo mas não no nível consciente, e que existe uma "multiplicidade de sistemas funcionais que estão organizados hierarquicamente mas que podem se dissociar um do outro" (1977, pág. 17). Hilgard, em geral, instruía os seus sujeitos de experiência do seguinte modo.

> *Quando eu colocar a mão no seu ombro (depois que você estiver hipnotizado), deverei ser capaz de conversar com uma parte oculta de você, que sabe das coisas que estão acontecendo com o seu corpo, ou seja, das coisas que são desconhecidas por aquela parte de você com a qual estou falando agora. A parte com a qual estou falando agora não saberá o que você está me dizendo ou sequer o que você está falando... Você vai lembrar que existe uma parte de você que sabe muitas coisas que estão acontecendo e que podem estar ocultas tanto da sua consciência normal quanto da parte de você que foi hipnotizada. (Knox, Morgan, e Hilgard, 1974, pág. 842.)*

Essa dissociação do observador interno é um tipo de estado alterado.

O que nós queremos dizer exatamente com estado alterado ou, nesse sentido, com um estado inalterado? Aqui pode ser útil distinguir as diferenças *quantitativas* – aquelas de grau – das diferenças *qualitativas* – as diferenças de espécie. Uma pilha de seis maçãs e uma pilha de cinco maçãs são quantitativamente diferentes. Uma pilha de seis maçãs e uma pilha de seis laranjas são qualitativamente diferentes. A maioria das diferenças nos estados de consciência é quantitativa, não qualitativa. Em outras palavras, em ambos os estados existe uma coisa, só que em quantidades diferentes. Por exemplo, ao dormir, nós pensamos, pois sonhamos; formamos memórias, pois conseguimos lembrar dos nossos sonhos; e somos sensíveis ao nosso ambiente, embora em grau bem menor. Algumas pessoas andam e falam durante o sono e nós somos capazes de controlar o sono, programar-nos para acordar a uma certa hora, e conseguimos isso com bastante segurança. Em outras palavras, enquanto estamos dormindo simplesmente conseguimos fazer menos daquilo que fazemos quando acordados.

Além disso, o sono é um bom exemplo, pois é de tal forma diferente que normalmente não o confundimos com o estado de vigília. A diferença quantitativa é tão grande que chega a ser qualitativamente diferente e, portanto, conta como um estado alterado. Embora as leituras de EEG na figura 7 sejam apenas quantitativamente diferentes, elas o são em tal grau que os estados que

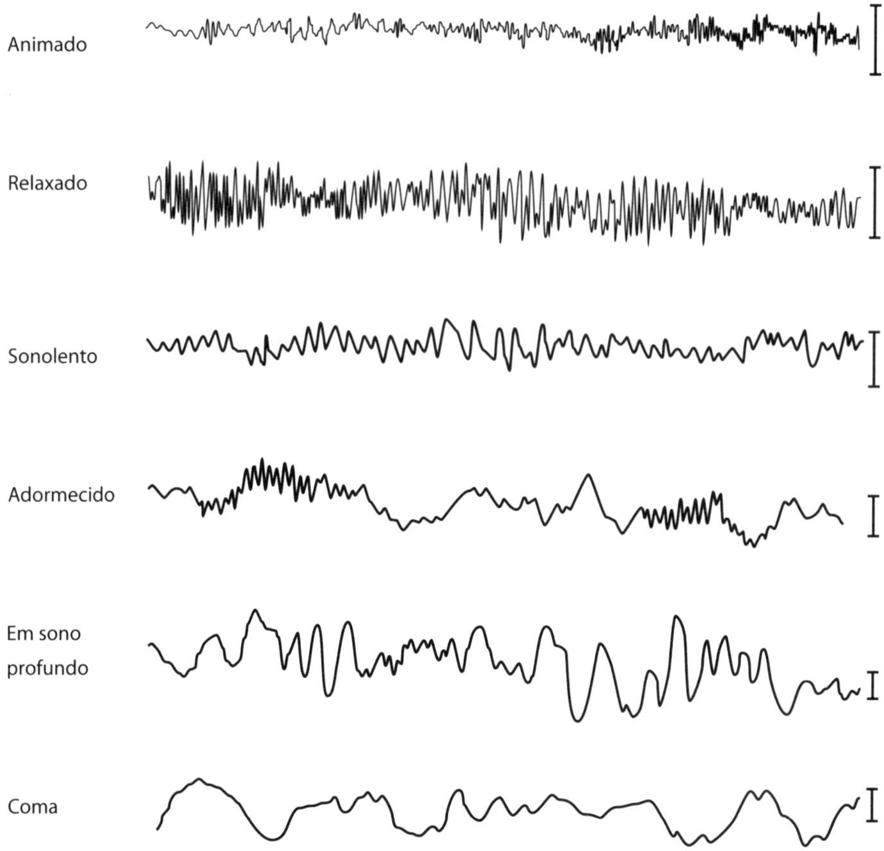

Figura 7: Gravações de EEG por seis diferentes estados de consciência.

representam podem ser considerados de espécie diferente. Se um coma não é um estado alterado, então não sei o que poderia ser. E não é possível replicá-lo em estado consciente.

A consciência tem duas características: "1. *Monitora-nos*, a nós mesmos e ao nosso ambiente, de modo que as percepções, memórias e pensamentos possam ser acuradamente representados na consciência. 2. *Controla-nos* e ao nosso ambiente, de modo que sejamos capazes de iniciar e terminar atividades comportamentais e cognitivas" (Kihlstrom, 1987, pág. 1.445). Assim, um estado alterado de consciência teria que interferir com nosso acurado monitoramento das percepções, memórias e pensamentos, e também perturbar o controle do nosso comportamento e da nossa cognição no ambiente. *Um estado alterado de consciência existe quando há uma interferência significativa no nosso monitoramento e controle do ambiente.* Por "significativa" quero indicar um desvio substancial do funcionamento "normal". Tanto o sono como a hipnose fazem isso, assim como as alucinações, experiências de quase morte, experiências fora do corpo e outros estados alterados.

O psicólogo Barry Beyerstein usa um argumento similar e define os estados alterados de consciência como a modificação de sistemas neurais específicos "por doença, estimulação repetitiva, manipulações mentais ou ingestão química", de modo que "a percepção de nós mesmos e do mundo seja profundamente alterada" (1996, pág. 15). O psicólogo Andrew Neher (1990) chama-os de "estados transcendentes", que define como repentinas e insuspeitadas alterações da consciência, intensas a ponto de se mostrarem incontroláveis para a pessoa que as vivencia. A chave aqui é a *intensidade* da experiência e a *profundidade* da alteração da consciência. Será que fazemos coisas no estado alterado que não somos capazes de fazer num estado não alterado de consciência?

Sim. Por exemplo, os sonhos são significativamente diferentes dos pensamentos e dos devaneios da vigília. O fato de normalmente não fazermos confusão entre ambos é uma indicação da sua diferença qualitativa. Além disso, as alucinações não são em geral experimentadas num estado de vigília estável, a não ser que haja a intervenção de alguma variável, como estresse extremo, drogas ou privação de sono. Experiências de quase morte e experiências fora do corpo são tão pouco comuns que com frequência se destacam como eventos que transformam a nossa vida.

Não. As diferenças são apenas quantitativas. Mas pode-se argumentar que as diferenças são tão grandes que constituem diferenças qualitativas. Você pode me apresentar os resultados de EEGs de quando estou consciente e de quando estou com severas alucinações e me mostrar que há apenas uma diferença quantitativa entre ambos, mas eu experimento e reconheço uma diferença radical dos dois estados. Vejamos agora a experiência de quase morte.

A experiência de quase morte

Uma das forças propulsoras por trás de religiões, misticismo, espiritualismo, movimento da Nova Era e crenças em poderes sensitivos e em percepção extrassensorial é o desejo de transcender o mundo material, de ir além do aqui-e-agora e cruzar o limiar do invisível para adentrar um outro mundo além dos sentidos. Mas onde fica esse outro mundo e como fazemos para chegar a ele? Que apelo pode exercer em nós um lugar sobre o qual não sabemos absolutamente nada? Será que a morte é apenas uma mera transição para o outro lado?

As pessoas religiosas afirmam que podemos saber, sim, algo a respeito do outro lado, por meio de um fenômeno chamado de *experiência peritanática* ou *experiência de quase morte* (EQM). A EQM, assim como a sua parente próxima, a *experiência fora do corpo* (EFC), é um dos fenômenos mais atraentes da psicologia. Aparentemente, diante de um encontro próximo com a morte, as experiências de certos indivíduos são tão similares que levam muitos a acreditar que existe mesmo uma vida após a morte ou que a morte é uma experiência agradável, ou ambas as coisas. O fenômeno foi popularizado em 1975 com a publicação do livro de Raymond Moody, *Life After Life*, e ganhou corpo com a evidência corroborativa de outras pessoas. Por exemplo, o cardiologista F. Schoonmaker (1979) relatou que 50% dos mais de 2 mil pacientes dos quais tratou num período de mais de dezoito anos haviam tido uma EQM. Uma sondagem da Gallup de 1982 revelou que um de cada vinte americanos havia vivido uma EQM (Gallup, 1982, pág. 198). E Dean Sheils (1978) estudou esse fenômeno em diversas culturas.

Quando a EQM ganhou destaque pela primeira vez, era percebida como um fenômeno isolado, incomum e desdenhado pelos cientistas e médicos como um exagero, um voo de fantasia de mentes altamente estressadas e muito criativas. Na década de 1980, no entanto, a EQM ganhou credibilidade por meio da obra de Elisabeth Kübler-Ross, uma médica que divulgou este exemplo hoje clássico:

> *A senhora Schwartz chegou ao hospital e nos contou que havia tido uma experiência de quase morte. Ela era uma dona de casa de Indiana, uma mulher muito simples, sem afetação. Tinha um câncer avançado, sofrera uma hemorragia e fora internada num hospital particular, já bem próxima da morte. Os médicos ficaram 45 minutos tentando reanimá-la, mas ela perdeu os sinais vitais e foi declarada morta. Mais tarde, ela me contou que, enquanto os médicos tentavam reanimá-la, havia tido a experiência de simplesmente sair de seu corpo físico e flutuar mais de dois metros acima da cama, assistindo à equipe de médicos na tentativa frenética de ressuscitá-la. Ela descreveu para mim o desenho da gravata de cada médico, repetiu uma piada que um dos jovens médicos contou, lembrava absolutamente de tudo. E o que queria lhes dizer era: relaxem, tenham calma, está tudo bem, não precisam se desesperar tanto. Quanto mais ela tentava falar com eles, mais freneticamente eles se esforçavam para reavivá-la. Então, na sua própria linguagem, ela "desistiu" deles e perdeu a consciência. Depois que a declararam morta, ela voltou a si e ainda viveu por mais um ano e meio. (1982, pág. 86.)*

Essa é uma típica EQM, caracterizada por um dos três elementos relatados com maior frequência: 1) uma EFC na qual você flutua, olha para baixo e vê o seu corpo; 2) a passagem por um túnel ou câmara em espiral em direção a uma luz branca que representa a transcendência para "o outro lado"; 3) a saída do outro lado para ver os entes querido já falecidos ou uma figura com aspecto de deus.

Parece óbvio que se trata de experiências alucinatórias, de uma criação ilusória de fatos que gostaríamos que fossem reais, embora Kübler-Ross tenha se esforçado muito para verificar tais histórias. "Tínhamos pessoas que haviam sofrido graves acidentes automobilísticos, não apresentavam sinais vitais e nos contaram quantos maçaricos haviam sido usados para removê-las das ferragens" (1981, pág. 86). Mais bizarras ainda são as histórias de pessoas cujo corpo imperfeito ou adoentado se tornava íntegro de novo na EQM. "Tetraplégicos não se veem mais paralisados, pacientes de esclerose múltipla que passaram anos em cadeira de rodas dizem que, ao sair de seu corpo, viam-se capazes de cantar e dançar." Memórias de um corpo antes saudável? Claro que sim. Uma amiga íntima minha que ficou paraplégica após um acidente de carro costumava sonhar que estava boa de novo. Não era incomum para ela acordar de manhã e achar que saltaria fora da cama. Mas Kübler-Ross não endossa essa explicação prosaica: "Você pega pessoas totalmente cegas que não têm sequer a percepção de luz, não veem nem mesmo tons de cinza. Ao terem uma experiência de quase morte, elas conseguem dizer exatamente como era a cena no acidente ou a sala do hospital. Elas têm me relatado detalhes incrivelmente minuciosos. Como explicar isso?" (1981, pág. 90.) Simples. Memórias de descrições verbais fornecidas por outras pessoas na EQM são convertidas em imagens visuais da cena e depois traduzidas de novo em palavras. Além disso, com muita frequência os pacientes de traumas ou cirurgias não estão totalmente inconscientes ou sob anestesia completa e conseguem perceber o que acontece em volta deles. Se o paciente está num hospital-escola, o médico que atende ou o residente-chefe que realiza a cirurgia em geral descreve o procedimento para os demais residentes, o que permite à pessoa que experimenta a EQM fazer uma descrição precisa dos eventos.

Alguma coisa acontece na EQM que pede uma explicação, mas o quê? O médico Michael Sabom, em sua obra de 1982, *Recollections of Death*, mostra os resultados de seu estudo correlacional de um grande número de pessoas que tiveram EQM, registrando idade, sexo, ocupação, instrução e filiação religiosa, além de conhecimento anterior sobre EQMs, possíveis expectativas decorrentes de um conhecimento religioso ou médico prévio, tipo de crise (acidente, ataque), local da crise, método de ressuscitação, tempo estimado de inconsciência, descrição da experiência e assim por diante. Sabom acompanhou essas pessoas durante anos, fazendo novas entrevistas com elas e também com os membros da família para ver se alteravam as histórias ou encontravam alguma outra explicação para a experiência. Mesmo depois de anos, todos os sujeitos se mostravam igualmente seguros a respeito da sua experiência e convencidos de que o episódio havia de fato ocorrido. Quase todos declararam que a experiência tivera impacto decisivo em sua visão da vida e em sua percepção da morte. Não tinham mais "medo" de morrer e tampouco "pranteavam" a morte de entes queridos, já que estavam convencidos de que a morte é uma experiência agradável. Todos sentiam ter recebido uma segunda chance e, embora nem todos os sujeitos passassem a ser "religiosos", todos sentiam necessidade de "fazer alguma coisa da sua vida".

Embora Sabom observe que tanto as pessoas religiosas como as leigas tiveram experiências similares, esquece de mencionar que todos nós estivemos expostos a uma visão de mundo judaico-cristã. Quer a gente acredite ou não conscientemente, todos ouvimos ideias similares a respeito de Deus e da vida após a morte, a respeito de céu e de inferno. Sabom tampouco destaca que as pessoas de religião diferente veem figuras diferentes em sua EQM, uma indicação de que o fenômeno ocorre na mente, não fora dela.

Que explicações naturalistas podem ser oferecidas para as EQM? Uma primeira teoria especulativa foi dada pelo psicólogo Stanislav Grof (1976; Grof e Halifax, 1977), que argumenta que todo ser humano já experimentou antes as características da EQM – a sensação de flutuar, a passagem por um túnel, o emergir na luz – com o nascimento. Talvez a memória de um evento traumático como esse esteja gravada de modo permanente em nossa mente e seja disparada depois por um evento também traumático – a morte. É possível que a lembrança de memórias perinatais explique o que é experimentado em uma EQM? Não acho provável. Não há evidência de memórias infantis de qualquer espécie. Além disso, o canal uterino não se parece com um túnel e, mais ainda, a cabeça do bebê fica normalmente voltada para baixo e de olhos fechados. E por que pessoas que nasceram de cesariana têm EQM? (Sem mencionar que Grof e seus sujeitos de experiência estavam fazendo experimentos com LSD – o que não é o método mais confiável para resgatar memórias, pois cria suas próprias ilusões.)

Uma explicação mais provável é a que busca causas bioquímicas e neurofisiológicas. Sabemos, por exemplo, que a alucinação de voar é disparada pela atropina e por outros alcaloides de beladona, alguns dos quais são encontrados na mandrágora e na datura (erva-do-diabo) e foram usados pelas bruxas europeias e por xamãs indígenas americanos. As EFC são facilmente induzidas por anestésicos dissociativos como as cetaminas. A DMT (dimetiltriptamina) produz a percepção de que o mundo está se expandindo ou encolhendo. A MDA (metilenodioxianfetamina) estimula a sensação de regressão de idade, de modo que as coisas que já esquecemos há muito tempo são trazidas de volta à memória. E, é claro, o LSD (dietilamida do ácido lisérgico) dispara alucinações visuais e auditivas e cria uma sensação de unidade com o cosmo, entre outros efeitos (ver Goodman e Gilman, 1970; Grinspoon e Bakalar, 1979; Ray, 1972; Sagan, 1979; Siegel, 1977). O fato de haver receptores no cérebro para tais substâncias químicas artificialmente processadas significa que existem no cérebro substâncias químicas produzidas naturalmente que, sob certas condições (o estresse de trauma ou um acidente, por exemplo), podem induzir alguma ou todas as experiências tipicamente associadas à EQM. Talvez as EQM e as EFC sejam apenas "viagens" incríveis induzidas pelo trauma extremo de quase morrer. O livro de Aldous Huxley, *Doors of Perception* ("As Portas da Percepção", Editora Globo, 2009), de onde a banda de rock The Doors tirou o seu nome, tem uma fascinante descrição, feita pelo autor sob o efeito de mescalina, de uma flor num vaso. Huxley descreve "ter visto o que Adão viu na manhã da sua criação – o milagre, momento a momento, da existência nua" (1954, pág. 17).

Figura 8: Efeitos de câmara em espiral e de túnel de listras, próprios das experiências de quase morte. Tais efeitos são também produzidos por drogas alucinógenas.

A psicóloga Susan Blackmore (1991, 1993, 1996) levou a hipótese da alucinação um passo adiante ao demonstrar por que diferentes pessoas poderiam experimentar efeitos similares, como o túnel. É no córtex visual na parte de trás do cérebro que se processa a informação da retina. As drogas alucinógenas e a falta de oxigênio no cérebro (como ocorre às vezes perto da morte) podem interferir na taxa normal de estimulação das células nervosas nessa área. Quando isso ocorre, "listras" de atividade neuronal se movem pelo córtex visual, o que é interpretado pelo cérebro como anéis ou espirais concêntricas. Essas espirais podem ser "vistas" como um túnel. Similarmente, a EFC é uma confusão de realidade e fantasia, como podem ser os sonhos logo que acordamos. O cérebro tenta reconstruir eventos e nesse processo os visualiza desde cima – um processo normal ao qual todos recorremos ao nos "descentrarmos" (quando você se imagina sentado na praia ou escalando uma montanha, geralmente é desde cima, olhando para baixo). Sob a influência de drogas alucinógenas, as pessoas veem imagens como as da figura 8; são essas imagens que produzem o efeito de túnel da EQM.

Finalmente, o que faz a EQM parecer "do outro mundo" é a predominância da fantasia de imaginar o outro lado, visualizar nossos entes queridos já falecidos, ver nosso Deus pessoal e assim por diante. Mas o que acontece com aqueles que não retornam de uma EQM? Blackmore faz a seguinte reconstrução da morte: "A falta de oxigênio produz primeiro um aumento na atividade por meio da desinibição, mas no final tudo para. Como é essa a atividade que produz os modelos mentais que dão origem à consciência, então tudo isso cessa. Não há mais experiência, não há mais *self*, e portanto... é o fim" (1991, pág. 44). A anoxia (falta de oxigênio) cerebral, a hipoxia (insuficiência de oxigênio) ou a hipercardia (excesso de dióxido de carbono) têm, todas elas, sido propostas como disparadoras da EQM (Saavedra-Aguilar e Gomez-Jeria, 1989), mas Blackmore aponta que pessoas sem nenhuma dessas condições também tiveram EQM. Ela admite que "está longe de ficar claro, por enquanto, qual seria a melhor maneira de explicar isso. Nenhum volume de evidências poderá elucidar, de vez, se estamos diante da 'vida após a morte' ou da hipótese de um 'cérebro agonizante'" (1996, pág. 440). As EQM permanecem um dos grandes mistérios não resolvidos da psicologia, deixando-nos de novo com uma questão do tipo proposto por Hume. O que é mais provável: que uma EQM seja um fenômeno cerebral ainda a ser explicado ou que seja uma evidência daquilo que sempre quisemos que fosse verdade – a imortalidade?

A busca da imortalidade

A morte, ou pelo menos o fim da vida, parece ser o limite extremo da nossa consciência e a fronteira do possível. A morte é o derradeiro estado alterado. Mas será que é o fim, ou apenas o fim do começo? Jó fez a mesma pergunta: "Se um homem morre, depois poderá viver de novo?" Obviamente, ninguém sabe ao certo, mas muita gente acredita que sabe e muitos se prontificam a tentar convencer-nos de que a sua resposta particular é a correta. Essa questão é uma das razões pelas quais existem literalmente milhares de organizações religiosas no mundo, cada uma afirmando ter conhecimento exclusivo do que vem após a morte. Como o estudioso humanista Robert Ingersoll (1879) observou: "A única evidência, pelo que sei, a respeito de outra vida é, primeiro, que não temos nenhuma evidência; e, em segundo lugar, que lamentamos muito não tê-la e adoraríamos ter". Sem uma estrutura de crença, no entanto, muitas pessoas acham este mundo sem sentido e não se sentem bem nele. O filósofo George Berkeley (1713) descreveu tais sentimentos: "Posso facilmente superar qualquer dor momentânea presente quando reflito que está em meu poder ser feliz por mil anos a partir de agora. Não fosse por esse pensamento, preferiria ser uma ostra a ser um homem".

Num dos filmes de Woody Allen, seu médico lhe dá apenas um mês de vida. "Oh, não", ele lamenta, "eu só tenho trinta dias de vida?" "Não", o doutor responde, "vinte e oito; estamos em fevereiro." Estamos tão mal assim? Às vezes. Seria esplêndido se adotássemos a ponderação de Sócrates pouco antes de ser condenado por um mandado estatal a se suicidar: "Com efeito, senhores, temer a morte é o mesmo que supor-se sábio quem não o é, porque é supor que sabe o que não sabe. Ninguém sabe o que é a morte, nem se, porventura, será para o homem o maior dos bens; todos a temem, como se soubessem ser ela o maior dos males". (Platão, 1952, pág. 211.) Mas a maioria das pessoas se sente como Berkeley e a sua ostra e é por isso, como Ingersoll gostava de ressaltar, que temos a religião. Mas a busca da imortalidade não se restringe a quem é religioso. Não gostaríamos todos nós de viver indefinidamente com alguma aptidão? Podemos fazê-lo, indiretamente, e, se a ciência realizar o que alguns acreditam que vai realizar, talvez possamos tornar isso realidade.

Ciência e imortalidade

Como não é possível testar as teorias puramente religiosas sobre a imortalidade – elas se baseiam na fé, não na razão –, não vou discuti-las aqui. O livro *Physics of Immortality*, de Frank Tipler, é o assunto do capítulo 16, pois a obra de Tipler requer uma análise extensa. É suficiente dizer que para a maioria das pessoas a "imortalidade" não significa meramente continuar a viver por meio do seu próprio legado, seja ele qual for. Como disse Woody Allen: "Não quero conquistar a imortalidade pela minha obra, quero conquistar a imortalidade não morrendo". A maioria das pessoas não se contenta com o argumento de que, por serem pais, já são imortais, no sentido de que uma parte significativa da sua constituição genética continua vivendo nos genes de sua descendência. De um ponto de vista evolucionário, 50% dos genes de uma pessoa continuam a existir na sua descendência, 25% nos seus netos, 12,5% em cada bisneto e assim por diante. Mas o que a maioria de nós concebe como a "verdadeira" imortalidade é viver para sempre, ou pelo menos consideravelmente mais que a norma. O problema é que parece certo que o processo de envelhecimento e morte é uma parte normal, geneticamente programada, da sequência da vida. No cenário traçado pelo biólogo evolucionista Richard Dawkins (1976), depois que ultrapassamos a idade reprodutiva (ou pelo menos o período de participação intensa e regular na atividade sexual), então os genes não têm mais utilidade para o corpo. O envelhecimento e a morte podem ser a maneira que a espécie tem de eliminar aqueles que não são mais geneticamente úteis, mas que ainda competem por recursos limitados com aqueles cuja tarefa é agora passar adiante os seus genes.

Para poder estender a vida de modo significativo, precisamos compreender as causas da morte. Basicamente, são três: traumas, como acidentes; doenças, como o câncer e a aterosclerose; e a entropia, ou a senescência (envelhecimento), que é uma deterioração progressiva, natural, de várias funções bioquímicas e celulares, que começa no início da vida adulta e acaba resultando numa probabilidade aumentada de morrer de trauma ou doença.

Quanto podemos viver? O *potencial máximo de vida* é a idade de morte do membro mais longevo da espécie. Para os humanos, o recorde documentado de idade mais provecta já alcançada é de 120 anos. Pertence a um estivador japonês, Shigechiyo Izumi. Há várias reivindicações não documentadas referentes a pessoas que viveram mais de 150 anos e até 200 anos, mas com frequência envolvem extravagâncias culturais como somar a idade do pai e a do filho. Dados documentados de pessoas centenárias (as que chegam aos cem anos de idade) revelam que, de cada 2 milhões e 100 mil pessoas, apenas uma viverá até os 115 anos. A população atual do mundo, de 6 bilhões de habitantes, provavelmente vai produzir apenas dois ou três indivíduos que consigam chegar aos 115 anos de idade. A *expectativa de vida* é a idade na qual a média dos indivíduos morre caso não sofra morte prematura por acidente ou doença. Essa idade é de 85 a 95 anos e não muda há séculos, talvez há milênios. A expectativa de vida, como o potencial máximo de vida, é provavelmente uma constante biológica fixa para cada espécie. A *expectativa de vida* é a idade na qual o indivíduo médio vai morrer, levando em conta a ocorrência de acidentes e doenças. Em 1987, a expectativa de vida para as mulheres no Ocidente era de 78,8 anos e para os homens de 71,8 anos, numa expectativa geral de 75,3 anos. Em 1995, no mundo todo, a expectativa de vida era estimada em 62 anos. Esses valores estão sempre aumentando. Nos Estados Unidos, a expectativa de vida em 1900 era de 47 anos. Por volta de 1950, o valor havia subido para 68. No Japão, a expectativa de vida para meninas nascidas em 1984 é de 80,18 anos, o que faz dele o primeiro país a superar a marca dos 80 anos. Mas é improvável que a expectativa de vida chegue algum dia a superar a duração de 85 a 95 anos.

Embora envelhecimento e morte pareçam incontestáveis, as tentativas de estender as funções biológicas dos seres humanos pelo maior tempo possível estão aos poucos deixando de ser coisa de lunáticos para entrar na arena da ciência legítima. Os transplantes de órgãos, o aprimoramento das técnicas cirúrgicas, a imunização contra a maior parte das doenças, o conhecimento nutricional avançado e a consciência dos efeitos saudáveis do exercício têm contribuído para o rápido aumento da expectativa de vida.

Outra possibilidade futurística é a *clonagem*, a duplicação exata de um organismo a partir de uma célula do corpo (desde que seja diplóide, isto é, dotada de um conjunto completo de genes, por oposição a uma célula sexual, haplóide, que tem apenas metade do conjunto de genes). A clonagem de organismos inferiores vem sendo conseguida, mas há barreiras tanto científicas quanto éticas para a clonagem de humanos. Se essas barreiras caírem, a clonagem poderá ter um papel importante na extensão do tempo de vida. Um dos principais problemas dos transplantes de órgãos é a rejeição do tecido estranho. Não haveria esse problema no caso de órgãos duplicados a partir de um clone – bastaria criar o seu clone num ambiente esterilizado, o que manteria os órgãos em bom estado, e então substituir os órgãos envelhecidos do seu corpo pelos mais jovens e saudáveis do clone.

As questões éticas levantadas por esse cenário são, no mínimo, desconcertantes. O clone é humano? O clone tem direitos? Deveria haver uma associação dos clones? (Que tal criar uma ADLC, Associação de Defesa das Liberdades dos Clones?) O clone é um indivíduo separado e independente? Se não for, o que você poderá dizer da sua própria individualidade quando estiver vivendo em dois corpos? E se o clone for um indivíduo separado e independente, então existirão dois de "você"? E se você substituir praticamente todos os seus órgãos originais, ainda assim continuará sendo "você"? E aqueles que acreditam na forma judaico-cristã de imortalidade, ao fazerem um clone de si mesmos continuarão tendo uma alma só ou duas?

Por fim, temos o fascinante campo da *suspensão criônica*, ou o que Alan Harrington chama de processo de "congela-espera-revive". Os princípios desse procedimento são relativamente simples, mas a aplicação, não. Quando o coração para e a morte é oficialmente decretada, todo o sangue é removido e substituído por um fluido que preserva os órgãos e tecidos enquanto estão congelados. Depois, não importa qual tenha sido a causa da morte - acidente ou doença -, cedo ou tarde as tecnologias do futuro estarão à altura da tarefa de nos fazer reviver e nos curar.

A criônica é tão recente e experimental que as suas questões éticas ainda não receberam atenção do grande público. Por enquanto, a suspensão criônica é considerada pelo governo uma forma de enterro e congelam-se os indivíduos depois que são declarados legalmente mortos por meios naturais, nunca por escolha deles. Se os defensores da criônica forem bem-sucedidos em fazer reviver alguém, a distinção de vivos e mortos ficará indefinida. Vida e morte se tornarão um *continuum* e não mais estados descontínuos como sempre têm sido. Com certeza, as definições de morte terão de ser refeitas. E quanto ao problema da alma? Se é que existe tal coisa, para onde vai ela enquanto o corpo estiver em suspensão criônica? No caso de um indivíduo escolher ser colocado em suspensão criônica antes de estar realmente morto, o técnico em criônica estará cometendo um homicídio? Ou será homicídio apenas se o procedimento de reanimação não conseguir fazer reviver o indivíduo em suspensão?

Se a tecnologia de suspensão criônica conseguir satisfazer as esperanças e expectativas dos crionicistas, talvez um dia possamos escolher ser congelados e reanimados à vontade, quem sabe até múltiplas vezes. A pessoa poderia voltar para viver períodos de dez anos a cada século e desse modo viveria essencialmente por mil anos ou mais. Pense nos futuros historiadores, que desse modo serão capazes de registrar uma história oral relatada por alguém que viveu mil anos antes. Mas por enquanto esse campo todo continua sendo uma especulação científica *high-tech*, ou protociência. Eis alguns dos problemas antevistos:

1. Não sabemos se alguém que já tenha sido congelado ou que venha a ser congelado num futuro próximo poderá ser revivido com sucesso. Nenhum organismo superior foi congelado e depois revivido até hoje.
2. A tecnologia de congelamento parece promover um dano considerável às células cerebrais, embora a natureza exata e a extensão desse dano ainda precisem ser determinadas, já que ninguém foi revivido para se poder testar isso. Mesmo que o dano físico seja leve, ainda resta ver se a memória e a identidade pessoal serão reabilitadas. Nossa compreensão científica de onde e como a memória e a identidade pessoal são armazenadas é bastante escassa. Os neurofisiologistas já percorreram um longo caminho no sentido de encontrar uma explicação para o armazenamento de material na memória

e seu acesso, mas a teoria está longe de ser satisfatória. É possível, embora pareça improvável, que a reabilitação completa ainda resulte em perda de memória. Simplesmente não temos como saber sem um teste efetivo. E se a reavivação criônica não resultar numa recuperação razoável da memória e da identidade pessoal, então que sentido ela teria?

3. A ciência toda da criônica depende atualmente de desenvolvimentos futuros da tecnologia. Os crionicistas Mike Darwin e Brian Wowk explicam: "Mesmo os métodos mais conhecidos da criopreservação ainda produzem danos irreversíveis ao cérebro com a presente tecnologia. Até que a criopreservação seja aperfeiçoada, a criônica dependerá de tecnologias futuras, não apenas para a substituição de tecidos, mas também para o reparo de tecidos essenciais à sobrevivência do paciente" (1989, pág. 10). Essa é a principal falha da criônica. São onipresentes na literatura sobre suspensão criônica os lembretes de que a história da ciência e a da tecnologia estão repletas de casos de pesquisadores independentes malcompreendidos, descobertas surpreendentes e dogmatismos e estreitezas mentais em relação a novas ideias revolucionárias. Tais histórias são verdadeiras, mas os crionicistas não estão levando em conta todas aquelas novas ideias revolucionárias anteriores que se mostraram equivocadas. Infelizmente para os crionicistas, os sucessos passados não garantem o progresso futuro em nenhuma área. A criônica depende hoje da nanotecnologia, da construção de minúsculas máquinas operadas por computador. Como Eric Drexler (1986) tem mostrado e Richard Feynman já assinalara em 1959, "há muito espaço a ser explorado" para tecnologias de dimensões moleculares. Mas teoria e aplicação são duas coisas diferentes e uma conclusão científica não deve se basear no que *poderia ser*, não importa em que medida isso se mostre lógico para quem o defende. Até termos evidência, nosso julgamento vai permanecer, por ironia, também em suspensão.

Transcendência histórica – É tão insignificante assim?

Diante dessas perspectivas, onde é que o indivíduo não religioso pode encontrar sentido num universo aparentemente sem sentido? Podemos transcender a banalidade da vida sem sair do corpo? A história é o campo de pensamento que lida com a ação humana ao longo do tempo e para além da história pessoal de qualquer indivíduo. A história transcende o aqui-e-agora por meio do seu passado relativamente longo e do seu futuro quase ilimitado. A história é um produto de sequências de eventos que ocorrem de maneira única. Esses eventos são principalmente ações humanas, portanto a história é um produto da maneira pela qual as ações humanas individuais se juntam para produzir o futuro, embora limitadas por certas condições prévias, como leis da natureza, forças econômicas, tendências demográficas e hábitos culturais; somos livres, mas não para fazer simplesmente qualquer coisa. E a importância de uma ação humana também é restringida pelo *momento* na sequência histórica em que a ação é empreendida. Quanto mais cedo a ação ocorre numa sequência, mais sensível essa sequência será a pequenas mudanças – o chamado "efeito borboleta".

A chave para a transcendência histórica é que, como você não tem como saber em que parte da sequência está (já que a história é contígua) e que efeitos as ações presentes podem ter nos resultados futuros, a mudança positiva requer que você escolha as suas ações com sabedoria – todas elas. O que você fizer amanhã pode mudar o curso da história, mesmo que seja muito tempo depois de você ter morrido. Pense em todas as pessoas famosas do passado que morreram quase desconhecidas. Hoje, elas transcenderam a sua própria época, pois percebemos que algumas de suas ações alteraram a história, mesmo que elas não tivessem ciência de estar fazendo algo importante. Podemos ganhar transcendência afetando a história, por meio de ações cuja influência se estenda bem além da nossa existência biológica. A alternativa a esse cenário – a apatia em relação ao efeito que podemos ter sobre os outros e sobre o mundo, ou a crença na existência de outra vida sem que a ciência ofereça nenhuma prova disso – pode levar a pessoa a perder algo de profunda importância *nesta* vida. Devemos prestar atenção às belas palavras de Matthew Arnold em seu poema *Empedocles on Etna* (1852):

> *É tão insignificante assim ter desfrutado o sol,*
> *Ter vivido alegre na primavera,*
> *Ter amado, pensado, realizado;*
> *Feito bons amigos e vencido inimigos difíceis –*
> *A ponto de termos que haurir felicidade de incertos dias futuros*
> *E ao sonhar com isso acabar perdendo o nosso presente*
> *E relegar a mundos tão distantes o nosso repouso?*

6

Abduzido!

Encontros com alienígenas

Numa segunda-feira, 8 de agosto de 1983, fui abduzido por alienígenas. Era tarde da noite e eu estava viajando por uma solitária estrada na área rural, perto da pequena cidade de Haigler, no Nebraska, quando uma grande nave com luzes brilhantes pairou do meu lado e me forçou a parar. Seres alienígenas saíram da nave e me induziram a entrar no seu veículo. Não lembro do que aconteceu dentro, mas, quando me vi de novo viajando pela estrada, havia perdido noventa minutos de tempo. Os abduzidos chamam isso de "tempo extraviado" e classificam a minha abdução como "contato imediato de terceiro grau". Nunca vou esquecer essa experiência e, como outros abduzidos, contei a minha história de abdução muitas vezes na televisão e inúmeras vezes para plateias ao vivo.

Uma experiência pessoal de abdução

Pode parecer estranho um cético contar uma história dessas, por isso deixem-me completar os detalhes. Como expliquei no Capítulo 1, por muitos anos eu competi como corredor profissional ultramaratonista de bicicleta, basicamente concentrando-me na Race Across America, uma corrida sem paradas de 4.800 quilômetros, costa a costa. "Sem paradas" significa que os corredores andam longos trechos sem dormir, pedalando em média 22 horas a cada 24. É um experimento em movimento, sob estresse, privação de sono e esgotamento nervoso.

Em condições normais de sono, a maior parte da atividade do sonho é imediatamente esquecida ou se esvai logo depois que despertamos para a consciência. A extrema privação de sono quebra esse limite entre realidade e fantasia. Você tem alucinações severas que parecem tão reais quanto as sensações e percepções da vida cotidiana. As palavras que você ouve e diz são relembradas depois como uma memória normal. As pessoas que você vê na alucinação são tão corpóreas quanto as da vida real.

Na corrida inaugural de 1982 dormi apenas três horas em cada uma das duas primeiras noites e consequentemente fiquei atrás do líder, que estava provando ser possível sobreviver com bem menos sono. Na altura do Novo México, comecei a andar longos trechos sem dormir para recuperar o terreno perdido, mas não estava preparado para as alucinações que ocorreriam. Em geral, eram as alucinações corriqueiras que os motoristas de caminhão esgotados costumam experimentar, a que chamam "febre da linha branca" ou "hipnose de estrada": os arbustos ganham a forma de animais, as rachaduras no asfalto compõem desenhos com sentido e as caixas de correio têm o aspecto de pessoas. Eu vi girafas e leões. Cumprimentei caixas de correio. Cheguei a ter uma experiência fora do corpo perto de Tucumcari, Novo México, quando me vi de cima pedalando pelo acostamento da Interstate 40.

Terminando a corrida em terceiro naquele ano, decidi que correria sem dormir em 1983, até chegar à liderança ou desabar. Quando já fazia 83 horas que havia largado do píer de Santa Monica, chegando perto de Haigler, Nebraska, e tendo completado 2 mil quilômetros do percurso, eu estava caindo no sono em cima da bicicleta e então a minha equipe de apoio (todo corredor tem uma) me fez descer da bicicleta para tirar uma soneca de 45 minutos. Ao acordar, montei na bicicleta de novo, mas ainda estava com tanto sono que a minha equipe decidiu me trazer de volta para o *motorhome*. Foi então que caí numa espécie de estado alterado de consciência e fiquei convencido de que a minha equipe de apoio inteira era composta por seres de outro planeta e que eles queriam me matar. Os tais alienígenas eram tão espertos que pareciam, vestiam-se e falavam como os membros da minha equipe. Comecei a interrogar membros individuais da equipe sobre detalhes da sua vida pessoal e sobre a bicicleta, detalhes que nenhum alienígena poderia conhecer. Perguntei ao meu mecânico se ele havia colado os pneus da minha bicicleta com molho de espaguete. Quando ele respondeu que os havia colado com cola Clement (também vermelha), fiquei muito impressionado com a pesquisa que os alienígenas haviam feito. Seguiram-se outras perguntas e respostas corretas. O contexto dessa alucinação era um seriado de televisão da década de 1960 – *The Invaders* –, no qual os alienígenas pareciam exatamente humanos, exceto pelo dedo mínimo, que não dobrava. Fiquei procurando mindinhos duros nos membros da minha equipe. O *motorhome*, com suas luzes brilhantes, virou a nave deles. Depois que a equipe conseguiu me enfiar na cama para mais 45 minutos de sono, acordei com a mente clara e o problema estava resolvido. Mas até hoje relembro a alucinação de uma maneira tão vívida e clara como lembro outra memória forte qualquer.

Bem, não estou dizendo que as pessoas que tiveram experiências de abdução estavam privadas de sono ou passando por um estresse extremo, físico e mental. No entanto, acho que fica bem claro que se, nessas condições, é possível ocorrer uma experiência de abdução, então ela pode acontecer em outras condições. Obviamente, não fui abduzido por alienígenas; então, o que seria mais provável: que as outras pessoas tenham tido experiências similares à minha, provocadas por outros estados alterados ou circunstâncias incomuns, ou que estejamos sendo secretamente visitados por alienígenas de outros mundos? Segundo o critério de Hume para julgar um milagre – "que nenhum testemunho é suficiente para estabelecer algo como milagre, a não ser que seja de tal espécie que sua falsidade se mostre mais milagrosa do que o fato que ele se esforça por estabelecer" –, teríamos que escolher a primeira explicação. Não é impossível que haja alienígenas viajando milhares de anos-luz até a Terra e entrando sem ser notados, mas é muito mais provável que os humanos estejam experimentando estados alterados de consciência e interpretando-os no contexto do que é popular na nossa cultura hoje, ou seja, seres extraterrestres.

Autópsia de um alienígena

Os humanos conseguiram realizar voos espaciais e até mandaram naves para fora do sistema solar; então, por que outros seres inteligentes não poderiam ter feito o mesmo? Talvez tenham aprendido a vencer as enormes distâncias entre as estrelas acelerando para além da velocidade da luz, embora isso seja impossível segundo todas as leis da natureza que conhecemos. Talvez tenham resolvido o problema das colisões com poeira espacial e partículas, que poderiam esmigalhar uma nave espacial viajando a uma velocidade imensa como essa. E de algum modo eles podem ter alcançado toda essa sofisticação tecnológica sem se autodestruírem em suas próprias versões de guerra e genocídio. Esses são problemas muito difíceis de solucionar, mas veja quanto nós humanos já conseguimos desde 1903, quando os irmãos Wright fizeram o seu pequeno artefato se sustentar no ar por doze segundos. Deveríamos ser tão arrogantes a ponto de pensar que apenas nós existimos e que somos os únicos capazes de resolver esses problemas?

Esse é um assunto discutido muito extensa e detalhadamente por cientistas, astrônomos, biólogos e escritores de ficção científica. Alguns, como o astrônomo Carl Sagan (1973, 1980), acreditam que há boas chances de que o universo seja transbordante de vida. Considerando as centenas de bilhões de estrelas da nossa galáxia e as centenas de bilhões de galáxias no nosso universo conhecido, quais são as probabilidades de que a nossa seja a única que permitiu a evolução de seres sencientes inteligentes? Outros, como o cosmólogo Frank Tipler (1981), estão convencidos de que extraterrestres não existem, porque, se exis-

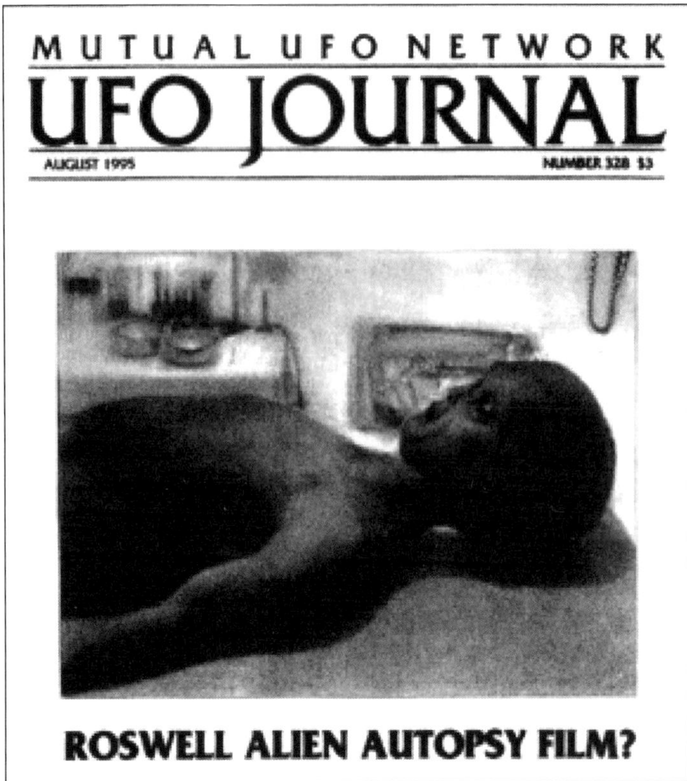

Figura 9: Alienígena de um filme sobre uma autópsia de extraterrestres. [Cortesia Mutual Network.]

tissem, estariam por aqui agora. Como não há nada de especial com o *timing* da evolução humana, é bastante provável que, se seres inteligentes tivessem evoluído em outra parte, pelo menos metade deles estaria à frente de nós em evolução biológica, o que os colocaria muito, muito à frente de nós científica e tecnologicamente, significando isso que já teriam descoberto a Terra a esta altura.

Algumas pessoas afirmam que os alienígenas não só descobriram a Terra: eles fizeram um pouso forçado perto de Roswell, Novo México, em 1947, e podemos ver a sua aparência num filme. Em 28 de agosto de 1995, a rede de televisão Fox transmitiu o que veio a ficar conhecido como o "Incidente de Roswell" e mostrou um filme sobre uma autópsia do que parecia ser o corpo de um alienígena (ver figura 9). O filme foi fornecido por Ray Santilli, um produtor de vídeo de Londres que afirma ter encontrado esse filme em preto e branco quando procurava nos arquivos do Exército dos EUA trechos de filmes de Elvis Presley (que serviu o Exército por dezoito meses) para um documentário sobre o cantor. O indivíduo que lhe vendeu o filme (dizem que por 100 mil dólares) permanece anônimo, segundo Santilli, porque é ilegal vender material de propriedade do governo dos EUA. Santilli, por sua vez, vendeu os direitos de utilização do filme para a Fox. A Força Aérea dos EUA tem declarado que os restos da nave de Roswell são de um balão de inspeção altamente secreto que se espatifou – o "Projeto Mogul" – e que servia para monitorar os testes nucleares soviéticos a partir da alta atmosfera. Como a guerra fria estava se iniciando em 1947, não é de admirar que na época a Força Aérea se mostrasse relutante em discutir o acidente, mas isso deu origem a décadas de especulação por parte dos que acreditam em OVNIs, especialmente aqueles com inclinação para teorias conspiratórias. No entanto, há muitos problemas com o filminho da autópsia de alienígenas como prova de um encontro com alienígenas.

1. Santilli precisa ceder uma amostra significativa do filme original da autópsia para uma instituição com credibilidade, equipada para datar o filme, verificar quando foi rodado. Até agora a Kodak recebeu apenas umas poucas polegadas do "líder" do filme, que poderiam fazer parte de qualquer outro filme. Se Santilli deseja de fato provar que o filme foi rodado em 1947, por que deu à Kodak apenas uma porção pequena, totalmente genérica, do seu filme? Faz parte da rotina da Kodak datar filmes para pessoas que dispõem de câmeras antigas.
2. Segundo o documentário da Fox, o governo encomendou pequenos caixões fúnebres para os corpos dos alienígenas. Antes de mais nada, uma fogueira teria sido mais eficiente do que um enterro se o governo tivesse a intenção de apagar vestígios dos alienígenas – não haveria registro de encomenda de pequenos caixões, nem esqueletos estranhos para ter de explicar mais tarde. Segundo, por que o governo, por mais paranoico que fosse, simplesmente enterrou os corpos dos alienígenas alguns dias depois do acidente? Constituindo uma das descobertas mais importantes da história, com certeza esses corpos seriam estudados por especialistas do mundo todo em vários anos.
3. Considerando o número de pessoas evidentemente envolvidas na descoberta, isolamento, transferência, manipulação, filmagem, autópsia, preservação e enterro dos corpos, deveria ter havido um massivo trabalho de acobertamento. Mas como poderia o governo ter escondido do público um evento tão espetacular? Como foi possível evitar que todas essas pessoas falassem?
4. No programa de Fox, muita gente lembrou que eles foram advertidos, ameaçados, e de outra forma avisados sobre falar ou escrever sobre o fato de que alguns destroços foram encontrados. Isso não é inesperado, já que agora sabemos que um projeto envolvendo o máximo sigilo estava sendo realizado e que todo o esforço estava sendo feito para mantê-lo secreto.
5. Será que alguém pode acreditar seriamente que um evento assim, talvez o mais importante da história da humanidade, foi filmado usando uma câmera Filmo manual, carregada com um simples filme preto e branco e operada por uma pessoa que era empurrada para lá e para cá, tanto que o filme saía de foco a toda hora?

6. Não seria de esperar que um alienígena de outro planeta (e portanto de outra sequência evolucionária) tivesse a forma humanoide. A enorme variedade de seres vivos aqui na Terra assumiu muitas formas e configurações diferentes, que poderiam ter-nos desalojado e ainda poderiam fazer isso, mas nenhuma delas é tão humanoide quanto esse suposto ser de outro planeta. As chances contrárias a que esse acontecimento pudesse ter lugar são simplesmente astronômicas.
7. O alienígena do filme tem seis dedos nas mãos e nos pés, embora os "relatos originais das testemunhas" registrados em 1947 falassem de alienígenas com quatro dedos. O problema é com os relatos das testemunhas oculares, com o filme, com ambos, ou há *duas* espécies de alienígenas?
8. O alienígena tem todos os detalhes mencionados por abduzidos – baixa estatura, cabeça calva e olhos grandes. Essa aparência foi criada para um filme de 1975 da NBC chamado *The UFO Incident* e tem sido usada desde então por abduzidos.
9. Durante a autópsia, os dois rapazes de traje branco mostram pouco interesse pelos órgãos. Não fazem nenhuma tentativa de medir ou examinar os órgãos, nem sequer de virá-los do outro lado. Simplesmente os arrancam e jogam numa bacia, sem que haja nenhum fotógrafo ou desenhista especializado em desenhos médicos para fazer o registro. Suas roupas não são à prova de radiação e não há nenhum detector de radiação ou medidor Geiger-Mueller à vista.
10. Seria fácil conseguir um alienígena de resina sintética em alguma loja de adereços, assim como os demais itens da sala.
11. Ed Uthman, um patologista de Houston, Texas, fez as seguintes observações (postadas na internet em 7 de setembro de 1995):

> *Qualquer patologista envolvido num caso como esse ficaria obcecado por documentar os achados. Iria querer apresentar sistematicamente os achados a cada passo do processo, como mostrar de que modo as juntas trabalhavam, se as pálpebras fechavam etc. Ele ficaria orientando o* cameraman *o tempo todo, mas, em vez disso, o* cameraman *foi totalmente ignorado, como se nem estivesse lá. O patologista agia mais como um ator diante de uma câmera do que como alguém que estivesse cooperando numa sessão de documentação fotográfica.*
>
> *O dissecador usou tesouras como se fosse um alfaiate, não um patologista ou cirurgião. Segura a tesoura com o polegar e o indicador, ao passo que patologistas e cirurgiões colocam o polegar num dos buracos da tesoura e o dedo médio ou anular no outro. O indicador é usado para firmar a tesoura mais para cima em relação às lâminas.*
>
> *A maneira com que foram feitos os cortes iniciais na pele foi um pouco hollywoodiana demais, com excessiva cautela, como se estivessem operando um paciente vivo. Os cortes feitos em autópsia são mais profundos e rápidos.*

12. Joachim Koch, um cirurgião alemão cofundador da International Roswell Initiative, tinha a dizer o seguinte (postado na internet em 12 de setembro de 1995):

> *Se a autópsia preliminar em Roswell já havia sido realizada e a dissecação final (no filme de Santilli) foi feita em outro local, então as suturas da primeira autópsia deveriam ser visíveis durante a segunda autópsia (mostrada no filme), mas não são.*
>
> *Notem-se os aspectos físicos do "alienígena": extremo crescimento da cabeça, olhos bem afastados e concavidades oculares profundas, nariz de base larga, crescimento aumentado na base do crânio, uma dobra da pele em formato de crescente na pálpebra interna superior, eixo mongoloide das pálpebras, ausência de pelos entre as sobrancelhas, implantação baixa da orelha externa, que é pequena, lábios pequenos, maxilar inferior subdesenvolvido, baixo peso ao nascer, baixa estatura ao nascer, malformações de órgãos internos, crescimento desproporcionado e polidatilismo e/ou hexadatilismo (seis dedos nas mãos e pés). Essa descrição não é a de um alienígena, mas a de um ser humano acometido de "síndrome C", ou, na terminologia médica americana, de "síndrome da trigonocefalia de Opitz". Foram descritos formalmente poucos casos de síndrome C e esses poucos morreram bem jovens.*

É interessante que esse filme, até hoje a melhor evidência física já apresentada para casos de encontro de alienígenas, é desconsiderado pela maioria das pessoas que acreditam em OVNIs. Por quê? Elas, como os céticos, suspeitam de alguma fraude e não querem ver-se envolvidas com algo que parece prestes a ser desmascarado. Mas, se esse material é o melhor que conseguiram, o que diz ele a respeito do fenômeno? Infelizmente, a falta de evidência física pouco importa para aqueles que acreditam de fato. Eles vêm compartilhando anedotas e experiências pessoais e, para a maioria, isso já é mais do que suficiente.

Encontros com abduzidos por alienígenas

Em 1994, a rede americana de televisão NBC levou ao ar *The Other Side*, um programa do tipo Nova Era, que explorava casos de abdução por alienígenas, além de outros mistérios, milagres e fenômenos fora do comum. Participei muitas vezes desse programa, dando o depoimento do cético, mas o mais interessante para mim foi um programa da série em duas partes sobre OVNIs e abduções por alienígenas. As afirmações feitas pelos abduzidos eram de fato impressionantes. Eles declararam que literalmente milhões de pessoas haviam sido "sugadas por feixes de luz" até naves espaciais alienígenas, algumas diretamente de seus dormitórios, atravessando paredes e tetos. Uma mulher disse que os alienígenas haviam levado os seus óvulos para usar em experiências de procriação, mas não foi capaz de dar indícios de como se fez isso. Outra contou que os alienígenas haviam implantado um híbrido humano-alienígena em seu útero e que ela dera à luz o bebê. Onde está essa criança agora? Foi levada embora pelos alienígenas, explicou ela. Um homem arregaçou a calça e me mostrou cicatrizes nas suas pernas, que, segundo ele, haviam sido deixadas pelos alienígenas. A mim me pareceram cicatrizes normais. Outra mulher disse que os alienígenas haviam implantado um dispositivo de rastreamento na sua cabeça, mais ou menos como os biólogos fazem para rastrear golfinhos ou aves. Um exame de ressonância magnética na sua cabeça deu negativo. Um homem explicou que os alienígenas levaram o seu esperma. Perguntei-lhe como sabia que haviam levado o esperma, pois ele declarou que estava dormindo quando foi abduzido. Disse que sabia disso porque havia tido um orgasmo. Respondi: "É possível que o senhor tenha tido apenas um sonho erótico?" Ele não gostou.

Após a gravação desse programa, cerca de uns doze "abduzidos" estavam saindo do estúdio para ir jantar. Como nessas situações eu tendo a ser um cético bastante amigável, não antagônico, evitando os bate-bocas tão apreciados pelos produtores de *talk-shows*, eles me convidaram para ir junto. Foi revelador. Descobri que não eram nem loucos nem ignorantes, como alguns poderiam esperar. Eram pessoas saudáveis mentalmente, racionais, inteligentes, que tinham em comum uma experiência irracional. Estavam convencidos da realidade da experiência – nenhuma explicação racional que eu pudesse oferecer, de alucinação a sonhos lúcidos ou falsas memórias, conseguiu convencê-los. Um homem ficou com lágrimas nos olhos ao me contar como a abdução havia sido traumática para ele. Outra mulher explicou que a experiência lhe custara um casamento feliz com um rico produtor de televisão. Pensei: "O que há de errado aqui? Não há a menor evidência de que qualquer dessas afirmações seja verdadeira, mas essas pessoas são normais, racionais e sua vida foi profundamente afetada por essas experiências".

Na minha opinião, o fenômeno da abdução por alienígenas é fruto de um estado alterado de consciência incomum, que é interpretado num contexto cultural repleto de filmes, programas de televisão e literatura de ficção científica sobre alienígenas e OVNIs. Acrescente-se a isso o fato de que nas últimas quatro décadas estivemos explorando o sistema solar e procurando sinais de inteligência extraterrestre; não admira, portanto, que as pessoas estejam também procurando OVNIs e experimentando contatos com extraterrestres. Alimentado pela mídia, que se compraz com essas histórias sensacionalistas, o fenômeno da abdução por alienígenas está tendo agora um ciclo de *feedback* positivo. Quanto mais pessoas que tiveram essas experiências mentais incomuns veem e leem sobre outras que interpretaram incidentes similares como abdução por alienígenas, mais provável é que elas acabem convertendo as suas próprias histórias em suas próprias abduções por alienígenas. Esse ciclo de *feedback* ganhou um forte impulso no final de 1975, depois que milhões de pessoas assistiram pela NBC ao filme *The UFO Incident*, sobre os sonhos de abdução de Betty e Barney Hill. Um estereótipo do alienígena, com uma cabeça grande, calva, olhos alongados, relatado por tantos abduzidos desde 1975, foi criado pelos artistas da NBC para esse programa. O índice de intercâmbio de informação subiu conforme mais e mais abduções por alienígenas foram sendo relatadas pelos noticiários e recontadas em livros populares, jornais, tabloides e publicações especializadas dedicadas exclusivamente a OVNIs e a abduções por alienígenas. Como parecia haver consenso a respeito da aparência dos alienígenas e também quanto à sua preocupação com os sistemas reprodutivos humanos (em geral as mulheres são sexualmente molestadas por alienígenas), o ciclo de *feedback* decolou. Por causa do nosso fascínio com a possibilidade de vida extraterrestre, e há uma possibilidade real de que existam extraterrestres em algum lugar do cosmo (a sua chegada aqui na Terra já é uma outra história), essa moda vai provavelmente aumentar de intensidade ou diminuir, conforme o que estiver em pauta na cultura pop. Filmes de grande sucesso, como *ET* e *Independence Day*, e séries de televisão como *Star Trek* e *Arquivo X*, além de *best-sellers* como *Communion*, de Whitley Strieber, e *Abduction*, de John Mack, continuam alimentando o movimento.

Enquanto jantava com os abduzidos, descobri uma coisa muito reveladora: nenhum deles lembrou de ter sido abduzido imediatamente após a experiência. De fato, para a maioria deles, passaram-se muitos anos até que "lembrassem" da experiência. De que modo essa memória foi recuperada? Sob hipnose. Como poderemos ver no próximo capítulo, memórias não podem simplesmente ser "recuperadas" como ao rebobinar uma fita de vídeo. A memória é um fenômeno complexo, envolvendo distorções, supressões, acréscimos e às vezes uma total invenção. Os psicólogos chamam isso de *confabulação* – misturar fantasia e realidade a ponto de ser impossível distinguir uma da outra. A psicóloga Elizabeth Loftus (Loftus e Ketcham, 1994) mostrou como é fácil plantar uma falsa memória na mente de uma criança, meramente repetindo uma sugestão até que ela a incorpore como memória real. Similarmente, o professor Alvin Lawson colocou estudantes da California State University, Long Beach, em estado hipnótico e, enquanto estavam naquele estado alterado, disse-lhes várias vezes que haviam sido abduzidos por alienígenas. Quando se pediu aos estudantes que contassem como havia sido a abdução, eles deram muitos detalhes, inventando-os conforme contavam a história (*in* Sagan, 1996). Todo pai tem histórias sobre as fantasias que seus filhos criam. Minha filha uma vez descreveu para a minha esposa um dragão roxo que teríamos visto em nossa caminhada pelas montanhas vizinhas naquele dia.

Na verdade, nem todas as histórias de abdução são lembradas apenas sob hipnose, mas quase todas as abduções por alienígenas ocorrem tarde da noite durante o sono. Além das fantasias normais e sonhos lúcidos, existem estados mentais raros conhecidos como *alucinações hipnogógicas*, que ocorrem logo após cair-se no sono, e *alucinações hipnopômpicas*, que se dão pouco antes de acordarmos. Nesses estados incomuns, os sujeitos relatam uma variedade de experiências, incluindo flutuar fora do corpo, sentir-se paralisados, ver entes queridos já falecidos, ver fantasmas e *poltergeists* e, sim, ser abduzidos por alienígenas. O psicólogo Robert A. Baker apresenta como característico este relato: "Fui para a cama e caí no sono; então, em alguma hora perto do amanhecer, alguma coisa me acordou. Abri os olhos e me vi totalmente desperto, mas incapaz de me mexer. Ali, em pé, junto à minha cama, estava a minha mãe, usando o seu vestido preferido – aquele com o qual a enterramos" (1987/1988, pág. 157). Baker também demonstra que o contato de Whitley Strieber com alienígenas (um dos mais famosos na literatura da abdução) "é uma descrição clássica, de manual, de uma alucinação hipnopômpica, com todos os elementos, o despertar de um bom sono, o forte senso de realidade e de estar acordado, a paralisia (devida ao fato de os circuitos neurais do nosso corpo manterem os músculos relaxados para ajudar a preservar o nosso sono) e o contato com seres estranhos" (pág. 157).

O psiquiatra de Harvard John Mack, escritor laureado com o prêmio Pulitzer, deu um importante endosso ao movimento da abdução com o seu livro de 1994 *Abduction: Human Encounters with Aliens*. Aqui, pelo menos, tratava-se de um acadêmico conceituado de uma instituição altamente respeitável dando crédito (e emprestando a sua reputação) a uma crença na realidade desses encontros. Mack estava impressionado com os pontos em comum dessas histórias contadas pelos abduzidos – a descrição física dos alienígenas, o abuso sexual, as sondas metálicas e assim por diante. No entanto, eu acho que podemos esperar consistências nessas histórias, já que tantos dos abduzidos vão procurar o mesmo hipnotizador, leem os mesmos livros sobre encontros com alienígenas, assistem aos mesmos filmes de ficção científica e muitas vezes até se conhecem e pertencem ao mesmo grupo de "encontros" (nos dois sentidos da palavra). Considerando que compartilham os mesmos estados mentais e contextos sociais, seria surpreendente se não houvesse um núcleo comum de características da experiência de abdução compartilhado pelos abduzidos. E o que devemos fazer com a ausência compartilhada de evidências físicas convincentes?

Por fim, o componente sexual das experiências de abdução por alienígenas merece um comentário. É fato bem conhecido entre antropólogos e biólogos que os humanos são os mais sexuais de todos os primatas, senão de todos os mamíferos. Ao contrário da maioria dos animais, quando se trata de sexo, os humanos não são coagidos por ritmos biológicos e pelo ciclo das estações. Gostamos de sexo praticamente a qualquer hora e em qualquer lugar. Somos estimulados por sugestões sexuais visuais e o sexo é um componente importante da propaganda, dos filmes, dos programas de televisão e da nossa cultura em geral. Pode-se dizer que somos obcecados por sexo. Assim, o fato de as experiências de abdução por alienígenas incluírem muitas vezes um contato sexual nos diz mais a respeito dos humanos do que dos alienígenas. Como veremos no próximo capítulo, as mulheres nos séculos 16 e 17 foram com frequência acusadas de (e até alegadamente experimentaram ou confessaram) ter tido encontros sexuais ilícitos com alienígenas – nesse caso o alienígena costumava ser o próprio Satã – e todas essas mulheres foram queimadas como bruxas. No século 19, muitas pessoas relataram encontros sexuais com fantasmas e espíritos mais ou menos na época em que o movimento espírita decolava na Inglaterra e na América. E no século 20 temos fenômenos como o "abuso em rituais satânicos", no qual crianças e adultos jovens sofrem supostos abusos sexuais em rituais; a "síndrome da memória recuperada", quando homens e mulheres adultos "recuperam" memórias de abuso sexual que supostamente ocorreram décadas antes; e a "facilitação de comunicação", em que crianças autistas se "comunicam" por meio de facilitadores (professores ou pais) que seguram a sua mão acima de uma máquina de escrever ou teclado de computador e relatam ter sofrido abuso sexual.

Podemos de novo aplicar a máxima de Hume: é mais provável que demônios, espíritos, fantasmas e alienígenas tenham abusado e continuem abusando sexualmente de humanos ou que os humanos estejam experimentando fantasias e interpretando-as no contexto social de sua faixa de idade e cultura? Acho que é razoável argumentar que tais experiências são um fenômeno bem terreno, com uma explicação perfeitamente natural (embora incomum). Para mim, o fato de que nós humanos possamos ter tais experiências é no mínimo tão fascinante e misterioso quanto a possibilidade de que exista inteligência extraterrestre.

7

Epidemias de acusações

Caças às bruxas, medievais e modernas

Na pequena cidade de Mattoon, Illinois, uma mulher declara que um estranho entrou no seu quarto numa terça-feira, 31 de agosto de 1944, tarde da noite, e anestesiou suas pernas com um *spray* a gás. Ela relata o incidente no dia seguinte, afirmando que ficou temporariamente paralisada. A edição de sábado do *Daily Journal-Gazette*, de Mattoon, traz a manchete "BANDIDO DO ANESTÉSICO À SOLTA". Nos dias seguintes, vários outros casos são relatados. O jornal cobre esses novos incidentes com a manchete "ANESTESISTA MALUCO ATACA DE NOVO". O suposto responsável por esses atos ficou conhecido como "O FANTASMA DO GÁS DE MATTOON". Logo começaram a ocorrer casos similares por toda Mattoon, a polícia do estado foi chamada, maridos ficaram de prontidão com armas carregadas e foram relatados muitos avistamentos. No decorrer de treze dias, um total de 25 casos havia sido registrado. Uma quinzena depois, porém, ninguém havia sido preso, não haviam sido descobertos vestígios químicos, a polícia começou a falar em "imaginações descabeladas" e os jornais passaram a caracterizar a história como um caso de "histeria de massa" (ver Johnson, 1945; W. Smith, 1994).

Onde foi que já ouvimos isso antes? Se essa história soar familiar, talvez seja porque tem os mesmos ingredientes de uma experiência de abdução por alienígenas, só que a paralisia é obra de um anestesista maluco e não de seres extraterrestres. Coisas estranhas que acontecem à noite, interpretadas no contexto da época e da cultura das vítimas, acabam virando um fenômeno alimentado por boatos e fofocas – estamos falando de versões modernas da caça às bruxas da Idade Média. A maioria das pessoas não acredita mais em bruxas e hoje ninguém é morto na fogueira, mas mesmo assim os componentes da antiga caça às bruxas ainda estão vivos em seus muitos descendentes pseudocientíficos atuais:

1. As vítimas tendem a ser as mulheres, os pobres, os retardados e outras pessoas à margem da sociedade.
2. Quase sempre há sexo ou abuso sexual envolvido.
3. A mera acusação dos potenciais perpetradores já os torna culpados.
4. A negação da culpa é encarada como uma prova a mais de culpabilidade.
5. Depois que a afirmação de alguma vítima se torna bem conhecida numa comunidade, surgem de repente outras afirmações similares.
6. O movimento alcança seu ponto crítico de acusação quando praticamente todos são suspeitos potenciais e quase ninguém está acima de suspeita.
7. Então o pêndulo oscila para o outro lado. Conforme os inocentes começam a se defender dos acusadores recorrendo a meios legais ou de outro tipo, os próprios acusadores às vezes se tornam os acusados e os céticos começam a demonstrar a falsidade das acusações.
8. Por fim, o movimento perde força, o público perde interesse e os proponentes, embora nunca desapareçam totalmente, são colocados à margem da crença.

Assim ocorreu também com a caça às bruxas da Idade Média. E assim provavelmente ocorrerá com caças às bruxas modernas, como o "Pânico Satânico" da década de 1980 e o "movimento de resgate de memórias" da década de 1990. Será de fato possível que milhares de cultos satânicos tenham se infiltrado secretamente em nossa sociedade e que seus membros estejam torturando, mutilando e abusando sexualmente de dezenas de milhares de crianças e animais? Não. É possível que milhões de mulheres adultas tenham sofrido abuso sexual quando crianças, mas tenham reprimido toda a memória desse abuso? Não. Como o fenômeno da abdução por alienígenas, esses também são frutos da mente, não da realidade. São tolices sociais e fantasias mentais impulsionadas por um fenômeno curioso chamado *ciclo de feedback.*

O ciclo de *feedback* da caça às bruxas

Em primeiro lugar, por que tais movimentos existem? E o que faz com que movimentos aparentemente diferentes se façam da mesma maneira? Um modelo útil vem das emergentes ciências do caos e da teoria da complexidade. Muitos sistemas, incluindo sistemas sociais como a caça às bruxas, organizam-se por meio de ciclos de *feedback*, nos quais os *outputs* se ligam aos *inputs*, produzindo mudanças em resposta a ambos (como os sistemas de endereçamento público com *feedback* ou as altas e baixas de ações provocadas por surtos repentinos de compra e venda). O mecanismo subjacente que move uma caça às bruxas é a circulação de informação por um sistema fechado. A caça às bruxas medieval existiu porque os componentes internos e externos de um ciclo de *feedback* ocorriam periodicamente juntos, com resultados mortais. Os componentes internos incluem o controle social de um grupo de pessoas por outro mais poderoso, um sentimento predominante de perda de controle e de responsabilidade pessoal e a necessidade de colocar a culpa de infortúnios em alguém; entre as condições externas estão o estresse socioeconômico, crises culturais e políticas, agitação religiosa e revolta moral (ver Macfarlane, 1970; Trevor-Roper, 1969). Uma conjunção de tais eventos e condições pode levar o sistema a se auto-organizar, crescer, alcançar um pico e depois colapsar. Algumas poucas afirmações de abuso ritual são introduzidas num sistema por meio do "boca a boca", no século 17, ou de veículos de massa, no século 20. Um indivíduo é acusado de ter um pacto com o demônio e nega a acusação. A negação serve como prova de culpabilidade, do mesmo modo que o silêncio ou a confissão.

Figura 10: O ciclo de *feedback* da caça às bruxas

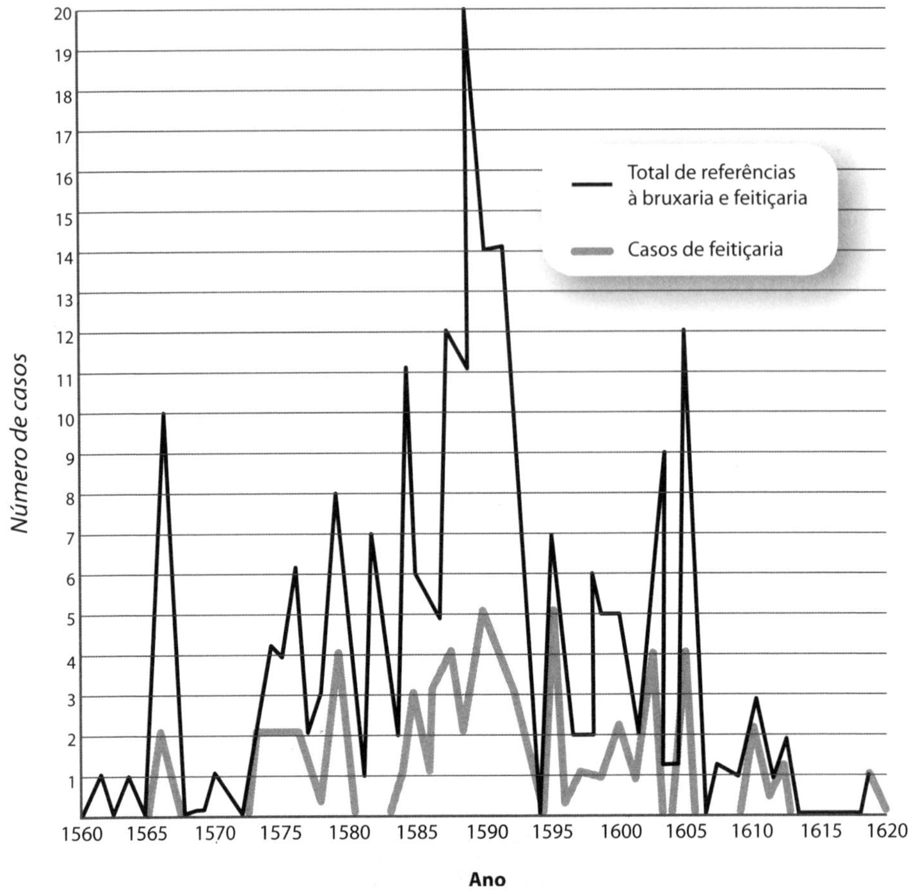

Figura 11: Acusações de feitiçaria em tribunais eclesiásticos, Inglaterra, 1560-1620. [De Macfarlane 1970.]

Não importa se o réu está sendo submetido ao teste da água do século 17 (se boiava, era culpado; se afundava, era inocente) ou ao tribunal atual da opinião pública, a acusação sempre equivale a culpa (é só lembrar de qualquer caso de abuso sexual que tenha recebido ampla divulgação). O ciclo de *feedback* se instala. A bruxa ou a pessoa que abusa de crianças em rituais satânicos deve apontar os cúmplices do seu crime. O sistema cresce em complexidade conforme a fofoca ou a mídia aumentam o fluxo de informação. Bruxas e mais bruxas são queimadas e abusadores são presos, até que o sistema atinge o ponto crítico e finalmente entra em colapso devido a mudanças nas condições e pressões sociais (ver figura 10). O "Fantasma do Gás de Mattoon" é outro exemplo clássico. O fenômeno se auto-organizou, alcançou complexidade crítica, passou de um ciclo de *feedback* positivo para outro negativo e entrou em colapso – tudo isso num período de duas semanas.

Há dados disponíveis que sustentam esse modelo. Por exemplo, note na figura 11 a ascensão e queda das acusações de feitiçaria levadas a tribunais eclesiásticos na Inglaterra de 1560 a 1620 e acompanhe nas diversas partes da figura 12 o padrão das acusações na caça às bruxas que começou em 1645 em Manningtree, Inglaterra. A densidade das acusações leva o ciclo de *feedback* a se auto-organizar e alcançar o ponto crítico.

Ao longo do século passado, dezenas de historiadores, sociólogos, antropólogos e teólogos lançaram teorias para explicar o fenômeno medieval da caça às bruxas. Podemos descartar de cara a explicação teológica de que as bruxas realmente existiam e que a Igreja estava simplesmente reagindo a uma ameaça real. A crença em bruxas existia havia séculos antes da caça medieval às bruxas sem que a Igreja se lançasse a perseguições em massa. As explicações seculares são tão variadas quanto a imaginação do escritor permite. No início dessa historiografia, Henry Lea (1888) especulava que a caça às bruxas era causada pela imaginação ativa dos teólogos, aliada ao poder da instituição eclesiástica. Mais recentemente, Marion Starkey (1963) e John Demos (1982) ofereceram explicações psicanalíticas. Alan Macfarlane (1970) usou estatísticas para mostrar que o recurso ao bode expiatório foi um elemento importante da perseguição e Robin Briggs (1996), mais recentemente ainda, reforçou essa teoria, mostrando de que modo pessoas comuns usaram o recurso do bode expiatório como um meio de resolver desavenças. Num dos melhores livros do período, Keith Thomas (1971) argumenta que a perseguição foi causada pelo declínio da magia e a ascensão em larga escala da religião formal. H. C. E. Midelfort teoriza que ela foi causada por conflito interpessoal em cidades e entre as cidades. Barbara Ehrenreich e Deirdre English (1973) a correlacionaram à supressão das parteiras. Linnda Carporael (1976) atribuiu essa perseguição em Salem a adolescentes sugestionáveis drogadas com substâncias alucinógenas. Mais prováveis são os relatos de Wolfgang Lederer (1969), Joseph Klaits (1985) e Ann Barston (1994), que examinam a hipótese de que a caça às bruxas foi uma combinação de misoginia e política de gêneros. Teorias e livros continuam a ser produzidos num ritmo constante. Hans Sebald acredita que esse episódio medieval de perseguição em massa "não pode ser explicado em um quadro de referência monocausal; ao contrário, a explicação provavelmente consiste numa síndrome de múltiplas variáveis, na qual se mesclam importantes condições psicológicas e sociais" (1996, pág. 817). Concordo, mas acrescentaria que essas diversas teorias socioculturais podem ser levadas a um nível teórico mais aprofundado quando enxertadas no ciclo de *feedback* da caça às bruxas. Imaginações de fundo teológico, poder eclesiástico, recurso a um bode expiatório, declínio da magia, ascensão da religião formal, conflito interpessoal, misoginia, política de gêneros e talvez até drogas psicodélicas eram todos, em grau maior ou menor, componentes do ciclo de *feedback*. Todos eles ou alimentam o sistema ou são fruto dele, fazendo-o seguir adiante.

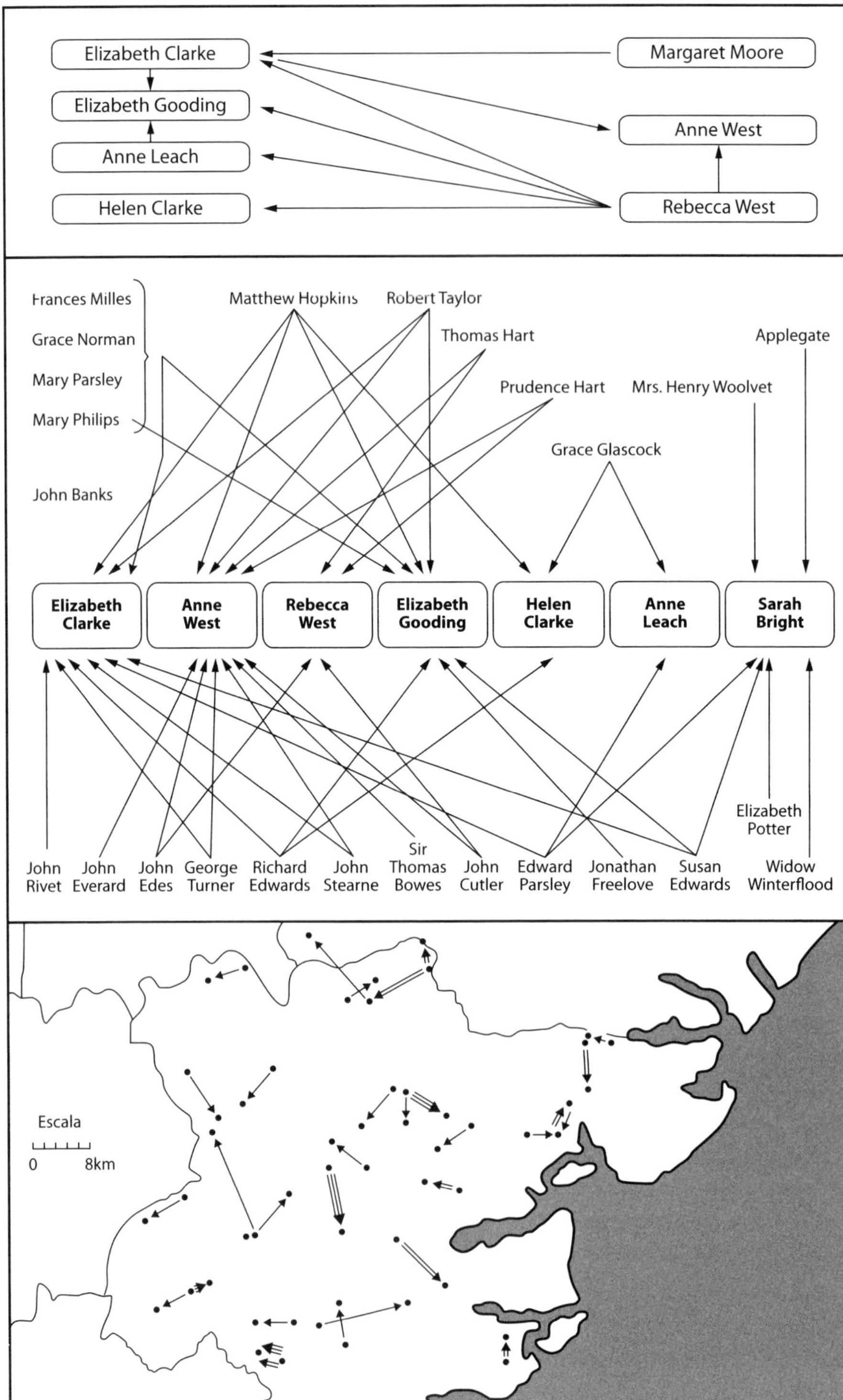
Elizabeth Clarke
Elizabeth Gooding
Anne Leach
Helen Clarke
Margaret Moore
Anne West
Rebecca West
Frances Milles
Grace Norman
Mary Parsley
Mary Philips
John Banks
Matthew Hopkins
Robert Taylor
Thomas Hart
Prudence Hart
Grace Glascock
Mrs. Henry Woolvet
Applegate
Elizabeth Clarke
Anne West
Rebecca West
Elizabeth Gooding
Helen Clarke
Anne Leach
Sarah Bright
Elizabeth Potter
John Rivet
John Everard
John Edes
George Turner
Richard Edwards
John Stearne
Sir Thomas Bowes
John Cutler
Edward Parsley
Jonathan Freelove
Susan Edwards
Widow Winterflood
Escala
0
8km

Hugh Trevor-Roper, em *The European Witch-Craze*, demonstra como suspeitas e acusações se reforçavam mutuamente conforme o escopo e a intensidade do ciclo de *feedback* se expandia. Ele fornece um exemplo do condado de Lorraine a respeito da frequência das alegadas reuniões de bruxas: "De início, os interrogadores... achavam que elas ocorriam apenas uma vez por semana, às quintas-feiras; mas, como sempre, quanto mais se pressionava para obter evidências, piores eram as conclusões. Passou-se a achar que os *sabbats*, ou reuniões de bruxas, eram realizados às segundas, quartas, sextas e domingos, e logo se acreditou que a terça era um dia de folga. Tudo era muito alarmante e provava a necessidade de vigilância cada vez maior por parte da polícia espiritual" (1969, pág. 94). É notável a rapidez com que o ciclo de *feedback* se auto-organiza numa perseguição aberta e é interessante descobrir o que acontece com os céticos que desafiam o sistema. Trevor-Roper ficou chocado com o que leu nos documentos históricos:

> *Ler essas enciclopédias de bruxaria é uma experiência horrível. Elas insistem em que cada detalhe grotesco de demonologia é verdadeiro, que o ceticismo deve ser reprimido, que os céticos e os advogados que defendem bruxas são eles mesmos bruxos, que todas as bruxas, "boas" ou "más", devem ser queimadas, que nenhuma desculpa, nenhum atenuante é permitido, que a mera denúncia por parte de uma bruxa é evidência suficiente para queimar outra. Todos concordam em que as bruxas estão se multiplicando incrivelmente na cristandade e que a razão do seu aumento é a indecente leniência dos juízes, a indecente imunidade dos cúmplices de Satã, os céticos. (Pág. 151.)*

O que é especialmente curioso a respeito da caça às bruxas na Idade Média é que ela ocorreu no exato momento em que a ciência experimental estava ganhando terreno e popularidade. Isso é curioso porque costumamos pensar que a ciência desaloja a superstição e por isso seria de esperar que a crença em coisas como bruxas, demônios e espíritos fosse se atenuar com o crescimento da ciência. Não é assim. Como exemplos modernos mostram, aqueles que acreditam em paranormalidade e em outros fenômenos pseudocientíficos tentam se envolver com um manto de ciência, pois a ciência é uma forma dominante em nossa sociedade, mas continuam acreditando naquilo em que acreditam. Historicamente, conforme a ciência cresceu em importância, a viabilidade de

Figura 12: Caça às bruxas que teve lugar em Manningtree, Inglaterra, 1645. (*alto*) Acusações a suspeitos de bruxaria movidas por outros suspeitos de bruxaria; (*meio*) acusações a suspeitos de bruxaria (*caixas do centro*) feitas por outros habitantes da cidade; (*baixo*) disseminação da caça às bruxas – as setas apontam da vila da bruxa acusada para a vila da suposta vítima. Modelados segundo o ciclo de *feedback* da figura 10, esses dados mostram como uma perseguição se inicia, se espalha e atinge o seu ponto crítico. [Macfarlane, 1970]

todos os sistemas de crença começou a ser diretamente associada a evidências experimentais em favor de afirmações específicas. Assim, os cientistas da época se viram investigando casas assombradas e testando mulheres acusadas de bruxaria, usando para isso métodos considerados rigorosos e científicos. Dados empíricos da existência de bruxas apoiariam a crença em Satã que, por sua vez, sustentaria a crença em Deus. Mas a aliança de religião e ciência era instável. O ateísmo, como opção filosófica viável, ganhava crescente popularidade e as autoridades da Igreja se colocaram numa posição de duplo vínculo, procurando cientistas e intelectuais para responder a isso. Como notou um observador de julgamento de bruxaria realizado no século 17, que tinha como réu um inglês chamado senhor Darrell: "Há muitos ateístas nos dias de hoje e a bruxaria é colocada em questão. Se não há nem possessão nem bruxaria, por que deveríamos achar que existem diabos? E, se não há diabos, não há Deus". (*In* Walker, 1981, pág. 71.)

A caça às bruxas do pânico satânico

O melhor exemplo moderno de uma caça às bruxas é o "pânico satânico" da década de 1980. Acreditava-se que havia milhares de cultos satânicos operando em segredo por todos os Estados Unidos, sacrificando e mutilando animais, abusando sexualmente de crianças e praticando rituais satânicos. Em *The Satanism Scare*, James Richardson, Joel Best e David Bromley argumentam de modo persuasivo que o discurso público sobre abuso sexual, satanismo, assassinatos em série ou pornografia infantil é um barômetro de medos e ansiedades sociais mais amplos. O pânico satânico foi um exemplo de pânico moral, em que "uma condição, episódio, pessoa ou grupo de pessoas emerge para ser definido como uma ameaça a valores e interesses sociais; a sua natureza é apresentada de modo estilizado e estereotipado pela mídia; as barricadas morais são ocupadas por editores, bispos, políticos e outras pessoas de pensamento mais convencional; especialistas socialmente credenciados pronunciam seus diagnósticos e soluções; maneiras de lidar com o fenômeno são desenvolvidas ou utilizadas; depois, a condição desaparece, submerge ou se deteriora" (1991, pág. 23). Tais eventos são usados como armas "por vários grupos políticos em suas campanhas" e sempre alguém sai ganhando e alguém sai perdendo devido ao foco em tais eventos e aos seus resultados. Segundo esses autores, as evidências relativas à disseminação de cultos satânicos, reuniões de bruxas, abusos rituais de crianças e assassinatos de animais são praticamente inexistentes. Com certeza, há sempre um punhado de figuras bizarras que são entrevistadas pela televisão ou se vestem de preto e queimam incenso ou apresentam filmes tarde da noite trajando um sutiã bem apertado, mas esses dificilmente são os brutais criminosos que supostamente estão perturbando a sociedade e corrompendo a moral da humanidade. Quem poderia afirmar que estão?

A chave está na resposta à questão: "Quem é que precisa de cultos satânicos?" A resposta é: "Apresentadores de *talk-shows*, editores de livros, grupos anticulto, fundamentalistas e certos grupos religiosos". Todos prosperam com essas afirmações. Segundo o autor, "o satanismo, há muito tempo um assunto predileto de programas religiosos e *talk-shows* da 'tevê lixo', foi se insinuando até entrar em programas de grandes redes e no horário nobre da programação, com novas histórias, documentários e filmes feitos para a tevê sobre cultos satânicos. Um número crescente de policiais, gente que trabalha com proteção à criança e outros funcionários públicos participam de oficinas patrocinadas com dinheiro de isenção de impostos para receber treinamento formal no combate à ameaça satanista" (pág. 3). Aqui está a troca de informação alimentando o ciclo de *feedback* e levando a caça às bruxas a níveis mais altos de complexidade.

O motivo, a exemplo do movimento, repete-se historicamente a cada século como uma maneira de fugir à responsabilidade pessoal – jogue os seus problemas nas costas do inimigo mais próximo e, quanto pior ele for, melhor. Quem se encaixa melhor nisso do que o próprio Satã junto com a sua sócia conspiradora, a bruxa? Como o sociólogo Kai Erikson observou: "Talvez nenhum outro crime na história tenha sido um índice melhor de perturbação e mudança social, pois os surtos de mania de bruxas têm geralmente ocorrido em sociedades que estão experimentando uma mudança no foco religioso – sociedades, poderíamos dizer, que enfrentam um reposicionamento de limites" (1966, pág. 153). De fato, em relação às perseguições de bruxas dos séculos 16 e 17, o antropólogo Marvin Harris notou: "O principal resultado do sistema de caça às bruxas foi que os pobres passaram a acreditar que estavam sendo vitimados por bruxas e demônios e não por príncipes e papas. Seu telhado vaza, sua vaca aborta, sua aveia murcha, seu vinho amarga, sua cabeça dói, seu bebê morre? Tudo isso é obra das bruxas. Preocupadas com as fantásticas atividades desses demônios, as massas perturbadas, alienadas, pauperizadas culpam o desenfreado Demônio em vez do clero corrupto e da nobreza exploradora" (1974, pág. 205).

O livro de Jeffrey Victor, *Satanic Panic: A Creation of a Contemporary Legend* (1993), é até agora a melhor análise do assunto e o subtítulo resume a sua tese sobre o fenômeno. Victor traça o desenvolvimento da lenda do culto satânico comparando-a a outros pânicos alimentados por boatos e histerias de massa e mostrando como os indivíduos são capturados por esses fenômenos. A participação envolve uma variedade de fatores psicológicos e forças sociais, combinados com *input* de informação de fontes modernas e também históricas. Na década de 1970 havia boatos sobre cultos religiosos perigosos, mutilações de gado e sacrifícios de animais em cultos satânicos; na década de 1980 fomos bombardeados por livros, artigos e programas de televisão sobre vários distúrbios de personalidade, o logotipo "satânico" da Procter & Gamble, abuso ritual de crianças, o caso da pré-escola McMartin e a adoração ao diabo; e a década de 1990 nos deu o pânico do abuso ritual de crianças na Inglaterra, relatos de que a Igreja Mórmon tinha satanistas secretos infiltrados que abusavam sexualmente de crianças em rituais e o pânico de abuso em rituais satânicos em San Diego (ver Victor, 1993, págs. 24-25). Esses casos e muitos outros deram força ao ciclo de *feedback*. Mas agora ele está sendo revertido. Em 1994, por exemplo, o Ministério da Saúde britânico conduziu um estudo que não encontrou nenhuma corroboração independente em afirmações de testemunhas oculares sobre abuso satânico de crianças na Grã-Bretanha. Segundo Jean La Fontaine, professor da London School of Economics, "as alegadas descobertas de abuso satânico de crianças jovens foram influenciadas por adultos. Uma pequena minoria envolvia crianças pressionadas ou coagidas pelas mães". Qual era a força impulsionadora? Cristãos evangélicos, sugere La Fontaine: "A campanha cristã evangélica contra os novos movimentos religiosos foi uma poderosa influência para incentivar a identificação do abuso satânico". (*In* Shermer, 1994, pág. 21.)

O movimento de resgate de memórias – uma caça às bruxas

Um paralelo assustador com a caça às bruxas da Idade Média é o do evento que ficou conhecido como "movimento de resgate de memórias". Memórias resgatadas são supostas memórias de abuso sexual na infância, reprimidas pelas vítimas mas relembradas décadas depois por meio do uso de técnicas terapêuticas especiais, como perguntas sugestivas, hipnose, regressão de idade por meio de hipnose, visualização, injeções de amital sódico ("soro da verdade") e interpretação de sonhos. O que torna esse movimento um ciclo de *feedback* é a sua taxa acelerada de troca de informações. O terapeuta em geral faz a cliente ler livros sobre resgate de memórias, assistir a vídeos ou *talk-shows* sobre memórias resgatadas e participar de grupos de aconselhamento com outras mulheres sobre memórias resgatadas. Ausentes no início da terapia, as memórias de abuso sexual na infância são logo criadas por meio de semanas e meses de aplicação dessas técnicas terapêuticas especiais. Então aparecem os nomes – pai, mãe, avô, tio, irmão, amigos do pai e assim por diante. A seguir vem a confrontação com o acusado, que invariavelmente nega as acusações, e depois o término da relação com o acusado. O resultado são famílias destruídas (ver Hochman, 1993).

Especialistas de ambos os lados dessa questão estimam que pelo menos um milhão de pessoas tiveram memórias "resgatadas" de abuso sexual desde 1988, e isso sem contar aqueles que realmente sofreram abuso sexual e nunca se esqueceram disso (Crews *et al.*, 1995; Loftus e Ketcham, 1994; Pendergrast, 1995). O escritor Richard Webster, em seu fascinante *Freud Estava Errado. Por quê?* (Campo das Letras, 2002), liga o movimento a um grupo de psicoterapeutas da área de Boston que na década de 1980, após a leitura do livro da psiquiatra Judith Herman, *Father-Daughter Incest* (1981), formou grupos de terapia para sobreviventes de incesto. Como o abuso sexual é um fenômeno real e trágico, esse foi um passo importante para trazê-lo à atenção da sociedade. Infelizmente, foi resgatada ao mesmo tempo a ideia de que o subconsciente é o guardião de memórias reprimidas, a partir da descrição que Herman fez de uma mulher cujas "memórias previamente reprimidas" de abuso sexual haviam sido reconstruídas na terapia. No início, os membros desse grupo consistiam de pessoas que sempre haviam lembrado dos abusos sofridos. Mas, aos poucos, observa Webster, o processo de reconstrução terapêutica da memória começou também a fazer parte das sessões.

> *Ao saírem em busca das memórias ocultas que supostamente explicavam os sintomas daquelas mulheres, os terapeutas às vezes recorriam a uma forma de terapia de grupo por tempo limitado. No início das dez ou doze sessões semanais, os pacientes eram estimulados a se impor metas. Para muitos pacientes sem memórias de incesto, a meta era resgatar tais memórias. Alguns deles chegavam a definir a sua meta dizendo: "Eu simplesmente quero fazer parte do grupo e sinto que lhe pertenço". Depois da quinta sessão, o terapeuta lembrava ao grupo que os participantes haviam chegado à metade da sua terapia, deixando implícito que o tempo se esgotava. À medida que se fazia maior pressão dessa forma, as mulheres que não tinham memórias com frequência começavam a ver imagens de abuso sexual envolvendo o pai ou outros adultos, sendo então essas imagens construídas como memórias ou "flashbacks". (1995, pág. 519.)*

O ciclo de *feedback* para esse movimento começava assim a se auto-organizar estimulado pelo livro do psicoterapeuta Jeffrey Masson, *The Assault on Truth* (1984), no qual ele rejeitava a afirmação de Freud de que o abuso sexual na infância era fantasioso e defendia, ao contrário, que a posição inicial de Freud – de que o abuso sexual tão frequentemente relatado por seus pacientes era real, violento e responsável pelas neuroses de mulheres adultas – é que era a correta. O movimento tornou-se uma caça às bruxas de fato quando Ellen Bass e Laura Davis publicaram em 1988 *The Courage to Heal: A Guide for Women Survivors of Child Sexual Abuse*. Uma de suas conclusões era: "Se você acha que foi abusada e sua vida mostra os sintomas, então você foi" (pág. 22). O livro vendeu mais de 750 mil exemplares e desencadeou uma indústria de resgate de memórias que envolveu dezenas de livros similares, programas de entrevistas e relatos de caso em revistas e jornais.

A controvérsia entre memórias resgatadas e memórias falsas persiste com psicólogos, psiquiatras, advogados, a mídia e o público em geral. Pelo fato de o abuso sexual ocorrer de fato e provavelmente com maior frequência do que qualquer um de nós gostaria de imaginar, há muita coisa em jogo quando as acusações feitas pelas supostas vítimas são desacreditadas. Mas parece que o que estamos experimentando com o movimento do resgate de memórias não

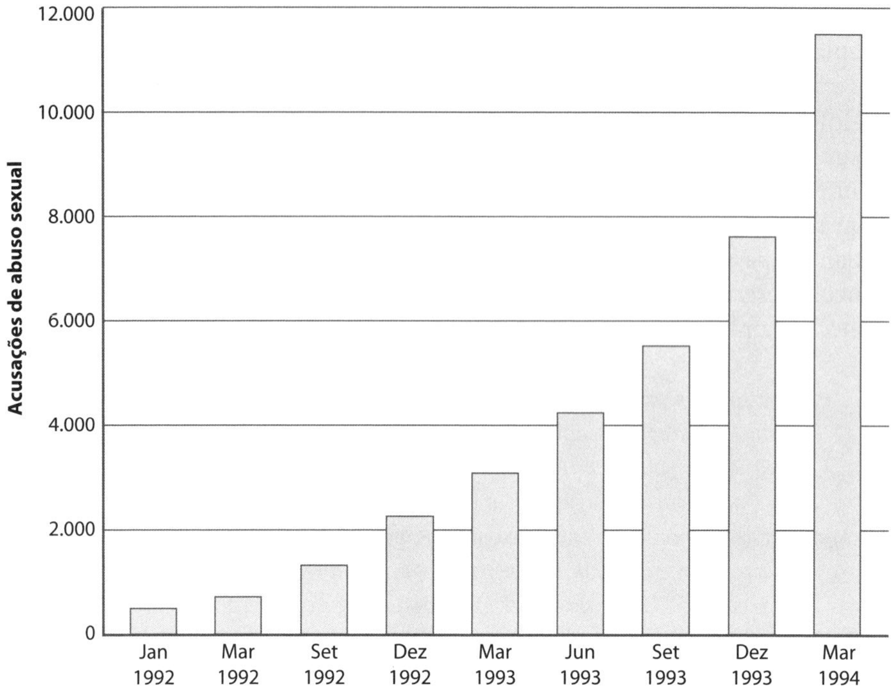

Figura 13: Acusações de abuso sexual registradas contra os pais, março de 1992 a março de 1994. [Cortesia False Memory Syndrome Foundation]

é uma epidemia de abuso sexual na infância, mas uma epidemia de acusações (ver figura 13). É uma caça às bruxas, não uma caça ao sexo. Basta olhar os supostos números para ficarmos céticos. Bass e Davis e outros estimam que nada menos do que de um terço à metade de todas as mulheres sofreu abuso sexual quando eram crianças. Usando a porcentagem mais conservadora, isso significa que, apenas nos Estados Unidos, 42,9 milhões de mulheres sofreram abuso sexual. Como elas tinham que ser abusadas por alguém, isso significa que 42,9 milhões de homens perpetraram agressão sexual, o que já dá um total de 85,8 milhões de americanos. Além disso, muitos desses casos supostamente envolvem mães que consentiram e amigos e parentes que participaram. Isso eleva o número a mais de 100 milhões de americanos (cerca de 38% da população total) envolvidos em abuso sexual. Impossível. Impossível mesmo que se reduza essa estimativa à metade. Há algo mais envolvido nisso.

Esse movimento torna-se ainda mais assustador porque, além de qualquer pessoa poder ser acusada, as consequências são extremas – o encarceramento. Muitos homens e várias mulheres foram mandados à prisão e alguns ainda estão lá, depois de ter sido condenados por abuso sexual com base em nada mais do que uma memória resgatada. Considerando o que está em jogo, devemos proceder com extrema cautela. Felizmente, a onda parece estar indo no sentido de se encarar o movimento do resgate de memória como um triste capítulo na história da psiquiatria. Em 1994, Gary Ramona, acusado por sua filha Holly Ramona, ganhou o processo que moveu contra os dois terapeutas dela, Marche Isabella e o doutor Richard Rose, que haviam ajudado Holly a "lembrar" de eventos, como da vez em que o pai a teria forçado a fazer sexo oral com o cão da família. O júri concedeu-lhe 500 mil dólares, dos 8 milhões que pleiteou, principalmente pelo fato de ele ter perdido o seu emprego de 400 mil dólares anuais na vinheria Robert Mondavi como resultado do desastrado equívoco.

Não são só os acusados que estão entrando com ações judiciais; os acusadores também estão processando os seus terapeutas por terem plantado falsas memórias neles. E estão ganhando. Laura Pasley (1993), que antes acreditava ter sido vítima de abuso sexual na infância, voltou atrás em relação à sua memória resgatada, processou a sua terapeuta e conseguiu uma indenização, e sua história percorreu a mídia. Várias outras mulheres estão agora reconsiderando as suas afirmações originais e movendo processos contra os seus terapeutas. Essas mulheres ficaram conhecidas como as "retratoras" e agora existe até um terapeuta retrator (Pendergrast, 1996). Advogados têm ajudado a reverter o ciclo de *feedback* tornando os terapeutas responsáveis com auxílio do sistema judiciário. O ciclo de *feedback* positivo torna-se agora negativo e, graças a pessoas como Pasley e a organizações como a False Memory Syndrome Foundation, o sentido da troca de informações está se invertendo.

A reversão do ciclo de *feedback* ganhou novo impulso em outubro de 1995, quando um júri de seis membros no condado de Ramsey, Minnesota, aprovou uma indenização de 2,7 milhões de dólares para Vynette Hamanne e seu marido, depois de um julgamento de seis semanas sobre acusações de que a psiquiatra de Vynette em St. Paul, a doutora Diane Bay Humenansky, havia plantado nela falsas memórias de abuso sexual na infância. Vynette procurou a dra. Diane em 1988 com ansiedade geral e sem memórias de qualquer tipo de abuso sexual na infância. Após um ano de terapia com a dra. Diane, no entanto, Vynette foi diagnosticada com transtorno múltiplo de personalidade – Diane "descobriu" nela nada menos do que cem personalidades diferentes. O que havia feito com que Vynette se tornasse tantas pessoas diferentes? Segundo a dra. Diane, Vynette sofrera abuso sexual por parte da mãe, pai, avó, tios, vizinhos e muitas outras pessoas. Devido ao trauma, Vynette supostamente reprimiu essas memórias. Com auxílio de terapia, a dra. Diane reconstruiu um passado para Vynette, que incluía até mesmo abuso por ritual satânico, no qual bebês mortos eram servidos como refeição, no estilo "bufê". O júri não ficou convencido. Nem esse nem um outro júri que, em 24 de janeiro de 1996, concedeu a mais um cliente da dra. Diane, E. Carlson, 2,5 milhões de dólares de indenização (Grinfeld, 1995, pág. 1).

Por fim, um dos casos mais famosos envolvendo memórias foi recentemente revisto e o acusado foi libertado da prisão. Em 1989, a filha de George Franklin, Eileen Franklin-Lipsker, contou à polícia que o pai dela havia assassinado a sua amiga de infância Susan Nason em 1969. A prova? Uma memória resgatada de vinte anos atrás, pela qual (e sem outras provas) Franklin foi considerado culpado de homicídio em primeiro grau e sentenciado a prisão perpétua em janeiro de 1991. Eileen afirmou que a memória do assassinato lhe veio à mente enquanto brincava com a filha, que tinha uma idade próxima à da sua amiga de infância assassinada. Mas em abril de 1995 o juiz da corte distrital americana Lowell Jensen determinou que George Franklin não havia recebido um julgamento justo, pois o juiz original não permitira à defesa apresentar artigos de jornal sobre o assassinato, que poderiam ter fornecido a Eileen os detalhes do crime. Em outras palavras, a sua memória poderia ter sido construída e não resgatada. Além disso, a irmã de Eileen, Janice Franklin, em testemunho sob juramento, revelou que ela e a irmã haviam sido hipnotizadas antes do julgamento de seu pai para "tornar mais claras" as suas memórias. A gota d'água foi quando Eileen contou aos investigadores que lembrava de o pai ter cometido dois outros crimes, mas os investigadores não conseguiram ligar George a nenhum deles. Uma das memórias era tão geral que eles não foram capazes sequer de localizar um assassinato que lhe correspondesse. No outro, George teria supostamente estuprado e assassinado uma garota de dezoito anos em 1976, mas os investigadores concluíram que ele estava numa reunião do sindicato na hora do suposto crime, e os testes de DNA e de sêmen confirmaram a sua inocência. A mulher de George, Leah, que havia testemunhado contra o marido no julgamento de 1990, voltou atrás e disse que não acreditava mais no conceito de memórias reprimidas. O advogado de George concluiu: "George esteve na prisão por seis anos, sete meses e quatro dias. Isso é uma farsa completa e uma tragédia. E tem sido para ele uma experiência kafkiana" (Curtius, 1996). De fato, todo movimento de resgate de memórias é uma experiência kafkiana.

Alguns paralelos com a descrição que Trevor-Roper fez do funcionamento de uma caça às bruxas medieval chegam a ser sinistros. Como o caso ocorrido em East Wenatchee, Washington, em 1995. O detetive Robert Perez, um investigador de crimes sexuais, assumiu como a sua missão salvar as crianças de sua cidade do que ele acreditava ser uma epidemia de abuso sexual. Perez acusou, inculpou, sentenciou e aterrorizou vários cidadãos da sua comunidade rural com afirmações literalmente inacreditáveis. Uma mulher foi responsabilizada por mais de 3.200 atos de abuso sexual. Um senhor idoso foi acusado de ter tido intercurso sexual doze vezes num dia, o que ele considerou impossível mesmo que tivesse vinte anos de idade. E quem eram os acusados? Como numa caça às bruxas medieval, eram principalmente homens e mulheres pobres, incapazes de contratar uma consultoria legal adequada. E quem fazia as acusações? Moças jovens com imaginação fértil, que haviam passado um monte de tempo com o detetive Perez. E quem era Perez? Segundo uma avaliação do departamento de polícia, Perez tinha um histórico de pequenos crimes e de brigas domésticas, sendo descrito como "empolado" e com uma "postura arrogante".

O relatório declarava ainda que Perez parecia "escolher as pessoas que seriam o seu alvo". Logo depois de ter sido contratado, Perez começou a interrogar moças vulneráveis, incapacitadas, sem a presença dos respectivos pais. Como não é de surpreender, ele não gravava as entrevistas; em vez disso, redigia declarações de acusação para as garotas, que as assinavam, quase sempre depois de horas de questionamentos ininterruptos (Carlson, 1995, págs. 89-90).

Embora ninguém tenha ido para a fogueira em East Wenatchee, essas jovens (a acusadora mais prolífica tinha dez anos de idade), graças à influência de Perez e ao seu poder como policial, colocaram mais de vinte adultos na cadeia. Mais da metade dos encarcerados eram mulheres pobres. Fato interessante: todo aquele que conseguia contratar um advogado particular não era preso. A mensagem era clara – defenda-se. No caso de uma acusadora de dez anos de idade, Perez tirou-a da escola, interrogou-a por quatro horas e depois ameaçou prender a mãe dela, a não ser que a garota admitisse ter sido vítima de orgias sexuais das quais a mãe participava. "Você tem dez minutos para contar a verdade", Perez insistiu, prometendo que a deixaria voltar para casa se o fizesse. A menina assinou o papel e Perez imediatamente deteve e encarcerou a mãe. A menina ficou sem vê-la por seis meses. Quando a mãe por fim conseguiu contratar um advogado, todas as 168 acusações caíram por terra. East Wenatchee estava firmemente presa a um ciclo de *feedback* do tipo da caça às bruxas, que alcançou o ponto crítico quando essa epidemia de acusações foi divulgada pelos veículos de comunicação de massa (incluindo um programa especial de uma hora na ABC e um artigo na revista *Time*). Agora que Perez foi exposto, os acusados estão se voltando contra ele, as meninas estão retirando as acusações, processos estão sendo abertos pelas vítimas e por suas famílias destruídas e o ciclo de *feedback* se inverteu.

O aspecto preocupante dessa loucura particular e da presente histeria em relação ao abuso sexual nos Estados Unidos nos últimos anos é que alguns agressores sexuais de verdade podem muito bem se sentir livres para agir no inevitável refluxo contrário a esse pânico. O abuso sexual infantil é uma realidade. Agora que virou uma caça às bruxas, talvez a sociedade demore algum tempo até encontrar outra vez o seu equilíbrio para lidar com ele.

8

O culto mais improvável

Ayn Rand, o objetivismo e o culto à personalidade

Segundo os psicanalistas, a *projeção* é o processo de atribuir as próprias ideias, sentimentos ou atitudes a outras pessoas ou objetos – um adúltero cheio de culpa acusa a esposa de adultério, o homófobo abriga tendências homossexuais latentes. Há uma forma sutil de projeção atuando quando os fundamentalistas fazem a acusação de que o humanismo secular e a evolução são "religiões" ou quando anunciam que os céticos constituem também um culto e que a razão e a ciência têm aspectos de culto; uma afirmação que soa absurda, já que um culto, por definição, se opõe 180 graus à razão. E, embora possa parecer óbvio ao leitor a esta altura que eu sou fortemente a favor da ciência e da razão, um fenômeno histórico recente convenceu-me de que a sedução dos fatos, da teoria, da evidência e da lógica pode mascarar algumas falhas no sistema. Esse fenômeno é uma lição a respeito do que acontece quando uma verdade se torna mais importante que a *busca* da verdade, quando o resultado final da inquirição se torna mais importante que o *processo* de inquirir, quando a razão leva a uma certeza tão absoluta em relação às próprias crenças que qualquer um que não seja favorável é anatematizado como contrário a elas e quando uma inquirição supostamente intelectual se torna a base de um culto à personalidade.

A história começa nos Estados Unidos em 1943, quando uma obscura imigrante russa publica o seu primeiro romance bem-sucedido após dois fracassos consecutivos. Não foi um sucesso instantâneo. Na verdade, as resenhas foram desfavoráveis e as vendas discretas. No entanto, aos poucos foi crescendo um público em torno do livro, não porque fosse bem escrito (não era), mas pelo poder de suas ideias. O boca a boca virou sua ferramenta de marketing mais eficiente e a escritora começou a ter um grande público. A tiragem inicial de 7.500 exemplares foi seguida por tiragens em múltiplos de 5 mil e 10 mil, até que, por volta de 1950, meio milhão de exemplares estava circulando nos Estados Unidos.

O livro era *The Fountainhead* ("A Nascente", Landscape, 2008) e a autora era Ayn Rand. Seu sucesso comercial deu-lhe tempo e liberdade para escrever a sua principal obra, *Atlas Shrugged* ("A Revolta de Atlas", Sextante, 2010), publicada em 1957. *A Revolta de Atlas* é sobre um mistério de assassinato, mas não assassinato de um corpo humano e sim de um espírito humano. É uma história envolvente de um homem que afirma que vai deter o motor ideológico do mundo. Quando consegue fazê-lo, há um colapso panorâmico da civilização, mas a sua chama é mantida acesa por um punhado de indivíduos heroicos cuja razão e moral lideram tanto o colapso como o posterior retorno da cultura.

Como ocorreu com *A Nascente*, os críticos resenharam *A Revolta de Atlas* de maneira rude e sarcástica, o que pareceu apenas reforçar a crença do público no livro, na autora, nas suas ideias. E, também a exemplo do que ocorreu com *A Nascente*, as vendas de *A Revolta de Atlas* explodiram e o livro vende hoje regularmente mais de 300 mil exemplares por ano. "Em todos os meus anos como editor", relembrou o chefe da Random House, Bennett Cerf, "nunca vi nada igual. Conseguir vencer uma oposição tão enorme!" (*in* Branden, 1986, pág. 298). Tal é o poder de um herói individual... e de um público que se comporta como seguidor de um culto.

Mas o que há na filosofia de Ayn Rand, do modo como é apresentada nessas novelas, que causa um estímulo emocional tão grande não só nos seus seguidores mas também nos seus oponentes? Numa conferência de vendas na Random House antes do lançamento de *A Revolta de Atlas*, um vendedor perguntou a Ayn Rand se ela podia resumir brevemente a essência de sua filosofia, chamada *Objetivismo*. Ela o fez do seguinte modo (Rand, 1962, pág. 35):

1. ***Metafísica:*** Realidade Objetiva
2. ***Epistemologia:*** Razão
3. ***Ética:*** Autointeresse
4. ***Política:*** Capitalismo

Em outras palavras, a realidade existe independentemente do pensamento humano. A razão é o único método viável para a compreensão da realidade. Todo ser humano deve procurar a felicidade pessoal e existir por si próprio e ninguém deve sacrificar-se por alguém ou ser sacrificado pelos outros. E o capitalismo do *laissez-faire* é o sistema político no qual os três primeiros tópicos florescem melhor. Essa combinação, disse Rand, permite às pessoas "lidarem umas com as outras não como vítimas e carrascos, não como senhores e escravos, mas como negociantes, por uma troca livre e voluntária de benefícios mútuos". Mas isso não significa dizer que "vale tudo". Nessas trocas livres, "nenhum homem pode iniciar o uso de força física contra outros" (Rand, 1962, pág. 1). Reverbera nas obras de Ayn Rand a filosofia do individualismo, da responsabilidade pessoal, do poder da razão e da importância da moralidade. A pessoa deve pensar por si mesma e nunca permitir que qualquer autoridade lhe diga o que é a verdade, especialmente a autoridade do governo, da religião e de outros grupos como esses. Aqueles que usam a razão para agir do modo mais altamente moral possível e que nunca pedem favores ou donativos têm muito mais probabilidade de obter sucesso e felicidade do que os irracionais e insensatos. O objetivismo é a filosofia basicamente da razão imaculada e do individualismo inadulterado, como expresso por Ayn Rand por meio do personagem principal de *A Revolta de Atlas*, John Galt:

> *O homem não pode sobreviver exceto obtendo conhecimento, e a razão é o seu único meio de obtê-lo. A razão é a faculdade que percebe, identifica e integra o material fornecido por seus sentidos. A tarefa dos seus sentidos é dar-lhe a evidência da existência, mas a tarefa de identificá-la pertence à sua razão; os seus sentidos lhe dizem apenas que alguma coisa é, mas o que ela é deve ser apreendido por sua mente. (1957, pág. 1.016.)*
>
> *Em nome do que há de melhor em você, não sacrifique esse mundo em função dos que são o pior dele. Em nome dos valores que o mantêm vivo, não deixe a sua visão de homem ser distorcida pelo que há de feio, covarde, estúpido naqueles que nunca conseguiram nada. Não perca o seu conhecimento de que o estado próprio do homem é uma postura ereta, uma mente intransigente e um andar que percorre estradas ilimitadas. Não deixe que o seu fogo se extinga, uma centelha irrecuperável após a outra, nos desesperançados pântanos do aproximado, do não bastante, do não ainda, do não inteiramente. Não deixe que o herói em sua alma pereça, em solitária frustração pela vida que você merecia ter mas nunca foi capaz de alcançar. Verifique a sua estrada e a natureza da sua batalha. O mundo que você desejou pode ser conquistado, ele existe, é real, é possível, é seu. (1957, pág. 1.069.)*

Como é possível que uma filosofia altamente individualista como essa tenha se tornado a base de um culto, de uma organização que prospera apoiando-se no pensamento de grupo, na intolerância da divergência e no poder do líder? A última coisa que um líder de culto quer é que seus seguidores pensem por eles mesmos e existam como indivíduos separados do grupo.

Os anos de 1960 foram anos *antiestablishment*, antigoverno, do individualismo do tipo "encontre a si mesmo". A filosofia de Ayn Rand explodiu pelo país todo, particularmente nos *campi* universitários. *A Revolta de Atlas* tornou-se *o* livro a ser lido. Apesar de suas 1.168 páginas, os leitores o devoravam inteiro, com todos os seus personagens, enredo e filosofia. O livro despertou emoções e desencadeou ações. Foram fundados Clubes Ayn Rand em centenas de faculdades. Professores davam cursos sobre a filosofia do objetivismo e as obras literárias de Ayn Rand. O círculo de amigos íntimos de Ayn cresceu e um desses membros, Nathaniel Branden, fundou o Nathaniel Branden Institute (NBI) em 1958, que promovia palestras e cursos sobre o objetivismo, primeiro em Nova York e depois em âmbito nacional.

A popularidade de Ayn Rand disparou, assim como a confiança em sua filosofia, tanto a dela como a de seus seguidores. Milhares de pessoas frequentavam aulas, milhares de cartas chegavam aos escritórios da NBI e milhões de livros foram vendidos. Por volta de 1948, *A Nascente* já virara filme de sucesso, estrelado por Gary Cooper e Patricia Neal, e os direitos cinematográficos de *A Revolta de Atlas* estavam sendo negociados. A ascensão de Ayn Rand a uma condição de poder e influência teve aspectos milagrosos. Os leitores de seus romances, especialmente *A Revolta de Atlas*, diziam que eram livros que haviam mudado a sua vida e a sua maneira de pensar. Eis alguns de seus comentários (Branden, 1986, págs. 407-415 *passim*):

- Uma "dona de casa tradicional" de 24 anos (ela mesma se intitulou assim) leu *A Revolta de Atlas* e disse: "Dagny Taggart [principal heroína do livro] foi uma inspiração para mim; ela é uma grande personagem feminista. As obras de Ayn Rand deram-me a coragem de ser e de fazer o que sempre sonhei".
- Um rapaz formado em direito disse a respeito do Objetivismo: "Lidar com Ayn Rand foi como fazer um pós-doutorado em funcionamento mental. O universo que ela criou no seu livro oferece esperança e apela ao que há de melhor no homem. Sua lucidez e seu brilho foram uma luz tão forte que acho que nada será capaz de apagá-la".
- Um professor de filosofia concluiu: "Ayn Rand foi uma das pensadoras mais originais que conheci. Não há como deixar de encarar as questões que ela levantou. Numa época de minha vida em que pensei que já havia aprendido pelo menos o essencial sobre a maior parte das visões filosóficas, ser confrontado com ela... de repente mudou toda a direção da minha vida intelectual e colocou os demais pensadores sob nova perspectiva".

A edição de 20 de novembro de 1991 do *Library of Congress News* publicou os resultados de uma pesquisa feita pela Biblioteca do Congresso e pelo Book of the Month Club sobre "hábitos de leitura vitalícios" dos leitores, mostrando que *A Revolta de Atlas* aparecia atrás apenas da *Bíblia* na importância que tivera na vida deles. Mas, para aqueles no círculo íntimo que rodeava e protegia Ayn Rand (e que ironicamente se autodenominavam "o Coletivo"), sua líder logo passou a ser mais do que apenas muito influente – passou a ser venerada. Suas ideias de aspecto onisciente eram inequívocas. O poder de sua personalidade tornou-a tão persuasiva que ninguém ousava desafiá-la. E o objetivismo, por derivar da pura razão, revelava-se a Verdade final e ditava uma moralidade absoluta.

O desvio para o culto na filosofia do objetivismo de Ayn Rand não está em seu uso da razão, no fato de enfatizar a individualidade, na visão de que os humanos devem ser motivados pelo autointeresse racional ou na convicção de que o capitalismo é o sistema ideal. A falácia do objetivismo é sua crença de que o conhecimento absoluto e a Verdade final podem ser alcançados pela razão, e portanto que existem termos absolutos de conhecimento do certo e errado e de pensamento e ação morais e imorais. Para os objetivistas, uma vez que um princípio tenha sido descoberto como Verdade pela razão (ou seja, pela versão que os objetivistas têm da razão), a discussão está encerrada. Se você discorda do princípio, então o seu raciocínio é falho. Se o seu raciocínio é falho, pode ser corrigido; mas, se você não corrige o seu raciocínio (ou seja, se não aprende a aceitar o princípio), então você é falho e não pertence ao grupo. E, para o grupo, a excomunhão é a solução final para lidar com esses heréticos não emendados.

Uma dessas pessoas próximas a Ayn Rand era Nathaniel Branden, um jovem estudante de filosofia que se juntou ao Coletivo nos primeiros dias, antes da publicação de *A Revolta de Atlas*. Em suas memórias autobiográficas, intituladas *O Dia do Juízo*, ele lembra: "Havia premissas implícitas no nosso mundo, que eram endossadas por todos do nosso círculo e que transmitíamos aos nossos alunos na NBI". Inacreditavelmente, e é nesse ponto que um movimento filosófico passa a ser um culto à personalidade, seu credo se transformou no seguinte (nas palavras de Nathaniel Branden):

- Ayn Rand é o maior ser humano que já existiu.
- *A Revolta de Atlas* é a maior realização humana na história do mundo.
- Ayn Rand, por sua genialidade filosófica, é o supremo árbitro em qualquer assunto atinente ao que é racional, moral ou adequado à vida do homem na Terra.
- Uma vez que se esteja familiarizado com Ayn Rand e/ou com seu trabalho, a medida da virtude da pessoa está intrinsecamente ligada à posição que assumir em relação a ela e/ou ao seu trabalho;
- Ninguém poderá ser um bom objetivista se não admirar o que Ayn Rand admira e não condenar o que Ayn Rand condena.
- Ninguém poderá ser um individualista totalmente consistente se discordar de Ayn Rand em qualquer questão fundamental.
- Pelo fato de Ayn Rand ter designado Nathaniel Branden seu "herdeiro intelectual" e ter repetidas vezes proclamado que ele é um expoente ideal da sua filosofia, deve-se conceder-lhe reverência só menor à dispensada à própria Ayn Rand.
- Mas é melhor não declarar nenhuma dessas coisas explicitamente (exceto talvez os primeiros dois itens). A pessoa deve sempre sustentar que chegou às próprias crenças exclusivamente pela razão. (1989, págs. 255-256.)

Ayn Rand e seus seguidores foram acusados na época de ser um culto, acusação que eles, é claro, negaram. "Meus adeptos não formam um culto. Eu não sou uma figura de culto", Ayn declarou numa entrevista. Barbara Branden, em sua biografia *The Passion of Ayn Rand*, afirmou: "Embora o movimento objetivista tenha vários dos paramentos de um culto – o enaltecimento da pessoa de Ayn Rand, a pronta aceitação de suas opiniões pessoais sobre uma série de assuntos, a incessante pregação –, não deixa de ser significativo que a atração fundamental do objetivismo... seja o oposto exato da adoração religiosa" (1986, pág. 371). Nathaniel Branden abordou o assunto desta forma: "Não somos um culto no sentido literal, dicionarizado, do termo, mas certamente havia um aspecto de culto no nosso mundo. Éramos um grupo organizado em torno de uma líder poderosa e carismática, cujos membros julgavam o caráter um do outro principalmente pela lealdade a essa líder e às suas ideias" (1989, pág. 256).

Mas, quando você deixa o componente "religioso" fora da definição de *culto*, ampliando assim o uso da palavra, fica claro que o objetivismo era (e é) um tipo de culto – um culto à personalidade –, como ocorre em muitos outros grupos não religiosos. Um culto é caracterizado por:

- ***Veneração do líder:*** Glorificação do líder, praticamente ao extremo da santidade ou divindade.
- ***Infalibilidade do líder:*** Crença de que o líder não pode estar errado.
- ***Onisciência do líder:*** Aceitação das crenças e pronunciamentos do líder em todos os assuntos, dos filosóficos aos triviais.
- ***Técnicas de persuasão:*** Utilização de métodos, dos benignos aos coercitivos, para recrutar novos seguidores e reforçar as crenças correntes.
- ***Agendas ocultas:*** A verdadeira natureza das crenças e planos do grupo é ocultada ou não revelada inteiramente aos potenciais seguidores e ao público em geral.
- ***Engodo:*** Novatos e seguidores não ficam sabendo de tudo o que deveriam saber a respeito do líder e do círculo íntimo do grupo, e as falhas particularmente desconcertantes ou os eventos ou circunstâncias potencialmente embaraçosos são acobertados.
- ***Exploração financeira e/ou sexual:*** Os novatos e seguidores são persuadidos a investir dinheiro e outros ativos no grupo e o líder pode desenvolver relações de caráter sexual com um ou mais dos seguidores.
- ***Verdade absoluta:*** Acreditar que o líder e/ou o grupo descobriram o conhecimento definitivo sobre qualquer assunto.
- ***Moralidade absoluta:*** Acreditar que o líder e/ou o grupo desenvolveram um sistema de pensamento e ação em que existe o certo e o errado, aplicável tanto a membros como a não membros. Os que seguem estritamente o código moral se tornam e permanecem membros; os que não, são descartados ou punidos.

A declaração máxima do absolutismo moral de Ayn Rand encabeça a página-título do livro de Nathaniel Branden. Diz Ayn Rand:

> *O preceito "Não julgueis, para que não sejais julgados" é uma abdicação da responsabilidade moral: é um cheque moral em branco que a pessoa dá aos outros em troca de um cheque moral em branco que ela espera receber. Não há como fugir do fato de que homens têm de fazer escolhas, não há como fugir dos valores morais; quando há valores morais em jogo, nenhuma neutralidade moral é possível. Abster-se de condenar um torturador é virar um acessório para a tortura e o assassinato de suas vítimas. O princípio moral a ser adotado é:* "Julgai, e estai preparados para serdes julgados".

Os desdobramentos absurdos a que esse pensamento pode levar são demonstrados pelos julgamentos que Ayn fez de seus seguidores, até mesmo para as coisas mais triviais. Ela argumenta, por exemplo, que o gosto musical não pode ser definido objetivamente, mas, como Barbara Branden observou, "se um de seus jovens amigos reagia como ela a Rachmaninoff... ela atribuía profundo significado à afinidade de ambos". Em contraste, Barbara conta de um amigo de Ayn Rand que comentou gostar da música de Richard Strauss: "Quando ele foi embora no final daquela noite, Ayn disse, numa reação que era cada vez mais característica dela: 'Agora entendo por que ele e eu nunca poderemos ser almas gêmeas. A distância entre a maneira de um e de outro sentir a vida é grande demais'. Muitas vezes ela não esperava até que o amigo fosse embora para fazer esse tipo de observação" (1986, pág. 268).

Nas avaliações tanto de Barbara como de Nathaniel Branden percebemos todas as características de um culto. Engodo e exploração sexual? Nesse caso, o termo exploração pode ser excessivo, mas o ato estava presente assim mesmo e o engodo era palpável. Num episódio que se tornou o mais escandaloso (e hoje o mais frequentemente contado) da breve história do movimento objetivista, que durou de 1953 até 1958 (e de modo intermitente na década seguinte), Ayn Rand e Nathaniel Branden, ele 25 anos mais novo, tiveram um caso de amor e o mantiveram em segredo *exceto* para os seus respectivos esposos. Segundo a avaliação de ambos, o caso, em última instância, era "razoável", já que os dois, de fato, eram os maiores intelectos do planeta. "Pela lógica total de quem somos – pela lógica total do que o amor e o sexo significam – nós *tínhamos* que amar um ao outro", Ayn Rand racionalizou para Barbara Branden e para o seu próprio marido Frank O'Connor. "Seja o que for que vocês possam sentir, eu sei da sua inteligência, sei que vocês reconhecem a racionalidade daquilo que sentimos um pelo outro, e que não abrigam senão o valor mais alto da razão" (Branden, 1986, pág. 258). Surpreendentemente, ambos os esposos aceitaram essa argumentação e concordaram em conceder a Ayn Rand e Nathaniel uma tarde e noite de sexo e amor uma vez por semana. "E assim", Barbara declararia depois, "adernamos todos rumo ao desastre."

O desastre aconteceu em 1968, quando Ayn descobriu que Nathaniel havia não só se apaixonado por uma terceira mulher como começara a ter um caso com ela. Embora o romance de Ayn e Nathaniel viesse definhando havia muito tempo, a mestra da moral absoluta de dois pesos e duas medidas não toleraria tal desvio de conduta de ninguém mais. "Tragam esse canalha aqui já", gritou Ayn ao ouvir a notícia, "ou vou arrastá-lo até aqui eu mesma!" Nathaniel, segundo Barbara, se esgueirou no apartamento de Ayn para enfrentar o dia do juízo. "Acabou, a sua história toda", disse ela. "Vou derrubar a sua fachada do mesmo jeito que a construí! Vou denunciá-lo publicamente, vou destruí-lo da mesma maneira que o criei! Não me importo com as consequências que isso possa trazer para mim. Você não terá a carreira que lhe dei, nem o nome, nem a riqueza ou o prestígio. Não terá nada!" O bombardeio continuou por vários minutos até que ela pronunciou a sua maldição final: "Se tiver um grama de moralidade em você, um grama de saúde psicológica – ficará impotente pelos próximos vinte anos!" (1986, págs. 345-347).

Ayn Rand foi em frente com uma carta aberta de seis páginas aos seus seguidores, na qual explicava ter rompido totalmente com os Branden e levava adiante o padrão de engodo recorrendo a mentiras: "Há cerca de dois meses... o senhor Branden apresentou-me uma declaração por escrito que era tão irracional e ofensiva a mim que tive que romper a minha associação pessoal com ele". Sem dar sequer uma pista da natureza da ofensa, Ayn prosseguiu: "Cerca de dois meses mais tarde, a senhora Branden de repente confessou que o senhor Branden havia escondido de mim certas ações horríveis e comportamentos irracionais de sua vida privada, totalmente incompatíveis com a moral objetivista". O segundo caso amoroso de Nathaniel foi julgado imoral; o primeiro, não. Essa excomunhão foi seguida por um fogo cerrado da parte dos palestrantes associados da NBI, disparado na completa ignorância daquilo que de fato havia acontecido e num tom abertamente eclesiástico: "Pelo fato de Nathaniel Branden e Barbara Branden, numa série de ações, terem traído princípios fundamentais do objetivismo, nós condenamos e repudiamos essas duas pessoas irrevogavelmente e encerramos qualquer associação com ambas" (Branden, 1986, págs. 353-354).

Instalou-se a confusão no Coletivo e entre os demais seguidores. O que deveriam pensar sobre uma condenação tão formidável por pecados não nomeados? O cúmulo lógico desse pensamento típico de um culto foi articulado vários meses depois. Nas palavras de Barbara Branden, "um antigo estudante da NBI meio demente... levantou a questão de ser ou não moralmente adequado assassinar Nathaniel por causa do sofrimento que havia imposto a Ayn; o homem concluiu que isso não deveria ser feito por questões práticas, mas que seria moralmente legítimo. Felizmente, ele foi interrompido aos berros por um grupo de estudantes chocados" (1986, pág. 356n).

Foi o início do longo declínio e queda de Ayn Rand, do lento afrouxar de seu forte controle sobre o Coletivo. Um por um, eles pecaram e as condenações cresceram em ferocidade para transgressões cada vez mais irrisórias. E, um por um, foram saindo ou convidados a se retirar. Quando Rand morreu em 1982, restava apenas um punhado de amigos. Hoje, o executor nomeado de seu espólio, Leonard Peikoff, leva adiante a causa no Center for the Advancement of Objectivism, um Ayn Rand Institute com base no sul da Califórnia. Embora as qualidades de culto mostradas pelo grupo tenham sabotado o círculo interno, restaram (e ainda restam) inúmeros seguidores, que ignoram as indiscrições, infidelidades e inconsistências morais da fundadora e se concentram em vez disso nos aspectos positivos da sua filosofia. Há muita coisa neles para admirar, desde que não se tenha que aceitar o pacote inteiro.

Esta análise sugere, então, duas considerações importantes em relação a cultos, ceticismo e razão. Primeira, que *críticas ao fundador ou aos seguidores de uma filosofia não constituem, por si, uma negação de qualquer parte dessa filosofia.* O fato de certas seitas religiosas serem as piores violadoras de seus próprios códigos morais não significa que axiomas éticos como "Não matarás" ou "Faça ao próximo como a ti mesmo" devem ser negados. Os elementos que compõem uma filosofia precisam se manter ou cair por sua própria consistência interna ou sustentação empírica, a despeito das extravagâncias de personalidade do seu fundador ou seguidores ou das suas inconsistências morais. Pelo que se sabe, Newton era uma pessoa mal-humorada e relativamente desagradável de se conviver. Esse fato nada tem a ver com a verdade ou a falsidade de seus princípios de filosofia natural. Quando fundadores ou partidários professam princípios morais, como no caso de Ayn Rand, essa consideração é mais difícil de aplicar porque seria de esperar que eles vivessem segundo os seus próprios padrões, mas ainda assim é válida. Segunda consideração: *críticas a uma parte de uma filosofia não impugnam o todo.* Ou seja, podemos igualmente rejeitar algumas partes da filosofia cristã sobre conduta moral e ao mesmo tempo adotar outras partes. Eu posso, por exemplo, tentar tratar os outros como gostaria que me tratassem, e ao mesmo tempo renunciar à minha crença de que as mulheres devem permanecer caladas na igreja e ser obedientes ao marido. Podemos desaprovar a moralidade absoluta de Ayn Rand e aceitar a sua metafísica da realidade objetiva, a sua epistemologia da razão e a sua filosofia política do capitalismo (embora os objetivistas talvez dissessem que todas elas se depreendem inexoravelmente da sua metafísica).

As críticas a Ayn Rand partem de todas as posições políticas – esquerda, direita e centro. Escritores profissionais em geral desdenham o estilo dela. Filósofos em geral se recusam a levar seu trabalho a sério (tanto pelo fato de ela ter escrito para o grande público quanto por não considerarem o seu trabalho uma filosofia completa). Existem mais críticos de Ayn Rand do que seguidores, embora alguns tenham feito reparos a *A Revolta de Atlas* sem ter lido o livro e tenham rejeitado o objetivismo sem saber nada a respeito. O intelectual conservador William F. Buckley Jr. vê em *A Revolta de Atlas* uma "filosofia dessecada" e um tom de "arrogância excessiva", e ridicularizou a "aridez essencial da filosofia da senhora Rand", apesar de confessar depois: "Nunca li o livro. Ao avaliar uma resenha dele e ver a sua extensão, nunca me animei a lê-lo" (Branden, 1986, pág. 298).

Li *A Revolta de Atlas*, assim como *A Nascente* e todas as obras não ficcionais de Ayn Rand. Concordo com muita coisa da filosofia dela, mas não com tudo. Sem dúvida, o compromisso com a razão é admirável (embora isso seja claramente uma filosofia, não uma ciência); afinal, a maioria de nós não concordaria que os indivíduos precisam assumir responsabilidade pessoal por suas ações? A grande falha de sua filosofia é a crença de que a moral pode ser enquadrada em algum padrão ou em critérios absolutos. Isso não é cientificamente defensável. A moral não existe na natureza e, portanto, não pode ser descoberta. Na natureza existem apenas ações – ações físicas, biológicas, humanas. Os humanos agem no sentido de aumentar a sua felicidade, seja lá como a definam pessoalmente. As suas ações se tornam morais ou imorais apenas quando outra pessoa as julga como tais. Assim, a moralidade é a rigor uma criação humana, sujeita a toda sorte de influências culturais e construções sociais, do mesmo modo que ocorre com outras criações humanas. Como praticamente toda pessoa e todo grupo afirmam saber quais são as ações humanas corretas em contraposição às erradas, e como praticamente todas as morais diferem de todas as outras em grau maior ou menor, a razão nos diz que elas, todas, não podem estar certas. Do mesmo modo que não existe um tipo de música humana certo, tampouco existe um tipo de ação humana absolutamente certo. A ampla gama de ações humanas é uma rica série contínua, o que nos impede de classificar tais ações em escaninhos fixos, inequívocos, uns certos, outros errados, como as leis políticas e códigos morais tendem a exigir.

Isso significa que todas as ações humanas são iguais do prisma moral? É claro que não, do mesmo modo que a música humana não é igual. Criamos hierarquias referentes àquilo de que gostamos ou não, desejamos ou refutamos, e fazemos julgamentos com base nesses padrões. Mas os próprios padrões são criações humanas e não podem ser descobertos na natureza. Alguns preferem música erudita em vez de rock e portanto julgam Mozart superior ao Moody Blues. Similarmente, um grupo prefere o domínio patriarcal e portanto acha o privilégio masculino moralmente justificado. Nem Mozart nem os machos são absolutamente melhores, só o são quando julgados pelos padrões de um determinado grupo. A posse de fêmeas pelos machos, por exemplo, já foi tida como moral e agora é tida como imoral. A mudança ocorreu não porque descobrimos que isso é imoral, mas porque a nossa sociedade (graças basicamente aos esforços das mulheres) compreendeu que as mulheres devem ter os direitos e oportunidades que lhes são negados quando estão subordinadas aos machos. E fazer metade da sociedade mais feliz eleva a felicidade geral do grupo de modo significativo.

A moral depende do quadro de referência moral. Desde que se compreenda que a moralidade é uma construção humana influenciada pelas culturas humanas, é possível ser mais tolerante em relação a outros sistemas de crença humanos e portanto em relação a outros seres humanos. Mas, tão logo um grupo se arvora árbitro moral definitivo das ações de outras pessoas, especialmente quando os seus membros acreditam que descobriram padrões absolutos sobre o que é certo e errado, isso marca o início do fim da tolerância e portanto da razão e da racionalidade. É essa característica, mais do que qualquer outra, que torna um culto, uma religião, uma nação ou qualquer outro grupo perigoso para a liberdade individual. O absolutismo foi a maior falha do Objetivismo de Ayn Rand, o culto mais improvável da história. O desenvolvimento histórico e a destruição final do seu grupo e da sua filosofia são a prova empírica que documenta essa avaliação.

O que separa a ciência das demais atividades humanas (e a moral nunca foi equacionada com sucesso em bases científicas) é o seu compromisso com a natureza experimental de todas as suas conclusões. Não há respostas conclusivas na ciência, apenas graus variáveis de probabilidade. Mesmo os "fatos" científicos são apenas conclusões confirmadas em tal grau que se torna razoável oferecer-lhes uma concordância provisória, mas esse assentimento nunca é definitivo. A ciência não é a afirmação de um conjunto de crenças, mas um processo de investigação voltado para a construção de um corpo testável de conhecimento constantemente aberto a rejeição ou confirmação. Em ciência, o conhecimento é fluido e a certeza, fugaz. Isso está no cerne de suas limitações. E isso constitui também a sua maior força.

PARTE 3

EVOLUÇÃO E CRIACIONISMO

Já dei provas do melhor da minha capacidade. Devemos, no entanto, reconhecer, como me parece, que o homem, com todas as suas nobres qualidades, com a compaixão que sente pelos mais desvalidos, com a benevolência que estende não só a outros homens mas à mais humilde das criaturas vivas, com seu intelecto quase divino que penetrou nos movimentos e na constituição do sistema solar – com todos esses exaltados poderes –, o Homem ainda carrega em sua estrutura corporal a marca indelével da sua baixa origem.

– Charles Darwin, *A Origem do Homem*, 1871

9

No início...

Uma noite com Duane T. Gish

Na noite de 10 de março de 1995, entrei no salão de palestras para quatrocentas pessoas da Universidade da Califórnia, em Los Angeles, cinco minutos antes de começar o debate. Não havia um assento vago e os corredores já começavam a encher. Por sorte, eu tinha um lugar na mesa de palestrantes e era o último de uma longa fileira de pessoas que iriam contestar Duane T. Gish, criacionista laureado e um dos diretores do Institute for Creation Research, o braço de "pesquisa" da Christian Heritage College, de San Diego. Esse era o meu primeiro debate com um criacionista. Gish, ao contrário, já participara de mais de trezentos debates com evolucionistas. Las Vegas nem sequer abriu a bolsa de apostas. Afinal, o que eu poderia dizer que centenas de outros já não tivessem dito?

Como preparação, li boa parte da literatura criacionista e reli a *Bíblia*. Vinte anos antes, eu lera a *Bíblia* atentamente como estudante de teologia da Pepperdine University (antes de passar para a psicologia), e, como muitos no início da década de 1970, havia sido um cristão renascido, assumindo a causa com considerável entusiasmo, dando "testemunhos" para não crentes. Depois, durante a minha graduação em psicologia experimental e etologia (o estudo do comportamento animal) na California State University, em Fullerton, tive contato com o brilhante mas excêntrico Bayard Brattstrom e com a perspicaz e conhecedora Meg White. Brattstrom era não apenas um dos maiores especialistas mundiais em herpetologia comportamental (estudo do comportamento reptiliano). Era bem versado nos debates filosóficos da biologia e ciência modernas e regularmente nos deleitava com horas de reflexões filosóficas regadas a cerveja e vinho no 301 Club (o nome vinha do endereço do clube) depois das aulas noturnas das terças-feiras. Em algum ponto entre as discussões com Brattstrom no 301 Club sobre Deus e a evolução e as explicações etológicas de White sobre a evolução do comportamento animal, meu *icthus* cristão (o peixe com símbolos gregos que os cristãos usavam na década de 1970 para indicar publicamente a sua fé) extraviou-se e com ele a minha religião. A ciência se tornou o meu sistema de crença e a evolução se tornou a minha doutrina. Desde aquela época, a *Bíblia* passou a ter menos importância para mim, por isso foi revigorante lê-la de novo.

Como preparação adicional, entrevistei outras pessoas que haviam debatido com Gish com sucesso, incluindo o meu colega na Occidental College, Don Prothero, e assisti a vídeos de debates anteriores com Gish. Percebi que, qualquer que fosse o seu oponente, ou a estratégia do seu oponente, ou mesmo o que o seu oponente dissesse, Gish fazia sempre a mesma apresentação mecânica – a mesma abertura, as mesmas suposições a respeito da posição do seu oponente, os mesmos *slides* desatualizados e até as mesmas piadas. Pensei em lembrar de roubar-lhe as piadas se eu fosse o primeiro. Um sorteio determinou que eu iria começar.

Em vez de disputar centímetro por centímetro com um homem experiente nas manhas dos debates, decidi tentar uma versão da estratégia de Muhammad Ali, deixando-me encurralar nas cordas para evitar me envolver no debate. Ou seja, transformei o evento num metadebate sobre a diferença entre religião e ciência. Comecei explicando que a meta dos céticos não é simplesmente refutar afirmações; é também examinar sistemas de crença e compreender de que modo as pessoas são afetadas por eles. Citei Baruch Spinoza – "Tenho me esforçado sempre para não ridicularizar, não deplorar, não desprezar as ações humanas, mas tentar compreendê-las" – e expliquei que o meu real propósito era entender Gish e os criacionistas, para compreender como eles conseguiam rejeitar a bem confirmada teoria chamada evolução.

Então, li partes da história da criação bíblica (*Gen.*, 1) para a plateia.

> *No princípio criou Deus os céus e a terra.*
>
> *A terra era sem forma e vazia; e havia trevas sobre a face do abismo, mas o Espírito de Deus pairava sobre a face das águas.*
>
> *Disse Deus: haja luz. E houve luz. ... E Deus chamou à luz dia e às trevas, noite. E foram a tarde e a manhã o dia primeiro.*
>
> *E disse Deus: haja um firmamento no meio das águas, e haja separação entre águas e águas.*
>
> *E disse Deus: produza a terra relva, ervas que deem semente, e árvores frutíferas que, segundo as suas espécies, deem fruto que tenha em si a sua semente, sobre a terra. E assim foi.*

A terra, pois, produziu relva, ervas que davam semente segundo as suas espécies, e árvores que davam fruto que tinha em si a sua semente, segundo as suas espécies. E viu Deus que isso era bom.

Criou, pois, Deus os monstros marinhos, e todos os seres viventes que se arrastavam, os quais as águas produziram abundantemente segundo as suas espécies; e toda ave que voa, segundo a sua espécie. E viu Deus que isso era bom.

E disse Deus: Produza a terra seres viventes segundo as suas espécies: animais domésticos, répteis, e animais selvagens segundo as suas espécies. E assim foi.

E disse Deus: Façamos o homem à nossa imagem, conforme a nossa semelhança; domine ele sobre os peixes do mar, sobre as aves do céu, sobre os animais domésticos e sobre toda a terra, e sobre todo réptil que se arrasta sobre a terra.

E a *Bíblia* faz seguir a história da criação com uma história de recriação (*Gen.*, 7-8).

Noé entrou na arca com os seus filhos, a sua mulher e as mulheres de seus filhos, por causa das águas do dilúvio.

E caiu chuva sobre a terra quarenta dias e quarenta noites.

Pereceu toda a carne que se movia sobre a terra, tanto ave como gado, animais selvagens, todo réptil que se arrasta sobre a terra, e todo homem.

E as águas se foram retirando de sobre a terra; no fim de cento e cinquenta dias começaram a minguar.

Esses mitos e histórias sobre criação e recriação, nascimento e renascimento estão entre os mais sublimes da história do pensamento ocidental. Tais mitos e histórias têm um papel importante em toda cultura, incluindo a nossa. No mundo todo e ao longo dos milênios, os detalhes podem variar, mas os tipos convergem.

- ***Ausência de mito da criação:*** "O mundo sempre existiu como é agora, imutável desde a eternidade" (jainistas da Índia).
- ***Mito da criação com monstro assassinado:*** "O mundo foi criado das partes de um monstro assassinado" (habitantes das ilhas Gilbert, gregos, indochineses, cabilas da África, coreanos, sumério-babilônios).
- ***Mito da criação com pais primordiais:*** "O mundo foi criado pela interação de pais primordiais" (habitantes das ilhas Cook, egípcios, gregos, finlandeses, indígenas luiseños, taitianos, nativos zuñi).
- ***Mito da criação com ovo cósmico:*** "O mundo foi gerado a partir de um ovo" (chineses, finlandeses, gregos, hindus, japoneses, persas, samoanos).
- ***Mito da criação por decreto falado:*** "O mundo passou a existir a partir do comando de um deus" (egípcios, gregos, hebreus, nativos maidu, maias, sumérios).

- ***Mito da criação originada no mar:*** "O mundo foi criado a partir do mar" (birmaneses, indígenas choctaw, egípcios, islandeses, maui do Havaí, sumérios).

A história do dilúvio de Noé, na realidade, é apenas uma variação do mito da criação originada no mar, exceto pelo fato de ser um mito da recriação. A versão mais antiga conhecida desse mito antecede em mais de mil anos a história bíblica. Por volta de 2.800 a.C., um mito sumério apresenta o herói das águas como o rei-sacerdote Ziusudra, que construiu um barco para sobreviver ao grande dilúvio. Entre 2.000 e 1.600 a.C., o herói do famoso *Épico de Gilgamesh,* da Babilônia, fica sabendo da inundação por um ancestral chamado Utnapishtim. Avisado pelo deus-Terra Ea de que os deuses estavam prestes a destruir toda a vida por meio de uma grande inundação, Utnapishtim foi instruído a construir uma arca na forma de um cubo com 120 cúbitos (55 metros) de lado, com sete pisos, cada um dividido em nove compartimentos, e colocar a bordo um casal de cada criatura vivente. A história da inundação de Gilgamesh flutuou (perdão pelo trocadilho) por séculos no Oriente Próximo e era conhecida na Palestina antes da chegada dos hebreus. A comparação literária torna óbvia a sua influência sobre a história do dilúvio de Noé.

Sabemos que a geografia de uma cultura influencia os seus mitos. Por exemplo, culturas cujos grandes rios têm cheias e destroem as vilas e cidades próximas contam histórias de inundações, como na Suméria e na Babilônia, onde o Tigre e o Eufrates têm cheias periódicas. Mesmo culturas em regiões áridas têm histórias sobre inundações quando estão sujeitas aos caprichos de enchentes inesperadas. Ao contrário, culturas que ficam distantes de grandes corpos de água não costumam ter mitos sobre inundações.

Será que tudo isso quer dizer que as histórias bíblicas sobre a criação e a recriação são falsas? Até mesmo o fato de levantar tal questão indica uma falta de compreensão dos mitos, como Joseph Campbell (1949, 1988) passou uma vida inteira buscando esclarecer. Esses mitos de inundação têm sentidos mais profundos, ligados à recriação e à renovação. Os mitos não tratam de verdades. Os mitos tratam do esforço humano para lidar com as grandes transições do tempo e da vida – nascimento, morte, casamento, as passagens da infância para a idade adulta e para a velhice. Eles atendem a uma necessidade da natureza psicológica ou espiritual dos humanos, que não tem absolutamente nada a ver com ciência. Tentar transformar um mito em ciência, ou uma ciência em mito, é um insulto aos mitos, um insulto à religião e um insulto à ciência. Ao tentar fazer isso, os criacionistas perderam a noção da importância, do significado e da natureza sublime dos mitos. Eles pegaram um belo mito da criação e recriação e o arruinaram.

Para mostrar o absurdo de tentar transformar um mito em ciência, basta considerar o aspecto prático de colocar casais de milhões de espécies, sem falar do alimento, em um barco de 137 por 23 por 14 metros. Pense na logística

Figura 14: Uma pintura da Arca de Noé no Institute of Creation Research Museum, San Diego, Califórnia. Note as placas ósseas que sobressaem do compartimento em primeiro plano. [Foto cortesia de Bernard Leikind.]

necessária para alimentar, abastecer de água e limpar todos aqueles animais. Como fazer para evitar que uns fiquem predando os outros? Você define um convés só para predadores? Alguém poderia também perguntar por que peixes e dinossauros aquáticos teriam que morrer afogados numa inundação. Os criacionistas não se deixam intimidar. A Arca continha "apenas" 30 mil espécies, o resto "se desenvolveu" a partir dessa cepa inicial. A Arca tinha mesmo seções separadas para predadores e presas. Possuía até um convés especial para dinossauros (ver figura 14). Peixes? Eles morreram com a tremenda agitação dos sedimentos, provocada pelas violentas tempestades da inundação, que acabaram entupindo suas guelras. Com fé a pessoa pode acreditar em qualquer coisa, pois Deus é capaz de realizar qualquer coisa.

Seria difícil encontrar um sistema de crença supostamente científico mais extraordinário que o criacionismo, cujas afirmações negam não apenas a biologia evolucionária mas a maior parte da cosmologia, física, paleontologia, arqueologia, geologia histórica, zoologia, botânica e biogeografia, para não falar da maior parte da história humana antiga. De todas as afirmações que temos investigado na revista *Skeptic*, encontrei apenas uma que eu possa comparar ao criacionismo pela facilidade e certeza com que nos pede para ignorar ou descartar tanto conhecimento existente. É a negação do Holocausto. E as similaridades dos métodos de raciocínio dos dois são impressionantes:

1. Os negadores do Holocausto encontram erros de informação dos historiadores e a partir disso sugerem que as suas conclusões estão erradas, como se os historiadores nunca cometessem falhas. Os negadores da evolução (aliás, um título mais adequado do que criacionistas) encontram erros na ciência e sugerem que toda a ciência está errada, como se os cientistas nunca cometessem falhas.
2. Os negadores do Holocausto gostam de citar, em geral fora de contexto, nomes importantes de nazistas, judeus e estudiosos do Holocausto para dar a impressão de que eles sustentam as afirmações dos que negam o Holocausto. Os negadores da evolução gostam de citar nomes importantes de cientistas, como Stephen Jay Gould e Ernst Mayr, fora de contexto, sugerindo que eles sutilmente negam a realidade da evolução.
3. Os negadores do Holocausto sustentam que o debate genuíno e honesto entre os estudiosos do Holocausto significa que eles duvidam do Holocausto ou não conseguem entender bem as suas histórias. Os negadores da evolução argumentam que o debate genuíno e honesto entre os cientistas significa que eles duvidam da evolução ou não conseguem entender bem a sua ciência.

A ironia dessa analogia é que os negadores do Holocausto podem estar parcialmente certos (a melhor estimativa do número de judeus mortos em Auschwitz, por exemplo, mudou), enquanto os negadores da evolução não conseguem estar nem parcialmente certos – uma vez que, se você permite a intervenção divina no processo científico, todas as hipóteses sobre a lei natural vão para o brejo e a ciência vai junto.

É sempre importante compreender que aquilo que pode parecer uma "guerra" entre ciência e religião, especialmente quando esse debate é promovido em termos de "evolução *versus* criacionismo", ou, como neste caso, "Shermer *versus* Gish", não se mostra como uma guerra na mente da maioria das pessoas. Mesmo Charles Darwin não via problema em integrar a sua teoria com as doutrinas predominantes da época, como escreveu numa carta ao final da sua vida: "A mim parece absurdo duvidar que um homem possa ser um ardoroso Teísta e um Evolucionista. Se um homem merece ou não ser chamado de Teísta depende da definição do termo, o que é um assunto vasto demais para uma carta. Nas minhas flutuações mais extremas, nunca fui um ateu no sentido de negar a existência de um Deus. Costumo pensar (e cada vez mais, conforme envelheço, mas não sempre) que o termo Agnóstico descreveria de modo mais correto o meu estado de espírito" (1883, pág. 107).

Muitos criacionistas se surpreenderiam em saber que alguns destacados céticos não abrigam nenhuma animosidade à religião ou que são eles mesmos religiosos. Stephen Jay Gould uma vez escreveu: "A não ser que pelo menos metade dos meus colegas sejam idiotas, pode não haver – nos termos mais crus e empíricos – nenhum conflito de ciência e religião" (1987a, pág. 68).

Steve Allen explicou: "A minha posição atual quanto à existência de Deus é que, embora ela pareça absolutamente fantástica, eu a aceito porque a alternativa parece mais fantástica ainda" (1993, pág. 40). Martin Gardner (1996), o cético dos céticos, se autodenomina *fideísta*, um teísta filosófico que afirma *credo consolans* – "acredito porque é um consolo". Diante de um problema metafísico impossível de resolver por meio da ciência ou da razão (como o da existência de Deus), diz Gardner, é aceitável fazer um salto de fé. São palavras difíceis de rebater.

Até mesmo o papa João Paulo II, em 27 de outubro de 1996, num discurso na Academia Pontifícia de Ciências de Roma, declarou aceitar a evolução como um fato da natureza e observou que não existe guerra entre ciência e religião: "O exame do método usado em diversas ordens do conhecimento permite a concordância de dois pontos de vista que parecem irreconciliáveis. As ciências da observação descrevem e medem com precisão cada vez maior as múltiplas manifestações da vida... enquanto a teologia extrai... o sentido final segundo os desígnios do Criador". Apoiando o modelo de guerra, os criacionistas e a direita cristã reagiram furiosamente. Henry Morris, presidente emérito do Institute for Creation Research, respondeu que "o papa é apenas uma pessoa influente; não é um cientista. Não há evidência científica para a evolução. Toda a evidência sólida real dá sustentação à criação". Cal Thomas, o escritor conservador de direita, declarou em sua coluna no *Los Angeles Times* que, apesar da posição do papa contrária ao comunismo, "ele aceitou uma filosofia que está no cerne do comunismo". Thomas justificou esse erro no pensamento do papa concluindo que ele "sucumbiu em seus anos de declínio à tirania dos cientistas evolucionistas, que afirmam que temos afinidade com os macacos" (todos citados em *Skeptic*, vol. 4, nº 4, 1996).

O modelo da guerra força algumas pessoas religiosas a uma escolha do tipo ou isso ou aquilo entre ciência e religião, para desse modo dar conta dos infortúnios da civilização. Já que um Deus benevolente e onipresente não poderia causar o mal que vemos à nossa volta, a explicação é óbvia, como o juiz Braswell Dean, da Corte de Apelação da Geórgia, observou ao opinar se o criacionismo deveria ser ensinado nas escolas públicas: "Essa mitologia de Darwin sobre os macacos é a causa da permissividade, promiscuidade, pílulas, preservativos, perversões, gravidezes, abortos, pornografia, poluição, venenos e proliferação de crimes de toda espécie" (*Time*, 16 de março de 1981, pág. 82). A aliteração é divertida. Já o sentimento, nem tanto.

Nell Segraves, do Creation-Science Research Center, também foi inflexível: "A pesquisa realizada pelo CSRC demonstrou que os resultados das interpretações evolucionistas de dados científicos resultam numa generalizada ruptura da lei e da ordem. Essa relação de causa e efeito decorre da degeneração moral da saúde mental e da perda do senso de bem-estar por parte daqueles envolvidos com esse sistema de crença, isto é, divórcio, aborto e disseminação de doenças venéreas" (1977, pág. 17). A árvore da evolução da Pittsburgh

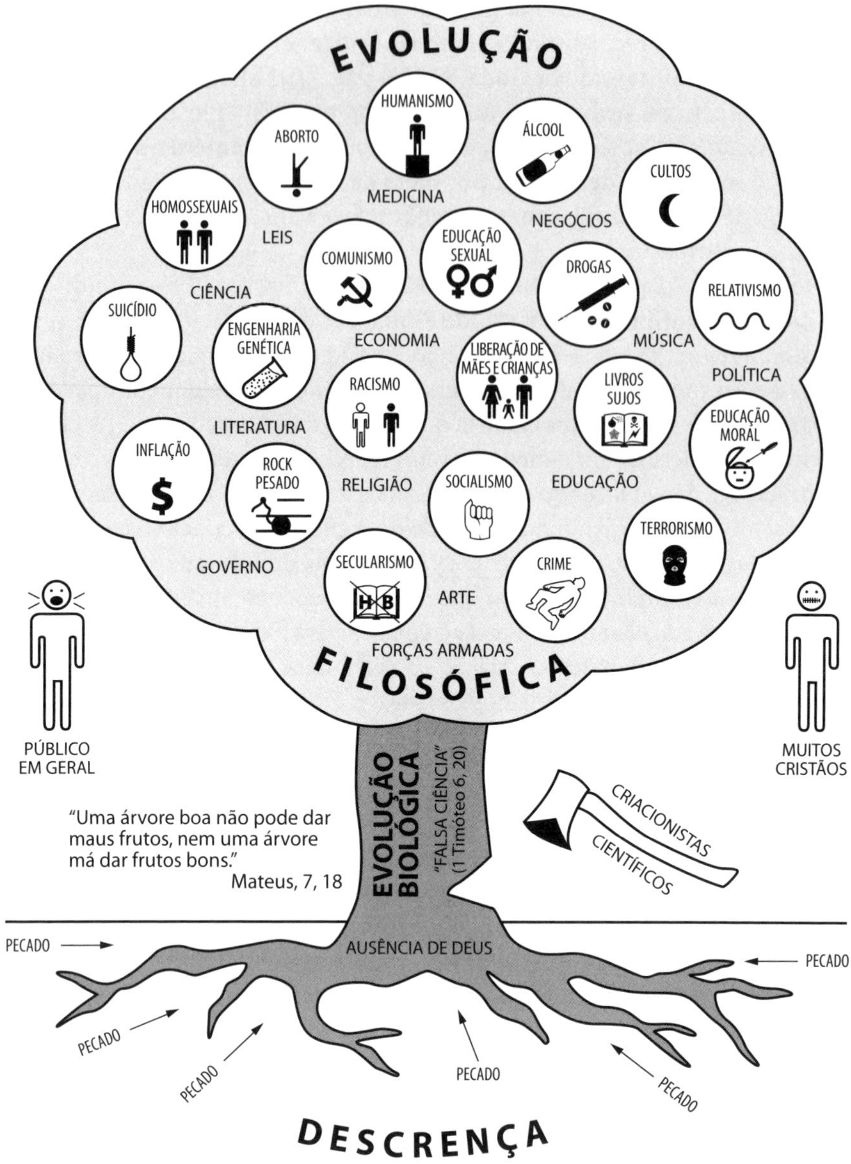

Figura 15: A evolução como uma árvore enraizada na descrença e dando maus frutos. [De um folheto distribuído pela Pittsburgh Creation Society, Bairdford, Pennsylvania. Redesenhado a partir de Toumey, 1994.]

Creation Society (figura 15) resume esse modelo de guerra – a evolução deve ser derrubada, junto com os males do humanismo, como álcool, aborto, cultos, educação sexual, comunismo, homossexualidade, suicídio, racismo, livros sujos, relativismo, drogas, educação moral, terrorismo, socialismo, crime, inflação, secularismo, também aquele mal dos males, o rock pesado, e, que Deus nos guarde, a liberação das mulheres e das crianças.

O que realmente incomoda Gish e os criacionistas é que eles veem implicações da evolução na ética e na religião; para eles, todos os demais argumentos sobre a evolução são secundários. Estão convencidos de que, de algum modo, a crença na evolução leva à perda da fé e a toda espécie de males sociais. Como podemos lidar com esses medos? Eis quatro breves contestações.

- O bom ou mau uso de uma teoria não nega a validade da teoria em si. Marx uma vez afirmou que não era marxista. Darwin sem dúvida reviraria no túmulo se soubesse de que modo o século 20 usou a sua teoria para justificar todo tipo de ideologias, do marxismo ao capitalismo e ao fascismo. O fato de Hitler ter implementado um programa de eugenia não nega a teoria da genética. Do mesmo modo, uma correlação da perda da fé com a crença na evolução não pode atingir a teoria da evolução. As teorias científicas são neutras; o uso da teoria, não. São duas coisas diferentes.
- A lista de problemas sociais apontados pelos criacionistas – promiscuidade, pornografia, aborto, infanticídio, racismo e assim por diante – obviamente existia muito antes de Darwin e da teoria da evolução. Por vários milhares de anos antes do aparecimento de Darwin, o judaísmo, o cristianismo e outras religiões organizadas fracassaram na sua tentativa de resolver esses problemas sociais. Não há evidência de que derrubar a ciência da evolução vai mitigar ou erradicar os males sociais. Culpar Darwin, a teoria da evolução e a ciência por nossos ór e morais é desviar-nos de uma análise profunda e de uma melhor compreensão dessas complexas questões sociais.
- A teoria da evolução não pode substituir a fé, a religião, e a ciência não tem interesse em fingir que é capaz disso. A teoria da evolução é uma teoria científica, não uma doutrina religiosa. Ela pode se sustentar ou não, mas com base apenas em evidências. Já a fé religiosa, por definição, depende da crença, pois aqui a evidência é ausente ou desimportante. Ciência e religião preenchem nichos diferentes na psique humana.
- Temer a teoria da evolução é uma indicação de problemas com a própria fé, do mesmo modo que procurar provas científicas para justificar as crenças religiosas. Se os criacionistas têm uma fé verdadeira em sua religião, não deveriam se incomodar com o que os cientistas pensam ou dizem, e a prova científica de Deus ou das histórias da Bíblia não deveria ter nenhum interesse.

Concluí minha análise do metadebate com uma sinalização de boa vontade, oferecendo a Gish uma filiação honorária à Skeptic Society. Mais tarde, porém, fui obrigado a retirar a oferta, quando Gish se recusou a retirar a caracterização que fez de mim como ateu. Como Darwin disse: "O termo Agnóstico descreveria de modo mais correto o meu estado de espírito". Eu sabia que Gish dedicava uma longa seção de sua apresentação aos males do ateísmo, e usava isso como técnica para destruir os seus oponentes (em geral, ateus), então fiz questão de declarar já na minha introdução, em alto e bom som, que não sou ateu. Até chamei a atenção da plateia para o homem que distribuíra literatura anticristã e que agora estava sentado na primeira fileira, e lhe disse que a meu ver estava fazendo mais mal do que bem com aquilo. Não obstante, em sua declaração inicial Gish me chamou de ateu e depois prosseguiu com a sua diatribe mecânica contra o ateísmo.

O restante da apresentação de Gish foi a sua usual ladainha de piadas e cutucões contra a evolução. Ele havia pedido um fóssil transicional (arrumei-lhe vários), argumentou que o besouro-bombardeiro não poderia ter evoluído o seu *spray* venenoso (poderia), afirmou que a evolução viola a segunda lei da termodinâmica (não viola, pois a Terra é um sistema aberto que tem o Sol como fonte contínua de energia), declarou que nem a ciência da evolução nem a ciência da criação são científicas (estranha afirmação para alguém que se intitula cientista criacionista) e assim por diante. Rebati todos os seus pontos e no próximo capítulo vou resumi-los, um por um, e fornecer respostas evolucionistas para eles.

Quem venceu o debate? Quem é que poderá dizer? Uma questão mais importante é se os céticos e os cientistas devem participar de tais debates. Decidir de que maneira se deve responder a grupos alternativos e a afirmações extraordinárias é sempre uma tarefa difícil. É nosso trabalho na *Skeptic* investigar afirmações para descobrir se são falsas, mas não queremos dignificá-las nesse processo. O princípio que usamos na *Skeptic* é este: quando um grupo alternativo ou afirmação extraordinária obtém ampla exposição pública, a sua adequada refutação merece igual exposição pública. Se a minha tática de metadebate funcionou com Gish, não tenho como saber, mas várias pessoas que vieram para apoiar Gish me agradeceram depois por ter pelo menos tentado entendê-las. É para essas pessoas, e para as que estão "em cima do muro", indecisas em relação a que lado pender, que, acho, debates assim podem fazer diferença. Se conseguimos oferecer uma explicação natural para fenômenos aparentemente sobrenaturais e esclarecer três ou quatro pontos simples a respeito da ciência e do pensamento crítico, de modo que a plateia possa aprender *como* pensar em vez de *no que* pensar, então acredito que vale o esforço.

10

Confrontando os criacionistas

Vinte e cinco argumentos criacionistas, vinte e cinco respostas evolucionistas

Na fase final da sua vida, Charles Darwin recebeu muitas cartas perguntando qual era a sua visão de Deus e da religião. Em 13 de outubro de 1880, por exemplo, ele respondeu à carta do editor de um livro sobre evolução e livre-pensamento, cujo autor pretendia dedicar a obra a Darwin. Sabendo que o livro tinha um viés antirreligioso, Darwin esquivou-se: "Embora eu defenda fortemente o livre-pensar em todas as questões, tenho a impressão (certa ou equivocada) de que argumentos diretos contra o cristianismo e o teísmo raramente produzem algum efeito sobre o público; e que é melhor promover a liberdade de pensamento por meio de um gradual esclarecimento da mente dos homens que seja fruto do avanço da ciência. Por isso tem sido sempre o meu objetivo evitar escrever sobre religião, e tenho me restringido à ciência" (*in* Desmond e Moore, 1991, pág. 645).

Ao classificar a relação da ciência com a religião, gostaria de sugerir uma taxonomia em três níveis:

- O *modelo de mundos iguais*: Ciência e religião lidam com os mesmos assuntos e não só existe sobreposição e conciliação como algum dia a ciência poderá subordinar a religião completamente. Um exemplo é a cosmologia de Frank Tipler (1994), baseada no princípio antrópico e na eventual ressurreição de todos os humanos por meio de uma realidade virtual de supercomputador, num futuro distante do universo. Muitos humanistas e psicólogos evolucionistas preveem um tempo em que a ciência não só poderá explicar o propósito da religião, mas a substituirá por uma moralidade e ética seculares e viáveis.

- O *modelo de mundos separados*: Ciência e religião lidam com assuntos diferentes, não entram em conflito nem se sobrepõem, e devem coexistir pacificamente. Charles Darwin, Stephen Jay Gould e muitos outros cientistas defendem esse modelo.
- O *modelo de mundos conflitantes*: Uma está certa e a outra está errada e não pode haver conciliação dos dois pontos de vista. Esse modelo é sustentado predominantemente pelos ateus e criacionistas, que costumam estar em conflito.

Essa taxonomia nos permite ver que o conselho de Darwin é tão aplicável hoje como era há um século. Assim, vamos deixar claro que refutar os argumentos dos criacionistas não constitui um ataque à religião. E vamos também deixar claro que o criacionismo é, sim, um ataque à ciência – à ciência toda, não apenas à biologia evolucionista. Assim, os contra-argumentos apresentados neste capítulo são uma resposta à anticiência do criacionismo e, portanto, não têm nada a ver com antirreligião. Se os criacionistas estivessem certos, então estaríamos tendo graves problemas com a física, a astronomia, a cosmologia, a geologia, a paleontologia, a botânica, a zoologia e todas as ciências da vida. É possível que todas essas ciências estejam erradas? É claro que não, mas os criacionistas acham que sim e, pior, querem que a sua anticiência seja ensinada nas escolas públicas.

Criacionistas e religiosos fundamentalistas vão a extremos absurdos para proteger as suas crenças em relação à ciência. A edição do verão de 1966 da publicação *Reports*, do National Center for Science Education, observa que no condado de Marshall, Kentucky, o superintendente da escola elementar Kenneth Shadowen encontrou uma solução bem singular para um problema que ele detectou nos manuais de ciência da quinta e sexta séries. O livro didático *Discovery Works* afirmava que o universo começou com o Big Bang, mas não apresentava "alternativas" a essa teoria. Como o Big Bang era explicado numa página dupla, Shadowen simplesmente recolheu todos os livros e colou as páginas duplas ofensivas, uma na outra. Shadowen relatou ao *Louisville Courier-Journal*: "Não vamos ensinar uma teoria e deixar de ensinar outra" e disse que o fato de recolher o livro "não tinha nada a ver com censura ou qualquer coisa assim" (23 de agosto de 1996, A1, pág. 1). É de se duvidar que Shadowen estivesse fazendo lobby também para dar tempo igual à teoria do estado estacionário ou à cosmologia inflacionária. Talvez Shadowen tenha encontrado a sua solução consultando a obra do bibliotecário Ray Martin, "Revisando e Corrigindo Enciclopédias", um guia para cristãos sobre como remediar livros:

> *As enciclopédias são parte vital de muitas bibliotecas escolares... [Elas] representam a filosofia dos humanistas de cada época. Isso fica óbvio pela farta mostra de fotos*

*usadas para ilustrar pinturas, arte e escultura... Uma das áreas que requer correção é a falta de recato, decorrente da nudez e da postura. Isso pode ser corrigido desenhando roupas sobre as figuras ou apagando fotos inteiras com um rotulador. O que deve ser feito com cuidado, senão o rotulador poderá ser apagado do papel brilhante que costuma ser usado na impressão de enciclopédias. Você pode resolver isso pegando uma gilete e raspando de leve a superfície, até que perca a camada de tinta... [Quanto à evolução] cortar fora as seções é viável se as partes removidas não forem grossas a ponto de causar danos à lombada do livro quando ele for aberto e fechado em seu manuseio normal. Se as seções que precisam de correção forem muito grandes, cole as páginas, tendo o cuidado de não estragar partes do livro que não precisem de correção. (***Christian School Builder***, *abril de 1983, págs. 205-207.)*

Felizmente, os criacionistas fracassaram em sua estratégia de cima para baixo de aprovar leis antievolução, favoráveis a eles (Ohio, Tennessee e Geórgia rejeitaram uma legislação criacionista recentemente), mas a sua campanha de baixo para cima, voltada para o grande público, na intenção de introduzir o Gênese no currículo da escola pública foi bem-sucedida. Em março de 1996, por exemplo, o governador Fob James lançou mão de uma verba excedente de dinheiro do contribuinte para comprar e enviar um exemplar do livro antievolução *Darwin on Trial*, de Phillip Johnson, a todos os professores de biologia do curso colegial do Alabama. Seu sucesso não deve surpreender. Politicamente, os Estados Unidos deram uma forte guinada para a direita e a força política da direita religiosa cresceu muito. O que fazer? Podemos contragolpear com a nossa própria literatura. Por exemplo, o National Center for Science Education, um grupo de Eugenie Scott sediado em Berkeley, especializado em rastrear as atividades criacionistas, contrapôs à manobra do governador James o envio de um livrete contendo uma resenha crítica do livro de Johnson. Também podemos procurar entender a questão a fundo, na preparação para contestar os argumentos criacionistas onde quer que deparemos com eles.

A seguir temos uma lista dos argumentos apresentados pelos criacionistas e das respostas dadas pelos evolucionistas. Os argumentos são basicamente ataques à teoria evolucionista e, secundariamente, declarações positivas sobre as crenças dos criacionistas. Os argumentos e respostas foram simplificados por limitações de espaço; mesmo assim, dão uma ideia geral dos principais pontos do debate. Essa lista, no entanto, não pretende ser um substituto de uma leitura crítica. Podem ser respostas adequadas para uma conversa casual, mas não para um debate formal com um criacionista bem preparado. Há muitos livros que oferecem discussões mais completas (e.g. Berra, 1990; Bowler, 1989; Eve e Harrold, 1991; Futuyma, 1983; Gilkey, 1985; Godfrey, 1983; Gould, 1983a, 1991; Lindberg e Numbers, 1986; Numbers, 1992; Ruse, 1982; e, especialmente, Strahler, 1987).

O que é evolução?

Antes de revisar os argumentos dos criacionistas contra a evolução, talvez seja útil fazer um breve resumo da própria teoria. A teoria de Darwin, esboçada em seu *A Origem das Espécies por meio da Seleção Natural*, de 1859, pode ser resumida como segue (Gould, 1987a; Mayr, 1982, 1988):

- ***Evolução:*** Os organismos mudam no decorrer do tempo. Tanto os registros fósseis como a natureza em seu presente estágio tornam isso óbvio.
- ***Descendência com modificação:*** A evolução procede por ramificação mediante a descendência comum. A prole é similar, mas não exatamente uma réplica dos pais. Isso produz a variação necessária que permite a adaptação a um ambiente em constante mudança.
- ***Gradualismo:*** A mudança é lenta, permanente. *Natura non facit saltum* – A natureza não dá saltos. Com tempo suficiente, a evolução promove as mudanças das espécies.
- ***Multiplicação da especiação:*** A evolução não produz simplesmente novas espécies; produz um número crescente de novas espécies.
- ***Seleção natural:*** O mecanismo de mudança evolutiva, descoberto simultaneamente por Darwin e Alfred Russel Wallace, opera do seguinte modo:
  A. As populações tendem a crescer indefinidamente em progressão geométrica: 2, 4, 8, 16, 32, 64, 128, 256, 512...
  B. Num ambiente natural, entretanto, os números das populações se estabilizam num certo nível.
  C. Portanto, é preciso haver uma "luta pela existência", porque nem todos os organismos produzidos podem sobreviver.
  D. Existe variação em cada espécie.
  E. Na luta pela existência, os indivíduos com variações mais bem adaptadas ao ambiente produzem maior prole do que os indivíduos menos adaptados. Isso é conhecido nos termos da teoria como *sucesso reprodutivo diferencial.*

O ponto E é crucial. A seleção natural e, portanto, a mudança evolucionária operam basicamente em nível local. Trata-se apenas de um jogo para ver quem consegue deixar a maior prole, ou seja, quem é capaz de ter mais sucesso em propagar os seus genes na geração seguinte. A seleção natural não diz nada sobre a direção evolutiva, o progresso das espécies ou qualquer outra das metas teleológicas, como a inevitabilidade humana ou a necessária evolução da inteligência, que são comumente atribuídas a ela. Não existe uma escala de progresso evolutivo com os humanos no topo dela, mas apenas um arbusto ricamente ramificado, com os humanos como um pequeno ramo entre milhões. Não há nada de especial com os humanos; simplesmente nos mostramos extremamente bons no sucesso reprodutivo diferencial – deixamos uma vasta prole e somos bons em levá-la até a idade adulta –, um traço que pode acabar causando o nosso fim.

Dos cinco pontos da teoria de Darwin, os mais controvertidos hoje são o gradualismo, com Niles Eldredge (1971, 1985; Eldredge e Gould, 1972) e Stephen Jay Gould (1985, 1989, 1991) e seus defensores propondo uma teoria chamada *equilíbrio pontuado*, que envolve mudança rápida e estase e que pretende substituir o gradualismo; e a exclusividade da seleção natural (Somit e Peterson, 1992). Alinhados contra Eldredge, Gould e seus defensores estão Daniel Dennett (1995), Richard Dawkins (1995) e aqueles que optam por um modelo darwiniano estrito de gradualismo e seleção natural. Enquanto o debate se acirra, os criacionistas ficam de lado torcendo por um duplo nocaute. Mas não vão vê-lo. Esses cientistas não estão argumentando *se* a evolução aconteceu; estão debatendo o *ritmo* e o *mecanismo* da mudança evolucionária. Quando tudo se estabilizar, a teoria da evolução será mais forte do que nunca. É triste ver que, enquanto a ciência avança para novas e estimulantes áreas de pesquisa, ajuste fino ou conhecimento de como a vida se originou e evoluiu, os criacionistas continuam atolados em debates medievais a respeito de anjos numa cabeça de alfinete e animais no bojo de uma Arca.

Argumentos e respostas com base filosófica

1. A ciência da criação é científica e portanto deve ser ensinada nos cursos de ciências das escolas públicas.

A ciência da criação é científica apenas no nome. Trata-se de uma mal disfarçada posição religiosa e não de uma teoria a ser testada com métodos científicos, e portanto não é adequada para os cursos de ciência das escolas públicas. Podemos chamar algo de ciência muçulmana ou ciência budista ou ciência cristã, mas isso tampouco implicaria que merecesse espaço no ensino. A seguinte declaração do Institute for Creation Research, que tem de ser endossada por todos os seus professores e pesquisadores, esclarece bem as crenças dos criacionistas: "As escrituras, tanto o Antigo como o Novo Testamento, são inequívocas sobre qualquer assunto com o qual lidem e devem ser aceitas no seu sentido natural e pretendido... todas as coisas do universo foram criadas e feitas por Deus nos seis dias de criação especial descritos no Gênesis. O relato criacionista é aceito como factual, histórico e perspícuo e é, portanto, fundamental para a compreensão de todos os fatos e fenômenos do universo criado" (*in* Rohr, 1986, pág. 176).

A ciência é passível de refutação e está em constante mudança à medida que novos fatos e teorias reformulam as suas visões. O criacionismo prefere a fé na autoridade da *Bíblia* sem se importar com as evidências empíricas que possam contradizê-la: "A principal razão para insistir no dilúvio universal como fato histórico e como veículo básico para a interpretação geológica é que a Palavra de Deus ensina isso claramente! Não se pode permitir que nenhuma dificuldade geológica, real ou imaginada, tenha precedência sobre as claras declarações e as necessárias inferências das Escrituras" (*in* Rohr, 1986, pág. 190).

Uma analogia possível é imaginar os professores da Caltech declarando que *A Origem das Espécies* de Darwin é um dogma, que a autoridade desse livro e de seu autor são absolutas e que qualquer outra evidência empírica a favor ou contra a evolução é irrelevante.

2. A ciência lida apenas com o "aqui e agora" e portanto não responde a questões históricas sobre a criação do universo e as origens da vida e da espécie humana.

A ciência lida, sim, com fenômenos passados, particularmente ciências históricas como cosmologia, geologia, paleontologia, paleoantropologia e arqueologia. Existem ciências experimentais e ciências históricas. Elas empregam metodologias diferentes, mas são igualmente capazes de rastrear causas. A biologia evolucionista é uma ciência histórica, válida e legítima.

3. A educação é um processo de aprender todos os aspectos de uma questão, por isso é adequado que o criacionismo e a evolução sejam ensinados lado a lado nos cursos de ciências das escolas públicas. Não fazer isso é violar os princípios da educação e as liberdades civis dos criacionistas. Temos o direito de ser ouvidos e, além disso, qual é o problema de ouvir os dois lados?

Expor as diversas facetas das questões é de fato uma parte do processo educacional geral e pode ser adequado discutir o criacionismo em cursos de religião, história ou mesmo de filosofia, mas com certeza não nos de ciência; similarmente, os cursos de biologia não devem incluir palestras sobre a criação de mitos entre os nativos indígenas americanos. Há um considerável dano em ensinar a ciência da criação como uma ciência, porque implica tornar difusa a linha entre religião e ciência, significando isso que os estudantes não vão entender o que é o paradigma científico e como aplicá-lo de modo adequado. Além disso, os pressupostos do criacionismo constituem um ataque duplo a todas as ciências, não só à biologia evolucionista. Um dos ataques: se o universo e a Terra têm apenas cerca de 10 mil anos de idade, então as ciências modernas da cosmologia, astronomia, física, química, geologia, paleontologia, paleoantropologia e a história humana antiga são todas inválidas. O outro ataque: se atribuirmos a criação, ainda que seja de uma única espécie, a uma intervenção sobrenatural, as leis e inferências naturais sobre os processos da natureza ficam invalidadas. Em ambos os casos, a ciência toda fica sem sentido.

4. Existe uma impressionante correlação dos fatos da natureza e dos atos da *Bíblia*. É portanto apropriado usar os livros da ciência da criação e a *Bíblia* como ferramentas de referência nos cursos de ciências das escolas públicas e estudar a *Bíblia* como um livro de ciência junto com o livro da natureza.

Existe também uma impressionante correlação dos atos da *Bíblia* para os quais não há fatos na natureza e dos fatos da natureza para os quais não há atos na *Bíblia*. Se um grupo de estudiosos de Shakespeare, por exemplo, acredita que a explicação do universo está nas peças de teatro do bardo, não é por isso que os cursos de ciência devem incluir leituras de Shakespeare. As peças de Shakespeare são literatura, a *Bíblia* contém escrituras que são sagradas para várias religiões, mas nenhuma dessas expressões tem a pretensão de ser um livro sobre ciência ou se arvora como autoridade científica.

5. **A teoria da seleção natural é tautológica, ou seja, é uma forma de raciocínio circular. Aqueles que sobrevivem são os mais bem adaptados. Quem são os mais bem adaptados? Aqueles que sobrevivem. Do mesmo modo, as rochas são usadas para datar fósseis, e os fósseis são usados para datar rochas. Tautologias não fazem uma ciência.**

As tautologias podem ser, às vezes, o ponto de partida da ciência, mas nunca são o seu fim. A gravidade pode ser tautológica, mas a sua inferência é justificada pela maneira com que essa teoria permite aos cientistas preverem com precisão efeitos e fenômenos físicos. De modo similar, a seleção natural e a teoria da evolução são testáveis e refutáveis a partir do exame de seu poder de predição. Por exemplo, a genética populacional demonstra bem claramente, e com predição matemática, quando a seleção natural vai ou não vai realizar uma mudança numa população. Os cientistas podem fazer predições com base na teoria da seleção natural e depois testá-las, assim como faz o geneticista no exemplo que acabamos de dar ou o paleontologista ao interpretar o registro fóssil. Encontrar fósseis de hominídeos nos mesmos estratos geológicos dos trilobitas, por exemplo, seria uma evidência contra a teoria. A datação de fósseis com rochas, e vice-versa, só conseguiu ser feita *depois* que a coluna geológica foi estabelecida. A coluna geológica não existe em nenhum lugar em sua integralidade, pois as camadas são descontínuas, convolutas e sempre incompletas, e isso por uma variedade de razões. Mas a ordem dos estratos é inequivocamente *não aleatória* e a ordem cronológica pode ser organizada com precisão usando-se diversas técnicas, das quais a dos fósseis é apenas uma.

6. **Existem só duas explicações para a origem da vida e a existência de humanos, plantas e animais: ou foram obra de um criador ou não foram. Como a teoria da evolução não é sustentada por evidências (ou seja, está equivocada), o criacionismo deve estar correto. Qualquer evidência que não dê sustentação à teoria da evolução é necessariamente uma evidência científica em favor do criacionismo.**

Cuidado com a falácia "ou isso ou aquilo", ou falácia das falsas alternativas. Se A é falso, então B é verdadeiro. Ah, é? Por quê? Além disso, B não deveria se sustentar por si independentemente de A? Claro que sim. Desse modo, mesmo que a teoria da evolução de repente se revelasse totalmente falsa, isso não significa que, *ergo*, o criacionismo estaria certo. Poderia haver alternativas C, D e E a considerar. Existe, porém, uma verdadeira dicotomia no caso da explicação natural *versus* a sobrenatural. Ou a vida foi criada e modificada por meios naturais, ou então foi criada e modificada por intervenção sobrenatural e segundo um projeto sobrenatural. Os cientistas pressupõem a causa natural e os evolucionistas debatem os agentes causais naturais envolvidos. Eles não estão discutindo se isso aconteceu por meios naturais ou sobrenaturais. E, de novo, desde que você assuma uma intervenção sobrenatural, a ciência vai para o brejo – e então não haverá evidência científica para sustentar o criacionismo, porque as leis naturais não terão mais validade e a metodologia científica não faz sentido no mundo dos criacionistas.

7. A teoria evolucionista é a base do marxismo, comunismo, ateísmo, imoralidade e do declínio geral da moral e da cultura da América, e portanto é ruim para as nossas crianças.

Isso faz parte da falácia *reductio ad absurdum*. Nem a teoria da evolução em particular nem a ciência em geral são a base desses "ismos" e do chamado declínio da moral e da cultura americana, assim como a imprensa escrita não é responsável pelo *Mein Kampf* de Hitler e o *Mein Kampf* não é responsável pelo que as pessoas fizeram com a ideologia de Hitler. O fato de terem sido inventadas a bomba atômica, a bomba de hidrogênio e muitas armas ainda mais destrutivas não significa que devemos abandonar o estudo do átomo. Além disso, é possível que haja marxistas, comunistas, ateus e até evolucionistas imorais, mas provavelmente haverá igualmente capitalistas, ateístas, agnósticos e evolucionistas morais. Quanto à teoria em si, ela pode ser usada para defender ideologias marxistas, comunistas e ateístas, e tem sido; mas também foi usada (em especial nos Estados Unidos) para dar credibilidade ao *laissez-faire* capitalista. A questão é que associar teorias científicas a ideologias políticas é ardiloso e devemos ter cautela ao fazer conexões que não são necessariamente pertinentes ou que servem a agendas particulares (por exemplo, o que é declínio cultural e moral para uma pessoa é progresso cultural e moral para outra).

8. A teoria da evolução, junto com a sua aliada, o humanismo secular, é na verdade uma religião, por isso não é adequado ensiná-la nas escolas públicas.

Chamar a ciência da biologia evolucionista de religião é ampliar a tal ponto a definição de religião que esta perde totalmente o sentido. Em outras palavras, a religião passa a ser qualquer lente pela qual interpretemos o mundo. Mas a religião não é isso. A religião tem a ver com o serviço e a adoração a Deus ou ao sobrenatural, enquanto a ciência tem a ver com fenômenos físicos. A religião tem a ver com a fé e com o intangível, a ciência se foca na evidência empírica e no conhecimento testável. A ciência é um conjunto de métodos destinados a descrever e interpretar fenômenos observados ou inferidos, passados ou presentes, e objetiva construir um corpo de conhecimento testável, aberto a rejeição ou confirmação. A religião – seja lá o que ela for – certamente não é nem testável nem aberta a rejeição ou confirmação. Na metodologia de cada uma, a ciência e a religião estão em oposição de 180 graus.

9. **Muitos destacados evolucionistas são céticos em relação à teoria e a acham problemática. Por exemplo, a teoria do equilíbrio pontuado de Eldredge e Gould prova que Darwin estava errado. Se os principais evolucionistas do mundo não conseguem acordo em relação à teoria, a coisa toda não deve fazer sentido.**

É bem irônico que os criacionistas citem uma destacada voz contrária ao criacionismo – Gould – em sua tentativa de arregimentar as forças da ciência para o lado deles. Os criacionistas compreenderam mal, talvez por ingenuidade ou quem sabe de propósito, o salutar debate científico dos evolucionistas a respeito dos agentes causais da mudança orgânica. Eles tomam essa troca normal de ideias e a natureza autocorretora da ciência como prova de que o campo todo está se esgarçando e à beira da implosão. Os evolucionistas argumentam e debatem muitas coisas da área, mas uma coisa em relação à qual todos têm certeza e concordam é que a evolução ocorreu. O modo exato como aconteceu e qual é a força relativa dos diversos mecanismos causais é algo que continua a ser discutido. A teoria do equilíbrio pontuado de Eldredge e Gould é um refinamento e um aprimoramento da teoria da evolução de Darwin. Ela não veio provar que Darwin estava errado, assim como a relatividade de Einstein não pretende provar que Newton estava errado.

10. **"A *Bíblia* é a Palavra escrita de Deus... todas as suas asserções são histórica e cientificamente verdadeiras. O grande Dilúvio descrito no Gênesis foi um evento histórico, que abrangeu o mundo todo em sua extensão e efeito. Somos uma organização de homens de ciência cristãos, que aceitam Jesus Cristo como o nosso Senhor e Salvador. O relato da criação especial de Adão e Eva como um homem e uma mulher e sua consequente Queda no pecado é a base de nossa crença na necessidade de um Salvador para toda a humanidade."** (*In* Eve e Harrold, 1991, pág. 55.)

Uma declaração de crença como essa é claramente religiosa. Isso não a torna errada, mas deixa claro que a ciência da criação é na verdade uma religião da criação e nessa medida abre uma brecha na separação entre igreja e estado. Nas escolas particulares estabelecidas ou controladas por criacionistas, eles são livres para ensinar o que quiserem às suas crianças. Mas ninguém pode fazer com que os eventos de qualquer texto se tornem histórica e cientificamente verdadeiros por decreto; isso só é possível testando as suas evidências. Além disso, pedir ao estado que oriente os professores a ensinarem uma doutrina religiosa particular como sendo ciência é insensato e oneroso.

11. **Todas as causas têm efeitos. A causa de "X" deve ser "similar a X". A causa da inteligência deve ser inteligente – Deus. Retroceda todas as causas no tempo e você chegará à causa primeira – Deus. Como todas as coisas estão em movimento, deve ter havido um motor primeiro, um motor que não precisa de outro para ser movido – Deus. Todas as coi-**

sas no universo têm um propósito, portanto deve haver um projetista intencionado – Deus.

Se isso fosse verdadeiro, então não deveria a natureza ter uma causa natural, em vez de uma causa sobrenatural? Mas as causas de "X" não têm que ser "similares a X". A "causa" de uma tinta verde é uma tinta azul misturada com uma amarela, e nenhuma dessas duas tintas é similar à verde. O esterco animal faz as árvores frutíferas crescerem melhor. Uma fruta é deliciosa de comer e é, portanto, bem pouco similar ao esterco! O argumento da causa primeira e do primeiro motor, brilhantemente articulado por São Tomás de Aquino no século 14 (e refutado de maneira ainda mais brilhante por David Hume no século 18), é facilmente posto de lado com apenas uma pergunta a mais: Quem ou o que causou e moveu Deus? Por fim, como Hume demonstrou, o propósito do projeto costuma ser ilusório e subjetivo. "O pássaro madrugador ganha a minhoca" é um plano muito bom se você é o pássaro, não tão bom assim se você for a minhoca. Dois olhos podem parecer o número ideal, mas, como o psicólogo Richard Hardison observa bem-humoradamente, "não seria desejável ter um olho adicional na parte de trás da cabeça? E certamente um olho acrescentado ao nosso indicador seria útil quando estivéssemos fazendo reparos no painel de instrumentos de um automóvel" (1988, pág. 123). O propósito é, em parte, o que estamos acostumados a perceber. Finalmente, nem tudo é tão cheio de propósito assim e tão bem projetado. Além de problemas como o mal, as doenças, as deformidades e a estupidez humana que os criacionistas convenientemente deixam passar por alto, a natureza é cheia de coisas bizarras e aparentemente sem nenhum propósito. Os mamilos nos machos e o dedo polegar dos pandas são apenas dois exemplos alardeados por Gould como estruturas despropositadas e de desenho pobre. Se Deus projetou a vida para que se encaixasse nitidamente como um quebra-cabeça, então o que fazemos com tais extravagâncias e problemas?

12. **Uma coisa não pode ser criada a partir do nada, dizem os cientistas. Portanto, de onde veio o material para o Big Bang? De onde se originaram as primeiras formas de vida que forneceram a matéria-prima para a evolução? A criação de aminoácidos por Stanley Miller a partir de uma "sopa" inorgânica e outras moléculas biogênicas não é criação de vida.**

A ciência pode não estar equipada para responder a certas questões do tipo "causa última", como o que havia antes do início do universo ou que horas eram antes do tempo começar ou de onde veio a matéria para o Big Bang. Até aqui essas têm sido questões filosóficas ou religiosas, não científicas, e portanto não vêm fazendo parte da ciência (recentemente, Stephen Hawking e outros cosmólogos fizeram algumas tentativas de especular cientificamente sobre essas questões). A teoria evolucionista tenta entender a causalidade da mudança *depois* que tempo e matéria foram "criados" (seja lá o que isso signifique). Quanto à origem da vida, os bioquímicos de fato têm uma explicação muito racional e científica para a evolução que parte de compostos inorgânicos para chegar aos orgânicos. A criação de aminoácidos e a construção de cadeias de proteínas, as primeiras células brutas, a criação da fotossíntese, a invenção da reprodução sexual e assim por diante. Stanley Miller nunca afirmou ter criado vida, mas somente alguns de seus elementos básicos. Embora essas teorias não sejam robustas e estejam ainda sujeitas a um acirrado debate científico, existe uma explicação razoável sobre como se parte do Big Bang para se chegar ao Big Brain no universo conhecido, usando as leis da natureza conhecidas.

Argumentos e respostas com base científica

13. Estatísticas sobre população demonstram que, se extrapolarmos para trás, a partir da população atual e usando a taxa corrente de crescimento populacional, concluiremos que havia apenas duas pessoas vivas há cerca de 6.300 anos (4.300 a.C.). Isso prova que os humanos e a civilização são bem jovens. Se a Terra fosse velha – digamos, um milhão de anos – ao longo de 25 mil gerações, a uma taxa percentual de crescimento populacional de 0,5% e com uma média de 1,5 filho por família, a população atual teria um número de pessoas equivalente a 10 elevado à potência 2.100, o que é impossível, pois há apenas 10 elevado à potência 130 elétrons no universo conhecido.

Uma boa brincadeira para quem gosta de jogar com números, não é? Aplicando o modelo deles, descobrimos que em 2.600 a.C. a população total da Terra teria sido de cerca de 600 pessoas. Sabemos, com alto grau de certeza, que em 2.600 a.C. havia civilizações florescentes no Egito, Mesopotâmia, no vale do Indo e na China. Se dermos ao Egito um valor extremamente generoso de uma sexta parte da população mundial, então apenas 100 pessoas construíram as pirâmides, sem falar de todos os outros monumentos arquitetônicos – e com certeza devem ter precisado de um milagre ou dois... ou talvez da ajuda de antigos astronautas!

O fato é que a população não cresce de maneira uniforme. Existem surtos de crescimento e de aniquilações e a história da população humana antes da Revolução Industrial é de prosperidade e crescimento, seguida por fome e declínio e pontuada por desastres. Na Europa, por exemplo, cerca de metade da população foi morta por uma praga no século 6, e no século 14 a peste bubônica varreu um terço da população em três anos. Conforme os humanos batalharam por milênios para evitar a extinção, a curva populacional mostrou picos e vales, mas sempre subia, de modo constante embora vacilante. Só a partir do século 19 é que a taxa de crescimento se acelerou de modo uniforme.

14. A seleção natural nunca pode responder por nada, exceto por mudanças menores nas espécies – microevolução. As mutações usadas pelos evolucionistas para explicar a macroevolução são sempre prejudiciais, raras e aleatórias e não podem ser a força motora da mudança evolucionária.

Nunca vou esquecer das quatro palavras que eram introduzidas no cérebro dos estudantes pelo biólogo evolucionista Bayard Brattstrom na California State University, em Fullerton: "Mutantes não são monstros". O que ele queria dizer é que a percepção que o público tem dos mutantes – bezerros de duas cabeças e coisas desse tipo em feiras agropecuárias – não se relaciona com o tipo de mutantes que os evolucionistas estão discutindo. A maioria das mutações são pequenas aberrações genéticas ou cromossômicas que têm pequenos efeitos – uma audição levemente mais aguçada, um novo tom de pelagem. Alguns desses pequenos efeitos podem oferecer benefícios a um organismo num ambiente em constante mudança.

Além do mais, a teoria da *especiação alopátrica* de Ernst Mayr (1970) parece demonstrar com precisão como a seleção natural, em conjunção com outras forças e contingências da natureza, pode produzir e de fato produz novas espécies. Quer eles concordem ou não com a teoria da especiação alopátrica e do equilíbrio pontuado, os cientistas todos concordam com o fato de que a seleção natural pode produzir mudança significativa. O debate é a respeito de quanta mudança, com que rapidez e que outras forças da natureza agem em conjunto com a seleção natural ou contra ela. Nenhum cientista, e quero realmente dizer *nenhum*, que trabalhe na área está questionando se a seleção natural é a força propulsora por trás da evolução, e menos ainda se a evolução aconteceu ou não.

15. Não há formas transicionais no registro fóssil, em nenhuma parte, o que inclui – especialmente – os humanos. Todo o registro fóssil é um constrangimento para os evolucionistas. Os espécimes de Neanderthal, por exemplo, são esqueletos doentios distorcidos por artrite, raquitismo e outras doenças que criaram as pernas arqueadas, a crista da sobrancelha e uma estrutura do esqueleto maior. O *Homo erectus* e o *Australopithecus* são apenas macacos.

Os criacionistas sempre citam a famosa passagem de Darwin em *A Origem das Espécies* na qual ele pergunta: "Por que então todas as formações geológicas e todos os estratos não estão cheios desses elos intermediários? A geologia com certeza não revela nenhuma cadeia orgânica com uma gradação assim contínua; e essa talvez seja a mais grave objeção que se possa fazer à minha teoria" (1859, pág. 310). Os criacionistas encerram a citação nesse ponto e ignoram o resto do capítulo de Darwin, em que ele trata do problema.

Uma resposta é que muitos exemplos de formas transicionais foram descobertos desde a época de Darwin. Basta olhar qualquer texto de paleontologia. O fóssil *Archeopteryx* – parte réptil, parte pássaro – é um exemplo clássico de forma transicional. Em meu debate com Duane Gish apresentei o *slide* de um recém-descoberto *Ambulocetus natans* – um belo exemplo de forma transicional de mamífero terrestre para baleia (ver *Science*, 14 de janeiro de 1994, pág. 180). E as acusações aos neanderthais e ao *Homo erectus* são simplesmente absurdas. Temos hoje um verdadeiro tesouro de formas transicionais humanas.

Uma segunda resposta é retórica. Os criacionistas pedem apenas um fóssil transicional. Quando você o dá, afirmam que existe uma lacuna entre esses dois fósseis e pedem que lhes apresente uma forma transicional desses outros dois. Se você o faz, dirão que agora há mais duas lacunas no registro fóssil, e assim por diante *ad infinitum*. O simples fato de apontar isso refuta o argumento. Você pode fazer o mesmo com copos sobre uma mesa, mostrando como, a cada vez que a lacuna é preenchida com um copo, esse cria outras duas lacunas, e que, quando cada uma é preenchida com um copo, cria mais quatro lacunas e assim por diante. O absurdo da argumentação tem forte impacto visual.

Uma terceira resposta foi dada em 1972 por Eldredge e Gould, quando eles argumentaram que as lacunas no registro fóssil não indicam dados faltantes de uma mudança lenta e solene; ao contrário, os fósseis "faltantes" são evidência de uma mudança rápida e episódica (equilíbrio pontuado). Usando a especiação alopátrica de Mayr, na qual populações "fundadoras" pequenas e instáveis ficam isoladas na periferia do âmbito da população maior, Eldredge e Gould mostraram que a mudança relativamente rápida nesse *pool* de genes menor cria novas espécies mas deixa poucos fósseis, quando deixa. O processo de fossilização, que de qualquer modo é raro e infrequente, mostra-se quase inexistente nessas épocas de rápida especiação, porque o número de indivíduos é pequeno e a mudança é rápida. Uma falta de fósseis pode, portanto, ser evidência de mudança rápida e não falta de evidência de uma evolução gradual.

16. A Segunda Lei da Termodinâmica prova que a evolução não pode ser verdadeira, já que os evolucionistas declaram que o universo e a vida se movem do caos para a ordem e do simples para o complexo, o oposto exato da entropia prevista pela Segunda Lei.

Antes de mais nada, em qualquer escala que não seja a maior de todas – a dos 600 milhões de anos de história da vida na Terra – as espécies não evoluem do simples para o complexo e a natureza não se move simplesmente do caos para a ordem. A história da vida é cheia de altos e baixos, falsos inícios, experimentos fracassados, extinções locais e em massa e reinícios caóticos. Fica bem distante de uma ilustração perfeita de livro da Time/Life, por exemplo, que mostra como se parte de células simples até se chegar aos seres humanos. Mesmo no quadro geral, a Segunda Lei permite uma mudança desse tipo porque a Terra está num sistema que recebe aporte constante de energia do Sol. Desde que o Sol continue a arder, a vida continuará florescendo e evoluindo, poderemos evitar que os automóveis enferrujem, os hambúrgueres serão aquecidos em fornos e todo tipo de outras coisas que aparentemente violam a Segunda Lei vai continuar. Mas, assim que o Sol parar de arder, a entropia assumirá o comando, a vida cessará e o caos terá início de novo. A Segunda Lei da Termodinâmica aplica-se a sistemas fechados, isolados. Desde que a Terra receba um aporte constante de energia do Sol, a entropia poderá decrescer e a ordem aumentar (apesar de o próprio Sol se exaurir no processo). Portanto, como a

Terra não é estritamente um sistema fechado, a vida pode evoluir sem violar leis naturais. Além disso, pesquisas recentes na teoria do caos sugerem que a ordem pode ser e é gerada espontaneamente a partir do caos aparente, sem violar a Segunda Lei da Termodinâmica (ver Kauffman, 1993). A evolução não contradiz a Segunda Lei da Termodinâmica, assim como ninguém contradiz a lei da gravidade quando dá um pulinho.

17. **Mesmo as formas mais simples de vida são complexas demais para ter surgido aleatoriamente. Vamos pegar um organismo simples formado por apenas 100 partes. Matematicamente, existem 10 à potência 158 possíveis maneiras de essas partes se ligarem. Não há moléculas suficientes no universo, ou tempo suficiente desde o seu início, para permitir tais possíveis maneiras de reunião mesmo nessa forma simples de vida, quanto mais para produzir seres humanos. O olho humano sozinho já desafia explicação pela aleatoriedade da sua evolução. É o mesmo que um macaco conseguir digitar *Hamlet*, ou apenas "To be or not to be". Não é algo que possa acontecer aleatoriamente.**

A seleção natural não é aleatória, nem opera movida pelo acaso. A seleção natural preserva os ganhos e erradica os erros. O olho evoluiu a partir de uma única célula, sensível à luz, até formar o complexo olho atual por meio de centenas senão milhares de etapas intermediárias, muitas das quais ainda existem na natureza (ver Dawkins, 1986). Para que um macaco conseguisse digitar as treze letras do início do monólogo do Hamlet por acaso seria necessário um número de tentativas da ordem de 26 à décima terceira potência para se obter sucesso. Isso é dezesseis vezes o número total de segundos que decorreram na vida do nosso sistema solar. Mas se cada letra correta for mantida e cada letra incorreta for erradicada, o processo terá rapidez bem maior. Quanto maior? Richard Hardison (1988) criou um programa de computador que "selecionava" letras a favor ou contrárias, e levou em média apenas 335,2 tentativas para produzir a sequência de letras TOBEORNOTTOBE. O computador precisou de menos de noventa segundos para isso. A peça inteira podia ser escrita em cerca de quatro dias e meio.

18. **Uma triagem hidrodinâmica durante o Dilúvio explica a aparente progressão de fósseis em estratos geológicos. Os organismos simples, ignorantes, morreram no mar e estão nas camadas mais baixas, enquanto os organismos mais complexos, mais inteligentes e mais rápidos morreram nas camadas superiores.**

Nenhum trilobita flutuou para um estrato superior? Nenhum cavalo estúpido estava na praia e se afogou num estrato inferior? Nenhum pterodáctilo voador conseguiu subir além da camada do cretáceo? Nenhum humano bobalhão saiu para tomar chuva? E quanto à evidência fornecida por outras técnicas de datação como a radiometria?

19. As técnicas de datação dos evolucionistas são inconsistentes, não confiáveis e erradas. Elas dão uma falsa impressão de que a Terra é antiga, quando na verdade não tem mais de 10 mil anos, como foi provado pelo doutor Thomas Barnes da Universidade do Texas, El Paso, quando demonstrou que a meia-vida do campo magnético da Terra é de 1.400 anos.

Antes de mais nada, o argumento do campo magnético de Barnes pressupõe que o declínio do campo magnético é linear, quando a geofísica já demonstrou que ele flutua ao longo do tempo. Ele está partindo de uma premissa falsa. Segundo, as diversas técnicas de datação não só são muito confiáveis por si como houve considerável corroboração independente entre elas. Por exemplo, as datas radiométricas para diferentes elementos de uma mesma rocha convergem todas para a mesma data. Por fim, como podem os criacionistas rejeitar todas as técnicas de datação com um safanão, exceto as que na aparência sustentam a sua posição?

20. A classificação de organismos acima do nível das espécies é arbitrária e feita pelo homem. A taxonomia não prova nada, especialmente porque há muitos elos faltantes entre as espécies.

A ciência da classificação de fato é uma construção do homem, como todas as ciências, e é claro que não pode provar nada sobre a evolução dos organismos de modo absoluto. Mas seu agrupamento de organismos está longe de ser arbitrário, embora haja nele um elemento de subjetividade. Num teste interessante da taxonomia em dois grupos culturais bem diversos, biólogos com formação ocidental e povos nativos da Nova Guiné identificaram os mesmos tipos de aves como espécies separadas (ver Mayr, 1988). Esses agrupamentos existem de fato na natureza. Além disso, a meta da moderna cladística – a ciência da classificação por meio de hierarquias de similaridades imbricadas – é tornar a taxonomia menos subjetiva e ela usa de modo bem-sucedido as relações evolucionárias inferidas para arranjar as *taxa* numa hierarquia ramificada, de modo que todos os membros de um dado *taxon* tenham os mesmos ancestrais.

21. Se a evolução é gradual, não deveria haver lacunas entre espécies.

A evolução nem sempre é gradual. Com frequência, é bem esporádica. E os evolucionistas nunca disseram que não deveria haver lacunas. Por fim, lacunas não provam a teoria da criação, assim como as lacunas na história humana não provam que todas as civilizações foram criadas espontaneamente.

22. "Fósseis vivos" como o celacanto e o caranguejo-ferradura provam que a vida toda foi criada ao mesmo tempo.

A existência de fósseis vivos (organismos que não mudam há milhões de anos) simplesmente significa que eles evoluíram uma estrutura adequada para o seu ambiente relativamente estático e imutável, portanto pararam quando conseguiram manter o seu nicho ecológico. Tubarões e muitas outras criaturas marinhas estão relativamente inalterados há milhões de anos, enquanto outras criaturas marinhas, como os mamíferos do mar, têm obviamente mudado de maneira rápida e radical. A mudança evolucionária ou a falta de mudança, conforme o caso, dependem de como e quando o ambiente imediato de uma espécie se modifica.

23. O problema da estrutura incipiente refuta a seleção natural. Uma nova estrutura que evolui lentamente ao longo do tempo não proporcionará uma vantagem ao organismo em seus estágios inicial ou intermediário, só quando ele estiver totalmente desenvolvido, o que pode ocorrer apenas por meio da criação especial. Qual é a vantagem de se ter 5% de asa, ou 55%? Você precisa ou de uma asa inteira ou de nenhuma.

Uma asa pouco desenvolvida pode ter sido alguma outra coisa bem desenvolvida, como um termorregulador para répteis ectotérmicos (que dependem de fontes externas de calor). E não é verdade que os estágios incipientes são completamente inúteis. Como Richard Dawkins argumenta em *The Blind Watchmaker* (1986) e *Climbing Mount Improbable* (1996), 5% de visão é significativamente melhor do que nenhuma visão e ser capaz de voar por qualquer extensão de tempo pode se revelar uma vantagem adaptativa.

24. Estruturas homólogas (a asa de um morcego, a barbatana de uma baleia, o braço de um humano) são prova de um projeto inteligente.

Ao invocar milagres e providência especial, os criacionistas podem escolher qualquer coisa na natureza como prova da obra de Deus e depois ignorar o resto. As estruturas homólogas na verdade não fazem sentido num paradigma de criação especial. Por que uma baleia tem que ter os mesmos ossos em sua barbatana que o humano tem no braço e o morcego nas suas asas? Deus tem imaginação limitada? Deus estava testando as possibilidades de Seus projetos? Deus simplesmente quis fazer as coisas desse jeito? Com certeza um projetista inteligente onipotente poderia ter feito melhor. Estruturas homólogas são indicativas de descendência com modificação e não de criação divina.

25. A história toda da teoria da evolução em particular e da ciência em geral é a história de teorias equivocadas e de ideias superadas. O Homem de Nebraska, o Homem de Piltdown, o Homem de Calaveras e o *Hesperopithecus* são apenas algumas das asneiras que os cientistas cometeram. Fica claro que não se pode confiar na ciência e que as teorias modernas não são melhores do que as anteriores.

De novo, é paradoxal que os criacionistas se apoiem na autoridade da ciência e ao mesmo tempo ataquem os seus achados básicos. Além disso, esse argumento revela total incompreensão da natureza da ciência. Não é que a ciência simplesmente mude. Ela sempre aproveita as ideias do passado e é cumulativa em direção ao futuro. Os cientistas cometem muitos erros, mas na realidade é assim que a ciência progride. O aspecto de autocorreção do método científico é um de seus pontos mais atraentes. Brincadeiras como a do Homem de Piltdown e erros honestos como o *Hesperopithecus* são descobertos com o tempo. A ciência então levanta, sacode a poeira e segue adiante.

Debates e verdade

Essas 25 respostas apenas arranham a superfície da ciência e da filosofia que dão sustentação à teoria da evolução. Ao ser confrontados com um criacionista, devemos ter sabedoria e dar importância às palavras de Stephen Jay Gould, que se defrontou com criacionistas muitas vezes:

> *O debate é uma forma de arte. Não se trata de descobrir a verdade, mas de refutar argumentos. Existem certas regras e procedimentos num debate que na realidade não têm nada a ver com estabelecer um fato – coisa que eles sabem fazer bem. Algumas dessas regras são: nunca diga nada positivo a respeito da sua própria posição, pois poderá ser atacado; ao contrário, procure sabotar as aparentes fragilidades da posição de seu oponente. Eles são bons nisso. Não acho que poderia ganhar um debate dos criacionistas. Posso empatar com eles. E nos tribunais eles são terríveis, porque num tribunal não se pode ficar discursando. Tem-se que responder a questões diretas sobre o* ***status*** *positivo da sua crença. Nós os destruímos no Arkansas. No segundo dia do julgamento de duas semanas, tivemos a nossa festa da vitória! (Palestra na Caltech, 1985.)*

11

Ciência defendida, ciência definida

Evolução e criacionismo na Suprema Corte

Em 18 de agosto de 1986 foi realizada uma coletiva de imprensa no National Press Club, em Washington, D.C., para anunciar a apresentação de um *amicus curiae* em nome de 72 ganhadores do prêmio Nobel, dezessete academias estaduais de ciências e sete outras organizações científicas. Essa declaração era em apoio aos demandados no caso *Edwards versus Aguillard*, o processo da Suprema Corte que julgava a constitucionalidade de uma lei de 1982 da Louisiana que concedia, nas escolas públicas, o mesmo tempo tanto ao ensino da teoria da evolução como à versão do Gênesis. Os advogados Jeffrey Lehman e Beth Shapiro Kaufman, da empresa Caplin and Drysdale, o prêmio Nobel Christian Anfinsen, o biólogo Francisco Ayala, da Universidade da Califórnia, Davis, e o paleontólogo Stephen Jay Gould, da Universidade de Harvard, encararam uma sala cheia de repórteres de televisão, rádio e jornais de todo o país.

Gould e Ayala fizeram declarações iniciais e foi lida *in absentia* uma declaração do prêmio Nobel Murray Gell-Mann. O comprometimento emocional desses representantes da comunidade científica era claro desde o início e ficou patente em suas declarações. Gould observou: "Como expressão, a ciência da criação é um oxímoro – um enunciado autocontraditório e sem sentido –, uma camuflagem para uma visão específica, particular, de uma minoria religiosa dos Estados Unidos – o literalismo bíblico". Ayala acrescentou: "Dizer que as declarações do Gênesis são verdades científicas é negar todas as evidências. Ensinar esses conteúdos nas escolas como se fossem ciência produziria danos tremendos à educação dos estudantes americanos, que precisam de formação

Figura 16: Colocando o criacionista no seu devido lugar. [Cartoon editorial, por Bill Day, *Detroit Free Press.*]

científica para prosperar numa nação que depende do progresso científico para a sua segurança nacional, para a saúde individual e para o proveito econômico". Gell-Mann concordou com Ayala a respeito da abrangência ampla, nacional, do problema, mas foi além, dizendo, em termos inequívocos, que se tratava de uma agressão a toda a ciência:

> *Gostaria de enfatizar que a porção da ciência que está sendo agredida por esse estatuto é bem mais extensa do que muitas pessoas imaginam, abrangendo partes muito importantes da física, da química, da astronomia e da geologia, assim como muitas das ideias centrais da biologia e da antropologia. Particularmente, a noção de reduzir a idade da Terra em um fator de aproximadamente um milhão e do universo visível em expansão em um fator ainda maior entra em conflito da maneira mais básica com numerosas conclusões sólidas da ciência da física. Por exemplo, princípios fundamentais e bem-estabelecidos da física nuclear são contestados, sem nenhuma razão legítima, quando os "cientistas da criação" atacam a validade dos relógios radiativos, que nos fornecem os métodos mais confiáveis para a datação da Terra.*

Resenhas desta declaração conjunta apareceram numa ampla gama de publicações, incluindo a *Scientific American, Nature, Science, Omni, The Chronicle of Higher Education, Science Teacher* e *California Science Teacher's Journal.* O *Detroit Free Press* chegou a publicar um *cartoon* editorial no qual um criacionista se junta à famosa "marcha do progresso humano" evolucionista (figura 16).

Tempo igual ou todo o tempo?

Os criacionistas são em geral fundamentalistas cristãos que leem a Bíblia literalmente – quando o Gênesis fala nos seis dias da criação, por exemplo, isso significa seis dias de 24 horas. Numa visão mais particular, é claro, existem vários tipos de criacionistas, como os criacionistas da Terra jovem, que se atêm à interpretação com base no dia de 24 horas; os criacionistas da Terra antiga, que se dispõem a ver os dias bíblicos como linguagem figurada, significando eras geológicas; e os criacionistas do intervalo, que aceitam a existência de um intervalo de tempo entre a criação inicial e o surgimento dos humanos e da civilização (adaptando-se assim à noção científica de "tempo profundo", equivalente a bilhões de anos).

Os criacionistas militantes são em número reduzido. Mas o que lhes falta em quantidade eles compensam em intensidade. E foram capazes de tocar a fibra que em algum lugar bem no fundo da psique nacional liga muitos americanos às raízes religiosas do país. Podemos ser uma sociedade pluralista – cadinho de raças, salada mista e tudo o mais –, mas o Gênesis continua em nossos primórdios. Uma enquete da Gallup de 1991 concluiu que 47% dos americanos acreditam que "Deus criou o homem mais ou menos na sua forma presente numa época situada nos últimos 10 mil anos". Uma visão mais centrista, de que "o homem se desenvolveu ao longo de milhões de anos a partir de formas menos avançadas de vida, mas Deus guiou esse processo, incluindo a criação do homem", foi defendida por 40% dos americanos. Apenas 9% acreditavam que "o Homem se desenvolveu ao longo de milhões de anos a partir de formas menos avançadas de vida. Deus não teve participação nesse processo". Os restantes 4% responderam "não sei" (Gallup e Newport, 1991, pág. 140).

Por que, então, existe uma controvérsia? Porque 99% dos cientistas têm essa visão naturalista estrita compartilhada por apenas 9% dos americanos. Essa é uma diferença impressionante. Seria difícil imaginar qualquer outra crença para a qual houvesse tal disparidade entre o homem comum e o especialista na torre de marfim. Mas a ciência é a força dominante na nossa cultura; assim, para ganhar respeitabilidade e, o que é mais importante para os criacionistas, acesso às aulas de ciência das escolas públicas, os criacionistas foram forçados a lidar com essa minoria poderosa. Nos últimos oitenta anos, os criacionistas usaram três estratégias básicas para tentar impor as suas crenças religiosas. O caso da Louisiana foi a culminação de uma série de batalhas legais que começaram na década de 1920 e podem ser agrupadas nas três abordagens a seguir.

Banir a evolução

Na década de 1920, a degeneração do tecido moral percebida nos Estados Unidos foi associada à teoria da evolução de Darwin. Por exemplo, um partidário do orador fundamentalista William Jennings Bryan comentou em 1923: "Enfiar veneno goela abaixo nos nossos filhos não é nada comparado com a danação de sua alma causada pelo ensino da evolução" (*in* Cowen, 1986, pág. 8). Os fundamentalistas lutaram para deter o declínio moral tentando tirar a evolução das escolas públicas. Em 1923, o estado de Oklahoma aprovou uma lei que oferecia livros didáticos gratuitos às escolas públicas, com a condição de que nem os professores nem os livros mencionassem a evolução, e a Flórida foi além e aprovou uma lei antievolução. Em 1925, foi aprovada pela câmara do Tennessee a Lei Butler, que tornou "ilegal para todo professor em universidades, escolas normais e quaisquer escolas públicas do estado... ensinar qualquer teoria que negue a história da Divina Criação do homem como ensinada na *Bíblia*, e que em vez dela ensine que o homem descende de uma ordem inferior de animais" (*in* Gould, 1983a, pág. 264). Essa lei foi vista como uma óbvia violação das liberdades civis e resultou em 1925 no famoso "Julgamento do Macaco", de John Thomas Scopes, bem documentado por Douglas Futuyma (1983), Gould (1983a), Dorothy Nelkin (1982) e Michael Ruse (1982).

John T. Scopes era um professor substituto que se dispôs voluntariamente a fornecer o precedente por meio do qual a American Civil Liberties Union (ACLU) poderia desafiar a lei antievolução do Tennessee. A ACLU pretendia levar o caso se necessário até a Suprema Corte. Clarence Darrow, o mais famoso advogado de defesa da época, deu consultoria jurídica a Scopes, e William Jennings Bryan, três vezes candidato à presidência e conhecido defensor do fundamentalismo bíblico, serviu como defensor da fé para a acusação. O processo foi apelidado de "julgamento do século" e o alarde em torno dele foi intenso; era, por exemplo, o primeiro julgamento da história para o qual foram transmitidos boletins diários pelo rádio. Os dois gigantes se confrontaram durante dias, mas no final Scopes foi declarado culpado e multado em 100 dólares pelo juiz Raulston (Scopes havia, de fato, transgredido a lei). Por causa de um detalhe pouco conhecido da lei do Tennessee, que requeria que todas as multas acima de 50 dólares fossem estipuladas por um júri, não por um juiz, a corte rejeitou a condenação de Scopes, deixando a defesa sem ter nada para apelar. O caso nunca foi levado à Suprema Corte e a lei continuou valendo até 1967.

A maioria das pessoas acha que Scopes, Darrow e a comunidade científica tiveram uma grande vitória no Tennessee. H. L. Mencken, que cobria o evento para o *Baltimore Sun*, resumiu o julgamento e Bryan do seguinte modo: "Uma vez ele esteve com um pé na Casa Branca e a nação tremia sob seus brados. Agora ele é um papa de segunda classe no círculo da Coca-Cola e um irmão dos pobres pastores que pregam para gente estúpida em tabernáculos de ferro galvanizado nos fundos de pátios de ferrovias... É uma tragédia, de fato, começar a vida como um herói e terminar como um bufão" (*in* Gould, 1983a, pág. 277). Na verdade, porém, não foi uma vitória para a evolução. Bryan morreu poucos dias depois do término do julgamento, mas foi quem riu por último, pois a controvérsia gerada pelo caso fez com que muitas pessoas, particularmente os editores de livros didáticos e os conselhos estaduais de educação, ficassem relutantes em lidar com a teoria da evolução sob qualquer forma. Judith Grabiner e Peter Miller (1974) compararam os manuais do colegial antes e depois do julgamento: "Embora acreditassem ter vencido no fórum da opinião pública, os evolucionistas do final da década de 1920 na verdade perderam em seu campo de batalha original – o ensino da evolução na escola secundária –, a julgar pelo conteúdo da média dos livros didáticos de biologia para o colegial, que declinou após o julgamento de Scopes". Embora em retrospecto pareça cômico, o julgamento foi na realidade uma tragédia, como Mencken concluiu: "Mas ninguém deve achar que foi uma comédia, por mais burlesco que tenha sido nos detalhes. Ele adverte o país que o homem de Neanderthal está se organizando nesses lugares atrasados da Terra, liderado por um homem fanático, insensato e desprovido de consciência. O Tennessee, ao desafiá-lo muito timidamente e tarde demais, vê agora os seus tribunais transformados em reuniões religiosas ao ar livre e a sua Declaração de Direitos transformada num arremedo por seus funcionários da lei" (*in* Gould, 1983a, págs. 277-278).

Assim ficaram as coisas por mais de trinta anos, até 4 de outubro de 1957, quando a União Soviética lançou o Sputnik I, primeiro satélite artificial a orbitar a Terra, anunciando assim aos Estados Unidos que, ao contrário de segredos políticos, os segredos da natureza não podem ser ocultados – nenhuma nação pode deter o monopólio das leis da natureza. O susto do Sputnik desencadeou um renascimento na educação científica dos Estados Unidos. Em 1961, a National Science Foundation, junto com o Biological Science Curriculum Study, esboçou um programa básico de ensino da teoria da evolução e publicou uma série de livros de biologia nos quais o princípio organizador era a evolução.

Tempo igual para o Gênesis e para Darwin

A geração seguinte de fundamentalistas e literalistas bíblicos reagiu com uma nova abordagem. No final da década de 1960 e início da de 1970, eles exigiram tempo igual para a história do Gênesis e para a teoria da evolução e insistiram em que a evolução era "apenas" uma teoria, não um fato, e que devia ser assim designada. O ponto crítico desse ataque renovado foi a publicação em 1961 do livro de John Whitcomb e Henry Morris, *The Genesis Flood: The Biblical Record and Its Scientific Implications*. Whitcomb e Morris não estavam interessados nas origens das espécies, como eles mesmos explicavam: "O registro geológico pode fornecer informação muito valiosa a respeito da história da Terra subsequente à Criação concluída... mas não consegue fornecer informações quanto aos processos ou sequências empregados por Deus na Criação, pois Deus disse claramente que esses processos não operam mais" (pág. 224). O livro apresentava a geologia clássica do Dilúvio sob uma nova luz e foi promovido por novas organizações criacionistas, como a Creation Research Society, fundada em 1963. Essas organizações ajudaram a forçar a aceitação da legislação criacionista. Por exemplo, em 1963, a câmara do estado do Tennessee aprovou por 60 votos a 16 uma lei segundo a qual todos os livros didáticos deviam fazer constar uma advertência de que qualquer ideia sobre "a origem e criação do homem e seu mundo... não está descrevendo um fato científico" (*in* Bennetta, 1986, pág. 21). A *Bíblia*, designada como um livro de referência e não como um livro didático, ficava eximida dessa advertência.

A lei foi alvo de apelação por parte da National Association of Biology Teachers, com argumentos baseados na Primeira Emenda. Mais ou menos à mesma época, Susan Epperson, uma professora de biologia do colegial em Little Rock, Arkansas, entrou com processo contra o estado, alegando que a lei antievolução aprovada em 1929 violava o seu direito de livre expressão. Ela venceu, mas o caso foi rejeitado pela Suprema Corte de Arkansas em 1967 e levado depois à Suprema Corte. Em 1967, o Tennessee revogou a sua lei antievolução e em 1968 a Suprema Corte deu razão a Susan Epperson. A Corte encarou a lei de Arkansas de 1929 como "uma tentativa de encobrir uma teoria particular devido ao seu suposto conflito com um relato bíblico" (*in* Cowen, 1986, pág. 9) e interpretou-a como uma tentativa de estabelecer posição religiosa numa sala de aula pública. Com base na Cláusula do Estabelecimento da Primeira Emenda, a lei de Arkansas foi revogada e a Corte passou a considerar inconstitucionais todas as leis antievolução como essa. Essa série de contingências legais levou os criacionistas à adoção de uma terceira linha de ação.

Tempo igual para a ciência da criação e a ciência da evolução

Se não era possível excluir a evolução da sala de aula e se o ensino de princípios religiosos era inconstitucional, os criacionistas precisavam de uma nova estratégia para ganhar acesso às salas de aula das escolas públicas. É quando entra em cena a "ciência da criação". Em 1972, Henry Morris organizou o Creation-Science Research Center como um braço do Christian Heritage College, sediado em San Diego. Morris e seus colegas concentraram-se na produção e distribuição dos livretes *Science and Creation*, destinados às séries de 1 a 8, que conseguiram introduzir em 28 estados em 1973 e 1974, junto com outros panfletos, como *Handy Dandy Evolution Refuter* (1977), de Robert Kofahl, e *The Creation Explanation: A Scientific Alternative to Evolution* (1975), de Kelly Segraves.

O argumento era que, se a honestidade acadêmica pedia um tratamento equitativo de ideias rivais, a ciência da criação deveria ser ensinada lado a lado com a ciência da evolução. Os defensores fizeram uma clara distinção entre o criacionismo bíblico, com sua ostensiva base religiosa fundamentalista, e o criacionismo científico, que enfatizava a evidência científica não religiosa contra a evolução e em favor da criação. Por todo o final da década de 1970 e início da de 1980, o Creation-Science Research Center, o Institute for Creation Research, a Biblie Science Association e outras organizações similares pressionaram os conselhos estaduais de educação e os editores de livros didáticos a incluírem a ciência da criação junto com a ciência da evolução. O seu objetivo era declarado: "levar o ensino científico do criacionismo bíblico aos 63 milhões de crianças dos Estados Unidos" (*in* Overton, 1985, pág. 273).

No lado legal dessa terceira estratégia, foi promulgada em 1981 a Lei 590, exigindo "tratamento equitativo à ciência da criação e à ciência da evolução nas escolas públicas". O seu propósito era proteger a liberdade acadêmica dando escolha ao estudante; assegurar a liberdade do exercício religioso; garantir a liberdade de expressão; ... [e] evitar a discriminação com base na crença criacionista ou evolucionista" (*in* Overton, 1985, pág. 260). Segundo o *California Science Teacher's Journal*, "o Estatuto foi introduzido por um senador que não havia escrito uma palavra sequer dele e não sabia quem o redigira. Foi debatido por quinze minutos na câmara, depois não foi debatido pelos deputados e o governador assinou sem ler" (*in* Cowen, 1986, pág. 9). Não obstante, virou lei e um ano depois o estado de Louisiana aprovou lei similar.

A constitucionalidade da Lei 590 foi questionada em 27 de maio de 1981 com a abertura de um processo pelo reverendo Bill McLean e outros. O caso foi para julgamento em Little Rock, em 7 de dezembro de 1981, como o caso *McLean versus Arkansas*. As partes em litígio eram, de um lado, a ciência estabelecida, a religião culta e os professores liberais (apoiados pela ACLU) e, do outro, o Conselho de Educação de Arkansas e vários criacionistas. O juiz federal William R. Overton, de Arkansas, dispôs contra o estado com base nos seguintes pontos: primeiro, a ciência da criação comunica "uma inescapável religiosidade" e é portanto inconstitucional. "Todos os teólogos que testemunharam", explicou Overton, "incluindo as testemunhas de defesa, expressaram a opinião de que a afirmação se referia a uma criação sobrenatural que era desempenhada por Deus". Segundo, os criacionistas empregaram um "dualismo forçado" que "pressupõe apenas duas explicações para a origem da vida e a existência do homem, plantas e animais: ou foi obra de um criador ou não foi". Apoiados nesse paradigma do tipo ou isso ou aquilo, os criacionistas afirmam que qualquer evidência "que não dê suporte à teoria da evolução é necessariamente uma evidência científica que dá apoio ao criacionismo". Mas, como Overton esclareceu, "embora o assunto da origem da vida esteja na alçada da biologia, a comunidade científica não considera a origem da vida uma parte da teoria da evolução". Além disso, observou ele, "a evolução não pressupõe a ausência de um criador ou Deus e a inferência manifesta expressa na Seção 4 [da Lei 590] é errônea". Finalmente, Overton resumiu os argumentos de testemunhas especializadas (entre elas, Gould, Ayala e Michael Ruse) de que a ciência da criação não é ciência, nos moldes em que o empreendimento científico costuma ser definido: "ciência é o que é 'aceito pela comunidade científica' e é 'o que os cientistas fazem'". Overton, em seguida, listou as "características essenciais" da ciência conforme esquematizadas pelas testemunhas especializadas: "1) É guiada pela lei natural; 2) Tem que ser explicativa por referência à lei natural; 3) É testável no mundo empírico; 4) As suas conclusões são experimentais...; e 5) É refutável". Overton concluiu: "A ciência da criação... não se enquadra nessas características essenciais". Além do mais, Overton notou: "O conhecimento não requer aval da legislação para se tornar ciência" (1985, págs. 280-283).

Para a Suprema Corte

Apesar dessa decisão, os criacionistas continuaram o seu *lobby* por leis que concedessem tempo igual e obrigassem a revisar os livros didáticos. Mas essa estratégia de cima para baixo de lutar para aprovar leis e pressionar editores de livros foi emperrada pelo desfecho do caso contra a lei da Louisiana. Em 1985, a lei da Louisiana foi derrubada por julgamento sumário (ou seja, sem processo judicial) na Corte Federal da Louisiana quando o juiz distrital Adrian Duplantier determinou, em conformidade com Overton, que a ciência da criação era na realidade um dogma religioso. A decisão do juiz Duplantier ignorou as características relativas à ciência, centrando-se em vez disso no argumento religioso – que o ensino da ciência da criação requeria ensinar a existência de um criador divino, o que viola a Cláusula do Estabelecimento. Apesar de terem sido apresentadas mais de mil páginas sobre as características da ciência, o juiz Duplantier declinou "o convite para julgar tal debate" (*in* Thomas, 1986, pág. 50). A decisão foi levada à Corte de Apelação para a Quinta Alçada, na qual o valor do debate foi arguido. Esse tribunal, inicialmente com um painel de três juízes e depois *en banc* com todos os quinze juízes votando, concordou com a decisão da corte distrital de que o estatuto era inconstitucional.

Mas, quando uma corte federal sustenta que um estatuto estadual é inconstitucional, por "jurisdição compulsória" a Suprema Corte deve examinar o caso. E, como o resultado foi de apenas 8 votos contra 7, a Louisiana apresentou uma "declaração jurisdicional", criando assim uma questão federal substancial. Pelo menos quatro dos nove juízes da Corte Suprema concordaram que se tratava de uma questão substancial e, com base na "regra dos quatro", aceitaram examinar o caso. Os argumentos orais iniciais no caso *Edwards versus Aguillard* foram apresentados em 10 de dezembro de 1986, com Wendell Bird representando os apelantes e Jay Topkis e a ACLU os acusados. BIRD, de início, argumentou que, pelo fato de ter havido alguma confusão a respeito do que o estatuto da Louisiana significava, "um julgamento, com desenvolvimento factual, precisou ocorrer para permitir que testemunhas especializadas de ambos os lados dessem definições" (*Official Transcript Proceedings* 1986 [daqui por diante, *OTP*], pág. 8). Após longa discussão sobre a "real" intenção do estatuto da Louisiana, Bird enfatizou a "preocupação com a liberdade acadêmica" – os "direitos" dos estudantes a um tratamento equitativo da evolução e da criação (pág. 14).

Usando uma abordagem minimalista e destacando o foco da decisão de Duplantier, Topkis argumentou que a ciência da criação era mera religião posando de ciência e que portanto era inconstitucional. Nesse sentido, porém, o argumento foi falho, pois, se a ciência fosse válida, ela deveria ter lugar no currículo das aulas de ciências da escola pública, não importa qual fosse a sua relação com a religião. As analogias históricas dos juízes contrapuseram-se brilhantemente aos argumentos de Topkis. Por exemplo, o juiz chefe William Rehnquist demonstrou a Topkis ser possível acreditar que Deus criou a vida sem que haja nisso uma intenção religiosa (*OTP*, págs. 35-36).

> ***Rehnquist:*** Minha próxima pergunta é se você considera o aristotelismo uma religião.
> ***Topkis:*** É claro que não.
> ***Rehnquist:*** Bem, então, você poderia acreditar numa causa primeira, um motor não movido, que seria impessoal e em relação ao qual não haveria obrigação de obediência ou veneração por parte dos homens, e que na realidade não se importaria com o que estivesse acontecendo à humanidade.
> ***Topkis:*** Certo.
> ***Rehnquist:*** E acredita na criação.
> ***Topkis:*** Não quando a criação significa criação por um criador divino.
> ***Rehnquist:*** E eu replico: isso depende do que você entende por divino. Se tudo o que você entende por causa primeira, por um motor impessoal...
> ***Topkis:*** Divino, Excelência, tem conotações adicionais, faço a objeção, com todo o respeito.
> ***Rehnquist:*** Mas o estatuto não diz "divino".
> ***Topkis:*** Não.
> ***Rehnquist:*** Ele fala apenas em "criação".

Mais adiante na discussão, o juiz Antonin Scalia ficou "preocupado com o fato de a simples intenção poder invalidar uma ação do estado, sendo que tal ação do estado poderia ter uma intenção secular perfeitamente válida", e defendeu isso com um argumento histórico ainda mais esclarecedor sobre a irrelevância da intenção:

> *Vamos supor que um professor de história antiga do ciclo colegial de uma escola pública esteja ensinando que o Império Romano não se expandiu até a margem sul do Mediterrâneo no primeiro século da nossa era. E vamos supor que um grupo de protestantes está preocupado com esse fato, já que poderia levar a crer que a história bíblica da crucificação está de algum modo equivocada – e a preocupação é realmente apenas essa –, ou seja, não importa que esse professor também esteja ensinando outras coisas incorretas. O fato, por exemplo, de dizer que os partos vieram do Egito. Eles não se incomodam com isso. O que eles querem é confirmar o fato de que os romanos estavam em Jerusalém no primeiro século d.C. Então eles vão ao diretor da escola e dizem que esse professor de história está ensinando coisas falsas. Quero dizer, todo mundo sabe que os romanos estavam lá. E o diretor diz: é mesmo, vocês têm razão. Então ele intercede e sugere ao professor ensinar que os romanos estavam na margem sul do Mediterrâneo no primeiro século d.C. Faz isso claramente por uma motivação religiosa. A única razão pela qual as pessoas se preocuparam com isso, e não com o exemplo dos partos, é porque contradiz a sua visão religiosa. Então, pergunto, seria inconstitucional que o diretor lhes desse*

ouvido e, com base nessa motivação religiosa, fizesse a mudança no conteúdo do colegial? (Págs. 40-41.)

O juiz Lewis Powell prosseguiu com mais um exemplo histórico, sobre uma escola hipotética que apresentasse "apenas a visão protestante da Reforma em suas aulas de história medieval", com os católicos pedindo tempo igual, por motivos religiosos. As exigências dos católicos seriam historicamente justificadas, então Powell perguntou se as suas exigências "colocariam algum problema". Topkis respondeu: "Desde que o objetivo das autoridades escolares ao assumir essa posição fosse histórico e não religioso, eu não teria o que objetar" (págs. 47-48).

Depois que Powell se juntou a Rehnquist e Scalia, questionando se os motivos religiosos dos apelantes eram suficientes para colocar em xeque a legitimidade de suas afirmações em defesa da ciência da criação, a estratégia minimalista de Topkis de estabelecer uma intenção religiosa parecia prestes a dar errado, abrindo uma real possibilidade de que o estatuto de Louisiana fosse mantido.

A ciência defendida

Uma das testemunhas de apelação no julgamento, Stephen Jay Gould, numa carta a Jack Novik da ACLU datada de 15 de dezembro de 1986, observou que Topkis foi "encurralado, absolutamente encurralado, tanto por Scalia como por Rehnquist (os dois últimos homens do país que eu me imaginaria elogiando algum dia, mas eles foram excelentes nisso)". Gould prosseguiu: "Eu entrei com a convicção de que tínhamos quatro votos garantidos (Brennan, Marshall, Blackmun e Stevens), que eles tinham dois (Rehnquist e Scalia) e que nós provavelmente teríamos nosso quinto voto-chave em Powell, e provavelmente um sexto e talvez até um sétimo em O'Connor e White. Já não tenho mais tanta certeza se sei de onde virá o quinto voto. Será que estou sendo indevidamente pessimista?" Na época, talvez não. Afinal, Topkis e a ACLU estavam usando justamente a estratégia favorita dos criacionistas quando debatem com os evolucionistas: prosseguir na ofensiva e não dizer nada a respeito da própria posição, para não precisar se defender. Gould expressou a sua extrema frustração quando escreveu para Novik: "Eu já teria ficado triste bastante se tivéssemos apenas argumentado mal. Mas fico especialmente abatido porque acho que argumentamos também de uma maneira indecente. Fizemos exatamente a mesma coisa que sempre acusamos os criacionistas de promover – argumentar por insinuações e não por conteúdo. Nunca imaginei que isso pudesse acontecer. Não fomos honrados. Sinto-me como o garotinho que puxou a manga de Shoeless Joe Jackson – 'diga que não é verdade, Jack'[1]. Será que estou errado?"

1 Shoeless Joe Jackson foi um grande jogador de beisebol americano na década de 1910/1920. Fez parte de um célebre escândalo, quando a sua equipe foi acusada de ter recebido dinheiro para entregar o jogo numa decisão da liga. Segundo a lenda, quando um garotinho torcedor, à saída do julgamento, lhe pediu

Se o quinto voto-chave não pudesse ser obtido, a apelação da Louisiana seria bem-sucedida, tirando o efeito da decisão do juiz Overton no julgamento de Arkansas e abrindo um precedente para que outros estados aprovassem as suas leis de tempo equitativo.

Como o argumento que atacava as motivações religiosas dos criacionistas não foi validado no entender da Corte, era necessário um novo curso de ação. Negar o conteúdo científico da ciência da criação pareceu ser a única esperança para os acusados. O que se fazia necessário era uma definição de ciência clara e sucinta, de modo que a Corte pudesse ver que o conteúdo científico da ciência da criação não atendia aos critérios que legitimariam a sua reivindicação de postura "científica".

Apesar de séculos de ponderação por parte de cientistas e filósofos da ciência, nenhuma definição concisa de ciência jamais foi aceita pela comunidade de cientistas e estudiosos. Essa situação mudou temporariamente com a declaração conjunta do *amicus curiae* apresentada em 18 de agosto de 1986 à Suprema Corte. Por meio dela, os *amici* conseguiram uma definição e uma concordância em relação à natureza e ao escopo da ciência. A declaração foi incentivada por Murray Gell-Mann, Paul MacCready e outros membros da Southern California Skeptics Society depois de terem lido no *Los Angeles Times* que a Suprema Corte concordara em examinar o caso da Louisiana. Preocupados, eles entraram em contato com o advogado Jeffrey Lehman, que havia recentemente trabalhado para o juiz John Paul Stevens. Lehman contou-lhes que "um documento do tipo *amicus* é o instrumento adequado para que observadores externos independentes apresentem o seu ponto de vista à Suprema Corte" (Lehman, 1989).

A ideia nasceu em março de 1986. O documento teria de ser apresentado no prazo de cinco meses. O tempo era curto. Lehman procurou a ajuda de Beth Kaufman, uma colega com experiência na Cláusula do Estabelecimento. William Bennetta, um historiador do movimento criacionista, voou para Washington, D.C., para instruir Lehman e Kaufman. Gell-Mann enviou cartas às academias estaduais de ciência e a vencedores do Nobel em ciência e medicina, nas quais resumia os objetivos do documento – mostrar que a linguagem do estatuto "expõe e propaga concepções equivocadas a respeito dos processos e do vocabulário da ciência", que a obrigatoriedade do estatuto promoveria "confusão entre ciência e religião" e que tal obrigatoriedade subverteria e distorceria "os esforços feitos para ensinar conclusões já bem estabelecidas sobre a evolução cósmica, planetária e orgânica". Como resultado, observou Gell-Mann, o estatuto "pode ser explicado apenas como uma tentativa de falsear a ciência em favor de promover a religião fundamentalista" (carta aos laureados com o Nobel, 25 de junho de 1986).

A comunidade científica reagiu de maneira intensa e positiva. Por exemplo,

---

para negar as acusações que lhe eram imputadas, ele nada respondeu. (N. do T.)

a Academia de Ciências de Iowa aderiu aos *amici* e enviou a Gell-Mann uma cópia da sua declaração posicionando-se a respeito do "criacionismo como explicação científica de fenômenos naturais". O prêmio Nobel Leon N. Cooper aceitou o convite e enviou a Gell-Mann uma cópia da palestra que havia feito sobre a ciência da criação. O presidente do Instituto de Medicina, Samuel O. Thier, ofereceu a Gell-Mann os melhores votos, mas não aderiu, pelo simples fato de que o instituto já estava apresentando o seu próprio *amicus*.

No final, como a argumentação oral havia ido tão mal, os documentos desses cientistas foram significativamente mais importantes do que se poderia prever. Numa carta enviada no mesmo dia da outra que mandou para Novik, Gould expressava o seu desapontamento e a sua preocupação a Gell-Mann (e revelava o nível do seu comprometimento emocional com a defesa da ciência contra os criacionistas): "Meu Deus, nunca imaginei que esses Bozos pudessem se sair melhor do que o nosso lado numa argumentação de alto nível no que ela realmente tinha de importante. Mas há outro aspecto disso tudo. A nossa argumentação oral foi tão ruim, que a nossa única esperança reside agora nos documentos. Isso torna tudo o que você fez no sentido de assegurar os depoimentos dos prêmios Nobel ainda mais importante, na verdade talvez crucial. E por isso estou escrevendo, em nome de todo o grupo de biólogos evolucionistas, para agradecer-lhe por ter dedicado tanto tempo a um serviço tão importante como esse na defesa comum". Gell-Mann relembrou que "estávamos muito desconcertados com a apresentação oral. O problema não era que os criacionistas fossem religiosos. Muitos cientistas são religiosos. O problema é que eles estavam apresentando como ciência algo que era na verdade uma besteira completa. Era como se a Sociedade da Terra Plana estivesse insistindo para que a sua teoria fosse ensinada nas escolas públicas" (1990).

A ciência definida

O documento do *amicus curiae* foi escrito basicamente por Jeffrey Lehman, com contribuições de Kaufman, Gell-Mann, Bennetta e outros. Lehman disse que "a dificuldade de redigir esse documento a partir do ponto de vista de um advogado era esclarecer o que torna a ciência diferente da religião e por que o criacionismo não é científico. Quando conversei com os cientistas eles não tinham clareza nenhuma ao tentar definir resumidamente o que faziam" (1989). O documento é conciso (27 páginas), bem fundamentado (32 extensas notas de rodapé) e argumenta que a ciência da criação, por um lado, é apenas um novo rótulo para velhas doutrinas religiosas de décadas passadas e, por outro lado, não atende aos critérios de "ciência" como definidos no documento pelos *amici*.

O primeiro argumento é uma declaração direta: "O termo 'ciência da criação' incorpora na lei o dogma religioso e não a esterilizada construção "surgimento abrupto" alegada pelos apelantes em seu processo" (Documento *Amicus curiae*, 1986 [daqui em diante *AC*], pág. 5). Ao darem nova roupagem à sua posição, os criacionistas retiraram Deus de seus argumentos e "esterilizaram" o ato da criação enunciando-o como "origem por meio de surgimento abrupto em forma complexa da vida biológica, da própria vida e do universo físico" (pág. 6). Daufman explicou: "Nós defendemos que a construção 'surgimento abrupto' não é uma alternativa suficientemente bem definida à ortodoxa 'ciência da criação'. Ela não consegue definir uma alternativa concreta à evolução; assim sendo, é implausível que os legisladores da Louisiana pretendessem que a Lei a incorporasse... Portanto, a construção esterilizada 'surgimento abrupto' só pode ser entendida como explanação *post hoc*, erigida com o propósito de defender essa lei inconstitucional" (1986, pág. 5). Uma revisão da literatura criacionista revela que os criacionistas simplesmente substituíram palavras, não crenças. Por exemplo, os membros da Creation Research Society têm que endossar a seguinte "declaração de crença" (*in AC*, pág. 10):

> *1) A Bíblia é a Palavra escrita de Deus... todas as suas asserções são histórica e cientificamente verdadeiras em todos os originais autógrafos... Isso significa que o relato das origens no Gênesis é uma apresentação factual de simples verdades históricas. 2) Todos os tipos básicos de seres vivos, incluindo o homem, foram feitos por atos criativos diretos de Deus na Semana da Criação, como descrito no Gênesis. Sejam quais forem as mudanças ocorridas desde a Criação, elas conseguiram apenas modificações nas espécies originais criadas. 3) O grande Dilúvio descrito no Gênesis, comumente chamado de Dilúvio de Noé, foi um evento histórico que abrangeu o mundo todo em sua extensão e efeito. 4) Finalmente, somos uma organização de homens de ciência cristãos que aceitam Jesus Cristo como o nosso Senhor e Salvador. O relato da criação especial de Adão e Eva como um homem e uma mulher, e sua consequente Queda no pecado, é a base da nossa crença na necessidade de um Salvador para toda a humanidade. Portanto, a salvação só pode vir aceitando Jesus Cristo como o nosso Salvador.*

Declarações similares feitas pelo Institute for Creation Research e outros criacionistas deixam claro que eles preferem a autoridade da *Bíblia* a qualquer evidência empírica que possa contradizê-la. Essa falta de interesse em dados empíricos é destacada no documento, para demonstrar que a ciência da criação não é "científica", como os *amici* insistiriam na segunda parte, em que uma definição de ciência teria de ser estabelecida com a concordância de todos. Essa segunda parte começa com uma definição bem geral: "A ciência se dedica a formular e testar explicações naturalistas para fenômenos naturais. É um processo de coleta e registro sistemático de dados sobre o mundo físico, seguido pela categorização e estudo dos dados coletados num esforço para inferir os princípios da natureza que melhor explicam os fenômenos observados". A seguir, discute-se o método científico, começando por uma coleção de "fatos", os dados do mundo. "Os grãos para o moinho da investigação científica são um corpo cada vez maior de observações, que nos informam a respeito de 'fatos' subjacentes. Fatos são as propriedades dos fenômenos naturais. O método científico envolve o teste rigoroso e metódico dos princípios que podem constituir uma explicação naturalista desses fatos" (pág. 23).

Com base em fatos bem estabelecidos, formulam-se hipóteses testáveis. O processo de teste "leva os cientistas a conferirem uma dignidade especial àquelas hipóteses que acumulam uma substancial sustentação observacional e experimental". Essa "dignidade especial" é chamada de "teoria". Quando uma teoria "explica um corpo de fatos grande e diversificado", é considerada "sólida"; se ela "consistentemente prediz novos fenômenos que são depois observados", então é considerada "confiável". Fatos e teorias não devem ser intercambiados. Fatos são os dados do mundo; teorias são as ideias que explicam tais fatos. "Um princípio explicativo não deve ser confundido com os dados que ele procura explicar." Construtos e outras declarações não testáveis não são parte da ciência. "Um princípio explicativo que por sua natureza não possa ser testado fica fora do âmbito da ciência." Assim, a ciência procura apenas explicações naturalistas para os fenômenos. "A ciência não está equipada para avaliar explicações sobrenaturais para as nossas observações; sem passar julgamento sobre a veracidade ou falsidade de explicações sobrenaturais, a ciência deixa a sua consideração para o domínio da fé religiosa" (págs. 23-24).

Segue-se da natureza do método científico que nenhum princípio explicativo na ciência é final. "Mesmo a teoria mais sólida e confiável... é experimental. Uma teoria científica está para sempre sujeita a reexame e – como no caso da astronomia ptolemaica – pode em última instância ser rejeitada após séculos de viabilidade." A *certeza* dos criacionistas contrasta fortemente com a *incerteza* que os cientistas veem como parte regular e natural do seu trabalho. "Num mundo ideal, todo curso de ciência deveria incluir lembretes reiterados de que qualquer teoria apresentada para explicar as nossas observações do universo deve carregar a seguinte qualificação: 'segundo o conhecimento que temos agora, a partir do exame da evidência disponível para nós hoje'" (pág. 24). Mas, como ressaltou Gell-Mann, os criacionistas têm uma obsessão "pela infalibilidade da *Bíblia*. Não importa qual seja a evidência, eles continuarão a acreditar em suas doutrinas até o fim". Assim, observou Gell-Mann, os criacionistas "não estão fazendo ciência. Eles apenas inserem esta palavra".

> *Isso me lembra uma cena do Monty Python em que um rapaz vai até uma* petshop *para obter uma licença para o seu peixe. Eles informam que não expedem licenças para peixes. Ele retruca que tem uma licença para gato, então por que não poderia obter uma licença para peixe? Mas eles dizem que tampouco expedem licenças para gatos. Então ele mostra ao dono da* petshop *a sua licença para gato. "Isso não é uma licença para gato", responde o dono. "É uma licença para cachorro. Você simplesmente apagou a palavra 'cachorro' e escreveu por cima 'gato'." Isso resume o que os criacionistas estão fazendo. Eles simplesmente apagaram a palavra "religião" e escreveram "ciência" no lugar dela. (1990)*

Segundo os *amici*, qualquer corpo de conhecimento acumulado segundo as diretrizes que eles descreviam seria considerado "científico" e adequado para a educação das escolas públicas; e qualquer corpo de conhecimento não acumulado segundo essas diretrizes não seria considerado científico. "Como o escopo da investigação científica é conscientemente limitado à busca de princípios naturalistas, a ciência permanece livre do dogma religioso e é portanto um assunto adequado para a instrução nas escolas públicas" (*AC*, pág. 23). De acordo com essa linha de raciocínio, ao apontar a teoria evolucionária como "especulativa e sem base" comparada com outros "fatos científicos comprovados", a lei da Louisiana não é consistente. Ao contrário, mesmo que a teoria da evolução seja considerada, por praticamente todos os biólogos, sólida e confiável como qualquer outra na ciência, tem atraído a atenção dos criacionistas porque eles a percebem como diretamente oposta às suas crenças religiosas estáticas e inflexíveis. Os *amici* então concluem: "A Lei, como quer que seja interpretada, está estruturada para 'transmitir uma mensagem de que a religião ou uma determinada crença religiosa é favorecida ou preferida'" e é portanto inconstitucional (pág. 26).

Os criacionistas respondem

Dizendo que a comunidade científica estava "apavorada" e que o documento era "o último grito de vitória em favor da predominância que o ensino do evolucionismo havia tido em nossas escolas públicas", o Creation Research Legal Defense Fund imediatamente empreendeu uma coleta em apoio à sua posição contra o *amicus*. Observando que o documento havia desferido um "significativo golpe", uma carta para levantar fundos pedia aos criacionistas que por favor "rezassem para que fossem mandadas as melhores doações possíveis". Ela dizia aos leitores que aquela era uma "batalha de Davi contra Golias" e lembrava-os de que no confronto original "Golias morreu e Davi tornou-se rei de Israel". Por fim, a carta ressaltava a "orientação ateísta" dos vencedores do Nobel e declarava que os nobelistas "percebem que este é o caso de tribunal mais importante que já enfrentaram – mais importante ainda do que o Julgamento de Scopes original", porque a sua própria "religião de humanismo secular" estava em jogo.

Depois de chamar a coletiva de imprensa de "propaganda da mídia" e o documento de "uma inteligente manobra da parte do *establishment* evolucionista", Henry Morris foi não menos cáustico numa edição de *Acts and Facts*, uma publicação do Institute for Creation Research. "Para ver esse prestigioso 'documento' sob uma perspectiva adequada... deve ser lembrado que os cientistas agraciados com o Nobel provavelmente não estão mais bem informados sobre a questão da criação/evolução do que qualquer outro grupo de pessoas", desafiou Morris, deixando-nos a imaginar que outro grupo de pessoas Morris tinha em mente ao compará-lo com 72 laureados com o prêmio Nobel. Morris admitia que o documento teria "sem dúvida muita influência", mas esperava "que pessoas de mente mais imparcial vissem além dele". Ao argumentar sobre a base científica do criacionismo, Morris declarou que não só "existem milhares de cientistas perfeitamente qualificados hoje que são criacionistas", mas que os "pais fundadores da ciência", como "Newton, Kepler, Pascal e outros", eram também criacionistas e tinham "pelo menos tanto conhecimento de ciência quanto esses modernos vencedores do Nobel" (*in* Kaufman, 1986, págs. 5-6).

Finalmente, o comprometimento emocional com a própria posição por parte dos criacionistas, que se equiparava ao dos evolucionistas, ficou evidente em algumas cartas pessoais que criacionistas comuns enviaram a alguns dos vencedores do Nobel. Uma carta enviada a Gell-Mann dizia: "O sangue de Jesus Cristo nos limpa de todo pecado. Aquele que não for encontrado registrado no livro da vida será atirado ao lago de fogo. A retribuição pelo pecado é a morte, mas o presente de Deus é a vida eterna por meio de Jesus Cristo nosso Senhor. Peça ao Senhor Jesus para salvá-lo agora! A segunda lei da termodinâmica prova que a evolução é impossível. Por que você tem tanto medo da verdade da ciência da criação?"

Os juízes da Suprema Corte respondem

O caso da Corte de Apelação para a Quinta Alçada nº 85-1513 foi arguido diante da Suprema Corte em 10 de dezembro de 1986 e decidido em 19 de junho de 1987. A Suprema Corte manifestou-se por sete votos contra dois em favor dos acusados. A Corte decidiu que "a Lei é facialmente inválida por violar a Cláusula de Estabelecimento da Primeira Emenda, pois carece de um propósito claramente secular" e que "a Lei impermissivelmente endossa a religião ao fomentar a crença religiosa de que um ser sobrenatural criou a humanidade" (*Syllabus*, 1987, pág. 1). Será que o documento dos cientistas foi decisivo para conquistar votos? É difícil dizer. O quinto voto-chave que o documento provavelmente conquistou foi o do juiz Byron White, cuja opinião convergente, curta, de duas páginas, tem um paralelo estreito com a seção D, página 21, do documento. Lehman observou que "gente bem informada me contou que segundo alguns 'fofoqueiros' no tribunal o documento teve peso na decisão dos juízes" (1989).

O juiz William Brennan pronunciou a opinião do Tribunal, seguido pelos juízes Thurgood Marshall, Harry Blakmun, Powell, Stevens e Sandra Day O'Connor. White apresentou uma opinião separada, mas convergente, assim como Powell e O'Connor, que quiseram "enfatizar que nada na opinião da Corte diminuía o tradicional amplo arbítrio atribuído ao estado e às autoridades educacionais locais na definição do currículo da escola pública" (*Syllabus*, 1987, pág. 25). Scalia e Rehnquist apresentaram uma opinião divergente, na qual argumentaram (como na argumentação oral de 10 de dezembro) que, "desde que havia um propósito genuinamente secular", a intenção fundamentalista cristã "não seria suficiente para invalidar a Lei". Lembrando a questão da liberdade acadêmica como argumentado no julgamento de Scopes, Scalia e Rehnquist observaram que "o povo da Louisiana, incluindo aqueles que são fundamentalistas cristãos, está inteiramente no direito, como matéria secular, de apresentar seja qual for a evidência científica que possa existir contra a evolução em suas escolas, assim como foi concedido ao sr. Scopes o direito de apresentar evidência científica, qualquer que fosse, que houvesse em apoio a ela" (pág. 25).

A integridade "secular" dos criacionistas torna-se questionável, no entanto, sob o peso das declarações seguintes, progressivamente mais ousadas, que, segundo a argumentação dos cientistas, seriam totalmente falaciosas: "O corpo de evidências científicas que sustenta a ciência da criação é tão sólido quanto o que sustenta a evolução. Na verdade, pode ser *ainda mais sólido*"; "A evidência para a evolução é muito menos convincente do que fomos levados a acreditar. A evolução não é um 'fato' científico, já que não pode ser realmente observada em laboratório. Ao contrário, a evolução é meramente uma teoria ou conjetura científica". "É uma conjetura muito ruim em relação a isso. Os problemas científicos com a evolução são tão sérios que ela poderia com precisão ser chamada de um 'mito'" (*Syllabus*, 1987, pág. 14).

Ciência unificada

O julgamento da Louisiana em geral e o documento *amicus* em particular tiveram o efeito de estimular temporariamente a comunidade científica não só para *defender* a ciência como uma via de compreensão do mundo diferente da religião, mas para *definir* a ciência como um corpo de conhecimento acumulado por meio de um método particular – o método científico. Considerando o caso como "o maior impacto genuíno no exercício da minha profissão de advogado", Lehman observou que "essa questão mais do que qualquer outra coisa cristaliza o que significa ser um cientista" (1989).

O evento tem importância na história da ciência pelo fato de ter unificado um grupo diverso de indivíduos talvez mais bem caracterizados por sua extrema independência. O prêmio Nobel Arno Penzias disse que o consenso entre os laureados com esse prêmio sobre o caso do criacionismo foi incomum e que ele não podia imaginar outro assunto que pudesse receber tal apoio. Entre os outros vencedores do Nobel signatários do documento estavam indivíduos com os quais Penzias "com frequência tivera violentas discussões sobre outras questões" (Kaufman, 1986, pág. 6).

Ao que parece, há duas explicações possíveis para esse consenso. Primeiro, a própria comunidade científica sentia-se diretamente atacada de fora e, como os psicólogos sociais têm demonstrado, em tais situações praticamente *qualquer* grupo reage armando barricadas. Um psicólogo social poderia ver nisso um estudo muito esclarecedor e instrutivo do processo de "desindividualização", no qual os indivíduos temporariamente suprimem os conflitos no grupo para se defenderem daquilo que percebem como inimigo comum. Como o prêmio Nobel Val Fitch observou: "Quando o método e a educação científica são atacados, os laureados cerram fileiras e falam em uníssono" (Kaufman, 1986, pág. 6).

No entanto, cientistas já se haviam defrontado antes com "forças externas" e não haviam reagido de maneira tão coletiva e emocional. Um segundo fator que explica essa união no caso da Louisiana pode ser a percepção quase unânime por parte dos cientistas de que a posição criacionista não tinha validade. Como Fitch observou, a ofensiva do criacionismo da Louisiana foi repelida com uma força coletiva sem precedentes porque "ela desafia toda a razão científica". Gell-Mann concorda: "Está certo. Não é tanto que estivéssemos sendo atacados de fora, já que gente de fora pode fazer contribuições valiosas. É que aquilo que aquelas pessoas estavam dizendo era uma bobagem completa" (1990).

Esses dois componentes explicam por que a defesa e a definição de ciência foram uma ocorrência temporária – que durou enquanto durou o caso e foi deixada ali para ser lembrada caso circunstâncias similares surgissem de novo. Com certeza os filósofos da ciência não suspenderam a sua pesquisa sobre a natureza da ciência e do método científico com a publicação do documento. Esse acordo foi feito por questões políticas, não filosóficas. Na nossa sociedade democrática tais conflitos são solucionados (mesmo que seja apenas por um tempo) por meio de votação. No caso da Louisiana, houve a votação e a Corte seguiu o conselho dos defensores e definidores da ciência – os próprios cientistas.

PARTE 4

HISTÓRIA E PSEUDO-HISTÓRIA

Acreditamos que podemos construir um passado que seja verdadeiro, que seja preciso em termos de eventos passados reais, desde que o passado tenha deixado a sua marca no presente. A mensagem deste livro tem sido a de que, embora haja várias possibilidades diferentes, nem todos esses passados construídos – nem todas as possibilidades – são igualmente plausíveis. Em última instância, portanto, nós obtemos o passado que merecemos. Em cada geração, pensadores, escritores, estudiosos, charlatães e malucos (essas não são categorias necessariamente excludentes) tentam plasmar o passado em uma imagem que tanto eles quanto o público desejam ou acham reconfortante. Nós merecemos algo melhor do que isso e podemos fazer melhor do que urdir um passado a partir do tecido da fantasia e da ficção.

– *Kenneth L. Feder,* Frauds, Myths, and Mysteries: Science and Pseudoscience in Archaeology, *1986*

12

A participação no *Donahue*

História, censura e livre expressão

Em 14 de março de 1994, Phil Donahue tornou-se o primeiro apresentador de um programa de entrevistas a lidar com os negadores do Holocausto, um grupo que afirma que esse evento foi radicalmente diferente daquilo que acabamos aceitando que foi. Vários outros programas de entrevistas importantes haviam cogitado levar ao ar algo a respeito do assunto, mas por razões diversas acabaram não fazendo isso. Montel Williams havia gravado um programa em 30 de abril de 1992, mas esse foi retirado da maioria dos mercados porque, segundo os negadores, parecia bonzinho demais e o estudioso do Holocausto não contribuiu com nada melhor do que ataques *ad hominem*. Assisti ao programa, e os negadores tinham razão. Se tivesse sido uma briga, eles teriam parado no meio dela.

A produtora de *Donahue* nos prometeu que não haveria *skinheads* ou neonazistas no programa e que não permitiriam que o programa descambasse para a violência ou para uma mera gritaria. Os negadores – Bradley Smith, que coloca anúncios em jornais de faculdade, e David Cole, jovem judeu produtor de vídeos que basicamente se concentra em negar que as câmaras de gás e os crematórios foram usados para assassínios em massa – receberam a promessa de que teriam permissão de fazer as suas afirmações. A mim foi prometido que teria permissão de responder adequadamente às suas argumentações. Edith Glueck, que havia estado em Auschwitz, embora por umas poucas semanas, também participou do programa, e uma amiga sua muito próxima, Judith Berg, que esteve em Auschwitz por sete meses, foi colocada na plateia do estúdio. O que a produção do programa prometeu acabou sendo bem diferente daquilo que foi de fato levado ao ar.

Cinco minutos antes do programa, a produtora veio ao Salão Verde, em pânico: "Phil está muito preocupado com esse programa. Ele se sente perdido e está ansioso, achando que talvez não fique bom". Nas semanas que antecederam o programa, eu havia preparado uma lista de afirmações dos negadores e elaborado respostas curtas. Então garanti à produtora que estava pronto para responder a todas as afirmações dos negadores e lhe disse para não se preocupar.

Donahue abriu o programa com as seguintes palavras: "Como sabemos que o Holocausto realmente aconteceu? E que prova temos de que um único judeu sequer foi morto numa câmara de gás?" Conforme a produção passava cenas de arquivo de campos de concentração nazistas, Donahue prosseguiu:

> *Somente nos últimos seis meses, quinze jornais de faculdade do país colocaram anúncios pedindo um debate aberto do Holocausto. O anúncio afirma que o Museu Memorial do Holocausto em Washington, D.C., não tem prova de nenhum homicídio em câmaras de gás e nenhuma prova que um indivíduo sequer tenha sido morto por gás num programa alemão de genocídio. Os anúncios causaram furor por toda parte, desencadeando protestos de estudantes e boicotes dos jornais. O homem que colocou todos os anúncios, Bradley Smith, foi chamado de antissemita e de neonazista por ter contestado o Holocausto. Smith declara que quer simplesmente que a verdade seja contada – que os judeus nunca foram levados às câmaras de gás e que o número de 6 milhões de judeus mortos é um exagero irresponsável. E não está sozinho nessas crenças. Uma pesquisa recente feita pela organização Roper descobriu que 22% dos americanos acreditam ser possível que o Holocausto nunca tenha acontecido. Outros 12% dizem que não sabem. Assim, numa época em que mais de 5 mil visitantes por dia lotam o novo Museu do Holocausto e em que o filme* A Lista de Schindler *está levando os espectadores às lágrimas, deve ser levantada a questão: como é que alguém pode afirmar que o Holocausto foi uma fraude?*

Ficava claro desde o início que Donahue estava de fato perdido. Ele sabia pouca coisa sobre o Holocausto e menos ainda sobre o estilo de debate de seus negadores. Imediatamente tentou reduzir a discussão a acusações de antissemitismo.

> ***Donahue:*** Você não nega que o antissemitismo na Europa na década de 1930, especialmente na Alemanha, Polônia e adjacências, era visceral e que Hitler...
>
> ***Smith:*** Nós não estamos falando de nada disso. Ouça...
>
> ***Donahue:*** Por favor, não fique perturbado com as minhas perguntas.

Smith: Não estou perturbado. Mas é que a pergunta está fora do âmbito do assunto. Eu estou publicando um anúncio que diz que o museu...
Donahue: Já faz três minutos que o programa começou e você não gostou da minha pergunta.
Smith: A pergunta não tem nada a ver com o que estou fazendo.
Donahue: Você acredita que Hitler e o Terceiro Reich planejaram uma estratégia de eliminação de judeus chamada Solução Final? Acredita nisso?

Com essa pergunta, parecia que Phil estava querendo concentrar a atenção num dos principais pontos dos negadores – o argumento da equivalência moral, de que em épocas de guerra todas as pessoas são tratadas mal e que os nazistas não eram piores do que outros grandes envolvidos em combates, nessa e em outras guerras. Mas Smith lidou bem com Donahue nessa questão.

Smith: Não acredito nisso mais. Costumava acreditar. Mas não é disso que estou falando. Se você não entende a respeito do que eu estou falando, não vai conseguir me fazer a pergunta certa. É esse o problema. Nós temos um museu de 200 milhões de dólares em Washington, D.C. Ele fica nos Estados Unidos. Não na Europa. E o museu todo é dedicado à proposição de que judeus foram mortos em câmaras de gás. Eles não têm nenhuma prova no museu de que judeus foram mortos em câmaras de gás. Na realidade, eles têm muita certeza de que caras como você nunca vão lhes fazer essa pergunta...
Donahue: Caras como eu? [Risos na plateia.]

Esse tipo de conversa prosseguiu por mais quinze minutos, com Donahue voltando a toda hora para a questão do antissemitismo e Smith e Cole desesperadamente tentando expressar o seu ponto de vista de que o Holocausto é contestável e de que as câmaras de gás e os crematórios não foram usados para matar prisioneiros. David Cole mostrou alguns de seus trechos de filme sobre Auschwitz e Majdanek e começou a discutir vestígios de depósitos de Zyklon-B e outras questões técnicas. Imaginando que isso não interessaria a seu público, Donahue mudava o foco e tentava associar Cole ao notório neonazista Ernst Zündel.

Donahue: David, você é próximo de Ernst Zündel, conhece-o e já viajou com ele. Confirma isso?
Cole: Não, nunca viajei com Ernst Zündel.
Donahue: Você se encontrou com ele na Polônia?
Cole: Encontrei-me com ele na Polônia. Encontrei-me com ele duas vezes em toda a minha vida.
Donahue: Tudo bem, e o que vocês fizeram, tomaram uma cerveja? Quero dizer, qual foi o sentido dessa viagem? [Risos na plateia.] Você se encontrou com ele na Polônia. Ele é um neonazista. Você não nega isso?

Cole: Não, sinto muito, Phil. Não estamos aqui para falar de quem eu conheci na vida. Acabei de conhecer você. Isso significa que eu seja Marlo Thomas?[1] [Plateia ri alto.] Estamos falando de evidências físicas. Estamos falando de resíduos de Zyklon-B. De janelas numa câmara de gás...
Donahue: Você fez *bar-mitzvah*, David?
Cole: Sou ateu. Já informei isso à sua equipe de produção.

Esse bate-papo sem sentido prosseguiu ainda por vários minutos, até o intervalo comercial. A produtora, a assistente, a maquiadora e o técnico de microfone me acompanharam ao estúdio. Minha entrada teve a aparência e o impacto de um lutador de boxe profissional subindo ao ringue. A produtora pediu que eu me mantivesse distante das questões técnicas e me ativesse a analisar os métodos deles. Nos dias que antecederam o programa, ela havia me entrevistado longamente e eu lhe contara tudo o que ia dizer. Não deveria haver surpresas.

Comecei a minha apresentação sabendo que tinha apenas uns poucos minutos. Depois de resumir os métodos dos negadores, comecei a falar das suas afirmações específicas. Agora era a hora de o programa colocar na tela as fotos e desenhos de câmaras de gás e crematórios e as citações curtas sobre "eliminação" e "extermínio" de judeus que eu havia providenciado. Em vez disso, Donahue mostrou trechos de filmes sobre Dachau, que, apesar de pouca gente saber disso, *não* foi um campo de extermínio. Infelizmente, ninguém havia contado a Donahue onde o filme fora feito nem nada a respeito dele. Cole o encurralou na hora.

Cole: Gostaria de fazer uma pergunta ao doutor Shermer. Eles acabaram de mostrar a câmara de gás de Dachau nesse filme. Alguma vez essa câmara de gás matou alguém?
Shermer: Não. E, na verdade, o ponto importante aqui é que...
Donahue: Há uma placa em Dachau avisando os turistas a respeito do fato.
Cole: Que ele não foi usado para matar gente. Então, por que você mostrou esse trecho de filme?
Donahue: Não tenho muita certeza de que era Dachau.
Cole: Ah, sim, era Dachau. Mas agora espere aí. Você não tinha certeza se era Dachau? *Você* mostra um trecho de filme em *seu* show e não tem certeza se era Dachau ou não?

Intercedi tentando fazer a discussão voltar ao tema: "História é conhecimento e como todo conhecimento é algo que avança e muda. Nós continuamente aprimoramos a nossa certeza a respeito de afirmações... E é disso justamente que trata o revisionismo histórico". Enquanto isso, David Cole decidiu

1 *Atriz americana, a esposa de Phil Donahue. (N. do T.)*

ir embora do estúdio, irritado por não lhe terem permitido expor suas ideias. Donahue disse: "Deixe-o ir!"

Achei que havia me saído bem na análise das metodologias dos negadores e estava tranquilo esperando o segmento seguinte quando a produtora veio correndo para cima de mim. "Shermer, o que você está fazendo? *O que você está fazendo?* Você precisa ser mais agressivo. Meu chefe está furioso. Vamos lá!" Fiquei chocado. À primeira vista, ou Donahue imaginou que os negadores do Holocausto podiam ser refutados em questão de minutos ou então esperava que eu fosse simplesmente chamá-los de antissemitas, como ele havia feito, e que me daria por satisfeito com isso. Ficou óbvio de repente que Donahue não estava a par das informações que eu havia passado à produção. Enquanto eu ansiosamente tentava pensar em coisas novas para dizer, a plateia do estúdio e as pessoas que ligavam para o programa começaram a fazer perguntas, o que criou um caos no programa.

Uma das pessoas que ligaram queria saber por que Smith estava fazendo isso com os judeus. O diálogo que se seguiu demonstrou o problema de ter um apresentador e convidados que não estavam preparados para lidar com as afirmações específicas e as táticas dos negadores.

> ***Smith:*** Um dos problemas aqui é que temos a impressão de que, quando falamos a respeito desse assunto, os únicos envolvidos são os judeus, ninguém mais. Os alemães também estão envolvidos. Há algo indecente em mentir a respeito dos alemães e achar que isso está certo. Por exemplo, era mentira que os alemães cozinhavam judeus para fazer sabão com eles. Isso era uma mentira...
> ***Shermer:*** Não, não era uma mentira. Era um erro...
> ***Judith Berg*** [falando da fileira da frente]: Era verdade. Eles fizeram abajures e cozinharam sabão. Isso é verdade.
> ***Smith:*** Pergunte ao professor.
> ***Shermer:*** Com licença, os historiadores cometem erros. Todo mundo erra. Estamos sempre aprimorando o nosso conhecimento e algumas dessas coisas aparecem e depois não se revelam verdadeiras. Mas deixem-me dizer o que acho que está acontecendo aqui...
> ***Smith:*** Pergunte por que eles estão fazendo isso com esta mulher. Por que eles levaram esta mulher a acreditar que os alemães cozinhavam e tiravam a pele...
> ***Berg*** [levanta da cadeira, gritando]: Eu estive sete meses em Auschwitz. Eu morava perto do crematório, perto assim, a esta mesma distância que estou de você. Eu senti o cheiro... Você nunca comeria frango assado se tivesse estado lá. Porque eu senti o cheiro...
> ***Smith:*** Vamos esclarecer uma coisa. Ela está falando em sabão e abajures. E o professor aqui diz que vocês estão equivocados.
> ***Berg:*** Até os alemães admitiram isso. Eles admitiram que tinham abajures...
> ***Donahue*** [para Smith]: Vocês têm um mínimo de compaixão?... Não se preocupam com a dor que estão causando a esta mulher?

Smith: Sim, mas por que temos que ignorar os alemães que estão sendo acusados dessa história abominável?
Berg [com a voz embargada de emoção, apontando o dedo para Smith]: Eu estive sete meses lá. Se você é cego, tem mais gente que enxerga. Eu estive sete meses lá...
Smith: O que isso tem a ver com sabão? Não houve nem sabão, nem abajures. O professor está dizendo que vocês estão equivocados, e pronto.
Berg: Ele não estava lá. As pessoas que estavam lá me disseram para não usar aquilo [sabão], porque podia ser a sua mãe.
Smith: Um doutor em história, da Occidental College. Ele diz que vocês estão errados.

Como a senhora Berg havia me dito que vira nazistas queimando um grande número de corpos num campo aberto, comecei a explicar: "Eles queimavam os corpos em enterros em massa...", mas fui interrompido quando Donahue chamou o intervalo comercial.

Antes do programa, pedi tanto à senhora Berg como à senhora Glueck que não exagerassem ou enfeitassem nada, que contassem à plateia exatamente o que lembravam e só. A maioria dos sobreviventes sabe pouca coisa a respeito do Holocausto, além do que aconteceu com eles há meio século, e os negadores são mestres em desbancá-los quando eles erram datas ou, pior, quando afirmam ter visto alguém ou alguma coisa que não poderiam ter visto. Quando a senhora Berg transformou a sua experiência real de ter visto corpos humanos sendo queimados numa prova do sabão humano, ela proporcionou o cenário perfeito e Smith se aproveitou disso. Além de evitar a questão dos corpos sendo queimados e de minar a credibilidade do que a senhora Berg *de fato* havia visto, ele também deu um jeito de fazer parecer que eu e outros historiadores do Holocausto estávamos do seu lado. Donahue, tendo exaurido o seu conhecimento do Holocausto, voltou às questões da livre expressão e, uma vez mais, passou a fazer ataques pessoais ao antissemitismo e ao caráter e às credenciais de Smith. Em cada um dos segmentos seguintes do programa, a produtora ficou nos bastidores apontando para mim e pedindo com mímicas e movimentos de boca: "Diga alguma coisa! Diga alguma coisa!"

Por causa do caos que se instalava durante os comerciais e da *overdose* de estímulo no decorrer do programa, era difícil para mim imaginar como tudo aquilo estava sendo percebido pelos telespectadores. Achei que talvez fosse um desastre total e que os negadores tivessem me sobrepujado, que eu havia feito papel de bobo diante dos meus colegas e desvalorizado a profissão de historiador. Aparentemente, não foi esse o caso. Tenho recebido centenas de ligações e cartas de historiadores e do público em geral dizendo que os negadores pareciam bufões de coração duro e que eu fui o único que conseguiu manter a calma ao longo de toda a confusão do programa.

Também recebi cartas e ligações falando de outro aspecto. Uma estudiosa do Holocausto estava furiosa comigo por ter aceitado um convite de "debater" com os negadores (se é que podemos chamar de debate o que acontece num programa desse tipo). Se não fosse por mim, ela argumentou desacertadamente, não teria havido programa. Numa carta particular, ela me contou que estava "pasma" por eu "ter sido ingênuo a ponto de me deixar levar a favorecer o outro lado". A maneira como cada um reage a afirmações que considera repugnantes é um assunto pessoal. Mas devemos levar em conta as consequências de não responder. Por exemplo, quando converso com estudiosos do Holocausto, eles às vezes dizem algo como: "Cá entre nós, eu não dou muito valor ao testemunho de sobreviventes porque a memória deles é falha", ou: "Cá entre nós, os negadores identificaram algumas coisas que de fato precisam ser mais bem pesquisadas". No meu entender, tentar manter essas coisas confidencialmente acaba se voltando contra os historiadores. Os negadores já sabem dessas coisas e lhes estão dando publicidade. Será que queremos que o público pense que estamos acobertando "problemas" com o relato do Holocausto ou que de algum modo deixamos de ver essas coisas? Em toda palestra que já dei sobre a negação do Holocausto, quando declaro que a história de sabão humano é de modo geral um mito, as plateias ficam chocadas. Ninguém, exceto os historiadores do Holocausto e os negadores do Holocausto, parece saber que a produção em massa de sabão a partir de judeus é um mito (segundo Berenbaum [1994] e Hilberg [1994], nenhuma barra de sabonete jamais deu positivo para gordura humana). Queremos que sejam os Bradley Smiths e os David Coles do mundo as pessoas que vão explicar essas coisas ao público? Ao manter silêncio sobre questões tão importantes, a nossa inação pode voltar-se contra nós mais tarde.

É claro que os historiadores do Holocausto são relutantes em falar abertamente dessas questões importantes porque os negadores do Holocausto usam tais declarações de maneira grosseira contra o Holocausto. Vejamos o caso de Elizabeth Loftus. Em 1991, essa professora de psicologia da Universidade de Washington, especialista de renome mundial em memória, publicou a sua obra autobiográfica *Witness for the Defense*. Elizabeth é bem conhecida pela posição que assumiu contra o abuso das terapias de "resgate de memórias". Por meio da sua pesquisa, ela tem mostrado que a memória não é tão confiável quanto gostaríamos de acreditar.

> *Conforme novas informações esparsas se acrescentam às memórias de longo prazo, as memórias antigas são removidas, substituídas, destruídas ou encostadas num canto. As memórias não vão se apagando apenas... elas também crescem. O que se apaga é a percepção inicial, a experiência real dos eventos. Mas toda vez que relembramos um fato temos de reconstruir a memória, e a cada lembrança a memória pode ser alterada – colorida por eventos subsequentes, pelas lembranças ou sugestões de outras pessoas... Verdade e realidade, quando vistas pelo filtro de nossa memória, não são fatos objetivos, mas subjetivos, interpretações da realidade. (Loftus e Ketcham, 1991, pág. 20.)*

Em 1987, Loftus foi solicitada a testemunhar em defesa de John Demjanjuk, um nativo da Ucrânia que trabalhava na indústria automobilística de Cleveland e que foi julgado em Israel sob a acusação de ter ajudado a matar centenas de milhares de judeus em Treblinka, onde, diziam, ele tinha o apelido de "Ivã, o Terrível". O problema era provar que Demjanjuk era Ivã. Uma testemunha, Abraham Goldfarb, primeiro declarou que Ivã havia sido morto num levante de 1943, mas depois identificou Demjanjuk como Ivã. Outra testemunha, Eugen Turowski, que de início não reconhecera Demjanjuk, anunciou após o testemunho de Goldfarb que Demjanjuk era Ivã. Todas as cinco testemunhas que identificaram positivamente Demjanjuk viviam em Israel e haviam comparecido a uma celebração do levante de Treblinka realizada em Tel Aviv. Mas 23 outros sobreviventes de Treblinka não fizeram uma identificação positiva.

Loftus ficou num dilema: "'Se eu aceitar o caso', explicou, "depois de ter meditado a respeito disso centenas de vezes, 'vou voltar as costas para a minha herança judaica. Se não aceitar o caso, vou voltar as costas para tudo aquilo que foi o meu trabalho nos últimos quinze anos. Para ser fiel ao meu trabalho, tenho de julgar o caso como julguei todos os casos anteriores a este. Se há problemas com as identificações das testemunhas oculares, tenho de testemunhar. Essa é a coisa mais coerente a fazer'" (pág. 232). Elizabeth Loftus então pediu conselho a uma amiga judia bem próxima. A resposta foi clara: "'Beth, por favor. Não me diga que você aceitou. Diga-me que você não vai assumir esse caso'". Elizabeth explicou que havia a possibilidade de um erro de identificação com base em memórias antigas e falhas. "'Como você foi capaz de fazer isso?'", foi a reação da amiga. "'Ilene, por favor, tente entender. Esse é o meu trabalho. Tenho que ver além das minhas emoções, olhar para as questões envolvidas. Não posso simplesmente pressupor de modo automático que ele é culpado'". Na escolha final entre lealdade a um povo e lealdade a uma busca da verdade, a amiga de Elizabeth Loftus deixou claro qual ela devia escolher. "Eu soube que no fundo do coração ela sentiu que eu a havia traído. Pior que isso, muito pior, que eu havia traído o meu povo, a minha herança, a minha raça. Eu havia traído todos eles por achar que poderia haver uma possibilidade de que John Demjanjuk fosse inocente" (pág. 229).

John Demjanjuk acabou inocentado pela Suprema Corte de Israel. Elizabeth foi a Israel acompanhar o julgamento, mas decidiu não testemunhar. A sua explicação revela o lado humano da ciência: "Quando olhei ao redor e vi a plateia cheia de quatro gerações de judeus... era como se todos aqueles fossem meus parentes e como se eu, também, houvesse perdido algum ente querido no campo de extermínio de Treblinka. Com esses sentimentos em mim, eu não podia de repente mudar de papel e me tornar uma profissional, uma especialista... Não podia fazer isso. Simples e angustiante assim" (pág. 237).

Tenho grande respeito por Elizabeth e pelo seu trabalho e muita consideração pela sua coragem de fazer uma confissão tão honesta, envolvendo um exame de consciência tão profundo. Mas sabem que comentários ouvi a respeito dessa história? Dos negadores, uma resenha do livro publicada na sua revista, afirmando que "Loftus é talvez mais culpável do que as pessoas idosas que deram falso testemunho contra o réu. Pois, ao contrário das testemunhas idosas que não eram mais capazes de distinguir entre o verdadeiro e o falso e que acabaram por acreditar no seu próprio falso testemunho, Loftus sabia o que estava dizendo" (Cobden, 1991, pág. 249). Encontrei Loftus numa palestra e conversei com ela longamente a respeito de como os negadores estavam usando o seu trabalho. Ela ficou chocada e não tinha ideia de que isso estava acontecendo. Não admira que os historiadores do Holocausto se sintam tentados a ocultar os seus dilemas.

Elizabeth Loftus é apenas um dos muitos exemplos de como a censura pessoal e pública pode se voltar contra nós. Eis mais dois.

1. Na edição de fevereiro de 1995 (lançada em janeiro) de *Marco Polo*, uma das nove revistas semanais e mensais publicadas pelo prestigioso grupo editorial japonês Bungei Shunju, apareceu um artigo intitulado "O maior tabu da história do pós-guerra: não houve 'câmaras de gás' nazistas". O artigo era assinado pelo doutor Masanori Nishioka, um médico de 38 anos, que chamou o Holocausto de "uma falsificação" e disse que "a história das 'câmaras de gás' foi usada como propaganda para os propósitos da guerra psicológica". Segundo Nishioka, a propaganda depois virou história e "as 'câmaras de gás' que hoje estão abertas ao público nas ruínas do campo de concentração de Auschwitz, na Polônia, são uma falsificação do pós-guerra, construída ou pelo regime comunista polonês ou pela União Soviética, que controlava o país. Nem em Auschwitz nem em nenhum outro lugar do território controlado pelos alemães durante a Segunda Guerra Mundial houve sequer um 'extermínio em massa' de judeus em 'câmaras de gás'".

A reação ao artigo da revista foi rápida. O governo israelense protestou por meio da sua embaixada em Tóquio, enquanto o Simon Wiesenthal Center sugeriu um boicote econômico à revista por parte de seus principais anunciantes – Mitsubishi Electric, Mitsubishi Motor, Cartier, Volkswagen e Philip Morris. No prazo de 72 horas, esses anunciantes informaram o grupo Bungei Shunju que, se nada fosse feito, retirariam seus anúncios não só da *Marco Polo* mas também de todas as demais revistas do grupo. Os editores primeiro defenderam o artigo, depois ofereceram espaço igual para uma refutação, que foi declinada pelo Wiesenthal Center. O governo japonês emitiu uma declaração oficial dizendo considerar o artigo "extremamente impróprio" e, sob pressão econômica crescente, a *Marco Polo*, com circulação de 250 mil exemplares, fechou em 30 de janeiro. O presidente da empresa, Kengo Tanaka, justificou-se: "Publicamos um artigo que não era justo com o massacre nazista do povo judeu e, por termos publicado esse artigo, causamos profunda mágoa e sofrimento à sociedade judaica e a pessoas a ela ligadas". Alguns dos membros da equipe da *Marco Polo* foram demitidos e os exemplares restantes da revista foram recolhidos das bancas. Duas semanas depois, em 14 de fevereiro, Tanaka renunciou à presidência (embora continue como executivo-chefe do Bungei Shunju).

Chamando a decisão do editor de "hara kiri", a edição de março/abril de 1995 da *Journal of Historical Review* afirmou que "grupos judeu-sionistas reagiram ao artigo com a característica rapidez e brutalidade" e que "o editor capitulou diante de um boicote judeu-sionista internacional e de uma campanha de pressão". O autor, Nishioka, disse que "a *Marco Polo* foi esmagada por organizações judaicas que usaram a [pressão da] publicidade, e o grupo Bungei cedeu. Eles arrasaram o espaço para debate". A *Journal of Historical Review* disse que o incidente foi "uma grande derrota para a causa da livre expressão e da livre investigação" e concluiu:

> *Os jornais e revistas americanos afirmam reiteradamente que os japoneses sustentam visões "estereotipadas" dos "judeus" e que com frequência os criticam por acharem que acumulam enorme poder no mundo todo e que punem severamente quem quer que desafie os seus interesses. O assassinato/suicídio da revista* Marco Polo *provavelmente não levará muitos japoneses a abandonarem essa visão "estereotipada". Nos Estados Unidos, espera-se que os japoneses adotem uma espécie de "pensamento duplo" orwelliano, sentindo-se ofendidos com a dura lição do fechamento da* Marco Polo *e ao mesmo tempo enxergando aqueles que forçaram a punição como vítimas impotentes (págs. 2-6).*

Do ponto de vista dos negadores, as organizações judaicas fizeram exatamente o que os negadores sempre as acusam de fazer o tempo todo – exercer o seu poder econômico e controlar a mídia. O pesquisador-chefe do Simon Wiesenthal Center, Aaton Breitbart, decidiu não exaltar o seu ponto de vista com uma refutação séria, respondendo apenas: "Se isso não for verdade, eles não têm com o que se preocupar. Se for verdade, é melhor que sejam bonzinhos conosco".

2. Em 7 de maio de 1995, cinquenta anos após os aliados derrotarem os nazistas na Alemanha, o quartel-general de Toronto de Ernst Zündel, o famoso editor neonazista e negador do Holocausto, foi incendiado, com danos estimados em 400 mil dólares. Zündel estava fora, numa turnê de palestras, mas jurou que o ataque, que não era o primeiro, não iria intimidá-lo: "Tenho sido agredido fisicamente, sofrido ataques a bomba, levado tapas... mas Ernst Zündel não será enxotado da cidade. Meu trabalho é legal e legítimo e goza de proteção constitucional segundo a Carta Canadense de Direitos e Liberdades". Zündel deveria saber, já que defendeu esses direitos em dois julgamentos em 1985 e 1988, com base em qual deles estava sendo acusado de "divulgar falsas notícias" a respeito do Holocausto. Em 1992, a Suprema Corte do Canadá inocentou-o, baseando-se no fato de que a lei mediante a qual Zündel havia sido acusado era inconstitucional.

Segundo o *Toronto Sun*, quem assumiu a autoria do incêndio criminoso foi "um obscuro braço da Liga de Defesa Judaica" chamado "Movimento Judeu de Resistência Armada". O grupo entrou em contato com o *Toronto Sun*, cujas investigações revelaram uma conexão "com outra ramificação da Liga de Defesa Judaica, o Kahane Chai, um grupo sionista de ultradireita". Meir Halevi, líder da Liga de Defesa Judaica de Toronto, negou qualquer conexão com o ataque, embora alguns dias depois, em 12 de maio, Halevi e três companheiros, incluindo Irv Rubin, líder da Liga de Defesa Judaica de Los Angeles, tivessem tentado invadir a casa de Zündel. Empregados dele fotografaram os possíveis invasores e chamaram a polícia, que, com Zündel no carro, saiu em perseguição e os deteve. No entanto, eles foram soltos, sem acusação.

A questão é essa. Como ocorreu com a história de Elizabeth Loftus e Demjanjuk, eu soube desses eventos por meio dos próprios negadores, que usam esses incidentes para reforçar a sua convicção sobre o que "os judeus" são capazes de fazer. O Institute for Historical Review capitalizou o incidente da revista *Marco Polo* citando-o numa carta para levantar fundos, na qual pedia doações em apoio à luta contra a chamada conspiração judaico-sionista. Zündel assumiu completamente que foram "os judeus" que fizeram aquilo com ele quando solicitou fundos para ajudá-lo a reconstruir a sua sede.

A minha posição quanto à liberdade de expressão de qualquer pessoa sobre qualquer assunto é que, embora o governo nunca deva, sob nenhuma condição, limitar a fala de ninguém em qualquer tempo, as organizações privadas devem também ter a liberdade de restringir a fala de qualquer um em qualquer tempo na sua própria instituição. Os negadores do Holocausto devem ter a liberdade de publicar as suas próprias revistas e livros e de tentar divulgar as suas ideias em outras publicações (por exemplo, com anúncios em jornais de faculdade). Mas as faculdades, como proprietárias de seus próprios jornais, devem ter a liberdade de impedir que os negadores tenham acesso aos seus leitores.

Eles devem exercitar essa liberdade? Isso é uma questão de estratégia. Você pode ignorar aquilo que sabe ser uma afirmação falsa e esperar que ela perca força, ou pode se erguer para refutá-la, para que todos vejam isso. Na minha visão, a partir do momento em que uma afirmação esteja na consciência pública (como a negação do Holocausto sem dúvida está), ela deve ser adequadamente analisada.

De uma perspectiva mais ampla, existem, acho eu, argumentos razoáveis para não acobertar, esconder, suprimir ou, pior que tudo, usar o Estado para silenciar o sistema de crença de outra pessoa, não importa quanto ele possa parecer estapafúrdio, infundado ou perverso. Por quê?

- Eles podem estar totalmente certos e nesse caso estaríamos simplesmente sufocando a verdade.
- Eles podem estar certos em parte e não queremos que parte da verdade fique de fora.

- Eles podem estar completamente equivocados, mas, ao examinarmos as suas afirmações erradas, vamos descobrir e confirmar uma verdade; vamos também descobrir de que modo o pensamento pode se equivocar, e assim poderemos melhorar a nossa capacidade de pensar.
- Em ciência, não é possível saber a verdade absoluta a respeito de nada, por isso devemos estar sempre alertas para perceber os nossos equívocos e os acertos dos outros.
- Ser tolerante quando você está em maioria significa que você tem uma chance maior de ser tolerado quando estiver em minoria.

Depois que um mecanismo de censura de ideias está estabelecido, ele pode se voltar contra você se e quando houver uma virada de mesa. Vamos supor por um instante que a maioria negue a evolução e o Holocausto e que esses criacionistas e negadores do Holocausto estejam numa posição de poder. Se houver algum mecanismo de censura, então você, aquele que acredita na evolução e na existência do Holocausto, poderá agora sofrer com a censura. A mente humana, não importa que ideias ela gere, nunca deve ser suprimida. Quando os evolucionistas eram minoria em 1925 no Tennessee e os fundamentalistas politicamente poderosos eram bem-sucedidos em fazer aprovar legislação antievolução e conseguiram transformar o ensino da evolução nas escolas públicas em crime, Clarence Darrow fez esta brilhante observação em seus comentários finais sobre o julgamento de Scopes:

> *Se hoje você pode pegar uma coisa como a evolução e fazer com que o seu ensino nas escolas públicas seja considerado um crime, amanhã você poderá tornar crime o ensino dela nas escolas particulares e no ano seguinte tornar crime ensiná-la na igreja. Na próxima sessão, poderá proibir livros e jornais. A ignorância e o fanatismo estão sempre ativos, na verdade famintos, sempre famintos e desejando mais. Hoje são os professores da escola pública, amanhã serão os da escola particular. Depois os pastores e os palestrantes, as revistas, os livros, os jornais. Em pouco tempo, excelência, teremos um cenário do homem contra o homem, de um credo contra outro credo, até que os estandartes tremulando e os tambores rufando marchem de volta para as gloriosas épocas do século 16 quando fanáticos acendiam fogueiras para queimar o homem que ousasse trazer qualquer inteligência e esclarecimento e cultura à mente humana.* (**In** Gould, 1983a, pág. 278.)

13

Quem são as pessoas que afirmam que o Holocausto nunca aconteceu e por que elas dizem isso?

Exame geral de um movimento

Os guardas da SS demonstravam prazer ao contar que não tínhamos chance de sair vivos, o que eles enfatizavam com um gosto perverso especial, insistindo que depois da guerra o resto do mundo não acreditaria no que acontecera; haveria rumores, especulação, mas nenhuma prova concreta, e as pessoas concluiriam que um mal nessa dimensão simplesmente não seria possível.

– *Terrence des Pres,* The Survivor, *1976.*

Quando os historiadores perguntam: "Como alguém pode negar o Holocausto?" e os negadores respondem: "Não estamos negando o Holocausto", fica óbvio que os dois grupos dão definições diferentes para o mesmo termo. O que os negadores estão negando explicitamente são três pontos encontrados na maioria das definições de Holocausto:

1. Havia intenção de cometer genocídio, com base principalmente no fator raça.
2. Houve a implementação de um programa altamente técnico e bem organizado de extermínio com o uso de câmaras de gás e crematórios.
3. Estima-se que foram mortos entre 5 milhões e 6 milhões de judeus.

Os negadores não estão negando que o antissemitismo campeava na Alemanha nazista ou que Hitler e muitos dos líderes nazistas odiavam os judeus. Nem negam que os judeus foram deportados, que a propriedade dos judeus foi confiscada ou que os judeus foram arrebanhados e forçados a ir para campos de concentração onde, em geral, eram tratados com brutalidade e vitimados por condições de superlotação, doença e trabalhos forçados. Especificamente, como esboçado nos anúncios de "A Controvérsia do Holocausto: Um Caso para Debate Aberto", que Bradley Smith fez publicar em jornais de faculdade, e como delineado em várias outras fontes (Cole, 1994; Irving, 1994; Weber, 1993a, 1994a, 1994b; Zündel, 1994), o que os negadores estão afirmando é que:

1. Não havia uma política nazista de extermínio da coletividade judaica da Europa. A Solução Final para a "questão judaica" foi a deportação para fora do Reich. Devido aos primeiros sucessos na guerra, o Reich deparou-se com mais judeus do que era capaz de deportar. Devido aos posteriores reveses na guerra, os nazistas confinaram os judeus em guetos e, finalmente, em campos.
2. As principais causas de morte eram doença e fome, causadas basicamente pela destruição pelos aliados das linhas de suprimentos alemãs e de suas reservas ao final da guerra. Houve fuzilamentos e enforcamentos (e talvez até algumas execuções experimentais por gás) e os alemães realmente submeteram os judeus a um regime extenuante de trabalhos forçados no contexto do esforço de guerra, mas tudo isso responde por uma porcentagem muito pequena dos mortos. As câmaras de gás foram usadas apenas para remover piolhos das roupas e cobertores e os crematórios serviam apenas para dar um destino aos corpos de pessoas que haviam morrido de doença, fome, excesso de trabalho, por execução a tiros ou enforcamento.
3. Entre 300 mil e 2 milhões de judeus morreram ou foram mortos em guetos e campos, e não de 5 a 6 milhões.

No próximo capítulo vou tratar dessas afirmações detalhadamente, mas gostaria de dar aqui algumas respostas resumidas.

1. Em qualquer evento histórico, os resultados funcionais raramente batem com as intenções originais, que de qualquer modo são sempre difíceis de provar, por isso os historiadores devem se concentrar nos resultados contingentes mais do que nas intenções. O processo funcional de levar a termo a Solução Final evoluiu ao longo do tempo, movido por contingências como um crescente poder político, uma confiança cada vez maior na impunidade ao perpetrar uma série de perseguições, o desdobramento da guerra (especialmente contra a Rússia), a ineficiência do transporte de judeus para fora do Reich, a impraticabilidade de eliminar judeus por doença, exaustão, excesso de trabalho, execuções aleatórias e fuzilamentos em massa. Como resultado, milhões de judeus morreram, quer o extermínio da comunidade

judaica europeia fosse algo explícita e oficialmente ordenado ou apenas tacitamente aprovado.

2. Evidência física e documental corrobora que as câmaras de gás e os crematórios eram mecanismos de extermínio. Mas, independentemente do mecanismo usado para matar, assassinato é assassinato. As câmaras de gás e os crematórios não são uma exigência do assassínio em massa, como vimos recentemente em Ruanda e na Bósnia. Nos territórios soviéticos ocupados, por exemplo, os nazistas mataram cerca de 1,5 milhão de judeus por outros meios que não a intoxicação por gás.
3. O valor de 5 a 6 milhões de mortos é uma estimativa geral, mas bem fundamentada. Resulta de um cotejo do número declarado de judeus que viviam na Europa, dos que foram transportados para os campos, dos liberados dos campos, dos mortos em ações de Einsatzgruppen e dos que continuaram vivos após a guerra. É uma questão apenas de demografia populacional.

Quando falo com as pessoas a respeito dos negadores do Holocausto, elas muitas vezes comentam que os negadores devem ser racistas desvairados ou pessoas excêntricas à beira da loucura. Afinal, quem, a não ser esse tipo de gente, poderia afirmar que o Holocausto nunca aconteceu? Eu quis descobrir isso e fui conhecer alguns deles para que expusessem as suas afirmações nas suas próprias palavras. Em geral, achei esses negadores pessoas relativamente agradáveis. Eles se dispuseram a conversar sobre o movimento e sobre os seus membros de uma maneira bem aberta e me forneceram generosamente uma grande amostra da sua literatura publicada.

Após a Segunda Guerra Mundial, teve início um revisionismo na Alemanha em reação aos julgamentos de Nurembergue, vistos geralmente como "julgamentos feitos pelos vencedores", que pouca chance tinham de ser justos e objetivos. O revisionismo do próprio Holocausto deslanchou nas décadas de 1960 e 1970 com as obras de autores como Franz Scheidl (*Geschichte der Verfemung Deutschlands*, "Em Defesa da Raça Alemã", 1967), Emil Aretz (*Hexeneinmaleins einer Lüge*, "A Mentira dos Seis Milhões", 1970), Thies Christophersen (*Die Auschwitz-Lüge*, "A Mentira de Auschwitz", 1973), Richard Hardwood (*Did Six Million Really Die?*, "Morreram de Fato Seis Milhões?", 1973), Austin App (*The Six Million Swindle*, "A Fraude dos Seis Milhões", 1973), Paul Rassinier (*Debunking the Genocide Myth*, "Desbancando o Mito do Genocídio", 1978) e a bíblia do movimento, o livro de 1976 de Arthur Butz, *The Hoax of the Twenthieth Century* ("O Embuste do Século Vinte"). Foi em torno dessas obras que se articularam os três pilares da negação do Holocausto – não houve genocídio intencional por raça, as câmaras de gás e crematórios não foram usados para assassinatos em massa, e foram mortos bem menos do que 6 milhões de judeus.

Exceto o livro de Butz, que continua em circulação apesar de ser absolutamente desorganizado, essas obras todas deram lugar à revista *Journal of Historical Review* (*JHR*), porta-voz do Institute for Historical Review (IHR). Essa revista do instituto, junto com a sua conferência anual, tornou-se o eixo do movimento, que conta com um punhado de personalidades excêntricas, como o diretor do IHR e editor da *JHR* Mark Weber, o escritor e biógrafo David Irving, o implicante Robert Faurisson, o editor pró-nazista Ernst Zündel e o produtor de vídeo David Cole (ver figura 17).

Institute for Historical Review

Em 1978, o IHR foi fundado e organizado basicamente por Willis Carto, que também publicou *Right* e *American Mercury* (que, segundo alguns, são revistas com temas fortemente antissemitas) e agora dirige a Noontide Press, uma editora de livros controvertidos, como os que negam o Holocausto. Carto também dirige a Liberty Lobby, classificada por alguns como organização de extrema direita. Em 1980, a promessa do IHR de pagar 50 mil dólares a quem provasse que os judeus foram mortos em câmaras de gás em Auschwitz virou manchete. Quando Mel Mermelstein venceu esse desafio, as notícias e depois um filme para a televisão o mostraram recebendo o prêmio e 40 mil dólares adicionais por "sofrimento pessoal". O primeiro diretor do IHR, William McCalden (também conhecido como Lewis Brandon, Sandra Ross, David Berg, Julius Finkelstein e David Stanford), foi demitido em 1981 devido a conflitos com Carto e substituído por Tom Marcellus, um membro da equipe de campo da Igreja da Cientologia que havia sido editor de uma das publicações da igreja. Quando Marcellus saiu do IHR em 1995, o editor da *JHR* Mark Weber assumiu como diretor.

Desde que o seu escritório foi destruído em 1984 por um atentado a bomba, o IHR compreensivelmente é cauteloso em revelar a sua localização para gente de fora. Situado numa área industrial de Irvine, Califórnia, o seu escritório não tem placa e a sua porta de vidro, totalmente coberta por vidro espelhado, fica trancada o tempo todo; para entrar é preciso identificar-se e conseguir a autorização com uma secretária que trabalha num pequeno escritório em frente. Dentro, há vários escritórios para os membros da equipe e uma volumosa biblioteca. Como seria de esperar, a Segunda Guerra Mundial e o Holocausto são os principais focos de seu acervo. Além disso, o IHR tem um depósito cheio de números atrasados da *JHR*, panfletos e outros materiais promocionais, além de livros e vídeos, tudo parte de um negócio de vendas por catálogo que, junto com as assinaturas, responde por cerca de 80% da receita, segundo Weber. Os outros 20% vêm de doações com isenção de impostos (o IHR é registrado como organização sem fins lucrativos). Os fundos que o instituto recebia por meio de Carto secaram depois da briga de 1993 com o fundador do IHT (e do subsequente processo legal contra ele).

Antes do rompimento com Carto, o IHR dependia muito do "dinheiro do Edison", um total de 15 milhões de dólares herdados da neta de Thomas Edison, Jean Farrel Edison. Segundo David Irving (1994), cerca de 10 milhões

Figura 17: Capa da edição de novembro/dezembro de 1994 da *JHR*, em que aparece a maioria dos principais negadores do Holocausto, incluindo os mencionados neste capítulo: (*da esquerda para a direita*) Robert Faurisson, John Ball, Russ Granata, Carlo Mattogno, Ernst Zündel, Friedrich Berg, Greg Raven, David Cole, Robert Countess, Tom Marcellus, Mark Weber, David Irving, Jürgen Grag. [Reimpresso de *The Journal of Historical Review*, Box 2739, Newport Beach, CA 92659, USA. Assinatura: 40 dólares por ano (para particulares).]

daquele dinheiro foram aparentemente perdidos por Carto "em processos legais movidos por outros membros da família na Suíça" e os restantes 5 milhões foram disponibilizados à Legion for the Survival of Freedom, de Carto. "A partir desse ponto tudo some na incerteza. Algumas quantias de dinheiro foram localizadas. Boa parte dele está numa conta de banco na Suíça atualmente."

Quando o conselho diretor do instituto votou pelo corte de todos os vínculos com Carto, este não aceitou a decisão pacificamente. Segundo o IHR, entre muitas outras coisas, Carto "invadiu os escritórios do IHR com capangas de aluguel" e plantou a "fantástica mentira de que a sionista ADL [Anti-Defamation League] vinha dirigindo o IHR desde o último mês de setembro" (Marcellus, 1994). Em 31 de dezembro de 1993, o IHR venceu uma ação contra Carto. Eles agora o estão processando por danos infligidos em seu assalto aos escritórios do IHR, que destruiu equipamentos e terminou em briga de socos, assim como por outros prejuízos em quantias de dinheiro que, alega Weber, foram "para a Liberty Lobby e outras empresas controladas por Carto. Provavelmente o dinheiro foi malversado por Carto, mas estamos tentando rastreá-lo" (1994b).

Em fevereiro de 1994, o diretor Tom Marcellus enviou uma longa mala direta aos membros do IHR com "UM APELO URGENTE DO IHR", porque ele havia sido "obrigado a se confrontar com uma ameaça à sua integridade editorial e financeira... que nos últimos meses havia drenado, e continuava a drenar, literalmente dezenas de milhares de dólares de suas operações". Sem a ajuda de seus membros, escreveu Marcellus, "o IHR não terá como sobreviver". Carto foi acusado de se mostrar "cada vez mais desequilibrado", tanto em questões pessoais como nos negócios, e de envolver "a corporação em três custosas violações de direitos autorais". O mais interessante, e que se apresenta em consonância com as atuais tentativas dos negadores de se desvencilharem de antigas conexões antissemitas e de se proclamarem estudiosos de história objetivos, é que a mala direta condenava Carto por mudar "a direção do IHR e de sua publicação de uma postura séria, não partidária, revisionista, de relato e comentário, para uma atitude panfletária, bombástica, racial-populista" (Marcellus, 1994).

David Cole acredita que na fase pós-Carto "o IHR dependerá bem mais da revista e da venda de livros" e portanto de sua ala direita, antissemita:

> *Para evitar que o IHR caia no vermelho, eles têm tido que atender à extrema direita. Se examinássemos o seu registro de vendas, acho que iríamos provavelmente constatar que algumas das suas obras mais complexas, e realmente sólidas no aspecto historiográfico, não vendem tanto como o* International Jew *de Henry Ford ou os* Protocolos do Sion, *ou algumas das outras coisas que eles oferecem. Se fossem depender apenas da venda de obras revisionistas sobre o Holocausto, estariam perdidos. Eles precisam ceder para conseguir dinheiro. Há um monte de pessoas idosas com dinheiro na poupança ou que recebem cheques da previdência social que querem gastar os últimos anos da sua vida lutando contra os judeus. Bradley [Smith] pode conseguir cheques de 5 mil, 7 mil, 3 mil dólares. Essas pessoas são muito, muito ricas e completamente anônimas. Pode-se conseguir um bom dinheiro arrumando um* mailing *que seja de fato ideologicamente eficaz e o IHR tem um* mailing *dirigido principalmente a pessoas de extrema direita. (1994)*

Como em 1996, o IHR ainda faz palestras (o comparecimento médio é de 250 pessoas), a *JHR* continua a ser publicada (circulação de 5 mil a 10 mil exemplares) e a literatura promocional e os catálogos de livros e vídeos são regularmente expedidos pelo correio. Quer o IHR sobreviva ou não à ruptura com Carto, devemos lembrar que o movimento de negação não é um grupo homogêneo sustentado apenas por essa organização.

Mark Weber

Com a possível exceção de David Irving, Mark Weber talvez seja a pessoa no movimento de negação que mais conhece história e historiografia. Alguns comentaram que o mestrado de Weber em história europeia moderna pela Universidade de Indiana é falso, mas eu liguei para a universidade e confirmei que é real. Weber chegou à cena dos negadores ao depor como testemunha de defesa no julgamento sobre "liberdade de expressão" de Ernst Zündel em

1985. Weber negou quaisquer sentimentos racistas ou antissemitas e declarou: "Não sei nada sobre o movimento neonazista na Alemanha além daquilo que leio nos jornais" (1994b). No entanto, ele já foi editor de notícias da *National Vanguard*, porta-voz da National Alliance, organização antissemita neonazista de William Pierce. Weber tampouco desmente os comentários que fez numa entrevista de 1989 publicada pelo *University of Nebraska Sower* a respeito de os Estados Unidos estarem se tornando "uma espécie de país mexicanizado, porto-riquenhizado", devido ao fracasso dos "americanos brancos" em se reproduzirem adequadamente (não que esse sentimento seja incomum em nossa sociedade cada vez mais segregacionista. A esposa de Weber comentou comigo na conferência do IHR em 1995 que esses rapazes brancos deviam parar de se queixar de que as outras raças se reproduzem demais e procurar ter mais filhos eles mesmos). E em 27 de fevereiro de 1993 Weber foi objeto de uma operação policial camuflada promovida pelo Simon Wiesenthal Center, filmada secretamente pela CBS, na qual o pesquisador Yaron Svoray, sob a identidade de Ron Furey, se encontrou com Weber num café para discutir *The Right Way*, uma revista fictícia criada para levar enganosamente neonazistas a revelarem a sua identidade. Weber logo imaginou que Svoray "era um agente a mando de alguém" e "estava obviamente mentindo", e caiu fora (1994b). Depois, Weber foi mostrado num filme para a HBO sobre neonazistas na Europa e na América, e ele diz que a versão do Wiesenthal sobre o evento é muito distorcida.

Tais operações clandestinas do Simon Wiesenthal Center levantam muitas questões problemáticas. Mesmo assim, alguém poderia perguntar a Weber, já que está tentando manter distância da faixa neonazista da negação (como declara), por que concordou com um encontro desse tipo. Até David Cole, que é seu amigo, admite que "Weber de fato não vê problema numa sociedade que não só é disciplinada pelo medo e pela violência como também tem um governo que alimenta os seus cidadãos com mentiras para mantê-los ordeiros". Segundo Cole, "os negadores criticam os judeus por mentirem para o seu povo e para o mundo, e no entanto um monte desses mesmos revisionistas tece elogios ao que os nazistas fizeram alimentando o seu povo com mentiras e falsidades no propósito de manter alto o seu moral e preservar a sua noção de raça superior" (1994).

Weber é extremamente brilhante e muito bem-apessoado e poderíamos acreditar que seria capaz de alcançar um bom conhecimento acadêmico de história se acabasse com a sua fixação nos judeus e no Holocausto. Conhece história e política atual e é um debatedor formidável, qualquer que seja o assunto. Infelizmente, um desses assuntos são os judeus, que ele continua a generalizar num todo unificado e a temer como uma ameaça unificada à cultura dos Estados Unidos e do mundo. Weber parece não saber discriminar entre judeus individuais, cujas ações ele pode aprovar ou não, e "os judeus", cujas supostas ações ele geralmente desaprova, e parece não conseguir entender a inata complexidade da cultura contemporânea.

David Irving

David Irving não tem treinamento profissional em história, mas não há dúvida de que domina bem os documentos básicos sobre os principais nomes do nazismo e é talvez a figura de maior refinamento histórico dentre os negadores. Embora a sua atenção tenha abrangido a Segunda Guerra Mundial – é o autor de livros como *The Destruction of Dresden* (1963) e *The German Atomic Bomb* (1967), além de biografias como *The Trail of the Fox* (1977, sobre Rommel, *Hitler's War* (1977), *Churchill's War* (1987), *Göring* (1989) e *Goebbels: Mastermind of the Third Reich* (1996) –, o seu interesse pelo Holocausto é cada vez mais forte. "Acho que o Holocausto será revisto. Tenho que tirar o chapéu para os meus adversários e para as estratégias que vêm empregando – o *marketing* da própria palavra Holocausto: já estou quase vendo o pequeno 'TM'[1]depois dela" (1994). Para Irving, a negação virou uma guerra, que ele descreve em linguagem militar: "Estou atualmente numa luta para sobreviver. A minha intenção é sobreviver até cinco minutos depois do Dia D, em vez de cair heroicamente cinco minutos antes que a bandeira seja por fim erguida. Estou convencido de que vamos ganhar esta batalha" (1994). Depois que concluiu a sua biografia sobre Goebbels, Irving conta, seu editor não só rompeu o contrato por ele ter se tornado um negador do Holocausto como está tentando pegar de volta o "adiantamento de seis dígitos". A biografia foi publicada pela Focal Point, a editora do próprio Irving em Londres.

As atitudes de Irving em relação ao Holocausto têm evoluído, a começar com a sua oferta em 1977 de pagar 1.000 dólares a qualquer um que conseguisse provar que Hitler ordenou o extermínio dos judeus. Depois de ler *The Leutcher Report* (1989), que defende que as câmaras de gás de Auschwitz não foram usadas para cometer homicídio, Irving começou a negar o Holocausto todo, não apenas o envolvimento de Hitler. Curiosamente, ele às vezes hesita em relação aos vários pontos da negação do Holocausto. Contou-me em 1994 que a leitura das memórias de Eichmann o havia deixado "contente por não ter adotado a visão estreita de que não houve Holocausto" (1994). Ao mesmo tempo, disse que apenas 500 mil a 600 mil judeus haviam morrido como infelizes vítimas da guerra – o equivalente moral, afirmou ele, ao bombardeio de Dresden ou de Hiroxima. No entanto, em 27 de julho de 1995, quando um apresentador de programa de rádio na Austrália lhe perguntou quantos judeus haviam morrido nas mãos dos nazistas, Irving admitiu que talvez chegassem a 4 milhões: "Penso que, como qualquer cientista, eu teria que lhe dar uma faixa de valores e tenho que dizer um mínimo de 1 milhão, o que é monstruoso, dependendo do que você quer dizer com ser morto. Se considerarmos assassinato colocar pessoas

---

1 TM (Trade Mark, "Marca Registrada"), abreviatura colocada em corpo menor depois de nomes de produtos comerciais, para indicar que seus direitos de propriedade estão registrados nos órgãos competentes. (N. do T.)

num campo de concentração, onde elas morrem por condições brutais, tifo e epidemia, então eu daria esse número de 4 milhões, porque, sem dúvida, uma quantidade muito grande de pessoas morreu nos campos, em condições que eram evidentes ao final da guerra" (editorial de *Searchlight*, 1995, pág. 2).

Além disso, Irving testemunhou em defesa de Ernst Zündel no julgamento de "liberdade de expressão" de 1985, após o que vários governos lhe fizeram acusações criminais. Ele foi expulso ou teve entrada negada em vários países. Seus livros foram retirados de algumas lojas e algumas livrarias em que seus livros eram vendidos foram vandalizadas. Em maio de 1992, Irving contou a uma plateia alemã que a câmara de gás reconstruída em Auschwitz I era "uma falsificação feita após a guerra". No mês seguinte, quando aterrissou em Roma foi cercado pela polícia e colocado no avião seguinte para Munique, onde foi acusado pela lei alemã de "difamar a memória dos mortos". Foi condenado e multado em 3 mil marcos alemães. Quando apelou da sentença, essa foi mantida e a multa aumentada para 30 mil marcos alemães (cerca de 20 mil dólares). No final de 1992, quando estava na Califórnia, Irving foi notificado pelo governo canadense que não teria permissão para entrar nesse país. Mesmo assim, viajou até lá para receber o prêmio George Orwell de uma organização conservadora de defesa da liberdade de expressão, e foi então detido pela Real Polícia Montada do Canadá. Conduzido algemado, foi deportado sob a alegação de que a sua condenação na Alemanha tornava provável que ele cometesse ações similares no Canadá. Hoje está impedido de entrar na Austrália, Canadá, Alemanha, Itália, Nova Zelândia e África do Sul.

Embora Irving desminta qualquer filiação oficial ao IHR ("Você pode ver que o meu nome não está no expediente da revista"), é um orador regular nas suas convenções e com frequência dá palestras para grupos de negadores ao redor do mundo. Na conferência do IHR de 1995 em Irvine, Califórnia, Irving era o orador principal e foi abertamente cultuado por muitos dos assistentes. Quando não estava falando, ocupava a sua própria mesa de livros, vendendo e assinando as suas muitas publicações. Quem comprava *Hitler's War* recebia uma bandeira em miniatura com uma suástica, igual à que Hitler ostentava em sua Mercedes preta. Em uma conversa com um casal de fãs, Irving explicou que a camarilha judaica mundial vinha agindo contra ele para evitar que os seus livros fossem publicados e que ele proferisse palestras. É verdade que Irving tem enfrentado considerável resistência da parte de grupos judeus quando é convidado a falar. Por exemplo, em 1995 ele foi trazido à Universidade da Califórnia, em Berkeley, por um grupo defensor da liberdade de expressão, mas houve um piquete para obstruir a sua palestra e ele não conseguiu falar. Mas deve-se fazer uma distinção clara entre reações locais e espontâneas a um evento e uma conspiração de âmbito mundial, planejada. Irving parece incapaz de fazer essa distinção.

Em 1995, Irving compareceu a uma palestra contra a negação do Holocausto ministrada por Deborah Lipstadt. Após a qual, segundo afirma, ele ficou em pé e anunciou a sua presença, sendo então rodeado por membros da plateia que lhe pediam autógrafo. Irving diz que havia trazido uma caixa de livros com a biografia de sua autoria *Göring* e que os deu de presente aos estudantes para que pudessem ver "quem de nós estava mentindo". É mesmo? Se não havia plano de exterminar os judeus, então o que é que os leitores vão interpretar ao ler a página 238 de *Göring*, em que Irving escreve: "A emigração era apenas uma possibilidade que Göring previu. 'A segunda é a seguinte', disse ele em novembro de 1938, escolhendo bem as suas palavras, com uma cautela que não lhe era característica. 'Se em algum tempo previsível no futuro o Reich alemão se envolver num conflito político externo, então é autoevidente que nós na Alemanha vamos nos voltar prioritariamente para efetuar um grande ajuste de contas com os judeus.'" Como Irving sustenta que a emigração era tudo o que os nazistas queriam significar com os termos *Ausrottung* (extermínio) e Solução Final, então o que é que Göring queria dizer aqui afinal com "o segundo" plano? E o que os leitores vão pensar chegando à página 343 de *Göring*, em que Irving escreve:

> *A história ensina agora que uma significativa porção daqueles deportados – particularmente os que eram jovens demais ou fracos demais para trabalhar – estavam sendo brutalmente mortos ao chegar. Os documentos que sobreviveram não fornecem nenhuma prova de que essas matanças fossem sistemáticas; não eram expedidas ordens explícitas "de cima" e os próprios massacres eram realizados pelos nazistas locais (e de forma alguma eram todos alemães), na mão dos quais os judeus deportados tinham sido despejados. O fato de que havia operações de extermínio* ad hoc *é sugerido por explosões exasperadas como a do governador-geral Hans Frank numa conferência em Cracóvia, em 16 de dezembro de 1941: "Eu iniciei negociações com o objetivo de varrê-los [ainda mais] para o leste. Em janeiro haverá uma grande conferência em Berlim sobre esse problema... sob a SS Obergruppenführer Heydrich [a "Conferência de Wannsee", de 20 de janeiro de 1942]. De qualquer modo, vai começar um grande êxodo judeu... Mas o que será feito dos judeus? Você acha que eles vão ser bem acomodados nas províncias do Báltico? Em Berlim eles dizem pra mim: "Qual é o problema – nós também não temos o que fazer com eles, tratem de liquidá-los vocês mesmos!"*

"Berlim", diz Irving, "provavelmente significava o partido – ou Himmler, Heydrich e a SS." Essa passagem, citada textualmente do livro *Göring*, é a própria tradução de Irving (que fala alemão fluentemente) e a sua própria interpretação. Não consigo ver como ela pode ser usada para sustentar uma interpretação *ad hoc* de matanças não sistemáticas sem ordens de cima. A partir desse trecho, junto com muitos outros, a impressão é que as matanças eram sistemáticas, que as ordens de fato vinham de cima – direta ou tacitamente – e que a única coisa *ad hoc* a respeito do processo era o desenvolvimento contingente do resultado final. Por fim, o que poderia significar "liquidar" a não ser exatamente aquilo que os historiadores do Holocausto têm sempre dito que significa?

Outro fator que pode estar contribuindo para aproximar Irving da negação do Holocausto é que ele ganha a vida com palestras e venda de livros e que, quanto mais ele revisa o Holocausto, mais livros vende e mais convites para palestras recebe de grupos de negação e de grupos de direita. Acredito que ele vem deslizando cada vez mais para a negação não tanto porque a evidência histórica o leva a isso, mas porque encontrou um espaço lucrativo e acolhedor. O mundo acadêmico em geral o vem rejeitando, então ele criou um nicho à margem. Irving é um documentador e um historiador narrativo de primeira linha, mas não é um bom teórico e faz muitas citações seletivas para sustentar o seu viés. Primeiro era Hitler que não sabia do Holocausto. Depois Göring. Agora é Goebbels que ele está tentando isentar.

Robert Faurisson

Ex-professor de literatura da Universidade de Lyon 2, Robert Faurisson tornou-se o "Papa do Revisionismo", título outorgado por negadores do Holocausto na Austrália em reconhecimento aos seus incansáveis esforços na defesa das principais afirmações sobre a negação do Holocausto. Por causa de suas inúmeras declarações, cartas, artigos e ensaios desafiando as autoridades do Holocausto a "me mostrarem ou desenharem uma câmara de gás nazista", Faurisson perdeu o seu emprego, foi fisicamente agredido, julgado, sentenciado, multado em 50 mil dólares e impedido de exercer qualquer cargo no governo. As condenações de Faurisson deram-se sob o amparo da lei Fabius-Gayssot, aprovada em 1990 (e inspirada em parte pelas atividades de Faurisson), que tornou um delito penal "contestar por quaisquer meios a existência de um ou mais crimes contra a humanidade como definidos pelo Artigo 6 dos Estatutos do Tribunal Militar Internacional, anexado ao Tratado de Londres de 8 de agosto de 1945, cometidos seja pelos membros de uma organização declarada criminosa em consonância com o Artigo 9 dos mesmos Estatutos, seja por uma pessoa considerada culpada de tal crime por uma jurisdição francesa ou internacional".

Faurisson é autor de várias obras negando diversos aspectos do Holocausto, como *The Rumor of Auschwitz*, *Treatise in Defense Against Those Who Accuse Me of Falsifying History*, e *Is the Diary of Anne Frank Genuine?*. Depois que *The Rumor of Auschwitz* foi publicado, o famoso professor de linguística do MIT, Noam Chomsky, escreveu um artigo defendendo a liberdade de Faurisson de negar o que quisesse, e desencadeou uma controvérsia sobre essa opinião. Chomsky declarou à revista australiana *Quadrant*: "Não vejo implicações antissemitas na obra de Faurisson", e isso foi bastante ingênuo da sua parte. Durante o seu julgamento em 1991 na França, Faurisson resumiu o sentimento que tinha sobre os judeus para a *Guardian Weekly*: "As supostas câmaras de gás hitleristas e o suposto genocídio de judeus formam uma só mentira histórica, que permitiu um gigantesco engodo financeiro cujos principais beneficiários foram o Estado de Israel e o sionismo internacional, e cujas principais vítimas têm sido o povo alemão e o povo palestino como um todo" (citações na Anti-Defamation League, 1993).

Faurisson gosta de provocar os seus oponentes, que chama de "exterminacionistas". A caminho da conferência de 1995 do IHR em Irvine, Califórnia, por exemplo, Faurisson visitou o Museu Memorial do Holocausto em Washington, D.C., e conseguiu combinar um encontro com um de seus diretores. Ao atormentá-lo com a "falta de provas" de que as câmaras de gás nazistas teriam sido usadas para extermínios em massa, Faurisson conseguiu provocar uma explosão emocional do seu anfitrião. Na conferência, Faurisson convidou-me a ir ao seu quarto de hotel para discutir reservadamente a história das câmaras de gás. Faurisson acossou-me incessantemente por meia hora, confrontando-me e brandindo o dedo, pedindo-me que lhe desse "uma prova, apenas uma prova" de que as câmaras de gás nazistas haviam sido usadas para extermínios em massa. Eu fiquei simplesmente repetindo a pergunta: "O que você consideraria como 'prova'?" Faurisson não se dispôs a (ou não foi capaz de) responder.

Ernst Zündel

Entre os menos sutis de todos os negadores do Holocausto está o editor propagandista pró-nazista Ernst Zündel, cuja meta assumida é "reabilitar o povo alemão". Zündel acredita que "existem certos aspectos do Terceiro Reich que são muito admiráveis e quero chamar a atenção das pessoas para eles", como os programas de eugenia e eutanásia (1994). Para isso, Zündel publica livros, folhetos e vídeos e fitas de áudio por meio da sua editora com sede em Toronto, a Samisdat Publishers, Ltd. Ao fazer uma pequena contribuição, a pessoa passa a receber uma parafernália de material, uma Zündelmania que inclui transcrições dos procedimentos de tribunal do seu julgamento; exemplares de sua publicação *Power: Zündelists vs. Zionists*, com artigos como "Is Spielberg's 'Schindler' a 'Schwindler'?" ("O 'Schindler' de Spielberg é uma 'Fraude'?"); clipes de vídeo de suas muitas aparições na mídia; um passeio de vídeo por Auschwitz com David Cole; e adesivos que proclamam: "ALEMÃES! PAREM DE PEDIR DESCULPAS POR COISAS QUE VOCÊS NÃO FIZERAM!" e "CANSADO DO HOLOCAUSTO? AGORA VOCÊ PODE ACABAR COM ELE!" e assim por diante (ver figura 18).

Visitei Zündel em sua casa/escritório de Toronto logo após o atentado a bomba contra ele em setembro de 1995. Achei-o jovial e amistoso e ao mesmo tempo profundamente sério a respeito de sua missão de libertar o povo alemão "do fardo dos seis milhões". Diante do escritor Alex Grobman e de dois outros judeus, Zündel não hesitou em expor abertamente as suas convicções sobre todos os aspectos semitas, como a sua crença de que no futuro os judeus experimentarão um antissemitismo como nunca viram antes. Como ocorre com

Figura 18: Amostra dos adesivos de Ernst Zündel. Os *slogans* dizem: "Spielberg: Racista e Doido por Lucro!", "Ensinar o Holocausto é abuso infantil", "A Lista de Schindler é propaganda de ódio antialemã baseada em ficção e não na história".

outros negadores, Zündel se sente muito incomodado com o fato de os judeus receberem tanta atenção, como me relatou numa entrevista em 1994:

> *Honestamente, acho que os judeus não deviam ser tão egoístas e se acharem o umbigo do universo. Eles não são. Só um povo como eles poderia se dar tanta importância a ponto de achar que o mundo inteiro gira em torno deles. Tendo a concordar com Hitler – quando disse que a última coisa com a qual estava realmente preocupado era com o que pensavam os judeus. Para mim, os judeus são como qualquer outra pessoa. Isso já os deixará magoados. Eles vão chiar e dizer "Oy vey, esse Ernst Zündel disse que os judeus são como as pessoas comuns". Bem, danem-se, eles são mesmo.*

O que o Holocausto fez com o nacional-socialismo, diz Zündel, foi "impedir que muitos pensadores reexaminassem as opções que o estilo do nacional-socialismo alemão oferece". Tire o fardo do Holocausto dos ombros dos alemães e o nazismo de repente não parece tão ruim assim. Parece maluco? Até Zündel admite que as suas ideias são um pouco extremadas: "Sei que as minhas ideias podem soar meio simplistas – não sou exatamente um Einstein e sei disso. Não sou um Kant. Não sou um Goethe. Não sou um Schiller. Como escritor não sou nenhum Hemingway. Mas, dane-se, sou Ernst Zündel. Vou levando como posso e tenho o direito de expressar os meus pontos de vista. Faço o melhor possível e com educação. Minha meta a longo prazo é incentivar a liberdade e talvez em meu tempo de vida eu não consiga mais do que aquilo que consegui até agora, o que não está tão mal assim". Em 1994, Zündel disse que estava "negociando com uma empresa americana de satélites, que me prometeu enviar um sinal para a Europa que pode ser captado por antenas parabólicas". Ele quer dar maior divulgação à negação do Holocausto na Europa e nos Estados Unidos, onde, segundo acredita, "daqui a quinze anos o revisionismo será debatido entre *pretzels* e chope" (1994).

David Cole

A figura mais paradoxal dos negadores do Holocausto é David Cole. Sua mãe "foi educada como uma judia secular" e o pai "criado como ortodoxo em Londres durante a *Blitz*", e ele se orgulha de ostentar a herança judaica, mas ao mesmo tempo nega o seu evento mais significativo na história moderna. Como me relatou numa entrevista em 1994: "Se eu fizer, estou ferrado; se não fizer, também. Quer dizer, se eu não mencionar o judaísmo, vão me acusar de estar com vergonha. Se o mencionar abertamente, vão me acusar de estar me aproveitando disso". As atenções de Cole se concentram nas provas físicas, especificamente em negar que as câmaras de gás e os crematórios foram instrumentos de extermínio em massa. Por causa de suas ideias, ele foi agredido fisicamente na Universidade da Califórnia, em Los Angeles, num debate sobre o Holocausto. Ele tem recebido regularmente ameaças de morte de "um pequeno grupo de pessoas que genuinamente me odeiam com paixão" e a Jewish Defense League, a Anti-Defamation League e organizações judaicas em geral "estão endurecendo um pouco mais comigo porque sou judeu". Ele vem sendo chamado de judeu que se auto-odeia, antissemita e traidor da raça; e um editorial no *The Jewish News* comparou-o a Hitler, Hussein e Arafat.

Embora tenha uma personalidade afável e uma atitude positiva, Cole vê a si mesmo como um rebelde em busca de uma causa. Enquanto outros negadores são ideólogos políticos e raciais, Cole mostra interesses mais profundos. Ele é um metaideólogo – um ateu e um existencialista que procura compreender como os ideólogos inventam as suas realidades. Nesse processo, Cole já aderiu a todas as organizações radicais e alternativas que se pode imaginar, como o Partido Revolucionário Comunista, o Partido dos Trabalhadores do Mundo, os movimentos de John Birch, de Lyndon LaRouche, dos Libertários, dos ateus e dos humanistas.

> *Eu andei por toda parte, já dirigi uma divisão do Partido Revolucionário Comunista. Já dirigi uma seção da John Birch Society. Eu tinha uns cinco codinomes diferentes e não havia literalmente nenhuma seção do espectro político americano com a qual não estivesse envolvido. Era defensor e filiado à ADL [Anti-Defamation League] e à JDL [Jewish Defense League]. Tinha um cartão do World Jewish Congress. Trabalhei para a Heritage Foundation, de direita, e para a ACLU [American Civil Liberties Union], de esquerda. Isso me fazia sentir superior à ideologia e aos coitados dos idiotas que haviam passado por uma lavagem cerebral e que jogavam a sua vida fora perseguindo conceitos abstratos.* (In *Applebaum, 1994, pág. 33.)*

A negação do Holocausto, portanto, é apenas um item da longa lista de ideologias que têm fascinado Cole desde que largou o colegial no sul da Califórnia. Sem curso superior, mas com uma pensão recebida dos pais para a autoeducação, Cole tem uma biblioteca pessoal com milhares de volumes, incluindo uma razoável seção de obras sobre o Holocausto. Conhece o seu assunto e pode "debater os fatos até o raiar do dia". Ao passo que outras ideias alternativas só receberam a sua atenção por alguns meses ou no máximo um ano, o Holocausto "trata mais de coisas realmente físicas e não de alguns conceitos abstratos que exijam fé. Nós estamos falando de uma coisa da qual muitas evidências ainda estão aí". E boa parte dessas evidências físicas foram filmadas por Cole numa empreitada para levantamento de dados no verão de 1992, financiada pelo negador Bradley Smith. "Eu calculei que precisaria de 15 mil a 20 mil dólares e Bradley pôs mãos à obra – levou uns dois meses e meio para levantar essa quantia." O objetivo declarado de Cole em sua pesquisa é:

> *tentar tirar o revisionismo de sua condição marginal e trazê-lo para a corrente predominante... Queria atingir pessoas que não fossem de direita ou neonazistas. A direita agora está numa posição muito perigosa, pois existe um vazio criado pelos historiadores da corrente predominante, que denunciam o revisionismo. O vazio vem sendo preenchido por gente como Ernst Zündel. Zündel é um ser humano muito amável, mas é um fascista e não é o tipo de pessoa que eu gostaria de ver reconhecido como o principal revisionista do Holocausto em nível mundial. (1994)*

Cole declara que deseja ter o seu vídeo avaliado por estudiosos profissionais (diz tê-lo oferecido a Yad Vashem em Jerusalém), mas editou-o em formato comercial para vendê-lo por meio do catálogo da IHR [Institute for Historical Review], como já fizera com o seu primeiro vídeo sobre Auschwitz, que, segundo ele, vendeu 30 mil cópias.

David Cole gosta de agitar o ambiente, e não só entre os historiadores. Por exemplo, é capaz de levar uma namorada afro-americana a um evento social dos negadores a que estarão presentes supremacistas brancos "só para vê-los se contorcendo para olhar com cara de espanto". Embora esteja em franco desacordo com muitas das crenças e com a maioria das políticas dos negadores, ele ainda se apresenta à mídia como um "negador", mesmo sabendo que isso vai atrair-lhe o desprezo e às vezes até a violência física. O que um cara de fora como Cole está fazendo nesse meio? Está com raiva por ter sido boicotado por historiadores que, segundo ele, "não são deuses, não são figuras religiosas e não são sacerdotes. Temos o direito de pedir-lhes mais explicações. Não tenho vergonha de fazer as perguntas que estou fazendo" (1994). Mas fica a questão: por que tais perguntas precisam ser feitas e por que a negação atrai tanto a atenção de Cole.

Fato interessante: em 1995 Cole experimentou uma espécie de desavença com os negadores desencadeada por uma série de eventos, incluindo um incidente na Europa em outubro de 1994, numa outra viagem para filmar um vídeo sobre campos de extermínio nazistas. Segundo Bradley Smith, Cole estava no campo de Natzweiler (Struthof) examinando a câmara de gás com Pierre Guillaume (o editor francês de Faurisson), Henri Roques (autor de *The "Confessions" of Kurt Gerstein*), a esposa de Roques e o negador Tristan Mordrel. Quando estavam dentro do edifício que abrigava a câmara de gás, um dos guardas, segundo Smith, "pediu licença, saiu e fechou a porta de saída pelo lado de fora". Depois de uns vinte minutos, o guarda destrancou a porta e eles voltaram aos seus carros, ocasião em que Cole descobriu que "o vidro da janela do seu automóvel tinha sido quebrado e haviam roubado os seus diários de viagem, papéis, livros, objetos pessoais, fitas de vídeo e filme para câmera fotográfica. Em resumo, toda a sua pesquisa. Limparam tudo" (Smith, 1994). Smith diz que a viagem lhe custou 8 mil dólares; então, ele agora está vendendo um vídeo de oitenta minutos de Cole contando a sua história para sair do buraco.

Por ironia, Henri Roques nega a história de Cole:

> *Nós seis nunca fomos trancados por fora na câmara de gás para ficar presos lá dentro! O guarda apenas trancou a porta por dentro e precisou abri-la uma vez porque alguns turistas estavam batendo à porta, e ele lhes informou que a visita só era permitida a quem tivesse autorização especial (que era o caso do nosso grupo). Minha esposa e eu nos lembramos apenas de um guarda. Segundo o guarda e, mais tarde, segundo os soldados armados em Schirmeck (perto de Struthof), esse tipo de roubo infelizmente é comum, ainda mais se tratando de um carro com placa do exterior. De início, achei que podia ter sido um furto dirigido a pessoas revisionistas, mas não vejo nada que pudesse sustentar isso e, além do mais, as conversas que tive com P. Guillaume e T. Mordrel tendem a eliminar essa possibilidade. A versão de Cole poderia levar os leitores a acreditar numa operação antirrevisionista levada a cabo com a cumplicidade dos guardas, mas não acho justo acusar os guardas de terem nos "prendido" ou até, quem sabe, de terem participado do furto. (1995, pág. 2.)*

Outro aspecto irônico é que, quando Robert Faurisson afirmou na *Adelaide Institute Newsletter* que a câmara de gás de Struthof nunca havia sido usada em extermínios em massa, Cole, num gesto louvável, refutou-o:

> *Que evidência Faurisson nos dá para "provar" que nunca houve mortes por gás em Struthof? Ele nos fala de uma "perícia" que "sumiu", mas, "graças a uma outra evidência", sabemos do que ele está falando. Ele nos remete ao artigo da* Journal of Historical Review *para maiores informações. Esperaríamos encontrar nesse artigo algo a respeito* do que trata *essa outra evidência e sobre por que ela confirmaria a existência e as conclusões da "perícia", mas infelizmente Faurisson se recusa a esclarecer isso. Então, o que temos? Um relatório que sumiu e um revisionista que nos garante que* **ele** *sabe o que dizia o relatório, sem sentir necessidade de*

nos fornecer nenhuma evidência adicional. Como reagiria um revisionista *se um "exterminacionista" agisse desse modo? É rotina os revisionistas descartarem documentos quando os originais desapareceram. Não aceitamos coisas apenas por "ter ouvido falar a respeito" e* com certeza *não acreditamos na palavra dos "exterminacionistas" quando se trata de conteúdo de documentos. (1995, pág. 3.)*

A agenda judaica na negação do Holocausto

O que percorre quase toda a literatura sobre negação – livros, artigos, editoriais, resenhas, monografias, guias, panfletos e material promocional – é um fascínio pelos judeus e por tudo o que seja judeu. Não há edição do *JHR* que não contenha alguma coisa sobre os judeus. A de janeiro/fevereiro de 1994, por exemplo, destaca uma matéria de capa sobre quem matou os Romanov e levou os bolcheviques ao poder. Sim, foram os judeus, como explica Mark Weber: "Embora oficialmente os judeus nunca tenham chegado a ser mais do que cinco por cento da população total do país, tiveram um papel altamente desproporcional e talvez decisivo no nascente regime bolchevique, dominando de fato o governo soviético nos primeiros anos". Mas Lênin, que ordenou o assassinato da família imperial, não era judeu. Weber contorna esse fato observando que "o próprio Lênin tinha antecedentes basicamente russos e calmuques, mas também tinha uma quarta parte de judeu" (1994c, pág. 7). Essa é uma linha de raciocínio tipicamente negacionista. *Fato*: Os comunistas assassinaram os Romanov e instigaram a Revolução Bolchevique. *Fato*: Alguns dos líderes comunistas eram judeus. *Conclusão*: Os judeus mataram os Romanov e provocaram a Revolução Bolchevique. Pela mesma lógica: Ted Bundy era católico. Ted Bundy era um assassino serial. Os católicos são assassinos seriais.

O foco nos judeus é predominante na *JHR*. Por quê? Mark Weber justifica de modo simplista a atitude do IHR:

Nós nos concentramos nos judeus porque quase todo mundo tem medo de fazer isso. Parte da razão pela qual existimos, e parte do prazer, é sermos capazes de lidar com um assunto que os outros não estão abordando e de uma maneira que nós sentimos que ajuda a dar informações sobre o que é relevante. Gostaria que a mesma atenção fosse dispensada em nossa sociedade ao se falar dos alemães, ucranianos ou húngaros, que são inclinados a falar dos judeus. No chamado Museu da Tolerância da Simon Wiesenthal há referências constantes ao que os alemães fizeram aos judeus na Segunda Guerra Mundial. Quando se trata de alemães e húngaros, nós permitimos e incentivamos em nossa sociedade coisas que consideraríamos estereótipos perversos se fossem aplicadas a outros grupos. Isso é um padrão duplo, do qual a campanha pelo Holocausto é a manifestação mais espetacular. Temos um museu em Washington, D.C., à memória de não americanos vitimados por outros não americanos. Não temos nenhum outro museu comparável sobre os destinos dos nativos americanos, sobre os negros vitimados durante a escravidão, sobre as vítimas do comunismo etc. A própria existência desse museu indica essa sensibilidade perversa às questões judaicas em nossa sociedade. O IHR e os que estão a nós filiados temos uma sensação de liberação *naquilo que dizemos e, na realidade, não ligamos a mínima se vocês nos criticam ou não. Vamos fazer essas afirmações seja como for. Não temos receio de perder o emprego porque nosso emprego é esse. (1994b)*

Não há muita ambiguidade nessa declaração. A extrema sensibilidade em relação aos judeus e a "campanha" do Holocausto são "perversas" e opor-se a elas dá "prazer" e "liberação". Os alemães, no entanto, são as vítimas que precisam ser mais bem tratadas.

O aspecto conspiracional da negação do Holocausto

Entranhado na agenda judaica da negação do Holocausto está um forte traço conspiracional. O *The "Holocaust" News*, publicado pelo Centre for Historical Review (não confundir com o IHR), afirma no seu primeiro número que "a mentira do 'Holocausto' foi perpetrada pela impressionante máquina de propaganda sionista-judaica com a intenção de encher a mente dos não judeus do mundo todo com um tal sentimento de culpa em relação aos judeus que os impedisse de fazer qualquer protesto quando os sionistas roubassem a terra dos palestinos com a mais cruel selvageria" (sem data, pág. 1). Quanto mais os negadores do Holocausto expõem seus argumentos, mais acreditam neles, e quanto mais os judeus e outras pessoas argumentam contra eles, mais os negadores do Holocausto ficam convencidos de que existe uma espécie de conspiração judaica para "criar" o Holocausto, de modo que os judeus possam conseguir ajuda e simpatia por Israel, atenção, poder e assim por diante.

Um exemplo antigo e clássico de pensamento conspiracional que influenciou o moderno movimento de negação é o livro *Imperium: The Philosophy of History and Politics* ([1948] 1969), escrito por Francis Parker Yockey com o pseudônimo de Ulick Varange e dedicado a Adolf Hitler. O catálogo do IHR descreve o livro como "um abrangente tratado histórico-filosófico nos moldes spenglerianos e um claro chamado às armas em defesa da Europa e do Ocidente". Foi esse livro que introduziu Willis Carto, o fundador do IHR, à negação do Holocausto. *Imperium* detalha o sistema "imperial" modelado segundo o nacional-socialismo de Hitler, no qual a democracia iria definhar, as eleições acabariam, o poder ficaria nas mãos do público e os negócios seriam de propriedade pública. O problema, na visão de Yockey, era "o judeu", que "vive apenas com a ideia de se vingar das nações da raça branca europeia-americana". Um conspiracionalista, Yockey descreveu como os "desvirtuadores da cultura" estavam minando o Ocidente por meio das operações encobertas da "igreja-estado-nação-povo-raça dos judeus" (ver Obert, 1981, págs. 20-24) e como Hitler heroicamente defendeu a pureza da raça ariana contra alienígenas inferiores do ponto de vista racial-cultural e contra "parasitas" como os judeus, asiáticos, negros e comunistas (ver McIver, 1994).

O viés conspiracional de Yockey não é incomum nos Estados Unidos, um exemplo do que Richard Hofstadter chamou de "estilo paranoico" da política americana. Por exemplo, a germânico-americana Anti-Defamation League de Washington, D.C., que "busca defender os direitos dos germânico-americanos, a minoria esquecida", publicou uma charge perguntando: "Por quanto tempo os judeus conseguirão perpetrar o mito do Holocausto?", com uma caricatura vulgar de magnatas judeus da mídia manipulando a informação para perpetuar o engodo. A mesma organização criou um anúncio que perguntava: "Será que a Challenger teria explodido se os cientistas alemães ainda estivessem no comando?" "Nós achamos que não!", exclamava o anúncio, antes de explicar que os "quinta-colunas soviéticos nos Estados Unidos" haviam trabalhado secretamente para eliminar os cientistas alemães da NASA. Para o conspiracionalista, forças demoníacas de todo tipo vêm atuando ao longo da história, incluindo, é claro, os judeus, mas também os Illuminati, os Cavaleiros Templários, os Cavaleiros de Malta, os maçons, a franco-maçonaria, os cosmopolitas, os abolicionistas, os senhores de escravos, os católicos, comunistas, o Conselho de Relações Exteriores, a Comissão Trilateral, a Comissão Warren, o World Wildlife Fund e muitas outras (Vankin e Whalen, 1995). Em muitas delas, "os judeus" são vistos como operando nos bastidores.

John George e Laird Wilcox esboçaram um conjunto de características apresentadas por extremistas políticos e grupos alternativos que se mostra útil ao examinar os princípios mais amplos por trás da negação do Holocausto (1992, pág. 63):

1. Eles têm certeza absoluta de que estão com a verdade.
2. A América está sendo controlada em grau maior ou menor por um grupo conspiracional. Na verdade, eles acreditam que esse grupo do mal é muito poderoso e controla a maioria das nações.
3. Ódio aberto aos opositores. Pelo fato de esses opositores (na verdade, "inimigos" aos olhos dos extremistas) serem vistos como parte da ou como simpatizantes da "Conspiração", eles são merecedores de ódio e desprezo.
4. Pouca fé no processo democrático. Principalmente porque a maioria deles acredita que a "Conspiração" tem essa grande influência no governo dos EUA, e portanto os extremistas geralmente rejeitam fazer qualquer concessão.
5. Disposição de negar as liberdades civis básicas a certos colegas cidadãos, pois os inimigos não merecem liberdades.
6. Uma consistente indulgência em fazer acusações irresponsáveis e em difamar.

O núcleo duro e a ala lunática da negação do Holocausto

A evolução do movimento de negação do Holocausto tem uma similaridade impressionante com a de outros movimentos alternativos. Como os negadores não estão tentando conscientemente moldar a si mesmos segundo, por exemplo, o modelo dos criacionistas, talvez seja possível detectar um padrão ideológico comum nesses grupos alternativos que tentam passar para a corrente predominante:

1. Nos seus primórdios, o movimento abrange uma ampla diversidade de pensamento e de membros que representam as alas radicais da sociedade e tem pouco sucesso em entrar para a corrente predominante (o criacionismo na década de 1950; o da negação na década de 1970).
2. Conforme o movimento cresce e evolui, alguns membros tentam se dissociar e também tirar o próprio movimento da postura mais alternativa, procurando firmar credenciais científicas ou acadêmicas (o criacionismo na década de 1970, quando se tornou "ciência da criação"; a negação na década de 1970, com a fundação do IHR).
3. Nesse esforço em direção à aceitabilidade, a ênfase se afasta da retórica antiestablishment e passa para uma declaração mais positiva de crenças (os criacionistas abandonaram a tática da antievolução e adotaram o argumento do "tempo igual"; o IHR rompeu com Carto e os negacionistas em sua maioria estão tentando se livrar da reputação de racistas, antissemitas).
4. Para poder entrar em instituições públicas como as escolas, o movimento passa a recorrer à Primeira Emenda e a dizer que a sua "liberdade de expressão" está sendo violada quando os seus pontos de vista não recebem permissão para ser ouvidos (os criacionistas fizeram passar leis de tempo igual em vários estados nas décadas de 1970 e 1980; os julgamentos canadenses sobre "liberdade de expressão" de Zündel [ver figura 19]; e os anúncios de Bradley Smith em jornais de faculdade).
5. Para chamar a atenção do público, o movimento tenta fazer com que o ônus da prova passe dele para o *establishment*, pedindo "uma prova só que seja" (os criacionistas pedem "apenas um fóssil" que prove que as formas transicionais existem; os negadores pedem "apenas uma prova" de que os judeus foram mortos em câmaras de gás).

O movimento de negação do Holocausto tem os seus extremos e os membros da sua ala lunática muitas vezes sustentam ideias neonazistas e de supremacia branca. O negador do Holocausto e autoproclamado separatista branco Jack Wikoff, por exemplo, publica *Remarks* com base em Aurora, Nova York. "O judaísmo talmúdico está em guerra com a humanidade", explica Wikoff. "O comunismo revolucionário e o Sionismo Internacional são forças gêmeas trabalhando pelo mesmo objetivo: um despótico governo mundial com a capital em Jerusalém" (1990). Wikoff também torna públicas declarações como a

FIGURA 19: No julgamento de sua "liberdade de expressão" no Canadá, Ernst Zündel apareceu em um uniforme de campo de concentração entre os apoiadores com cartazes proclamando crenças conspiratórias padronizadas sobre os judeus e os meios de comunicação, 1985. [Foto cedida por Ernst Zündel.]

seguinte, feita numa carta de "R.T.K." da Califórnia: "Sob Hitler e o nacional-socialismo, os soldados alemães aprenderam o racismo branco e este mundo nunca viu combatentes tão magníficos. *A nossa tarefa é reeducar com os fatos da genética e da história*" (1990). Fato interessante, *Remarks* é patrocinada por Bradley Smith, e Wikoff faz resenhas de livros para a *JHR*.

Outra *newsletter* dos negadores, *Instauration*, trouxe na sua edição de janeiro de 1994 um artigo intitulado "How to Cut Violent Crime in Half: An Immodest Proposal" ("Como Reduzir o Crime Violento à Metade: Uma Proposta Indecente"), sem subtítulo. A solução do autor é tipicamente nazista:

> *Existem 30 milhões de negros nos EUA, metade deles homens e cerca de uma sétima parte desses homens na faixa de 16 a 26 anos, o setor violento da população negra. Metade de 30 milhões são 15 milhões. Uma sétima parte de 15 milhões dá pouco mais de 2 milhões. Isso nos diz que 2 milhões de negros, e não 30 milhões, estão cometendo os crimes. A União Soviética tinha populações nos* gulags *que chegaram a 10 milhões em várias épocas do período stalinista. Os Estados Unidos, com tecnologia muito mais avançada, deveriam ser capazes de controlar e dirigir campos que abrigassem pelo menos vinte por cento desse total. Negros não envolvidos com drogas e sem ficha criminal seriam soltos dos campos desde que testes psicológicos e genéticos não encontrassem traços de comportamento violento. Quanto à maioria dos detidos, no seu aniversário de 27 anos todos os "jovens", exceto os mais incorrigíveis, seriam liberados, abrindo espaço para o novo contingente de garotos de 16 anos que viriam substituí-los. (Pág. 6)*

O National Socialist German Workers Party, Foreign Organization (NSDAP/AO), de Lincoln, Nebraska, publica um jornal bimestral, *The New Order*. Aqui a pessoa pode pedir broches de suásticas, além de bandeiras, braçadeiras, chaveiros e escudos com suásticas; canções e discursos da SS; camisetas do "White Power" ["Poder Branco"]; e todo tipo de livros e revistas promovendo o poder branco, os neonazistas, Hitler e o antissemitismo. A edição de julho/agosto, por exemplo, explica que "A COMPLETA EXTINÇÃO GLOBAL da RAÇA NEGROIDE (devido à infectação pela aids) ocorrerá ATÉ o ano 2022 d.C.". Um rosto sorridente é colocado embaixo dessa "boa" notícia, com o *slogan* "Have a Nazi Day!" [trocadilho com *Have a Nice Day!* ("Tenha um Bom Dia")]. Sobre Auschwitz, o leitor fica sabendo que, "com a sistemática precisão germânica, cada morto era registrado e classificado. O pequeno número de mortos ao longo de um período de três anos é na verdade um atestado de como eram humanas, limpas e saudáveis as condições num campo de trabalho da SS na Polônia!". O problema, sem dúvida, é que "os judeus usarão a verdade para sustentar as perversas mentiras DELES e seu complexo paranoico de perseguição" (pág. 4).

Mark Weber, David Irving e companhia têm ativamente se distanciado desse lado da negação do Holocausto. Weber, por exemplo, protestou: "Por que isso é relevante? [Lew] Rollins usou o trabalho para a IHR. A *Remarks* está na crista. Eles costumavam ser mais ou menos revisionistas. Mas [o editor Jack Wikoff] está agora envolvido mais e mais em questões raciais. *Instauration* é racista. Suponho que são afiliados na medida em que concordam com algumas das coisas que nós podemos publicar. Mas não existe um relacionamento" (1994b). Mesmo assim, essas pessoas e outras da sua laia também se autodenominam "revisionistas do Holocausto" e sua literatura está cheia de referências a argumentos-padrão da negação e a negadores do Holocausto da IHR. E, por todo o espectro da negação do Holocausto, Ernst Zündel é reconhecido como o líder espiritual do movimento.

Por exemplo, *Tales of the Holohoax* é dedicado a Robert Faurisson e a Ernst Zündel e traz agradecimentos a Bradley Smith e Lew Rollins. Depois de catorze páginas de cartuns grosseiros, mostrando os judeus e o "Holohoax" [algo como "Holofraude"], o autor declara: "As bárbaras fábulas sobre câmaras de gás homicidas, imprecisamente agrupadas sob o tópico de Novilíngua Orwelliana de "Holocausto", tornaram-se a religião informal do estado no Ocidente. O governo, as escolas públicas e a mídia corporativa impõem aos jovens essa mórbida casa funerária mental para instilar culpa, como uma forma de discriminar grupos e de propagar ódio ao povo alemão" (House, 1989, pág. 15).

Os negadores não são todos iguais, mas persiste o fato de que em toda negação do Holocausto há uma essência de pensamento racista, paranoico, conspiracional, que é claramente dirigida contra os judeus. Varia de um antissemitismo crasso a uma forma de antissemitismo mais sutil e insidiosa, que se insinua numa conversa como: "Alguns dos meus melhores amigos são judeus, mas...", ou: "Não sou antissemita, mas...", frases seguidas por uma ladainha sobre todas as coisas que "os judeus" estão fazendo. Esse preconceito é o que move os negadores a procurar e encontrar o que estão buscando e a confirmar aquilo em que já acreditam de antemão. Por que eles dizem que o Holocausto nunca aconteceu? Dependendo da pessoa a quem você perguntar isso, a resposta será: por interesse em história, por dinheiro, perversidade, busca de notoriedade, ideologia, política, medo, paranoia ou ódio.

14

Como sabemos que o Holocausto aconteceu

Desmistificando os negadores

A palavra *desmistificar* tem conotações negativas para a maioria das pessoas, mas, quando você apresenta respostas a afirmações de natureza extraordinária (e a negação do Holocausto com certeza se encaixa nisso), então a desmistificação atende a um propósito útil. Afinal, existem muitas mistificações a ser desmistificadas. Mas estou tentando fazer bem mais do que isso. No processo de desmistificar os negadores, eu demonstro de que modo sabemos que o Holocausto aconteceu e que ele se deu de uma maneira particular, em relação à qual existe consenso na maioria dos historiadores.

Não há nenhum cânone de verdade imutável sobre o Holocausto que não possa ser alterado, com o que, aliás, muitos negadores concordam. Quando se entra no estudo do Holocausto, e especialmente quando se começa a comparecer a conferências e palestras e a acompanhar debates entre historiadores do Holocausto, descobre-se que há muita discussão a respeito de pontos principais e secundários do tema. O alvoroço em torno do livro de Daniel Goldhagen, *Hitler's Willing Executioners*, de 1996, no qual o autor sustenta que alemães "comuns" e não apenas nazistas participaram do Holocausto, mostra bem que os historiadores do Holocausto estão longe de um acordo sobre o que de fato aconteceu, quando, por que e como. Não obstante, há um abismo entre os pontos que os historiadores do Holocausto discutem e os que estão sendo levantados pelos negadores do Holocausto – a negação do genocídio intencional, baseado principalmente em raça, do uso programático de câmaras de gás e crematórios para o extermínio em massa e do assassinato de 5 milhões a 6 milhões de judeus.

A metodologia da negação do Holocausto

Antes de abordar os três eixos principais da negação do Holocausto, vamos examinar um pouco a metodologia dos negadores, o seu modo de argumentar. As falácias do seu raciocínio são espantosamente similares às de outros grupos radicais, como os criacionistas.

1. Eles se concentram nos pontos fracos de seus oponentes e ao mesmo tempo é raro que digam algo definitivo a respeito da sua própria posição. Os negadores enfatizam, por exemplo, as inconsistências dos relatos de testemunhas oculares.
2. Eles exploram os erros cometidos pelos estudiosos que estão elaborando argumentos opostos aos seus e deixam implícito que, se algumas poucas conclusões de seus oponentes estão erradas, então *todas* as conclusões deles devem estar erradas. Os negadores citam a história do sabão humano, que se revelou um mito, e falam da "inacreditável contração do Holocausto", pois os historiadores baixaram o número de mortos em Auschwitz de 4 milhões para 1 milhão.
3. Usam citações de figuras destacadas da corrente oficial, em geral fora do contexto, para sustentar a sua própria posição. Os negadores citam Yehuda Bauer, Raul Hilberg, Arno Mayer e até destacados nazistas.
4. Querem fazer crer que os debates genuínos e honestos de estudiosos a respeito de certos pontos de um campo de estudo são uma discussão sobre a própria existência do campo. Os negadores transformam, por exemplo, o debate entre intencionalistas e funcionalistas sobre o desenvolvimento do Holocausto em uma discussão sobre se o Holocausto existiu ou não.
5. Eles se concentram naquilo que não se conhece e ignoram aquilo que já é sabido, enfatizam os dados que se mostram convenientes e descartam os que não se encaixam. Os negadores destacam aquilo que não sabemos a respeito das câmaras de gás e não levam em conta todos os relatos de testemunhas oculares e todos os testes forenses que comprovam o uso de câmaras de gás para extermínios em massa.

Devido à imensa quantidade de evidências do Holocausto – são muitos anos de pesquisa, com boa parte do mundo envolvida, milhares de relatos e de documentos, milhões de fragmentos –, existem também evidências de que algumas coisas podem ser interpretadas em favor dos pontos de vista dos negadores. A maneira com que estes tratam os depoimentos dados nos julgamentos de nazistas realizados em Nurembergue no pós-guerra é típica da sua forma de lidar com as evidências. Por um lado, os negadores rejeitam as confissões de Nurembergue, alegando que não são confiáveis, pois se tratava de um tribunal militar comandado pelos vitoriosos. A evidência, afirma Mark Weber, "consiste em grande parte em confissões arrancadas, testemunhos espúrios e documentos fraudulentos. Os julgamentos de Nurembergue no pós-guerra eram procedimentos com motivação política, destinados mais a desacreditar os líderes do regime derrotado do que a estabelecer a verdade" (1992, pág. 201). Nem Weber nem ninguém mais provou que a maioria das confissões tivesse sido arrancada, ou fosse espúria ou fraudulenta. Mas, mesmo que os negadores conseguissem provar que *algumas* delas tivessem sido forçadas ou falsas, isso não significaria que *todas* elas foram.

Por outro lado, os negadores citam os depoimentos dos julgamentos de Nurembergue sempre que estes se mostram favoráveis aos seus argumentos. Por exemplo, embora os negadores rejeitem os testemunhos dos nazistas que afirmaram ter havido um Holocausto e ter participado dele, aceitam o testemunho de nazistas como Albert Speer, que afirmou não saber nada a respeito. Mas, mesmo nesse caso, os negadores se recusam a fazer uma análise mais profunda. Speer de fato declarou nos julgamentos que não sabia nada a respeito do programa de extermínio. Mas o seu diário da prisão de Spandau fala muito disso:

> 20 de dezembro de 1946. *Tudo se resume ao fato de que Hitler sempre odiou os judeus; nunca fez segredo disso. Era capaz de dizer com toda a calma, entre a sopa e a refeição de legumes: "Quero aniquilar os judeus da Europa. Esta guerra é o confronto decisivo entre o nacional-socialismo e o judaísmo mundial. Um dos dois vai comer poeira e com certeza não seremos nós". Portanto, o que declarei no tribunal é verdade, ou seja, eu não tinha conhecimento dos assassinatos de judeus; mas é verdade apenas de modo superficial. A pergunta e a minha resposta foram o momento mais difícil das minhas muitas horas no banco das testemunhas. O que eu senti não foi medo, mas vergonha por não ter reagido, mesmo sabendo do que se tratava; vergonha por meu silêncio abatido na mesa, vergonha por minha apatia moral, por tantos atos de repressão. (1976, pág. 27.)*

Além disso, Matthias Schmidt, em *Albert Speer: The End of a Myth*, detalha as atividades de Speer em apoio à Solução Final. Entre outras coisas, Speer organizou o confisco de 23.765 apartamentos de judeus em Berlim em 1941; ele sabia da deportação de mais de 75 mil judeus para o leste; ele pessoalmente inspecionou o campo de concentração de Mauthausen, onde ordenou um corte nos materiais de construção e redirecionou suprimentos que eram necessários em outros lugares; e em 1977 contou a um repórter de jornal: "Ainda vejo que a minha culpa consiste principalmente em ter aprovado a perseguição dos judeus e o assassinato de milhões deles" (1984, págs. 181-198). Os negadores citam o testemunho de Speer em Nurembergue e ignoram os comentários que fez sobre esse depoimento.

Convergência de evidências

Não importa o que se queira argumentar, é preciso fazer valer evidências adicionais de outras fontes, que corroborem as nossas conclusões. Os historiadores sabem que o Holocausto aconteceu com base no mesmo método geral que os cientistas usam em campos da história como a arqueologia ou a paleontologia – por meio do que William Whewell chamou de "consiliência de induções", ou seja, uma convergência de evidências. Os negadores parecem acreditar que, se conseguirem encontrar uma simples rachadura na estrutura do Holocausto, o edifício todo vai ruir. Essa é a falha fundamental do seu raciocínio. O Holocausto não foi um evento isolado. O Holocausto consistiu de milhares de eventos em dezenas de milhares de lugares, e está provado por milhões de fragmentos de dados que convergem para uma conclusão. O Holocausto não pode ser desmentido por pequenos erros ou inconsistências aqui e ali, pela simples razão de que, antes de mais nada, ele não foi provado apenas por esses fragmentos.

A evolução, por exemplo, é provada pela convergência de evidências da geologia, paleontologia, botânica, zoologia, herpetologia, entomologia, biogeografia, anatomia, fisiologia e anatomia comparada. Nenhum fragmento de evidência desses diversos campos vem com a palavra "evolução" escrita em cima. Um fóssil é apenas um instantâneo. Mas quando um fóssil numa camada geológica é estudado junto com outros fósseis da mesma e de diferentes espécies, comparado com espécies em outros estratos, contrastado com organismos modernos, justaposto a espécies em outras partes do mundo, passado e presente, e assim por diante, deixa de ser o instantâneo e vira um filme. Evidências de cada um desses campos se juntam e compõem uma grande conclusão – a evolução. O processo para provar o Holocausto não é diferente. Eis a convergência de provas:

- ***Documentos escritos:*** Centenas de milhares de cartas, memorandos, plantas, ordens, contas, falas, artigos, memórias e confissões.
- ***Depoimentos de testemunhas oculares:*** Relatos de sobreviventes, *Kapos*, *Sonderkommandos*, guardas da SS, comandantes, habitantes das localidades e até nazistas do alto escalão que não negaram o Holocausto.
- ***Fotos:*** Fotos e filmes militares oficiais e da imprensa, fotos de civis, fotos secretas tiradas por prisioneiros, fotos aéreas e trechos de filmes dos alemães e dos aliados.
- ***Evidência física:*** Artefatos encontrados nos locais dos campos de concentração, nos campos de trabalho e de extermínio, muitos dos quais ainda subsistem em variados graus de originalidade e reconstrução.
- ***Demografia:*** Todas aquelas pessoas que os negadores afirmam que sobreviveram não foram localizadas.

Os negadores do Holocausto ignoram essa convergência de evidências. Eles pegam só o que serve à sua teoria e descartam ou evitam o resto. Historiadores e cientistas também fazem isso, mas há uma diferença. A história e a ciência contam com mecanismos de autocorreção, por meio dos quais os erros que alguém comete são "revisados", no verdadeiro sentido da palavra, por seus colegas. *A revisão é a modificação de uma teoria com base em evidências novas ou numa nova interpretação de evidências antigas.* A revisão não deve se basear em ideologias políticas, convicções religiosas ou outras emoções humanas. Os historiadores são humanos, têm emoções, é claro, mas são eles os verdadeiros revisionistas, porque no final a ciência coletiva da história separa o joio emocional do trigo factual.

Vamos examinar como a convergência de evidências funciona para provar o Holocausto e como os negadores selecionam ou distorcem os dados para sustentar as suas afirmações. Temos o relato de um sobrevivente que diz ter ouvido falar da morte de judeus em câmaras de gás enquanto esteve em Auschwitz. O negador diz que os sobreviventes exageram e que as suas memórias não são confiáveis. Outro sobrevivente conta outra história diferente, em detalhes, mas que preserva com a anterior uma similaridade essencial: a de que os judeus eram mortos em câmaras de gás em Auschwitz. O negador afirma que havia rumores circulando por todos os campos e que muitos sobreviventes os incorporaram às suas memórias. Um guarda da SS confessa depois da guerra que ele realmente viu pessoas sendo mortas nas câmaras de gás e sendo cremadas. O negador afirma que essas confissões foram arrancadas dos nazistas pelos aliados. Mas agora um membro do Sonderkommando – um judeu que havia ajudado os nazistas a transportarem corpos das câmaras de gás para dentro dos crematórios – diz que não só ouviu falar a respeito e que não só viu isso acontecer, como participou efetivamente do processo. O negador contesta isso dizendo que os relatos do Sonderkommando não têm validade – suas listas de números de corpos são exageradas e suas datas incorretas. E quanto ao comandante do campo, que confessou depois da guerra que não só ouviu falar, viu e participou do processo, mas também o organizou? Ele foi torturado, diz o negador. E quanto à sua autobiografia, escrita após o julgamento, condenação e sentença à morte, quando ele não tinha mais nada a ganhar mentindo? Ninguém sabe por que as pessoas confessam crimes ridículos, explica o negador, mas elas fazem isso.

Nenhum depoimento isolado traz escrito nele a palavra "Holocausto". Mas, urdidos em conjunto, eles formam um padrão, uma história que faz sentido, enquanto a história dos negadores se esgarça. Não é o historiador que precisa apresentar "uma única prova que seja", mas é o negador que agora tenta contestar seis dados históricos, com seis diferentes métodos de contestação.

E mais: dispomos de plantas de projetos de câmaras de gás e crematórios. Elas foram usadas apenas para remover piolhos e para o descarte de defuntos, afirma o negador; e diz ainda que, graças à guerra dos aliados à Alemanha, os alemães nunca tiveram a oportunidade de deportar os judeus para a sua terra natal e que em vez disso tiveram de colocá-los em campos superlotados nos quais a doença e os piolhos grassavam. E o que dizer dos grandes pedidos de fornecimento de gás Zyklon-B? Ele foi usado apenas para tirar os piolhos de todos aqueles reclusos doentes. E dos grandes discursos de Adolf Hitler,

Heinrich Himmler, Hans Frank e Joseph Goebbels falando no "extermínio" de judeus? Ah, na verdade eles queriam dizer "desterrar", ou seja, deportá-los do Reich. E a confissão de Adolf Eichmann em seu julgamento? Ele foi coagido. Mas o governo alemão não admitiu que os nazistas tentaram exterminar os judeus da Europa? Sim, mas os alemães mentiram, para poder fazer parte outra vez da comunidade de nações.

Agora o negador precisou racionalizar nada menos do que catorze evidências diferentes, todas elas convergindo para uma conclusão específica. Mas a consiliência continua. Se 6 milhões de judeus não foram mortos, onde estão eles? Na Sibéria e em Peoria, em Israel e Los Angeles, diz o negador. Mas por que eles não conseguem mais encontrar uns aos outros? Conseguem – você não ouviu falar de histórias de parentes separados há muitos anos que se encontram depois de várias décadas? E o que dizer das fotos e filmes de noticiário mostrando a liberação dos campos, com todos aqueles corpos mortos e reclusos em inanição? Aquelas pessoas estavam sendo bem cuidadas até o fim da guerra, enquanto os aliados bombardeavam sem piedade as cidades alemãs, as fábricas e linhas de suprimento, impedindo assim que a comida chegasse aos campos; os nazistas tentaram valentemente salvar os seus prisioneiros, mas a força conjunta dos aliados era muito superior. E todos os relatos de prisioneiros sobre a brutalidade dos nazistas – fuzilar aleatoriamente, surrar, as condições deploráveis, as temperaturas baixíssimas, as marchas para a morte e assim por diante? Essa é a natureza da guerra, retruca o negador. Os americanos prenderam nipo-americanos e japoneses em campos. Os japoneses aprisionaram chineses. Os russos torturaram poloneses e alemães. A guerra é o inferno. Os nazistas não eram diferentes dos outros.

Já estamos agora com dezoito conjuntos de evidências, todas convergindo para uma conclusão. O negador destrói todas elas, determinado a não desistir de seu sistema de crença. Ele se apoia no que poderíamos chamar de *racionalização post hoc* – um raciocínio após o fato para justificar qualquer evidência em contrário – e depois exige que o historiador do Holocausto conteste cada uma de suas racionalizações. Mas a convergência de evidências favoráveis ao Holocausto significa que o historiador já arcou com o ônus da prova, e, quando o negador exige que cada evidência prove isoladamente o Holocausto, ele ignora o fato de que nenhum historiador jamais afirmou que uma evidência isolada provaria o Holocausto ou qualquer outra coisa. Devemos examinar uma evidência como parte de um todo, e quando fazemos isso o Holocausto pode ser visto como algo já provado.

Intencionalidade

O primeiro grande eixo da negação do Holocausto consiste em afirmar que o genocídio perpetrado por Hitler e seus seguidores não teve como motivação principal o fator raça.

Adolf Hitler

Os negadores começam por cima, então vou fazer o mesmo. Em seu livro de 1977 *Hitler's War*, David Irving argumenta que Hitler não tinha conhecimento do Holocausto. Pouco depois, Irving colocou dinheiro em suas palavras, prometendo pagar 1.000 dólares a quem produzisse uma prova documental – especificamente, um documento escrito – de que Hitler havia ordenado o Holocausto. Num exemplo clássico do que chamo de *falácia do instantâneo* – pegar um único fotograma de um filme histórico –, Irving reproduziu, na página 505 de *Hitler's War*, as anotações feitas por Himmler no diário das ligações telefônicas de 30 de novembro de 1941, quando o chefe da SS ligou para Reinhard Heydrich (subcomandante do Reichssicherheitshaupamt [Alto Comando da Segurança do Reich, ou RSHA, da SS]) "do *bunker* de Hitler, na Toca do Lobo, ordenando que os judeus 'não deveriam ser liquidados'. Disso, Irving concluiu que "o Führer ordenou que os judeus não fossem liquidados" (1977, pág. 504).

Mas devemos ver o fotograma no contexto dos demais. Como Raul Hilberg apontou, na íntegra, a anotação no diário dizia "comboio de judeus de Berlim. Sem liquidação". Era com referência a um comboio em particular, não a todos os judeus. E, segundo Hilberg, "aquele comboio *foi* liquidado! Ou se decidiu ignorar aquela ordem, ou já era tarde demais. O comboio já estava em Riga [capital da Letônia] e eles não sabiam o que fazer com aqueles milhares de pessoas, então as fuzilaram naquela mesma noite" (1994). Além disso, se Hitler vetou uma ordem de liquidação, as execuções deviam ser habituais. Nesse sentido, o desafio dos 1.000 dólares de David Irving e o pedido de Robert Faurisson de "uma única prova que seja" já estariam atendidos. Se os judeus não estavam sendo exterminados, por que Hitler sentiu a necessidade de deter o extermínio daquele comboio em particular? E esse registro no diário também prova que foi Hitler, e não Himmler ou Goebbels, que ordenou o Holocausto. Como Speer observou em relação ao papel de Hitler: "Não acho que ele tivesse muito a ver com os aspectos técnicos, mas até a *decisão* de passar do fuzilamento para as câmaras de gás teria sido dele, pela simples razão, como eu sei muitíssimo bem, de que nenhuma grande decisão podia ser tomada a respeito de *nada* sem a aprovação dele" (em Sereny, 1995, pág. 362). Como Yisrael Gutman observou: "Hitler interferia em todas as principais decisões relativas aos judeus. Todas as pessoas em volta de Hitler lhe apresentavam planos e iniciativas porque sabiam que Hitler estava interessado [em resolver a 'questão judaica'] e queriam agradá-lo e ser os primeiros a corresponder às suas intenções e ao seu espírito" (1996).

Assim, não importa se houve ou não uma ordem específica de Hitler para o extermínio de judeus, porque ela não precisava ser pronunciada. O Holocausto "não foi tanto o produto de leis e comandos como uma questão de espírito, de compreensão compartilhada, de consonância e sincronia" (Hilberg, 1961, pág. 55). Esse espírito era explicitado em seus discursos e escritos. Desde as suas primeiras divagações políticas até o Götterdämmerung final em seu *bunker* de Berlim, Hitler tinha os judeus na mira. Em 12 de abril de 1922, num discurso em Munique, mais tarde publicado no jornal *Völkischer Beobachter*, ele disse à plateia: "Os judeus são o fermento da decomposição do povo. Isso significa que está na natureza do judeu destruir e ele tem que destruir, porque não tem a mínima ideia do que é trabalhar pelo bem comum. Ele possui certas características que lhe são dadas pela natureza e nunca consegue se livrar delas. O judeu é prejudicial a nós" (*in* Snyder, 1981, pág. 29). Vinte e três anos depois (1922-1945), com o mundo desabando à sua volta, Hitler disse: "Lutei com os judeus de olhos abertos e à vista do mundo inteiro... Deixei claro que eles, essa verminose parasítica da Europa, serão finalmente exterminados" (13 de fevereiro de 1945; *in* Jäckel, 1993, pág. 33). E também: "Acima de tudo eu encarrego os líderes da nação e aqueles sob o seu comando a uma escrupulosa observância das leis raciais e a uma oposição impiedosa a esse envenenador de todos os povos, o judaísmo internacional" (29 de abril de 1945; *in* Snyder, 1981, pág. 521).

Entre essas duas datas, Hitler fez centenas de declarações similares. Num discurso de 30 de janeiro de 1939, por exemplo, disse: "Hoje quero ser profeta uma vez mais: se o judaísmo financeiro internacional dentro e fora da Europa for de novo bem-sucedido em mergulhar as nações em outra guerra mundial, a consequência não será a bolchevização do planeta e portanto a vitória do judaísmo, mas a aniquilação da raça judaica na Europa" (*in* Jäckel, 1989, pág. 73). Hitler chegou a dizer ao chefe de estado húngaro: "Na Polônia esse estado de coisas foi... esclarecido: se os judeus dali não *queriam* trabalhar, eram mortos. Se não *podiam* trabalhar, eram tratados como bacilos de tuberculose com os quais um corpo saudável corre o risco de ser infectado. Isso não é cruel se lembrarmos que até as mais inocentes criaturas da natureza, como as lebres e os cervos, quando infectados precisam ser mortos para não prejudicar os outros. Por que as bestas que quiseram trazer-nos o bolchevismo deveriam ser poupadas, mais do que esses inocentes? (*in* Sereny, 1995, pág. 420). De quantas citações mais precisamos para provar que Hitler ordenou o Holocausto – uma centena, mil, 10 mil?

O termo *ausrotten* na elite nazista

David Irving e outros negadores insinuam que esses discursos não indicam uma arma fumegante, recém-disparada, e fazem um inteligente jogo semântico com a palavra *ausrotten*, que, segundo os dicionários modernos, significa "exterminar, extirpar ou destruir". Essa palavra pode ser encontrada em numerosos discursos e documentos nazistas que fazem referência aos judeus. Mas Irving insiste em que *ausrotten* na verdade significa "pisar ou desenraizar", argumentando que "a palavra *ausrotten* quer dizer uma coisa agora, em 1994, mas tinha vários sentidos diferentes na época em que Adolf Hitler a empregou". Checando, porém, dicionários históricos, vemos que *ausrotten* sempre significou "exterminar, erradicar". A réplica de Irving nos dá mais um exemplo de *racionalização post hoc*:

> *Palavras diferentes significam coisas diferentes quando ditas por pessoas diferentes. O que interessa é o que a palavra significava quando foi pronunciada por Hitler. Eu primeiro chamaria a atenção para o famoso memorando do Plano Quadrienal de agosto de 1936. Nele Adolf Hitler diz: "Estamos nos encaminhando para colocar as nossas forças armadas em condições de lutar dentro de quatro anos, para que possamos entrar em guerra com a União Soviética. Se a União Soviética for bem-sucedida em invadir a Alemanha, isso levará ao* ausrotten *do povo alemão". Aí está a palavra. É impossível que Hitler estivesse falando da liquidação física de 80 milhões de alemães. O que ele quer dizer é que isso levaria à castração do povo alemão como um fator de potência. (1994)*

Apontei então que, numa conferência de dezembro de 1944 sobre o ataque aos americanos nas Ardennes, Hitler dera ordens a seus generais de "*ausrotten* os americanos divisão por divisão". Será que Hitler estava ordenando que *transportassem* os americanos para fora das Ardennes divisão por divisão? Irving replicou:

> *Compare este com outro discurso que ele fez em agosto de 1939, no qual diz a respeito da Polônia: "vamos destruir as forças vivas do exército polonês". Essa é a tarefa de todo comandante – você precisa destruir as forças que tem à sua frente. Como você as destrói, como você faz para "eliminá-las" (provavelmente esta é uma expressão melhor), é algo irrelevante. Trata-se de tirar aqueles peões do tabuleiro de xadrez, de pô-los para fora. Se você coloca as forças americanas no cativeiro, elas ficam igualmente neutralizadas, não importa se estão aprisionadas ou mortas. E é isso o que a palavra* ausrotten *significa ali. (1994)*

Mas e sobre o uso que Rudolf Brandt faz da palavra? Ele escreveu ao Gruppenführer da SS, doutor Grawitz, do Reichsarzt da SS em Berlim, sobre "a *Ausrottung* da tuberculose como uma doença que afetava a nação". Um ano mais tarde, agora já como Obersturmbannführer da SS, escreveu a Ernst Kaltenbrunner, sucessor de Heydrich como chefe da RSHA: "Estou lhe enviando um esboço de um comunicado à imprensa sobre o acelerado *Ausrottung* dos judeus na Europa ocupada". O mesmo homem, usando a mesma palavra para discutir o mesmo processo para a tuberculose e para os judeus (ver figura 20). O que mais *ausrotten* poderia significar nesses contextos a não ser "extermínio"?

E o que dizer do uso de Hans Frank da mesma palavra? Em discurso numa assembleia nazista em 7 de outubro de 1940, Frank resumiu o seu primeiro ano de trabalho como chefe do governo geral da Polônia ocupada: "Não consegui *ausrotten* todos os piolhos e judeus em apenas um ano. Mas com o correr do tempo, e se vocês me ajudarem, esse objetivo será alcançado" (Nurembergue,

Der Reichsführer-SS
Persönlicher Stab
Tgb.Nr. AR/236/7
Bra/H.

Führer-Hauptquartier
12. Febr. 42

1.) An den
Reichsarzt-SS
SS-Gruppenführer Dr. G r a w i t z
B e r l i n .

Lieber Gruppenführer!

Ich übersende Ihnen anliegend den Durchschlag einer Denkschrift, die ein Herr Dr. B l o m e an den Reichsleiter Bormann über die Ausrottung der Tuberkulose als Volkskrankheit eingereicht hat. Die Zusendung an den Reichsführer-SS ist von SS-Oberführer Prof. Dr. Gerlach erfolgt.

H e i l H i t l e r !

Ihr gez. R. B r a n d t

1 Anlage.

SS-Sturmbannführer

Der Reichsführer-SS
Persönlicher Stab
Tgb.-Nr. 39/13/43 g
Me/G.

Feld-Kommandostelle, den 22. 2.43

Persönlicher Stab Reichsführer-SS
Schriftgutverwaltung
Akt. Nr. Geh. /

An den
Chef der Sicherheitspolizei und des SD
B e r l i n .

Im Auftrage des Reichsführer-SS übersende ich in der Anlage eine Pressemeldung über die beschleunigte Ausrottung der Juden im besetzten Europa.

i.A.

2 Anlagen. 14.2.43

SS-Obersturmbannführer.

The Reichsführer SS
Personal Staff Secret
(Diary Entry No.)

Field Command Post
Feb.22, 1943

To: Chief of Sicherheitspolizei [Security Police] and
SD [Security Service]
Berlin

As ordered by the SS Reichsführer, I am sending you the outline of a press announcement concerning the accelerated extermination of the Jews [Ausrottung der Juden...] in occupied Europe.

On behalf of

SS Obersturmbannführer

Two Enclosures

"O Debate sobre "Ausrotten" – o significado de "extermínio". O memorando de 12 de fevereiro de 1942 do Sturmbannführer da SS, Rudolf Brandt, ao doutor do Reich, doutor Grawitz, prova que ele está querendo dizer "matar" a TB quando fala de "Ausrottung der Tuberkulose" no primeiro parágrafo, como faz no segundo documento, cuja tradução é: "... quanto ao acelerado extermínio dos judeus na Europa ocupada". O mesmo homem está usando a mesma palavra para discutir o mesmo processo de extermínio tanto da TB quanto dos judeus. Documentos e tradução, cortesia do Arquivo Nacional, Washington, D.C.

Figura 20: Rudolf Brandt escreve sobre (*no alto*) "die Ausrottung die Tuberkulose" ao Gruppenführer da SS, doutor Grawitz, do Reichsarzt da SS, em 12 de fevereiro de 1942; e (*embaixo*) sobre "die beschleunigte Ausrottung der Juden", para Ernst Kaltenbrunner, chefe da RSHA, em 22 de fevereiro de 1943. *Ausrottung* significa "extermínio". [Documentos e tradução, cortesia do Arquivo Nacional, Washington, D.C.]

Doc. 3363-OS, pág. 891). Em 16 de dezembro de 1941, Frank discursou numa reunião governamental no escritório do governador de Cracóvia sobre a futura Conferência de Wannsee:

> *Atualmente temos nas forças armadas do governo aproximadamente 2,5 milhões e, junto com aqueles que são parentes e amigos e ligados por todo tipo de conexão, temos 3,5 milhões de judeus. Não podemos fuzilar esses 3,5 milhões, nem envenená-los, mas teremos que tomar medidas que de algum modo levarão à meta da aniquilação, e isso será feito junto com a maior das medidas, que deverá ser discutida com o Reich. O território do Governo Geral deve ficar livre de judeus, como é o caso no Reich. Onde e como isso vai acontecer é uma questão que depende dos meios a ser usados e criados, e sobre a efetivação disso eu os informarei no devido tempo. (Documento original e tradução, Arquivos Nacionais, Washington, D.C., T922, OS 2233.)*

Se a Solução Final significava a deportação do Reich, como Irving e outros negadores afirmam, estaria Frank dizendo que planejava mandar os piolhos para fora da Polônia de trem? E por que estaria Frank falando em exterminar judeus por outros meios que não fossem o fuzilamento ou o envenenamento?

E depois temos registros do diário de Joseph Goebbels, *Gauleiter* (general) de Berlim, ministro da Propaganda do Reich e plenipotenciário do Reich para o esforço total de guerra, como estes:

- **8 de agosto de 1941,** *sobre a disseminação do tifo constatado no gueto de Varsóvia: "Os judeus sempre têm sido os portadores de doenças infecciosas. Eles devem ou ficar concentrados num gueto e deixados à própria sorte ou ser liquidados, senão vão contagiar as populações das nações civilizadas".*
- **19 de agosto de 1941,** *depois de uma visita ao quartel-general de Hitler: "O Führer está convencido de que a sua profecia no Reichstag está se tornando um fato: que, se o judaísmo conseguir mais uma vez provocar uma guerra, ela resultará na sua aniquilação. Isso está se tornando verdade nestas semanas e meses, com uma certeza que se afigura quase sinistra. No leste os judeus estão pagando o preço, na Alemanha já o pagaram em parte e terão de pagar mais no futuro". (Broszat, 1989, pág. 143.)*

Himmler também fala no *ausrotten* dos judeus e de novo há evidências de que refuta a definição que os negadores dão a essa palavra. Por exemplo, numa palestra sobre a história do cristianismo dada em janeiro de 1937, Himmler declarou aos seus Gruppenführers da SS: "Tenho a convicção de que os imperadores romanos, que exterminaram [*ausrotteten*] os primeiros cristãos, fizeram precisamente o que estamos fazendo com os comunistas. Esses cristãos eram naquela época a escória mais vil que a cidade abrigou, o povo judeu mais vil, os bolcheviques mais vis que havia" (Padfield, 1990, pág. 188). Em junho de 1941, Himmler informou Rudolf Hess, o comandante de Auschwitz, que Hitler havia ordenado a Solução Final (*Endlösung*) da questão judaica e que Hess teria um papel importante em Auschwitz:

> *É uma tarefa dura, difícil, que exige o comprometimento da pessoa inteira, sem pensar nas dificuldades que possam surgir. Você receberá detalhes do Sturmbannführer Eichmann da RSHA, que virá vê-lo em futuro próximo. O departamento participante será informado no devido tempo. Você tem de manter estrito silêncio a respeito desta ordem, até mesmo com os seus superiores. Os judeus são os inimigos eternos do povo alemão e devem ser exterminados. Todos os judeus que conseguirmos pegar agora, durante a guerra, devem ser exterminados sem exceção. Se não conseguirmos destruir a base biológica do judaísmo, algum dia os judeus vão aniquilar o povo alemão. (Padfield, 1990, pág. 334)*

Himmler fez várias declarações incriminatórias similares a essa. Uma das mais conhecidas é a de 4 de outubro de 1943, num discurso aos Gruppenführer da SS em Poznan (Posen, em alemão) [na Polônia], que foi gravada numa fita de óxido de ferro. Himmler falava com base em anotações e no início da fala parou o gravador para se certificar de que estava funcionando. Depois continuou, sabendo que estava sendo gravado, e falou de vários assuntos por mais de três horas, inclusive da situação militar e política, dos povos eslavos e misturas raciais, de como a superioridade racial dos alemães ia ajudá-los a ganhar a guerra e coisas assim. Depois de duas horas de discurso, Himmler começou a falar dos sangrentos expurgos de traidores do partido nazista em 1934 e do "extermínio do povo judeu".

> *Também quero me referir aqui com muita franqueza a um assunto bastante delicado. Podemos agora falar abertamente disso entre nós, embora nunca devamos discuti-lo em público. Assim como não hesitamos, em 30 de junho de 1934, em cumprir a nossa obrigação como foi ordenado e em colocar os nossos camaradas que haviam falhado no muro para executá-los, tampouco falamos nunca a respeito disso, nem falaremos. Agradeçamos a Deus por ter encontrado suficiente força interior para não discutir isso entre nós e nunca falarmos disso. Todos ficamos horrorizados e no entanto cada um compreendeu claramente que faríamos isso outra vez, quando a ordem fosse dada e quando fosse necessário.*
>
> *Refiro-me agora à evacuação dos judeus, ao extermínio do povo judeu. Isso é uma coisa que é fácil de dizer: "O povo judeu será exterminado", diz todo membro do partido, "isso é muito óbvio, está no nosso programa – a eliminação dos judeus, o extermínio, vai resolver". E então eles aparecem, os bravos 80 milhões de alemães, e cada um tem o seu judeu decente. Sem dúvida, é óbvio que os outros são porcos, mas esse em particular é um judeu esplêndido. No entanto, de todos esses que dizem isso, nenhum chegou a ver, nenhum passou por isso. A maioria de vocês aqui sabe o que é quando cem cadáveres estão estendidos um do lado do outro,*

quando quinhentos estão ali ou quando há mil enfileirados. Ter passado por isso e ao mesmo tempo ter permanecido uma pessoa decente – com as exceções devidas à fragilidade humana – nos fez fortes. Isso é um quadro de honra em nossa história que nunca foi e nunca será colocado por escrito, porque sabemos quão difícil seria para nós se ainda tivéssemos os judeus como sabotadores secretos, como agitadores e arruaceiros em cada cidade, ainda mais com os bombardeios, com o fardo e com as dificuldades da guerra. Se os judeus ainda fossem parte da nação alemã, com toda certeza estaríamos agora na condição em que estávamos em 1916/17. (Documento original e tradução, Arquivo Nacional, Washington, D.C., PS Series, 1919, págs. 64-67.)

A resposta de Irving a essa citação foi interessante:

Irving: Eu tenho um discurso posterior dele feito em 26 de janeiro de 1944, no qual fala à mesma plateia de maneira bem mais franca sobre o *ausrotten* de judeus alemães, quando anunciou que haviam resolvido de vez o problema judeu. A maioria daqueles que ouviam ficou em pé e aplaudiu. "Estávamos todos ali em Poznan", lembrou um contra-almirante, "quando esse homem [Himmler] nos contou como havia matado os judeus. Ainda lembro bem como ele nos contou isso. 'Se as pessoas me perguntam', disse Himmler, 'por que você matou também as crianças, então só posso dizer que não sou covarde a ponto de deixar para os meus filhos algo que eu mesmo posso fazer.'" Fato interessante: trata-se de um almirante gravando isso tempos depois, no cativeiro britânico, sem saber que estava sendo gravado, o que é um resumo muito bom daquilo que Himmler de fato disse.
Shermer: Isso me soa como se ele estivesse falando em matar judeus, não apenas em transportá-los para fora do Reich.
Irving: Concordo, Himmler disse isso. Ele na verdade disse: "Estamos eliminando os judeus. Estamos assassinando-os. Estamos matando-os".
Shermer: O que mais isso quer dizer além daquilo que parece dizer?
Irving: Concordo. Himmler está admitindo o que eu disse que aconteceu com os 600 mil. Mas, e esse é o ponto importante, em nenhum lugar Himmler de fato diz: "Estamos matando milhões". Em nenhum lugar ele sequer diz "estamos matando centenas de milhares". Ele está falando de resolver o problema judeu, de ter que matar também mulheres e crianças. (1994)

Mais uma vez, Irving cai na falácia da *racionalização ad hoc.* Como Himmler não falou uma vez sequer em milhões, Irving conclui que na verdade quis dizer apenas milhares. Mas, por favor, Himmler tampouco disse nenhuma vez milhares. Irving está inferindo o que quer inferir. Os números reais vêm de outras fontes, que, em conjunção com as falas de Himmler e muitas outras evidências, convergem para a conclusão de que ele queria dizer que milhões seriam mortos. E milhões foram mortos.

Os Einsatzgruppen

Por fim, existe uma evidência marcante do extermínio de judeus, desde os níveis hierárquicos mais baixos. Os Einsatzgruppen eram unidades móveis da SS e da polícia para missões especiais em territórios ocupados. Entre as suas atribuições estava a de prender e matar judeus e outras pessoas indesejadas nas cidades que estavam em via de ser ocupadas pelos alemães. Só no inverno de 1941-1942, por exemplo, o Einsatzgruppe A relatou ter matado 2 mil judeus na Estônia, 70 mil na Letônia, 136.421 na Lituânia e 41 mil na Bielorrúsia. Em 14 de novembro de 1941, o Einsatzgruppe B promoveu 45.467 fuzilamentos, e em 31 de julho de 1942, o governador da Bielorrúsia declarou que 65 mil judeus haviam sido mortos nos dois meses anteriores. O Einsatzgruppe C avaliou ter matado 95 mil por volta de dezembro de 1941 e o Einsatzgruppe D registrou em 8 de abril de 1942 um total de 92 mil execuções. O total geral foi de 546.888 mortos em menos de um ano.

Numerosos relatos de testemunhas oculares membros dos Einsatzgruppen podem ser encontrados em "*The Good Old Days*": *The Holocaust as Seen by its Perpetrators and Bystanders* (Klee, Dressen e Riess, 1991). Por exemplo, num domingo, 27 de setembro de 1942, o Obersturmführer da SS, Karl Kretschmer, escreveu para "Minha querida Soska", sua mulher. Ele se desculpou por não escrever com maior frequência e disse se sentir doente e "deprimido", porque "o que se vê por aqui deixa você ou embrutecido ou sentimental". Seu "estado de espírito sombrio", explica ele, tem como causa a "visão dos mortos (incluindo mulheres e crianças)". Que mortos? Judeus mortos, que merecem morrer: "Como a guerra é na nossa opinião uma guerra aos judeus, estes são os primeiros a sentir os seus efeitos. Aqui na Rússia, onde quer que o soldado alemão esteja, não sobra judeu nenhum. Você pode imaginar que de início eu precisei de um tempo para ser capaz de lidar com isso". Numa carta posterior, sem data, ele explica a sua esposa que "não há lugar para piedade de nenhum tipo. Vocês mulheres e crianças aí em casa não podem esperar nenhum tipo de misericórdia ou piedade se o inimigo conseguir vencer. Por essa razão, estamos fazendo a limpeza quando necessário, mas afora isso os russos são gente de boa vontade, simples e obediente. Não há mais judeus por aqui". Finalmente, em 19 de outubro de 1942, numa carta que termina com "Você merece meus parabéns e todo o meu amor, Seu Papai", Kretschmer dá um exemplo paradigmático daquilo que Hannah Arendt chamou de banalidade do mal:

> *Se não fosse pelos pensamentos estúpidos a respeito daquilo que estamos fazendo neste país, o Einsatz aqui seria maravilhoso, já que me colocou numa posição na qual posso sustentá-la muito bem. Considerando que, como já lhe escrevi, eu acho que o último Einsatz foi justificado e realmente aprovo as consequências que teve, a frase "pensamentos estúpidos" não é muito precisa. Na verdade, é uma fraqueza não ser capaz de suportar a visão de gente morta; a melhor maneira de superar isso é fazê-lo com maior frequência. Até que vire um hábito. (Págs. 163-171)*

Pode não ter havido uma ordem escrita, mas a intencionalidade de genocídio nazista movido principalmente pelo fator raça era não apenas clara como também amplamente conhecida.

A controvérsia intencionalistas ***versus*** funcionalistas

Por várias décadas após a guerra, os historiadores debateram o "intencionalismo" *versus* o "funcionalismo" do Holocausto. Os intencionalistas argumentavam que Hitler tencionava exterminar os judeus desde o início da década de 1920, que a política nazista na década de 1930 foi programada para cumprir essa meta e que a invasão da Rússia e a luta pelo *Lebensraum* ["espaço vital"] foram diretamente planejadas e associadas à Solução Final da questão judaica. Os funcionalistas, ao contrário, argumentavam que o plano original para os judeus era expulsá-los e que a Solução Final evoluiu como resultado do fracasso da guerra contra a Rússia. O historiador do Holocausto Raul Hilbert, no entanto, acha que essas distinções são artificiais: "Na realidade, é mais complicado do que cada uma dessas duas interpretações. Acredito que Hitler deu uma ordem plenária, mas essa ordem era ela mesma o produto final de um processo. Ele declarou muitas coisas ao longo do caminho que incentivaram a burocracia a pensar dentro de certas linhas e a tomar iniciativas. Mas, no geral, eu diria que qualquer tipo de fuzilamento sistemático, particularmente de crianças ou de gente muito idosa, e qualquer tipo de execução em câmara de gás exigiam uma ordem de Hitler" (1994).

Sob o peso da evidência histórica, o intencionalismo não sobreviveu ao teste do tempo. A razão imediata, como delineado por Ronald Headland, foi a compreensão cada vez maior da "qualidade competitiva, quase anárquica e descentralizada do sistema nacional-socialista, com as suas rivalidades, a sua política personalista disseminada e a onipresente ambição de poder dos seus agentes... Talvez o maior mérito da abordagem funcionalista tenha sido ressaltar o caráter caótico do Terceiro Reich e a grande complexidade dos fatores envolvidos no processo de tomada de decisão" (1992, pág. 194). Mas a razão mais forte para a aceitação da visão funcionalista é que os eventos, especialmente um evento complicado e contingente como o Holocausto, raramente se desenvolvem como os atores históricos planejam. Até mesmo a famosa Conferência de Wannsee, de janeiro de 1942, na qual os nazistas confirmaram a implementação da Solução Final, tem sido mostrada pelo estudioso do Holocausto Yehuda Bauer como apenas mais um passo contingente no trajeto que vai da expulsão original ao extermínio final. Isso é apoiado pela existência de um plano concreto de deportação de judeus para a ilha de Madagascar e pelas tentativas de trocar judeus por dinheiro após a Conferência de Wannsee. Bauer cita uma nota que o próprio Himmler lhe enviou em 10 de dezembro de 1942: "Tenho perguntado ao Führer a respeito da liberação de judeus em troca de um resgate. Ele me deu plenos poderes para aprovar casos desse tipo, desde que realmente tragam moeda estrangeira em volume suficiente do exterior" (1994, pág. 103).

Será que isso elimina a intencionalidade dos nazistas em exterminar os judeus? Não, diz Bauer, mas demonstra a complexidade da história e as conveniências do momento:

> *Na Alemanha pré-guerra, a emigração se adequava melhor às circunstâncias, e quando isso não era rápido o suficiente ou completo como se desejava, recorria-se à expulsão – de preferência para algum lugar "primitivo", desabitado por nórdicos arianos verdadeiros, como a União Soviética ou Madagascar. Quando a expulsão tampouco funcionou mais e, no final de 1940 e começo de 1941, surgiu a perspectiva de controlar a Europa – e, por meio da Europa, o mundo –, adotou-se a política de assassinato, o que era bastante lógico, considerando a ideologia nazista. Todas essas políticas tinham o mesmo objetivo: a remoção. (Bauer, 1994, págs. 252-253)*

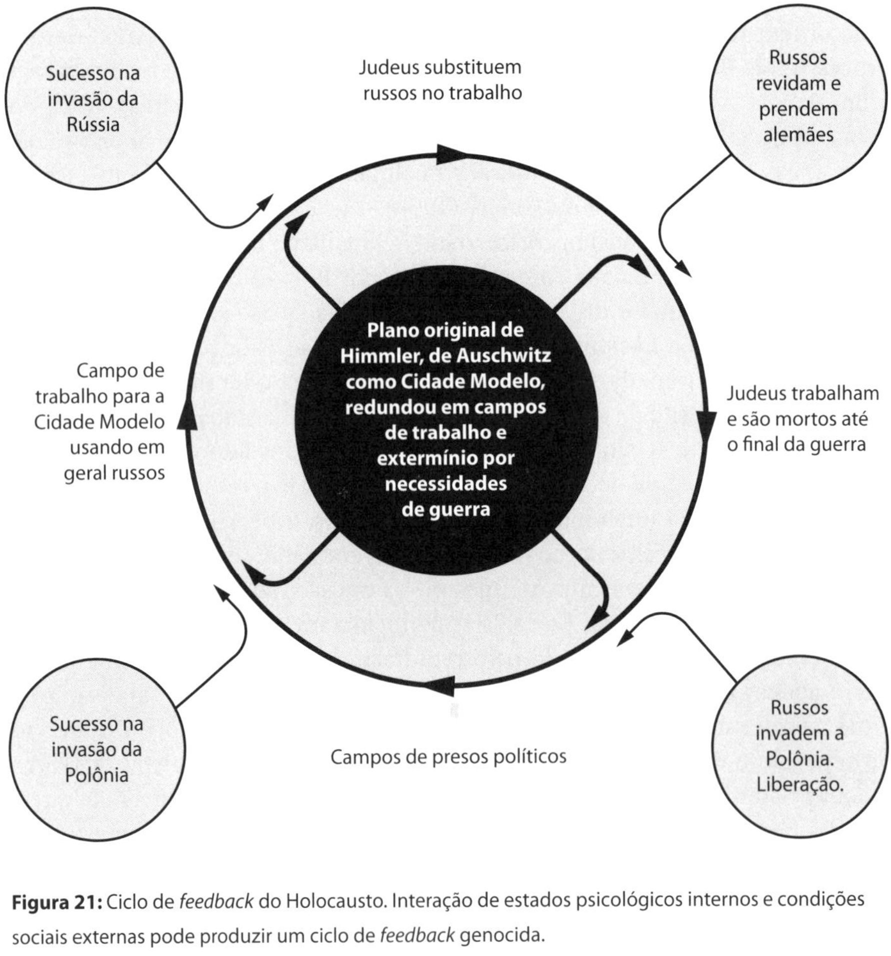

Figura 21: Ciclo de *feedback* do Holocausto. Interação de estados psicológicos internos e condições sociais externas pode produzir um ciclo de *feedback* genocida.

A sequência funcional ia da evicção dos judeus da vida alemã (incluindo o confisco da maior parte de seus bens e propriedades), passando pela sua concentração e isolamento (com frequência em condições de superlotação e falta de higiene, levando à doença e à morte), depois pela exploração econômica (trabalho forçado não remunerado, que com frequência envolvia excesso de trabalho, inanição e morte), até chegar ao extermínio. Gutman concorda com essa interpretação contingente: "A Solução Final foi uma operação que começou de baixo, a partir da base local, com um tipo de escalada de um lugar para outro, até se tornar um evento abrangente. Não sei se a chamaria de um plano. Prefiro dizer que foi um projeto. A destruição física foi o resultado de uma série de etapas e de ataques aos judeus" (1996).

O Holocausto pode ser representado como um ciclo de *feedback* alimentado pelo fluxo de informações, intenções e ações (figura 21). Desde que os nazistas assumiram o poder em 1933 e começaram a aprovar legislação contra os judeus, até a Kristallnacht e outros atos de violência contra judeus, passando pela deportação de judeus para guetos e campos de trabalho, até o extermínio de judeus em campos de trabalho e campos de extermínio, podemos ver em ação componentes psicológicos internos, como xenofobia, racismo e violência, interagindo com componentes sociais externos, como uma estrutura social rigidamente hierárquica, um forte poder central, intolerância em relação à diversidade (religiosa, racial, étnica, sexual ou política), mecanismos intrínsecos de violência para lidar com dissidentes, uso regular de violência para impor leis e pouca consideração pelas liberdades civis. Christopher Browning resumiu muito bem como esse ciclo de *feedback* operava no Terceiro Reich:

> *Em resumo, para os burocratas nazistas já profundamente envolvidos e comprometidos com a "solução da questão judaica", a etapa final de passagem para o assassínio em massa foi apenas incremental, não foi um salto quântico. Eles já haviam se comprometido com um movimento político, com uma carreira e com uma tarefa. Viviam num ambiente já permeado por assassínio em massa. Isso incluía não só programas com os quais eles não estavam diretamente envolvidos, como a liquidação da* intelligentsia *polonesa, a execução em câmaras de gás de doentes mentais e deficientes na Alemanha, e depois, numa escala mais monumental, a guerra de destruição na Rússia; também incluía assassinatos e mortes por atacado diante de seus próprios olhos, a morte por inanição no gueto de Lodz e as expedições punitivas e fuzilamentos retaliativos na Sérvia. Pela própria natureza de suas atividades passadas, esses homens haviam obtido cargos e desenvolvido interesses de carreira que levaram de modo inseparável e inexorável a uma solução igualmente homicida da questão judaica. (1991, pág. 143)*

A história lida com a complexidade dos atos humanos, mas nessas complexidades há simplicidades de essência. Hitler, Himmler, Goebbels, Frank e outros nazistas levavam muito a sério as suas intenções de resolver a questão judaica, principalmente porque eram virulentamente antissemitas. Eles podem ter começado com reassentamentos, mas terminaram com genocídio porque os caminhos últimos da história são determinados pelas funções de qualquer momento dado ao interagirem com as intenções que vieram antes. Hitler e seus seguidores construíram a partir de suas funções e intenções uma estrada que levou aos campos, às câmaras de gás e crematórios, e ao extermínio de milhões.

Câmaras de gás e crematórios

O segundo grande eixo da negação do Holocausto é a afirmação de que as câmaras de gás e os crematórios não foram usados para extermínios em massa. Como é que uma pessoa pode negar que os nazistas usaram câmaras de gás e crematórios? Afinal, essas instalações ainda existem em muitos campos. Para desbancar os negadores não bastaria ir até lá e ver com os próprios olhos? Em 1990, Arno Mayer observou, em *Why did the Heavens Not Darken?*, que "fontes para o estudo das câmaras de gás são ao mesmo tempo raras e não confiáveis". Os negadores citam essa sentença como justificativa para a sua posição. Mayer é um respeitado historiador da diplomacia na Universidade de Princeton, o que explica por que os negadores se sentem tão satisfeitos em vê-lo aparentemente reforçando algo em que eles sempre acreditaram. Mas o parágrafo inteiro diz o seguinte:

> *As fontes para o estudo das câmaras de gás são ao mesmo tempo raras e não confiáveis. Embora Hitler e os nazistas não fizessem segredo da sua guerra aos judeus, os agentes da SS eliminavam zelosamente todos os vestígios das suas atividades e dos seus instrumentos homicidas. Nenhuma ordem escrita para execução em câmara de gás foi encontrada até hoje. Os membros da SS não só destruíram a maioria dos registros dos campos, que de qualquer modo eram incompletos, mas também arrasaram praticamente todas as instalações de execução e cremação bem antes da chegada das tropas soviéticas. Igualmente, tomou-se o cuidado de descartar os ossos e cinzas das vítimas. (1990, pág. 362)*

Claramente, Mayer não está argumentando que as câmaras de gás não foram usadas para extermínios em massa. O parágrafo de Mayer também resume bem por que a evidência física de extermínios em massa não é tão impressionantemente óbvia como se poderia esperar.

Os negadores não dizem que não houve câmaras de gás e crematórios, mas que as câmaras de gás foram usadas estritamente para tirar piolhos das roupas e cobertores e que os crematórios serviam apenas para descartar os corpos de pessoas que haviam morrido de causas "naturais" nos campos. Antes de examinar em detalhe a evidência de que os nazistas usaram câmaras de gás para extermínios em massa, vamos considerar no geral a convergência de evidências de várias fontes.

Documentos oficiais dos nazistas: Pedidos de grandes quantidades de Zyklon-B (o nome comercial do gás de ácido cianídrico), plantas de câmaras de gás e crematórios e pedidos de material de construção para câmaras de gás e crematórios.
Testemunhas oculares: Relatos de sobreviventes, diários de Sonderkommandos judeus e confissões de guardas e comandantes, todos falam na utilização de câmaras de gás e crematórios para extermínios em massa.
Fotografias: Fotografias não só dos campos, mas também fotos secretas da queima de corpos em Auschwitz e fotos de reconhecimento aéreo dos aliados que mostram prisioneiros levados em marcha às câmaras de gás de Auschwitz-Birkenau.
Os próprios campos: As edificações e os artefatos nos campos e os resultados de testes forenses modernos que apontam para o uso tanto de câmaras de gás como de crematórios para a matança de grande número de pessoas.

Nenhuma fonte sozinha prova que as câmaras de gás e os crematórios foram usados para genocídio. É a convergência dessas fontes que leva inexoravelmente a essa conclusão. Por exemplo, a entrega de Zyklon-B aos campos a partir de pedidos escritos é corroborada pelos vestígios de latas de Zyklon-B nos campos e por relatos de testemunhas oculares do uso de Zyklon-B nas câmaras de gás.

Sobre as próprias execuções em câmaras de gás, os negadores perguntam por que nenhuma vítima de extermínio deu um relato testemunhal de uma execução real (Butz, 1976). Isso é como perguntar por que ninguém dos campos de extermínio do Camboja ou dos expurgos de Stálin voltou de lá para contar histórias sobre os seus carrascos. O que temos de fato são centenas de relatos de testemunhas oculares não só de homens da SS e de médicos nazistas, mas de Sonderkommandos que arrastaram os corpos das câmaras de gás para os crematórios. Em seu *Eyewitness Auschwitz: Three Years in the Gas Chambers*, Filip Müller descreve o processo de levar judeus enganados e executá-los em câmaras de gás do seguinte modo:

> *Dois homens da SS tomavam posição um de cada lado da porta de entrada. Gritando e brandindo seu cassetete, como numa caçada, os demais homens da SS enfiavam homens, mulheres e crianças nus na grande sala no interior do crematório. Uns poucos homens da SS estavam saindo do edifício e o último deles trancava a porta de entrada por fora. Não demorava muito e podia ser ouvido vindo de dentro o som crescente de gente tossindo, gritando e pedindo ajuda. Eu não conseguia identificar palavras isoladas, porque os gritos eram abafados por batidas e pancadas na porta, entremeados por soluços e choros. Depois de um tempo o barulho ia ficando mais baixo, os gritos paravam. Só de vez em quando se ouvia um lamento, algum barulho ou o som de uma batida meio abafada na porta. Mas logo até isso cessava e no repentino silêncio cada um de nós sentia o horror dessa terrível matança em massa. (1979, págs. 33-34)*

Quando tudo se aquietou no crematório, o Unterscharführer Teuer, seguido por Stark, apareceram em cima do telhado plano. Os dois tinham máscara de gás dependurada no pescoço. Levavam cada qual uma caixa retangular que parecia lata de comida; as latas tinham um rótulo com uma caveira e a palavra "Veneno!". O que havia sido apenas uma terrível suposição, uma suspeita, era agora uma certeza: as pessoas no crematório haviam sido mortas com gás venenoso. (pág. 61)

Temos também as confissões dos guardas. O Unterscharführer da SS Pery Broad foi capturado em 6 de maio de 1945 pelos britânicos em sua zona de ocupação na Alemanha. Broad começou a trabalhar em Auschwitz em 1942, na "Seção Política", e ficou lá até a liberação do campo em janeiro de 1945. Após a sua captura, enquanto trabalhava como intérprete para os britânicos, escreveu umas memórias que foram passadas ao Serviço de Inteligência Britânico em julho de 1945. Em dezembro de 1945, declarou sob juramento que o que havia escrito era verdade. Em 29 de setembro de 1947, o documento foi traduzido para o inglês e usado nos julgamentos de Nurembergue para ajudar a comprovar que as câmaras de gás eram mecanismos de extermínio em massa. Mais tarde, em 1947, ele foi solto. Em abril de 1959, quando chamado a testemunhar no julgamento de membros da SS em Auschwitz, Broad admitiu a autoria das memórias, confirmou a sua validade e não desmentiu nada.

Cito esse contexto para as memórias de Broad porque os negadores descartam as confissões incriminatórias dos nazistas dizendo que foram obtidas sob coerção ou inventadas por bizarras razões psicológicas (embora aceitem sem hesitar aquelas confissões que sejam favoráveis aos seus pontos de vista). Broad nunca foi torturado e tinha pouco a ganhar – e tudo a perder – confessando. Quando teve a oportunidade de abjurar, o que sem dúvida poderia ter feito no último julgamento, não o fez. Em vez disso, descreveu em detalhes o procedimento de execução em câmaras de gás, incluindo o uso de Zyklon-B, os primeiros experimentos de execução em câmara de gás no Bloco 11 de Auschwitz e as câmaras temporárias instaladas nas duas fazendas abandonadas de Birkenau (Auschwitz II), que corretamente chamou pelos seus apelidos, "Bunkers I e II". Também lembrou a construção dos Kremas II, III, IV e V em Birkenau e com precisão retratou (por meio de comparação com as plantas de projeto) o desenho do vestiário, da câmara de gás e do crematório. Em seguida, Broad descreveu o processo de execução em câmara de gás com detalhes horripilantes:

*Os encarregados da desinfecção entram em ação... com uma barra de ferro e um martelo abrem um par de recipientes de lata de aspecto inofensivo, em cujas instruções de uso se lê Cyclon [**sic**] Antiparasita, Cuidado, Venenoso. Os recipientes estão cheios de pastilhas, parecidas com ervilhas azuis. Assim que o recipiente é aberto, eles despejam o seu conteúdo por uma abertura no telhado. Então outro recipiente é esvaziado na abertura seguinte e assim por diante. Depois de uns dois* *minutos os gritos vão arrefecendo e ouve-se gente lamentando, baixinho. A maioria dos homens já perdeu os sentidos. Depois de mais uns dois minutos… está tudo acabado. Reina um silêncio mortal... Os cadáveres são empilhados, a boca deles bem aberta… É difícil puxar os cadáveres entrelaçados para fora da câmara, pois o gás endurece os seus membros.* (In *Shapiro, 1990, pág. 76)*

Os negadores ressaltam que o total de quatro minutos referido por Broad para o processo não bate com as declarações de outros, como o comandante Hess, que declarou que durava algo como vinte minutos. Por causa dessas discrepâncias, os negadores refutam o relato inteiro. Dez relatos diferentes darão doze valores diferentes para o tempo de morte em câmara de gás e isso leva os negadores a acreditarem que ninguém morreu desse modo. Faz sentido? Claro que não. Obviamente, o processo de execução em câmara de gás consome tempos diferentes devido a variações nas condições, como a temperatura (a velocidade de evaporação do ácido cianídrico das pastilhas depende da temperatura do ar), o número de pessoas na câmara, o tamanho da câmara e a quantidade de Zyklon-B despejada nela – sem mencionar que cada observador percebe a passagem do tempo de modo diferente. Na verdade, se as avaliações de tempo tivessem sido exatamente iguais, aí, sim, teríamos que suspeitar que todos poderiam ter extraído sua história de um único relato. Mas, neste caso, a discrepância tende a confirmar a veracidade da evidência.

Compare o testemunho de Broad com este do médico do campo, doutor Johann Paul Kremer:

- *2 de setembro de 1942. Estive presente pela primeira vez a uma ação especial, às três da manhã. Comparando, o Inferno de Dante parece quase uma comédia. Auschwitz é merecidamente chamado de campo de extermínio!*
- *5 de setembro de 1942. Ao meio-dia presenciei uma ação especial no campo das mulheres – o mais horrível dos horrores. Arghh. Thilo, o médico do exército, estava certo quando me disse hoje que estamos aqui no* anus mundi *[ânus do mundo]. (1994, pág. 162)*

Os negadores se aferram ao fato de que Kremer fala em "ação especial" e não em "execução em câmara de gás", mas no julgamento da guarnição do campo de Auschwitz em Cracóvia, em dezembro de 1947, Kremer especificou o que quis dizer com "ação especial":

Por volta de 2 de setembro de 1942, às três da manhã. Eu já havia sido designado a tomar parte numa ação de execução de pessoas em câmara de gás. Esses extermínios em massa ocorriam em pequenas construções situadas fora do campo de Birkenau, num bosque. As construções eram chamadas de "bunkers" no jargão dos membros da SS. Todos os médicos da SS lotados no campo se revezavam para participar dessas

Figura 22: Incineração de corpos numa vala aberta em Auschwitz. Sonderkommandos fizeram esta foto secretamente e conseguiram contrabandeá-la para fora do campo. [Foto © Yad Vashem. Todos os direitos reservados.]

execuções, que eram chamadas de Sonderaktion [ação especial]. Meu papel como médico nas execuções consistia em ficar a postos perto do bunker. Eu havia sido levado até lá de carro. Sentei na frente com o motorista e um assistente hospitalar da SS sentou no banco de trás do carro com um aparelho de oxigênio, caso precisasse reanimar membros da SS utilizados na execução, se algum deles viesse a ser afetado pelos gases venenosos. Quando o comboio com as pessoas destinadas a ser executadas nas câmaras chegou na rampa da ferrovia, os oficiais da SS selecionaram entre os recém-chegados algumas pessoas em condições de trabalhar, enquanto as outras – idosos, todas as crianças, mulheres com crianças nos braços e outras pessoas consideradas não aptas para o trabalho – eram carregadas em caminhões e conduzidas às câmaras de gás. Ali as pessoas eram levadas até alojamentos onde se despiam e então iam nuas para as câmaras de gás. Era raro ocorrer algum incidente, já que os membros da SS mantinham as pessoas tranquilas, dizendo que elas estavam indo tomar banho e passariam por uma desinfecção dos piolhos. Depois que todas elas foram conduzidas para dentro da câmara de gás, a porta foi fechada e um homem da SS com máscara de gás despejou o conteúdo de uma lata de Cyclon [sic] por uma abertura na parede lateral. Ouviam-se por essa abertura os gritos e berros das vítimas e ficava óbvio que estavam lutando para sobreviver. Os gritos foram ouvidos por um tempo bem curto. (1994, pág. 162n)

A convergência dos relatos de Broad e Kremer – e há muitos mais – fornece evidência de que os nazistas usaram câmaras de gás e crematórios para extermínios em massa.

Temos centenas de relatos de sobreviventes descrevendo o processo de desembarque e separação de judeus em Auschwitz e temos fotos desse processo. Também temos relatos de testemunhas oculares dos nazistas queimando corpos em valas abertas depois da execução por gás (os crematórios com frequência estavam avariados) e temos uma foto de uma dessas incinerações, tirada em segredo por um judeu grego chamado Alex (figura 22). Alter Fajnzylberg, um Sonderkommando francês em Auschwitz, relembra como essa foto foi obtida:

No dia em que esta foto foi tirada nós tivemos que definir várias tarefas. Alguns de nós deviam proteger a pessoa que batia as fotos. Por fim, a oportunidade apareceu. Nos reunimos todos na entrada oeste que levava até a câmara de gás do Crematório V: não vimos nenhum SS na torre de vigia em frente à porta, acima do arame farpado, nem perto do lugar onde as fotos deviam ser tomadas. Alex, o judeu grego, rapidamente tirou a sua câmara, apontou-a para uma pilha de corpos ardendo e apertou o obturador. É por isso que a foto mostra prisioneiros do Sonderkommando trabalhando na pilha. (Swiebocka, 1993, págs. 42-43)

Os negadores também se atêm à falta de provas fotográficas das atividades nas câmaras de gás e crematórios nas fotos de reconhecimento que os aliados fizeram dos campos. Em 1992, o negador John Ball chegou a publicar um livro inteiro documentando essa falta de evidências. É um livro de alta qualidade, uma publicação elegante, em papel brilhante, para tornar bem visíveis os detalhes das fotos aéreas. Ball gastou dezenas de milhares de dólares no livro, fez toda a diagramação e digitação, e até imprimiu o livro ele mesmo. O projeto custou-lhe mais do que todas as suas economias. A mulher dele deu-lhe um ultimato: ou ela ou o Holocausto. Ele escolheu este último. O livro de Ball é uma resposta a um relatório da CIA sobre as fotos aéreas – *The Holocaust Revisited: A Retrospective Analysis of the Auschwitz-Birkenau Extermination Complex* –,

Figura 23: Foto aérea do Krema II, 25 de agosto de 1944. Note as quatro sombras difusas no teto da câmara de gás nesta fotografia e compare-as com as quatro pequenas estruturas visíveis no teto da câmara de gás da figura 24. Essas fotos corroboram relatos de testemunhas oculares que viram nazistas despejando pastilhas de Zyklon-B pelo teto da câmara de gás – um exemplo de como linhas de evidência separadas convergem para uma única conclusão. [Negativo cedido por cortesia do Arquivo Nacional, Washington, D.C. (Film 3185); ampliação, cortesia de Nevin Bryant.]

no qual dois autores, Dino A. Brugioni e Robert G. Poirier, apresentam fotos aéreas tiradas pelos aliados que, segundo eles, provam as atividades de extermínio. Ball afirma que as fotos foram adulteradas, marcadas, alteradas, falseadas. Por quem? Pela própria CIA, para ficarem compatíveis com a história do jeito que foi mostrada na minissérie de televisão *Holocaust.*

Graças ao doutor Nevin Bryant, supervisor de aplicativos cartográficos e de processamento de imagem no Laboratório de Propulsão a Jato da NASA/Caltech em Pasadena, Califórnia, consegui que as fotos da CIA fossem adequadamente analisadas por pessoas que sabem o que estão vendo quando olham de cima. Nevin e eu analisamos as fotos usando técnicas de realce digital das quais a CIA não dispunha em 1979. Fomos capazes de provar que as fotos não haviam sido adulteradas e na verdade encontramos evidências de atividade de extermínio. As fotos aéreas foram tomadas em sequência, conforme o avião voava sobre o campo (numa missão de bombardeio em direção ao seu alvo final, as instalações industriais da IG Farbem). Como as fotos do campo foram tiradas com intervalos de poucos segundos, a visão estereoscópica de duas fotos consecutivas mostra movimento de pessoas e veículos e permite uma percepção mais aprofundada. A foto aérea na figura 23 mostra os aspectos inconfundíveis do Krema II. Note a longa sombra a partir das chaminés do

Figura 24: Vista posterior do Krema II tirada por um fotógrafo da SS, 1942. [© da foto, Yad Vashem. Todos os direitos reservados.]

crematório e, no teto da câmara de gás adjacente em ângulo reto com o edifício do crematório, note as quatro sombras difusas. Ball diz que essas sombras foram desenhadas depois, mas quatro pequenas estruturas que batem com as sombras são visíveis no teto da câmara de gás na figura 24, uma foto tirada por um fotógrafo da SS da parte de trás do Krema II (se você olhar logo abaixo das chaminés do Krema II, verá dois lados da estrutura retangular subterrânea da câmara de gás projetando-se mais de um metro acima do chão). Essa evidência fotográfica converge muito bem com os relatos de testemunhas oculares que descrevem membros da SS despejando pastilhas de Zyklon-B pelas aberturas do telhado da câmara de gás. A foto aérea na figura 25 mostra um grupo de prisioneiros obrigados a marchar para o Krema V para ser executados. A câmara de gás está no fim do edifício e o crematório tem chaminés duplas. A partir dos registros diários do campo, fica claro que esses são judeus húngaros de um comboio do RSHA, alguns dos quais foram selecionados para trabalhar e o resto enviado para extermínio. (Fotos adicionais e discussão detalhada aparecem em Shermer c Grobman, 1997.)

Por razões óbvias, não há registros fotográficos de execuções efetivas em câmaras de gás e a dificuldade com as evidências fotográficas é que qualquer foto de atividade num campo não pode por si só provar nada, mesmo que não tenha sido adulterada. Podemos apresentar uma foto que mostre nazistas queimando corpos em Auschwitz. E daí?, dizem os negadores. São corpos de prisioneiros que morreram de causas naturais, não de prisioneiros executados em câmaras de gás. Várias fotos aéreas mostram os detalhes dos Kremas em Birkenau e registram prisioneiros marchando até lá. E daí?, dizem os negadores. Os prisioneiros estão indo trabalhar para limpar corpos de pessoas que morreram de causas naturais e foram incinerados; ou estão indo lá para uma desinfecção de piolhos. De novo, é o contexto e a convergência com outras evidências que tornam tais fotos reveladoras – e o fato de nenhuma dessas fotos registrar atividades que contradigam os relatos sobre a vida nos campos comprova o Holocausto e o uso de câmaras de gás e de crematórios para extermínios em massa.

Quantos judeus morreram?

O último grande eixo da negação do Holocausto diz respeito ao número de judeus mortos. Paul Rassinier concluiu o seu livro *Debunking the Genocide Myth: A Study of the Nazi Concentration Camps and the Alleged Extermination of European Jewry* afirmando que "no mínimo 4.419.908 judeus conseguiram sair da Europa entre 1931 e 1945" (1978, pág. X) e, portanto, bem menos do que 6 milhões de judeus foram mortos nas mãos dos nazistas. A maioria dos estudiosos do Holocausto, porém, coloca o número total de judeus vitimados entre 5,1 e 6,3 milhões.

Embora as estimativas de fato variem, historiadores usando métodos e fontes de material diferentes chegam independentemente ao número de 5 a 6 milhões de judeus mortos no Holocausto. O fato de as estimativas variarem na verdade lhes dá ainda mais credibilidade; ou seja, seria mais provável que os números tivessem sido "forjados" se todas as estimativas chegassem ao mesmo valor. O fato de as estimativas não serem iguais, mas variarem em uma faixa razoável de erro, significa que algo em torno de 5 e 6 milhões de judeus morreram no Holocausto. Se foram exatamente 5 ou 6 milhões, é irrelevante. Trata-se de qualquer modo de um grande número de pessoas. E não foram centenas de milhares ou "apenas" 1 milhão ou 2 milhões, como alguns negadores sugerem. Estimativas mais acuradas serão feitas no futuro, conforme novas informações chegarem da Rússia e de antigos territórios soviéticos. O número total, no entanto, provavelmente não mudará em mais do que umas poucas dezenas de milhares e certamente não em centenas de milhares ou milhões.

A tabela a seguir apresenta as perdas estimadas de judeus no Holocausto, por país. Os números foram compilados por vários estudiosos, cada um trabalhando em sua própria área geográfica ou especialidade, e depois combinados por Yisrael Gutman e Robert Rozett para a *Encyclopedia of the Holocaust*. São cifras derivadas de estudos demográficos populacionais, considerando o número de judeus registrados que moravam em cada aldeia, vila ou cidade da

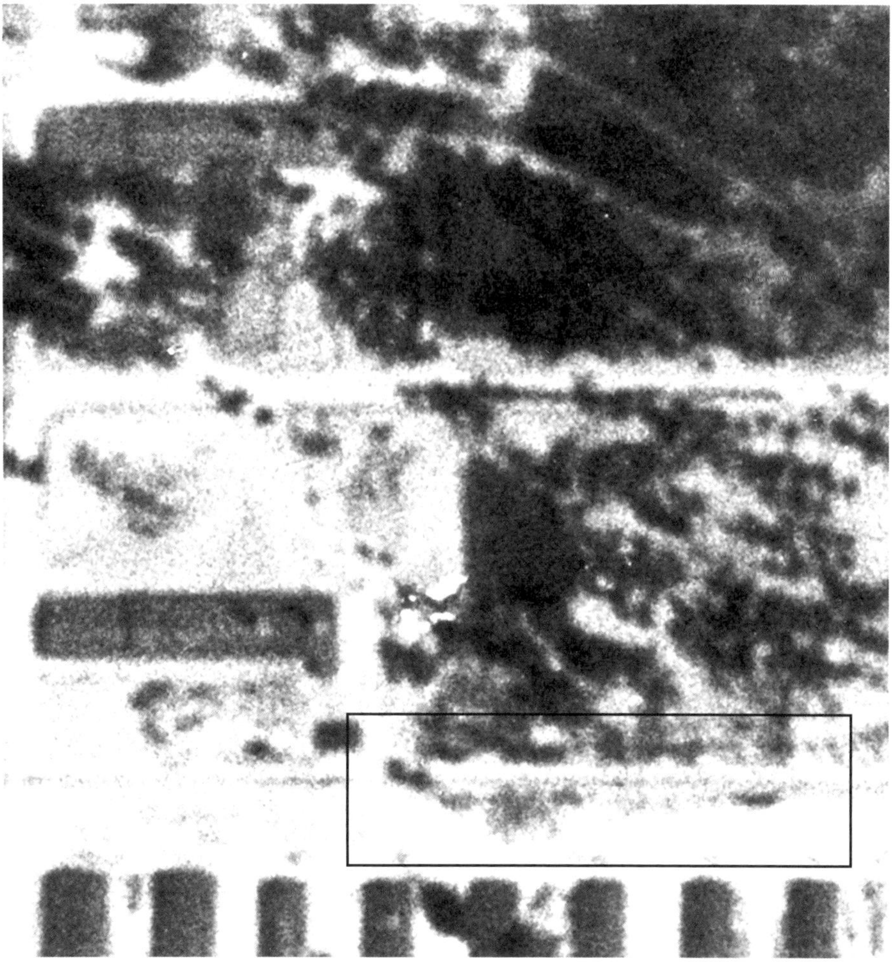

Figura 25: Foto aérea de prisioneiros sendo levados em marcha para o Krema V, 31 de maio de 1944. [Negativo, cortesia do Arquivo Nacional, Washington, D.C. (Film 3055); ampliação, cortesia Benin Bryant.]

Europa, o número registrado que foi transportado para campos, o número liberado dos campos, o número de judeus mortos em "ações especiais" pelos Einsatzgruppen e o número dos que restaram vivos após a guerra. Os índices de perda mínima e perda máxima representam a margem de erro.

Finalmente, poderíamos fazer aos negadores uma pergunta simples: se não morreram 6 milhões de judeus no Holocausto, onde foram parar todos eles? O negador vai dizer que estão morando na Sibéria e em Kalamazoo, mas milhões de judeus aparecerem de repente das regiões distantes da Rússia ou da América ou de qualquer outra parte é tão improvável quanto absurdo. É com efeito muito raro descobrir um sobrevivente do Holocausto.

ESTIMATIVA DAS PERDAS DE JUDEUS NO HOLOCAUSTO			
País	**População judaica inicial**	**Perda mínima**	**Perda máxima**
Áustria	185.000	50.000	50.000
Bélgica	65.700	28.900	28.900
Boêmia e Morávia	118.310	78.150	78.150
Bulgária	50.000	0	0
Dinamarca	7.800	60	60
Estônla	4.500	1.500	2.000
Finlândia	2.000	7	7
França	350.000	77.320	77.320
Alemanha	566.000	134.500	141.500
Grécia	77.380	60.000	67.000
Hungria	825.000	550.000	569.000
Itália	44.500	7.680	7.680
Letônia	91.500	70.000	71.500
Lituânia	168.000	140.000	143.000
Luxemburgo	3.500	1.950	1.950
Holanda	140.000	100.000	100.000
Noruega	1.700	762	762
Polônia	3.300.000	2.900.000	3.000.000
Romênia	609.000	271.000	287.000
Eslováquia	88.950	68.000	71.000
União Soviética	3.020.000	1.000.000	1.100.000
Total	**9.796.840**	**5.596.029**	**5.860.129**

Fonte: *Encyclopedia of the Holocaust, editor-chefe Yisrael Gutman (Nova York: Macmillan, 1990), pág. 1.799.*

Conspirações

Vários milhões mais de pessoas foram mortas pelos nazistas – ciganos, homossexuais, pessoas mental e fisicamente deficientes, prisioneiros políticos e especialmente russos e poloneses –, mas os negadores do Holocausto não estão preocupados com os números dessas mortes. Esse fato tem a ver com a disseminada falta de atenção para com as vítimas não judias do Holocausto, embora também esteja relacionado com a essência antissemita da negação do Holocausto.

Além da obsessão com "os judeus", os negadores têm uma obsessão com conspirações. Por um lado, negam que os nazistas tivessem um plano (isto é, uma conspiração) para exterminar os judeus. Eles reforçam esse argumento destacando a que extremos pode chegar um pensamento conspiracional (como no caso das teorias conspiratórias sobre o assassinato de Kennedy). Eles exigem evidências substanciais para que os historiadores possam concluir que Hitler e seus seguidores conspiraram para exterminar o judaísmo na Europa (Weber, 1994b). Ótimo. Mas então eles não podem, por outro lado, afirmar que a ideia do Holocausto foi uma conspiração sionista para obter reparações da Alemanha e poder patrocinar o novo Estado de Israel, sem submeter também essas suas alegações a prova.

Como parte desse último argumento, os negadores afirmam que, se o Holocausto de fato aconteceu do modo como os historiadores afirmam, então teria se tornado do conhecimento geral durante a guerra (Weber, 1994b). Ele teria sido tão óbvio quanto, digamos, o desembarque do Dia D. Mais ainda, os nazistas teriam discutido os seus planos homicidas entre eles. Bem, por motivos óbvios, o Dia D foi mantido em segredo e o desembarque do Dia D só foi do conhecimento geral depois de iniciado. O mesmo vale para o Holocausto. Esse não era discutido informalmente entre os nazistas. De fato, Albert Speer escreveu sobre isso em seu diário de Spandau:

> 9 de dezembro de 1946. *Seria errado imaginar que os altos homens do regime ficavam se vangloriando de seus crimes nas raras ocasiões em que se reuniam. No julgamento fomos comparados aos chefes de uma máfia. Isso me fez lembrar daqueles filmes em que os chefes de gangues legendárias sentavam-se juntos, à noite, de terno e gravata, e conversavam sobre assassinatos e poder, tecendo intrigas, planejando golpes. Mas essa atmosfera de conspiração de bastidores não era de modo algum o estilo da nossa liderança. Em nosso trato pessoal, nunca diríamos nada a respeito de qualquer atividade sinistra em que estivéssemos empenhados. (1976, pág. 27)*

A observação de Speer é corroborada pela descrição que o guarda da SS Theodor Malzmueller fez da sua introdução ao assassinato em massa ao chegar ao campo de extermínio de Kulmhof (Chelmno):

> *Quando chegamos, tivemos que nos reportar ao comandante do campo, o Hauptsturmführer da SS, Bothmann. O Hauptsturmführer dirigiu-se a nós em seu alojamento, na presença do Hauptsturmführer Albert Plate. Ele explicou que havíamos sido destinados ao campo de extermínio de Kulmhof como guardas e acrescentou que nesse campo os furúnculos da humanidade, os judeus, eram exterminados. Nós devíamos manter silêncio sobre tudo o que víssemos e ouvíssemos; se não, teríamos que nos defrontar com o aprisionamento da nossa família e com a pena de morte. (Klee, Dressen e Riess, 1991, pág. 217)*

Trata-se de uma resposta direta à alegação geral dos negadores de que havia uma conspiração judaica para inventar o Holocausto, no propósito de financiar o Estado de Israel (Rassinier, 1978). Os fatos básicos sobre o Holocausto estavam estabelecidos antes que houvesse um Estado de Israel e antes que os

Estados Unidos ou qualquer outro país desse a ele um centavo. Além disso, quando as reparações foram definidas, a quantia que Israel recebeu da Alemanha não se baseou no número de mortos, mas no custo que Israel teria para absorver e reassentar os judeus que fugiram da Alemanha e dos países por ela controlados antes da guerra e também os sobreviventes do Holocausto que foram para Israel depois do conflito. Em março de 1951, Israel pediu reparações às Quatro Potências, que seriam calculadas nessas bases.

> *O governo de Israel não está em condições de obter e apresentar uma lista completa de todas as propriedades tiradas ou pilhadas pelos alemães, que, segundo alguns, chegam a mais de 6 bilhões de dólares. Ele só pode computar sua reivindicação com base nas despesas totais já efetuadas e nas despesas ainda necessárias para a integração dos imigrantes judeus dos países dominados pelos nazistas. O número desses imigrantes é estimado em cerca de 500 mil, o que significa uma despesa total de 1,5 bilhão de dólares. (Sagi, 1980, pág. 55)*

É desnecessário dizer que, se as reparações fossem baseadas no número total de sobreviventes, então os eventuais conspiradores sionistas deveriam ter exagerado não o número de judeus mortos pelos nazistas, mas o número de sobreviventes. Na verdade, tendo em vista as provisões do acordo de reparações, se os negadores estão certos e apenas umas poucas centenas de milhares de judeus foram mortos, então a Alemanha deve a Israel bem mais em reparações, pois para onde mais poderiam ter ido esses 5 ou 6 milhões de sobreviventes? Os negadores podem argumentar que os conspiradores sionistas trocaram o dinheiro das reparações da Alemanha por um prêmio maior: dinheiro e uma compaixão de longo prazo do mundo inteiro. Mas aqui realmente chegamos ao fundo da questão. Por que os supostos conspiradores arriscariam dinheiro certo em troca de alguma compensação incerta no futuro? Na realidade, essa alegação de que o Estado de Israel teria sido beneficiário de dinheiro alemão é um mito. A maior parte dele foi para sobreviventes individuais, não para o governo de Israel.

Equivalência moral

Quando tudo o mais falha, os negadores deixam de discutir intencionalidade, câmaras de gás e crematórios e o número de judeus mortos e passam a argumentar que o tratamento que os nazistas dispensaram aos judeus não é na verdade diferente daquele que outras nações dispensaram àqueles que viam como inimigos. Os negadores ressaltam, por exemplo, que o governo dos Estados Unidos varreu do mapa com armas atômicas duas cidades inteiras do Japão cheias de civis (Irving, 1994) e prendeu nipo-americanos em campos, que é justamente o que os alemães fizeram com aqueles que viam como seu inimigo interno – os judeus (Cole, 1994).

A resposta a isso tem duas partes. Primeiro, o fato de um país proceder mal não justifica que outro país faça o mesmo. Segundo, há uma diferença entre uma guerra e um homicídio sistemático, organizado pelo estado, de pessoas desarmadas em seu próprio país, não como autodefesa, não para obter mais território, matérias-primas ou riquezas, mas simplesmente porque essas pessoas são percebidas como um tipo de força satânica e como uma raça inferior. No seu julgamento em Jerusalém, Adolf Eichmann, Obersturmbannführer da SS, do RSHA, e um dos que chefiaram a implantação da Solução Final, tentou recorrer ao argumento da equivalência moral. Mas o juiz não comprou a ideia, como mostra esta sequência da transcrição do julgamento (Russell, 1963, págs. 278-279):

> ***Juiz Benjamin Halevi para Eichmann:*** Você com frequência tem comparado o extermínio de judeus com os bombardeios de cidades alemãs e comparou o assassínio de mulheres e crianças judias com a morte de mulheres alemãs em bombardeios aéreos. Com certeza deve ser claro para você que existe uma distinção entre essas duas coisas. Por um lado, o bombardeio é usado como um instrumento para forçar o inimigo a se render. Do mesmo modo que os alemães tentaram forçar os britânicos a se render bombardeando-os. Nesse caso, trata-se de um objetivo de guerra, de fazer um inimigo armado ficar de joelhos.
>
> Por outro lado, quando você tira homens, mulheres e crianças judeus desarmados de sua casa, passa-os às mãos da Gestapo e depois os envia para Auschwitz para ser exterminados é uma coisa totalmente diferente, não é?
>
> **Eichmann:** A diferença é enorme. Mas naquela época esses crimes haviam sido legalizados pelo estado e a responsabilidade, portanto, pertence àqueles que expediram as ordens.
>
> **Halevi:** Mas você com certeza deve saber que existem leis e praxes de guerra internacionalmente reconhecidas pelas quais a população civil é protegida de ações que não sejam essenciais para o prosseguimento da própria guerra.
>
> **Eichmann:** Sim, tenho conhecimento disso.
>
> **Halevi:** Você nunca sentiu um conflito de lealdade entre o seu dever e a sua consciência?
>
> **Eichmann:** Suponho que o senhor poderia chamar isso de uma divisão interna. Era um dilema pessoal quando você passava de um extremo ao outro.
>
> **Halevi:** Exigia desconsiderar e esquecer a própria consciência.
>
> **Eichmann:** Sim, poderíamos colocar isso dessa forma.

Em seu julgamento, Eichmann nunca negou o Holocausto. Seu argumento era que "esses crimes haviam sido legalizados pelo estado" e portanto as pessoas que "expediram essas ordens" eram as responsáveis. Essa foi a defesa clássica usada nos julgamentos de Nurembergue pela maioria dos nazistas. Como os da alta esfera haviam, todos, cometido suicídio – Hitler, Himmler, Goebbels e

Hermann Göring –, os demais nazistas estavam fora de perigo, ou pelo menos pensavam assim.

Nós tampouco estamos fora de perigo. Assim como a negação da evolução, a negação do Holocausto não é algo que simplesmente acabará um dia, e não é nem benigna nem trivial. Ela vem tendo e terá consequências horríveis e sombrias, não só para os judeus como para todos nós e para as gerações futuras. Precisamos oferecer respostas às afirmações daqueles que negam o Holocausto. Temos as provas e devemos assumir uma posição e ser ouvidos.

15

Escaninhos e Continuums

Um olhar afro-greco-germano-americano sobre a raça

Os livros de ciência raramente chegam às listas dos dez mais vendidos, mas, quando isso ocorre, em geral o livro tem a ver com as nossas origens e destinos cosmológicos – como a *Breve História do Tempo*, de Stephen Hawking – ou com o lado metafísico da nossa existência – é o caso de *O Tao da Física*, de Fritjof Capra. Como foi então que a Free Press vendeu mais de 500 mil exemplares de um livro de 30 dólares (sim, isso dá 15 milhões de dólares), cheio de gráficos, tabelas, curvas e com trezentas páginas de apêndices, notas e referências, tudo isso sobre o obscuro tema da psicometria? A razão é que uma dessas curvas ilustra uma diferença de quinze pontos no QI de brancos e negros americanos. Nos Estados Unidos, nada vende mais do que a controvérsia das raças. *The Bell Curve* (1994), de Richard Herrnstein e Charles Murray, fez furor entre cientistas, intelectuais e ativistas do país inteiro e seu impacto perdura até hoje – como ilustra *The Bell Curve Wars*, título de um dos livros que buscam desmistificar essa questão.

Os argumentos de *The Bell Curve* não são novos. Na realidade, no mesmo ano em que o livro foi lançado, a prestigiosa revista *Intelligence* publicou um artigo de outro cientista controvertido, Philippe Rushton, no qual ele afirmava que brancos e negros diferem não apenas em inteligência, mas também em índice de maturidade (idade do primeiro intercurso sexual, da primeira gravidez), personalidade (agressividade, prudência, impulsividade, sociabilidade), organização social (estabilidade marital, aderência às leis, saúde mental) e esforço reprodutivo (permissividade, frequência do intercurso sexual, tamanho dos genitais masculinos). Além de um QI mais baixo, Rushton acredita que os negros têm índice de maturidade mais baixo, maior impulsividade e agressividade, menos saúde mental e menor aderência às leis, mais atitudes permissivas e maior frequência de intercurso sexual, e genitais masculinos maiores (inversamente proporcionais ao QI, a partir de dados que ele coletou junto a distribuidores de camisinhas).

Tanto em *The Bell Curve* como no artigo de Rushton há agradecimentos ao Pioneer Fund. Isso chamou a minha atenção, por causa das ligações desse fundo com a negação do Holocausto. O Pioneer Fund foi criado em 1937 pelo milionário do setor têxtil Wycliffe Preston Draper, para patrocinar pesquisas que "promovam a melhoria da raça" e que demonstrem que os negros são inferiores aos brancos, que defendam a repatriação dos negros para a África e programas educacionais para crianças "descendentes de preferência de pessoas brancas que se tenham instalado nos treze estados originais... e/ou de cepas relacionadas" (em Tucker, 1994, pág. 173; o Pioneer Fund nega que essas sejam as suas metas atuais). William Shockley, laureado com o Nobel em Física, por exemplo, recebeu 179 mil dólares ao longo de dez anos por sua pesquisa sobre a hereditariedade do QI. Shockley acreditava que brancos europeus são "a população mais competente em termos de administração social e capacidade geral de organização" e que "os brutais mecanismos seletivos" da vida colonial tornaram a raça branca superior (em Tucker, 1994, pág. 184). A obra de Rushton recebeu centenas de milhares de dólares em verbas do Pioneer Fund.

O Pioneer Fund também patrocina a revista *Mankind Quarterly*. Um dos ex-editores da revista, Roger Pearson, ao imigrar nos Estados Unidos na década de 1960 trabalhou com Willis Carto, organizador do Liberty Lobby e fundador da *Journal of Historical Review*, a principal publicação da negação do Holocausto. Ao longo dos últimos 23 anos, Pearson e a sua organização receberam nada menos do que 787.400 dólares do Pioneer Fund. Segundo William Tucker, Pearson e Carto "regularmente culpavam 'os trocadores de dinheiro de Nova York' por causarem a 'segunda guerra fratricida' e os subsequentes 'Crimes de Guerra Aliados' contra o Reich, movidos pelo desejo de impor escravidão financeira à Alemanha e ao mundo" (1994, pág. 256). A Noontide Press de Carto, editora de tratados sobre racismo e eugenia, além dos livros que negam o Holocausto, também publicou o livro de Pearson, *Race and Civilization*, que descreve "como os nórdicos aristocratas, o 'símbolo... da dignidade humana', haviam sido forçados por 'impostos sobre os proprietários de terras... a se casarem com judeus e outros elementos não nórdicos', assegurando com isso a riqueza necessária para preservar as propriedades da sua família, mas sacrificando a sua 'herança biológica' e 'com isso renunciando às suas reais reivindicações de nobreza'" (em Tucker, 1994, pág. 256). O livro *Race and Civilization*, conforme Pearson admite, se baseia na obra de Hans Gunther, que foi um destacado teórico racial alemão antes, durante e depois do Terceiro Reich, embora Pearson afirme que ele se "desnazificou" após a guerra. Pearson também fez parte do comitê consultor da Nouvelle École, que alguns chamam de "um grupo neonazista francês intelectual", mas que Pearson chama apenas de "ala direita" (1995).

Liguei para Roger Pearson. Quando o entrevistei, ele confirmou que havia de fato trabalhado com Willis Carto por três meses logo que chegou aos Estados Unidos, editando a revista de Carto *Western Destiny*, mas negou de modo explícito ter usado expressões como "trocadores de dinheiro nova-iorquinos". Também refutou outras acusações, incluindo a de que teria "certa vez se vangloriado de ajudar a esconder Josef Mengele" (ver Tucker, 1994, pág. 256). Esse boato parece ter-se espalhado bastante e Pearson sente-se especialmente perturbado por ele, já que na época da fuga de Mengele, em março de 1945, tinha dezessete anos e meio e passava por treinamento militar básico em infantaria no Exército britânico. Pearson jamais teve qualquer tipo de contato com Mengele e acredita que essa acusação é uma espécie de lenda urbana, que se recicla a si própria por meio de livros e artigos, sem que ninguém seja capaz de citar uma fonte primária para ela.

Achei Pearson uma pessoa agradável, de fala gentil, que já refletiu bastante sobre as principais questões da nossa época. Ele hoje detém um cargo honorário como presidente do Institute for the Study of Man (está com 68 anos, semiaposentado) e é editor da *Mankind Quarterly*, que o instituto assumiu em 1979. À época, Pearson ampliou a revista para incluir temas de sociologia, psicologia e mitologia, acrescentando ao seu conselho novos membros adequados, como o especialista em psicometria Raymond Cattell e o mitólogo Joseph Campbell. Em sua gestão, afirma Pearson, nem o instituto nem a revista endossaram a repatriação de negros ou a supremacia branca.

Assim sendo, de onde veio a ideia de dar apoio a essas crenças racistas? Pearson admite que antes da sua gestão a revista de fato endossara tais ideias e que ele próprio acredita que as sociedades idealmente deveriam ser tão homogêneas quanto possível (isto é, WASP), com a elite comandando o espetáculo. O problema, explica, é que esse processo "natural" está sofrendo a interferência da guerra e da política modernas, uma crença que ele desenvolveu a partir de experiências pessoais:

> *Servi no Exército britânico na Segunda Guerra Mundial. Em 29 de maio de 1942, meu único irmão, um piloto de 21 anos que lutou na Batalha da Grã-Bretanha, foi morto em combate no norte da África, lutando contra Rommel. Isso teve forte impacto em mim e até eu completar 32 anos de idade – quando casei e constituí família – sonhava com meu irmão voltando para casa. Na guerra, perdi também quatro primos e três amigos íntimos de escola, todos jovens e sem filhos. O que eu via era que os indivíduos mais talentosos estavam sendo selecionados para a guerra moderna e isso me deixou com a clara sensação de que havia algo muito errado com o mundo, em que se via um crescimento excessivo, por atacado, de indivíduos que não eram tão competentes quanto os outros, enquanto os mais*

competentes eram mortos. Hoje, sou radicalmente contrário à guerra porque ela seleciona e destrói de modo desproporcional as pessoas mais inteligentes. Além do mais, destrói a cultura. Veja o que fizemos com as principais cidades da Europa na Segunda Guerra Mundial. Um bom exemplo disso pode ser visto no livro War and the Breed, *escrito em 1915 pelo reitor da Universidade de Stanford, David Starr Jordon. É uma história de jovens ingleses sem filhos que foram mortos na Primeira Guerra Mundial e de como a guerra estava destruindo o Ocidente. Publiquei de novo esse livro para mostrar que os europeus eram um bando de pessoas guerreiras que não sabiam o que era bom para elas. Durante séculos elas se destruíram, lutando entre si, e consequentemente, do ponto de vista evolucionário, não mereceram sobreviver.*

Eu era um grande nacionalista, que acreditava, naqueles dias, na pureza do pool *de genes. As nações costumavam ser vistas como* pools *de genes. Agora não mais. A nação enquanto uma unidade aparentada é coisa do passado. Estamos nos transformando em unidades multiculturais, multirraciais. Eu questiono o quanto isso possa ser desejável do ponto de vista evolucionário. Acredito que seja uma reversão do processo evolucionário. (1995)*

Para me ajudar a compreender melhor os seus pontos de vista, Pearson me enviou exemplares de alguns dos seus livros e uma seleção de números atrasados da *Mankind Quarterly*. Ele estava convencido de que me faria perceber que o tom racista de décadas anteriores havia arrefecido nos anos recentes. Há muitos artigos interessantes nessa revista que não têm nada a ver com raça, mas também há muitos que tratam disso, e esses exibem o mesmo viés, expresso atualmente de maneira mais tecnicista e menos provocativa. A seguir, alguns dos muitos exemplos que encontrei. A edição de outono/inverno de 1991 traz um artigo de Richard Lynn intitulado "A evolução das diferenças raciais em inteligência", no qual ele conclui que os caucasoides e mongoloides que vivem em climas frios e temperados "defrontaram-se com problemas de sobrevivência que exigiam bastante em termos cognitivos" e que, portanto, "uma pressão seletiva em favor de uma inteligência aprimorada explica por que os caucasoides e mongoloides são as raças que evoluíram para maior inteligência" (pág. 99). Isso levaria a pensar que os egípcios, gregos, fenícios, judeus, romanos, astecas, maias e incas – um grupo bem heterogêneo de raças, todas vivendo em condições ambientais quentes e "pouco desafiadoras" – não eram particularmente inteligentes; e que os neandertais que habitavam o frio norte da Europa há muito tempo deveriam ter sido muito inteligentes, mesmo que os humanos modernos supostamente os tenham sobrepujado. Para ser justo, assinale-se que a revista publicou críticas a esse argumento na mesma edição.

A edição do verão de 1995 destaca o discurso de Glayde Whitney ao assumir a presidência da Behavior Genetics Association, pronunciado em 2 de junho de 1995, incluindo os gráficos e tabelas, que demonstram uma acentuada diferença de nove vezes entre brancos e negros nos índices de homicídio, a respeito da qual Whitney conclui: "Quer se goste disso ou não, há uma hipótese razoavelmente científica de que parte, talvez grande parte, da diferença racial no homicídio seja causada por diferença genética, na qual contribuem variáveis como a baixa inteligência, a falta de empatia, o comportamento agressivo e uma impulsiva falta de antevisão" (pág. 336). Qual é a evidência que sustenta essa hipótese? Nenhuma. Não há uma única citação a esse respeito. E trata-se de um discurso dirigido a uma sala cheia de geneticistas do comportamento e publicado numa revista científica lida por antropólogos, psicólogos e geneticistas. Nessa mesma edição, Pearson conclui uma história de 28 páginas intitulada "O conceito de hereditariedade no pensamento ocidental" lamentando a disgênica do mundo moderno, no qual a elite está perdendo a seleção e sendo superada em número pelo populacho: "Tendências fortemente disgênicas têm dominado este século como resultado da eliminação seletiva de tripulações aéreas e outras pessoas de talento envolvidas na guerra moderna na Europa; o sacrifício por genocídio da elite na Europa, na União Soviética e na China maoísta; e a tendência geral de os membros mais criativos das sociedades modernizadas do mundo inteiro terem menos filhos do que os menos criativos" (pág. 368).

Não estou sendo seletivo ao apresentar essas citações. O livro mais recente de Pearson, *Heredity and Humanity: Race, Eugenics and Modern Science*, aborda o mesmo tema, concluindo com a dramática previsão do que vai acontecer se não fizermos nada a respeito desse suposto problema: "Qualquer espécie que adote padrões de comportamento contrários às forças que governam o universo está fadada a declinar até passar por um doloroso, forçado e totalmente involuntário processo de eugenia voltado para uma resseleção e readaptação evolucionária, ou até ficar sujeita a uma pena ainda mais severa – a extinção" (1996, pág. 143). Mas, afinal, o que significa uma "resseleção eugênica totalmente involuntária"? Uma segregação forçada pelo estado, uma repatriação, a esterilização ou talvez até o extermínio? – perguntei-lhe. "Não! Simplesmente quero dizer que a natureza seleciona e elimina e que se prosseguirmos no nosso atual curso de ação a espécie será extinta. A própria seleção é um exercício de eugenia. A seleção natural tende a longo prazo a ser eugênica" (1995). Mas, seguindo o rastro das extensas discussões sobre diferenças raciais quanto a inteligência, criminalidade, criatividade, agressão e impulsividade, a implicação parece ser de que os não brancos figuram como causa potencial da extinção da espécie e que, portanto, alguma coisa precisa ser feita a respeito *deles*.

O fim da raça

É possível evitar a miscigenação e preservar a integridade genética? Será que alguma nação já foi algum dia ou poderia vir a ser uma "unidade racial", para usar a terminologia de Pearson? Talvez um estado nazista mundial fosse capaz de legislar tais muros biológicos, mas a natureza não, como demonstram Luca

Cavalli-Sforza e seus colegas, Paolo Menozzi e Alberto Piazza, no livro *The History of Geography of Human Genes*, saudado pela revista *Time* como o estudo que "achata *The Bell Curve*" ("achatar", aliás, é um termo apropriado, já que o volume pesa mais de três quilos e tem 1.032 páginas). Nessa obra, os autores reúnem evidências de cinquenta anos de pesquisas em genética populacional, geografia, ecologia, arqueologia, antropologia física e linguística de que, "do ponto de vista científico, o conceito de raça falhou em obter algum consenso; nenhuma é plausível, dada a variação gradual em sua existência" (1994, pág. 19). Em outras palavras, o conceito de raça não faz sentido do ponto de vista biológico.

Mas não conseguimos reconhecer um negro e um branco quando vemos um? Com certeza, concordam os autores: "Pode-se objetar que os estereótipos raciais têm uma consistência tal que até mesmo um leigo é capaz de classificar indivíduos". Mas, prosseguem eles, "os principais estereótipos, todos baseados na cor da pele, na cor e forma dos cabelos e nos traços faciais, refletem diferenças superficiais que não são confirmadas por análises mais profundas envolvendo traços genéticos mais confiáveis e cuja origem data de evolução recente, principalmente sob o efeito do clima e talvez da seleção sexual" (pág. 19). As categorias raciais definidas pela tradição popular são literalmente epidérmicas.

Mas as raças não *deveriam* misturar-se umas às outras como conjuntos difusos, mesmo mantendo o seu caráter singular e a sua individualidade (ver Sarich, 1995)? Sim, mas a maneira com que esses grupos são classificados depende de o classificador ser um "agrupador" ou um "divisor" – alguém que enxerga de preferência similaridades ou diferenças. Darwin observou que os naturalistas da sua época falavam em algo entre duas e 63 espécies diferentes de *Homo sapiens*. Hoje temos algo entre três e sessenta espécies, dependendo do taxonomista. Cavalli-Sforza e os seus colegas concluem: "Embora, sem dúvida, exista apenas uma espécie humana, não há claramente razões objetivas para se deter em algum nível particular de divisão taxonômica" (1994, pág. 19). Poderíamos pensar que os aborígines australianos, por exemplo, estariam relacionados mais de perto com os negros africanos do que com os nativos do sudeste asiático, já que eles com certeza são mais *parecidos* com eles (e os traços faciais, tipo de cabelo e cor de pele são o que primeiro se coloca em foco ao identificar raças). Geneticamente, porém, os australianos são mais distantes dos negros africanos e *mais próximos* dos asiáticos. Isso faz sentido de um ponto de vista evolucionário, mesmo que vá contra a nossa percepção intuitiva, já que os humanos migraram primeiro da África para o Oriente Médio e Extremo Oriente e desceram depois até o sudeste asiático e por fim até a Austrália, levando dezenas de milhares de anos nesse périplo. Não importa a sua aparência, australianos e asiáticos devem estar mais intimamente relacionados do ponto de vista evolucionário, e de fato estão. E quem intuiria, por exemplo, que os europeus são uma população híbrida intermediária, composta por 65% de genes asiáticos e 35% de genes africanos? Uma surpresa, talvez, mas não do ponto de vista evolucionário.

Parte do problema de classificar raças é que a variação no interior de cada grupo racial é maior do que a inter-racial, como Cavalli-Sforza e seus colegas defendem: "Estatisticamente, a variação genética no interior de conglomerados é grande comparada à que se dá entre conglomerados". Em outras palavras, os indivíduos em um grupo variam mais do que os indivíduos entre grupos. Por quê? A resposta se apoia na evolução:

> *Existe grande variação genética em todas as populações, mesmo nas pequenas. Essa variação se acumulou por períodos muito longos, porque a maioria dos polimorfismos observados em humanos são anteriores à separação em continentes, e talvez até à origem das espécies, menos de meio milhão de anos atrás. Os mesmos polimorfismos são encontrados na maioria das populações, mas com frequência diferem em cada uma delas, porque a diferenciação geográfica dos humanos é recente, tendo tomado talvez um terço ou menos do tempo de existência das espécies. Assim, houve muito pouco tempo para o acúmulo de uma divergência substancial. (1944, pág. 19.)*

E os autores repetem (nunca é demais ressaltá-lo): "A diferença entre grupos é, portanto, pequena quando comparada com aquela entre os grupos principais, ou mesmo dentro de uma única população" (1994, pág. 19). Pesquisas recentes demonstram, na realidade, que, se uma guerra nuclear exterminasse todos os humanos exceto um pequeno bando de aborígines australianos, nada menos do que 85% da variabilidade do *Homo sapiens* seria preservada (Cavalli-Sforza e Cavalli-Sforza, 1995).

O fim do racismo

É sempre o indivíduo que importa, não o grupo; e o que importa é sempre como os indivíduos diferem e não como o grupo difere. Isso não tem a ver com um anseio liberal ou com um individualismo conservador. É um fato da evolução, como observou um entomologista em 1948: "A moderna taxonomia é o produto de uma crescente consciência dos biólogos da singularidade dos indivíduos e da ampla gama de variação que pode ocorrer em qualquer população de indivíduos". Esse entomologista acreditava que as generalizações feitas pelos entomologistas sobre espécie, gênero e até categorias mais abrangentes "constituem com excessiva frequência descrições de indivíduos singulares e de estruturas de indivíduos particulares que não são muito similares a qualquer coisa que qualquer outro investigador possa encontrar". Os psicólogos também são culpados por generalizações apressadas como essas, acrescenta o entomologista: "Um rato num labirinto, hoje, é tomado como uma amostra de todos os indivíduos, de todas as espécies de ratos sob todos os tipos de condição, seja ontem, hoje ou amanhã". Pior ainda, essas conclusões coletivas são extrapoladas para os humanos: "Meia dúzia de cachorros, com *pedigrees* desconhecidos e raças não nomeadas, são relatados como 'cachorros' – querendo indicar todos os tipos de cachorro –, isso quando as conclusões não são de fato aplicadas explícita ou pelo menos implicitamente a você, a seus primos e a todos os outros tipos e descrições de humanos" (pág. 17).

Se tivesse falado apenas de besouros, esse entomologista seria relativamente desconhecido. Mas, na metade da sua carreira, ele passou do estudo de uma obscura espécie de vespa para uma bem conhecida espécie de WASP – a variedade humana.[1] Na realidade, concluiu ele, se as vespas exibem tanta variação, o que dizer dos humanos? Assim, na década de 1940, Alfred Kinsey, entomologista transformado em sexólogo, iniciou o mais exaustivo estudo já conduzido sobre a sexualidade humana, e em 1948 publicou o *Sexual Behavior in the Human Male*. Nesse livro, Kinsey observou que "as histórias que foram disponibilizadas no presente estudo tornam evidente que a heterossexualidade ou homossexualidade de muitos indivíduos não é uma proposição do tipo tudo ou nada" (Kinsey, Pomeroy e Martin, 1948, pág. 638). A pessoa pode ser ambos simultaneamente. Ou nenhum dos dois durante um tempo. Pode começar como heterossexual e tornar-se homossexual, ou vice-versa. E a porcentagem de tempo despendida em cada condição varia bastante entre indivíduos da população. "Por exemplo", escreve Kinsey, "há alguns que se envolvem em atividades heterossexuais e homossexuais no mesmo ano, ou no mesmo mês, ou na mesma semana, ou até no mesmo dia" (pág. 639). Alguém poderia acrescentar "na mesma hora". Portanto, conclui Kinsey, "não se está seguro de poder reconhecer apenas dois tipos de indivíduo, heterossexuais e homossexuais, e a caracterização do homossexual como um terceiro sexo não descreve nada que corresponda à realidade" (pág. 647). Extrapolando isso para a taxonomia em geral, Kinsey deduziu a singularidade dos indivíduos (numa afirmação poderosa, perdida no meio de inúmeras tabelas):

> *Os machos não representam duas populações discretas, heterossexuais e homossexuais. O mundo não se divide em carneiros e cabras. Nem todas as coisas são ou brancas ou pretas. Um dos fundamentos da taxonomia é que a natureza raramente lida com categorias discretas. Apenas a mente humana inventa categorias e tenta forçar os fatos em escaninhos separados. O mundo vivo é um continuum, em cada um e em todos os seus aspectos. Quanto antes aprendermos isso em relação ao comportamento sexual humano, mais cedo chegaremos a uma compreensão saudável das realidades do sexo. (Pág. 639)*

Kinsey enxergou as implicações dessa variação para sistemas morais e éticos. Se a variação e a singularidade são a norma, então que forma de mo-

---

1 *O autor aqui faz uma espécie de trocadilho, aproveitando a identidade em inglês dos termos vespa (wasp) e WASP (White Anglo-Saxon Protestant, sigla usada para indicar uma pessoa de origem europeia e protestante, que constitui a maior parte da classe privilegiada do país). (*N. do T.*)*

ralidade será capaz de abranger *todas* as ações humanas? Só na sexualidade humana, Kinsey mediu 250 itens diferentes em mais de 10 mil pessoas. Isso dá 2,5 milhões de dados. Diante da variedade do comportamento humano, Kinsey concluiu: "Infindáveis recombinações dessas características em diferentes indivíduos incham as possibilidades a algo que é, para todos os propósitos essenciais, infinito" (em Christenson, 1971, pág. 5). Como todos os sistemas morais são absolutos, embora a variação desses sistemas seja impressionantemente ampla, todos os sistemas morais absolutos são na verdade relativos ao grupo que os confere (em geral, impõe) aos outros. No final do volume sobre os machos, Kinsey conclui que quase não há evidência da "existência de algo como perversidade inata, mesmo entre aqueles indivíduos cujas atividades sexuais a sociedade se tem mostrado menos inclinada a aceitar". Ao contrário, como ele demonstrou com as suas inúmeras tabelas estatísticas e análises em profundidade, as evidências levam à conclusão de que "a maioria das atividades sexuais humanas se tornaria compreensível à maioria dos indivíduos se cada um pudesse conhecer os antecedentes do comportamento individual do outro" (Kinsey, Pomeroy e Martin, 1948, pág. 678).

A variação é o que Kinsey chamou de "o mais praticamente universal de todos os princípios biológicos", mas um princípio que a maioria parece esquecer ao "esperar que seus semelhantes pensem e se comportem de acordo com padrões que se encaixem nos de um advogado, ou nos ideários imaginários em função dos quais a legislação foi moldada, mas que se mostram inadequados para os indivíduos reais que tentam viver de acordo com eles". Kinsey demonstrou que, embora "formas sociais, restrições legais e códigos morais possam ser, como argumentaria o cientista social, a codificação da experiência humana", eles são, como todas as generalizações estatísticas e populacionais, "de pouco significado quando aplicados a indivíduos particulares" (em Christenson, 1971, pág. 6). Essas leis falam mais a respeito dos legisladores do que das leis da natureza humana:

> *As prescrições são meras confissões públicas daqueles que as fazem. O que é certo para um indivíduo pode ser errado para outro e o que constitui pecado e abominação para um pode ser uma parte valiosa da vida de outro. O âmbito da variação individual, em qualquer caso particular, costuma ser bem maior do que geralmente se aceita. Algumas das características estruturais dos meus insetos variam nada menos do que 12 mil por cento. E, no entanto, as formas sociais e os códigos morais são prescritos como se todos os indivíduos fossem idênticos; e nós emitimos julgamentos, concedemos prêmios e aplicamos penalidades sem observar as variadas dificuldades envolvidas quando pessoas tão diferentes enfrentam exigências uniformes. (Em Christenson, 1971, pág. 7.)*

As conclusões de Kinsey podem ser aplicadas a raça. Como é possível colocar os "negros" no escaninho dos "permissivos" ou os "brancos" no escaninho dos "inteligentes" quando tais categorias de negro e branco, permissivo e inteligente são na realidade mais bem descritas como um continuum e não como escaninhos? "A variação dicotômica é a exceção e a variação contínua é a regra, entre os homens assim como entre os insetos", conclui Kinsey. Do mesmo modo, identificamos certo e errado para comportamentos "sem permitir os infindáveis tipos variados de comportamento possíveis entre o extremo certo e o extremo errado". Nesse cenário, a esperança de evolução cultural, como a de evolução biológica, depende do reconhecimento da variação e do individualismo: "Essas diferenças individuais são o material a partir do qual a natureza consegue o progresso, a evolução no mundo orgânico. Na diferença entre os homens está a esperança de mudança na sociedade" (em Christenson, 1971, págs. 8-9).

Na América, tendemos a confundir raça e cultura. Por exemplo, "branco ou caucasiano" não é equiparável a "coreano-americano", mas a "sueco-americano". A primeira referência indica genericamente uma suposta composição racial ou genética, enquanto a última reconhece genericamente uma herança cultural. Em 1995, a revista do Occidental College anunciou que quase a metade (48,6%) dos calouros era de "pessoas de cor". Quanto à minha experiência, no entanto, tenho dificuldades em identificar a maioria dos estudantes pelos tradicionais sinais externos de raça, porque houve muita miscigenação ao longo dos anos e séculos. Suspeito que a maioria deve ser de raças com hífen, um conceito ainda mais absurdo do que o de raças "puras". Assinalar um campo de um formulário em que apareçam opções de tipos de raça – "caucasiano", "hispânico", "afro-americano", "nativo americano" ou "asiático-americano" – é insustentável e ridículo. Primeiro, porque "americano" não é uma raça, portanto rótulos como "asiático-americano" e "afro-americano" são demonstrações da nossa confusão entre cultura e raça. Segundo, quanto estamos com isso voltando atrás na história? Nativos americanos são na realidade asiáticos, se você voltar atrás mais do que 20 mil ou 30 mil anos, até antes de eles atravessarem o estreito de Behring, entre a Ásia e a América. E os asiáticos provavelmente vieram da África há várias centenas de milhares de anos, por isso deveríamos na verdade substituir "nativo americano" por "afro-asiático-nativo americano". Por fim, se a teoria da origem africana das raças (origem racial única) for válida, então *todas* as raças humanas modernas vêm da África. (Cavalli-Sforza acha agora que isso pode ter acontecido há apenas 70 mil anos.) Mesmo que essa teoria dê lugar à teoria do Candelabro (múltipla origem racial), em última análise todos os hominídeos vêm da África e, portanto, todo americano deveria simplesmente assinalar o quadradinho "afro-americano". Minha avó materna era alemã e meu avô materno era grego. Da próxima vez que eu tiver que preencher um desses formulários vou assinalar "outros" e colocar a verdade sobre a minha herança racial e cultural: "afro-greco-germano-americano".

E com muito orgulho.

PARTE 5

A ESPERANÇA BROTA ETERNA

A esperança brota eterna no peito do homem;
O homem nunca é, mas espera ser feliz.
A alma, inquieta e exilada de casa,
Repousa e vaga numa vida ainda por vir.
Vejam, o pobre índio! cuja mente inculta
Vê Deus difuso, ou apenas o ouve no vento;
Sua altiva ciência da alma nunca soube partir
Até o distante caminho do Sol ou da Via Láctea;
Mas sua Natureza simples deu à sua esperança,
para lá dos cumes enevoados do monte, um céu mais humilde.

– *Alexander Pope,* Ensaio sobre o Homem, *1733*

16

O doutor Tipler encontra o doutor Pangloss

A ciência é capaz de chegar ao melhor dos mundos possível?

Alfred Russel Wallace, o naturalista britânico do século 19 cujo nome é permanentemente ligado ao de Charles Darwin pela sua codescoberta da seleção natural, meteu-se em encrencas ao tentar definir um propósito para cada estrutura e cada comportamento que observava. Para Wallace, a seleção natural moldava todo organismo para deixá-lo bem adaptado ao ambiente. A sua forte ênfase na seleção natural levou-o ao hiperadaptacionismo. Ele defendeu na edição de abril de 1869 da *Quarterly Review*, para desalento de Darwin, que o cérebro humano não podia ser inteiramente o produto da evolução, porque na natureza não há razão para existir um cérebro do tamanho do humano, capaz de habilidades tão pouco naturais como a alta matemática e a apreciação estética. Se não há propósito, não há evolução. A resposta de Darwin? "Uma Inteligência Superior supervisionou a ação dessas leis e desse modo direcionou variações e determinou o seu acúmulo, até produzir por fim uma organização suficientemente perfeita para admitir, e até apoiar, o avanço indefinido da nossa natureza mental e moral" (pág. 394). A teoria da evolução prova a existência de Deus.

Wallace caiu no hiperadaptacionismo porque acreditava que a evolução deveria ter criado os melhores organismos possíveis neste melhor dos mundos possível. Como ela não o fez, então deveria haver outro agente ativo – uma inteligência superior. Ironicamente, os teólogos naturais cujas crenças as teorias evolucionistas de Wallace ajudaram a desbancar haviam proposto um argumento similar, o mais famoso dos quais é o de William Paley, em sua *Natural Theology*, de 1802, que abre com a seguinte passagem:

Ao cruzar uma charneca, suponha que eu tropece numa das suas pedras e me pergunte como aquela pedra foi parar ali; possivelmente eu responderia que, pelo que sei, ela sempre deveria ter estado ali... Mas suponha que eu encontre um relógio no chão da charneca e que me pergunte como ele foi parar naquele lugar; dificilmente eu pensaria em dar a mesma resposta que dei antes – ou seja, que, pelo que sei, o relógio sempre deveria ter estado ali. Mas por que essa mesma resposta não serve tanto para o relógio como para a pedra? Pela razão seguinte e por nenhuma outra, a saber, que, quando inspecionamos o relógio, percebemos que as suas diversas partes são feitas e montadas para cumprir um propósito.

Segundo Paley, um relógio tem um propósito e, portanto, deve ter sido criado por um ser com algum propósito em mente. Um relógio requer um relojoeiro, assim como um mundo precisa de um fazedor de mundos – Deus. Entretanto, Wallace e Paley podem ter seguido a lição do *Cândido*, de Voltaire (1759), no qual o doutor Pangloss, um professor de "metafísico-teólogo-cosmolonigologia", por meio da razão, da lógica e da analogia "provou" que este é o melhor dos mundos possível: "Está demonstrado, dizia ele, que as coisas não podem ser de outra maneira: pois, como tudo foi feito para um fim, tudo está necessariamente destinado ao melhor fim. Queiram notar que o nariz foi feito para usar óculos e por isso nós temos óculos. As pernas foram visivelmente instituídas para as calças e por isso temos calças" (1985, pág. 238). O absurdo desse argumento foi proposital, pois Voltaire rejeitava firmemente o paradigma panglossiano de que tudo é o melhor no melhor dos mundos. A natureza não foi projetada perfeita e este não é o melhor dos mundos possível. É simplesmente o mundo que temos, estranho, contingente e com todas as falhas que possa ter.

Para a maioria das pessoas, brota a eterna esperança de que, se este não é o melhor dos mundos possível, logo o será. Essa esperança é a fonte das religiões, mitos, superstições e das crenças da Nova Era. Não nos surpreende encontrar essas esperanças tão disseminadas no mundo, é claro, mas temos a expectativa de ver a ciência se erguer acima da satisfação dos anseios. Mas deveríamos? Afinal, a ciência é feita por cientistas humanos, com as suas próprias esperanças, crenças e desejos. Com toda a admiração que tenho por Alfred Russel Wallace, vendo em retrospecto é fácil avaliar como as suas esperanças de um mundo melhor influenciaram a sua ciência. Mas será que a ciência progrediu desde então? Não. Uma grande quantidade de livros, em geral de físicos e cosmólogos, testemunha o fato de que a esperança continua a brotar eterna na ciência assim como na religião. Os livros de Fritjof Capra, *O Tao da Física* (1975) e, especialmente, *O Ponto de Mutação* (1982), abertamente incentivam a fusão de ciência e espiritualidade e transmitem a esperança de um mundo melhor. *The Faith of a Physicist* (1994), de John Polkinghorne, físico teórico da Universidade de Cambridge transformado em pastor anglicano, declara que a Física prova o Credo Niceno, que se baseia numa fórmula da fé cristã originária do século 4. Em 1995, o físico Paul Davies ganhou 1 milhão de dólares do Templeton Prize pelo avanço da religião, em parte por seu livro de 1991, *The Mind of God*. O sinal verde para as tentativas mais sérias, no entanto, foi dado por John Barrow e Frank Tipler em seu livro de 1986, *Anthropic Cosmological Principle*, e pelo livro de Frank Tipler, de 1994, *The Physics of Immortality: Modern Cosmology, God and the Ressurrection of the Dead*. No primeiro livro, os autores afirmam provar que o universo foi projetado de modo inteligente e, portanto, que há um projetista inteligente (Deus); no segundo, Tipler espera convencer os leitores de que eles e todo mundo serão ressuscitados no futuro por um supercomputador. Essas tentativas constituem um estudo de caso sobre como a esperança modela a crença, mesmo no interior da mais sofisticada ciência.

Ao ler *The Physics of Immortality* e conversar com o seu autor, fiquei impressionado com os paralelos referindo Tipler, Wallace e Paley. Tipler, como acabei compreendendo, é o doutor Pangloss disfarçado. É um moderno hiperadaptacionista, um teólogo natural do século 20 (ao ouvir essa analogia, Tipler admitiu ser um panglossiano "progressivo"). A mente altamente treinada de Tipler trouxe-o de volta ao nativo de Alexander Pope em seu *Ensaio sobre o Homem* (ver epígrafe na abertura da Parte 5), embora Tipler encontre Deus não apenas nas nuvens e no vento, mas também em sua própria caminhada solar pelo cosmo em busca não de um céu mais humilde, mas de um céu mais vanglorioso.

Surge a pergunta: o que na trajetória de Tipler poderia explicar as suas tendências panglossianas – isto é, a sua necessidade de fazer deste o melhor dos mundos possível? Desde a juventude, Tipler endossou o slogan da DuPont, "Uma vida melhor com o auxílio da química", e tudo o que isso representava – progresso perfeito por meio da ciência. Fascinado, por exemplo, pelo programa de foguetes Redstone e pela possibilidade de enviar um homem à Lua, aos oito anos Tipler escreveu uma carta ao grande cientista de foguetes alemão Wernher von Braun. "A atitude de progresso tecnológico ilimitado foi o que moveu Wernher von Braun e é o que me motivou a vida inteira" (1995).

Criado na pequena cidade rural de Andalusia, Alabama, onde concluiu o colegial em 1965 como orador da turma, Tipler tentou falar em seu discurso de formatura contra a segregação – o que não era uma posição popular de se assumir no Extremo Sul em meados da década de 1960, especialmente para um jovem de dezessete anos. O pai de Tipler, um advogado que costumava defender indivíduos contra grandes corporações e que também se opunha à segregação, insistiu para que Frank não se manifestasse em público sobre uma questão tão controvertida, já que a família teria que continuar morando na cidade depois que Frank partisse para a faculdade. Apesar (ou talvez por causa) de ter sido criado como um batista do Sul com forte influência fundamentalista, Tipler diz que era um agnóstico por volta dos dezesseis anos. Educado num ambiente de classe média alta por um pai politicamente liberal e uma mãe apolítica, Tipler é o primogênito da família, com um irmão quatro anos mais novo.

Que diferença faz a ordem de nascimento? Frank Sulloway (1996) realizou um estudo correlacional multivariado examinando a tendência de rejeição ou receptividade em relação a teorias heréticas, com base em variáveis como "data de conversão a uma nova teoria, idade, sexo, nacionalidade, classe socioeconômica, número de irmãos, grau de contato prévio com os líderes da nova teoria, atitudes religiosas e políticas, campos de especialização científica, premiações anteriores, três medidas independentes de eminência, denominação religiosa, conflito com os pais, viagens, instrução, deficiências físicas e idade dos pais no nascimento". Usando múltiplos modelos de regressão, Sulloway descobriu, ao analisar mais de um milhão de unidades de dados, que a ordem de nascimento era o fator mais forte na receptividade intelectual à inovação na ciência.

Consultando mais de cem historiadores da ciência, Sulloway pediu que avaliassem a posição de 3.892 participantes em 28 controvérsias científicas variadas, datando de 1543 a 1967. Sulloway, ele mesmo um não primogênito, descobriu que a possibilidade de aceitar uma ideia revolucionária é 3,1 vezes maior para os não primogênitos do que para os primogênitos. Para revoluções radicais, a probabilidade é 4,7 vezes mais alta. Sulloway observou que "a probabilidade de isso ocorrer por acaso é praticamente nula". Historicamente, isso indica que "os não primogênitos têm de fato introduzido e apoiado outras grandes transformações conceituais sob os protestos de seus colegas primogênitos. Mesmo quando os principais líderes da nova teoria ocasionalmente são os primogênitos – foi o caso de Newton, Einstein e Lavoisier –, os oponentes como um todo ainda assim mostram predomínio de primogênitos e os convertidos continuam a ser principalmente não primogênitos" (pág. 6). Como uma espécie de "grupo de controle", Sulloway examinou dados de filhos únicos e descobriu filhos únicos espalhados entre primogênitos e não primogênitos no apoio a teorias radicais.

Por que os primogênitos são mais conservadores e influenciados pela autoridade? Por que os não primogênitos são mais liberais e receptivos à mudança ideológica? Qual a conexão da ordem de nascimento com a personalidade? Os primogênitos, por ser os primeiros, recebem consideravelmente mais atenção de seus pais do que os não primogênitos, que tendem a ter maior liberdade e menos doutrinamento nas ideologias e na obediência a autoridades. Os primogênitos em geral têm maiores responsabilidades, incluindo a de cuidar de irmãos menores, e assim se tornam pais por delegação. Os não primogênitos estão com frequência mais afastados da autoridade parental e assim menos inclinados a obedecer e adotar as crenças da autoridade mais alta. Sulloway levou isso um passo adiante ao aplicar o modelo darwiniano de competição entre irmãos, no qual os filhos têm que competir pelos recursos parentais e pelo reconhecimento deles, ambos escassos. Os primogênitos são maiores, mais rápidos e mais velhos e, portanto, recebem a parte do leão dos bens. Os não primogênitos, para maximizar os benefícios parentais, diversificam-se em novas áreas. Isso explica por que os primogênitos tendem a seguir carreiras mais tradicionais, enquanto os não primogênitos procuram as menos tradicionais.

Os especialistas em psicologia do desenvolvimento J. S. Turner e D. B. Helms observaram que, "em geral, os primogênitos tornam-se o centro de atenção dos seus pais e monopolizam o tempo deles. Os pais de primogênito em geral não apenas são jovens e se mostram ansiosos para brincar com o filho, como também passam um tempo considerável conversando com ele e compartilhando as suas atividades. Isso tende a fortalecer os laços entre eles" (1987, pág. 175). Como seria de esperar, essa atenção inclui mais recompensas e punições e com isso reforça a obediência à autoridade e a aceitação controlada do "jeito certo" de pensar. R. Adams e B. Phillips (1972) e J. S. Kidwell (1982) relatam que essa distribuição de atenção faz com que os primogênitos se esforcem mais para obter aprovação do que os não primogênitos, e H. Markus (1981) concluiu que os primogênitos tendem a ser mais ansiosos, dependentes e conformados do que os não primogênitos. I. Hilton (1967), num experimento de interação mãe-filho realizado com vinte primogênitos, vinte não primogênitos e vinte filhos únicos, descobriu que aos quatro anos de idade os primogênitos eram significativamente mais dependentes da mãe e lhe pediam ajuda ou apoio com maior frequência do que os não primogênitos ou os filhos únicos. Além disso, as mães tinham maior probabilidade de interferir na tarefa infantil de um primogênito (montar um quebra-cabeça). Por fim, R. Nisbett (1968) mostrou que os não primogênitos têm probabilidade bem maior de participar de esportes relativamente perigosos do que os primogênitos, o que se associa a correr riscos e portanto ao pensamento "herético".

Sulloway não está sugerindo que seja apenas a ordem de nascimento o que determina a receptividade às ideias radicais. Na verdade, está longe disso, já que observa que "a ordem de nascimento é hipotetizada como a ocasião para que influências psicologicamente formativas operem na família" (pág. 12). Em outras palavras, a ordem de nascimento é uma predisposição variável que monta o palco para que numerosas outras variáveis, como idade, sexo e classe social, influenciem a receptividade. Nem todas as teorias científicas são igualmente radicais, é claro, e ao levar isso em consideração Sulloway descobriu uma correlação entre os não primogênitos e o grau de "inclinações liberais ou radicais" na controvérsia. Observou que não primogênitos tendem "a preferir visões estatísticas ou probabilísticas do mundo (por exemplo, a seleção natural darwiniana ou a mecânica quântica), em vez de uma visão de mundo com premissas na previsibilidade e na ordem". Em contraste, descobriu que, quando os primogênitos aceitam de fato novas teorias, são tipicamente teorias do tipo mais conservador, "teorias que quase sempre reafirmam o *status quo* social, religioso e político e que também enfatizam a hierarquia, a ordem e a possibilidade de uma certeza científica completa" (pág. 10).

A teoria de Frank Tipler, longe de ser a ideia radical que ele imagina, é na realidade ultraconservadora, reafirmando uma visão de mundo hierárquica, ordenada e em última instância o *status quo* religioso de Deus e da imortalidade. Tipler pode ter rejeitado Deus aos dezesseis anos, mas, conforme se aproxima dos cinquenta, está defendendo com toda a sua argúcia científica a existência do Divino Relojoeiro de Paley e a Inteligência Superior de Wallace. "É um retorno à grande cadeia do ser", observou Tipler. "A diferença é que se trata de uma cadeia temporal." Até mesmo a sua física é conservadora:

> *A minha teoria é muito conservadora do ponto de vista da Física. O que digo é que, tomando as equações padrão – as velhas equações tradicionais da mecânica quântica e da relatividade geral –, tudo o que temos a fazer é mudar as condições--limite, do passado para o futuro, para entender o universo. Ela não parece nada intuitiva porque nós seres humanos sempre nos movemos do passado para o presente e para o futuro; então, assumimos tacitamente que o universo tem que operar do mesmo modo. O que estou dizendo é que não há razão para que o universo trabalhe do nosso modo. Uma vez que você assume o ponto de vista do futuro, o universo se torna muito mais compreensível para os físicos, assim como ocorreu com o sistema solar quando foi visto a partir do ponto de vista do Sol. (1995)*

O filho primogênito está usando a sua ciência avançada para conservar a religião dos pais. "O meu pai sempre acreditou vagamente em Deus e, como sempre foi um racionalista e gosta de um fundamento racional para a crença religiosa, naturalmente gostou do livro. E a minha mãe ficou feliz, porque o livro defende, de várias maneiras, a visão tradicional do cristianismo" (1995). De fato, as origens fundamentalistas de Tipler podem ser entrevistas no constante uso literal de "Deus", "céu", "inferno" e "ressurreição", apesar de muitos dos seus colegas físicos o terem aconselhado a evitar tais termos (1994, pág. XIV). Mas qual a probabilidade de que a moderna física *realmente* descreva as doutrinas judaico-cristãs? Bastante boas, diz Tipler: "Se você olhar em retrospecto e pensar em todas as possíveis explicações para coisas como a alma, por exemplo, não existem muitas. Uma alma é ou um padrão da matéria ou uma misteriosa substância anímica. Mas para por aí. Platão assumiu a posição de que a alma consiste dessa substância anímica, enquanto Tomás de Aquino assumiu a atitude de que a ressurreição reproduziria o padrão, que é o que defendo em meu livro. Como há apenas duas possibilidades, algum dos dois provavelmente estará certo" (1995). Existe, é claro, uma terceira possibilidade, de que *não* exista alma, se por alma queremos indicar algo que sobrevive ao corpo físico. Nesse caso, então ninguém "acertou", porque não há nada para acertar. (Tipler diz que, se a "alma" for definida desse modo, ele acredita que não exista alma. Mas afirma que os antigos definiam "alma" operacionalmente como aquilo que torna um ser vivo diferente de um cadáver, e então defende que existem apenas duas escolhas. Mas isso não é o que a maioria dos teólogos contemporâneos entende por alma.)

Enquanto a maioria dos cientistas não ousa publicar tais noções controvertidas até bem tarde na carreira, na época em que começou a estudar física no MIT Tipler já alimentava ideias no limite da ciência com a ficção científica:

Fiquei sabendo de viagens no tempo no dormitório da escola, quando um bando nosso de estudantes de física começou a discutir isso. A gente falava de ideias da física realmente incomuns, como a interpretação de histórias consistentes dela. Li o trabalho de Gödel sobre curvas fechadas similares ao tempo. Fiquei fascinado com isso e saí atrás de uma cópia do segundo volume de Albert Einstein, Philosopher/ Scientist. *Li que Einstein teve conhecimento dessa possibilidade quando estava gerando a teoria geral da relatividade e que chegou a discutir o trabalho de Gödel. Isso me deu confiança, porque a maior parte da comunidade de físicos não acredita na possibilidade de viagens no tempo, mas Kurt Gödel e Albert Einstein acreditavam e não eram cientistas peso leve. (1995)*

O primeiro trabalho acadêmico publicado de Tipler apareceu na prestigiosa *Physical Review*. Escrito quando ele era ainda um estudante de graduação, propunha que uma máquina do tempo seria de fato possível. "Cilindros em rotação e a possibilidade de violação da causalidade global" foi revolucionário para a sua época; foi até adaptado para um conto pelo escritor de ficção científica Larry Niven.

Enquanto fazia o seu doutorado em Física, trabalhando com o grupo da relatividade geral na Universidade de Maryland, Tipler lançava as bases dos seus livros posteriores. Em 1976, começou o seu trabalho de pós-doutorado na Universidade da Califórnia, em Berkeley, onde conheceu o cosmólogo britânico John Barrow, também pós-doutorando. Tipler e Barrow discutiram um manuscrito de Brandon Carter que descrevia o Princípio Antrópico. "Achamos que seria uma boa ideia pegar o conceito e expandi-lo. E isso acabou virando o *Anthropic Cosmological Principle*. Em nosso último capítulo combinamos a ideia de Freeman Dyson [1979], da vida continuando para sempre, com o reducionismo físico e a relatividade geral global; a Teoria do Ponto Ômega então decorre disso." Os passos no raciocínio de Tipler parecem lógicos, mas a sua conclusão força os limites da ciência:

Queria que o nosso livro fosse completamente geral, então disse a mim mesmo: bem, que tal o universo plano e o universo fechado [em vez de um universo aberto]? Um dos problemas do universo fechado é a comunicação, porque temos horizontes de eventos por toda parte. Então disse a mim mesmo que isso não seria um problema se não houvesse horizontes de eventos. Se não houvesse horizontes de eventos, como seria o limite-c? Aha, *seria um ponto isolado, e o fim do tempo como um ponto isolado me lembrou do Ponto Ômega de Teilhard, que ele identificou com Deus. Então pensei que talvez existisse uma conexão religiosa aqui. (1995)*

O trabalho de Barrow e Tipler é um ataque ao Princípio de Copérnico, que declara que o homem não tem um lugar ou propósito especial no cosmo. Segundo o Princípio de Copérnico, o nosso Sol é apenas uma estrela entre centenas de bilhões de outras na vastidão de uma galáxia média, ela mesma uma entre centenas de bilhões (ou mais) de galáxias no nosso universo conhecido, que não está nem aí para a humanidade. Em contraste, o Princípio Antrópico de Carter, Barrow e Tipler insiste em que os humanos temos um papel significativo no cosmo, tanto em sua observação como em sua existência. Carter (1974) pega a parte do Princípio da Incerteza de Heisenberg que diz que a observação de um objeto produz nele uma alteração e extrapola essa parte levando-a do nível atômico (em que Heisenberg operava) ao nível cosmológico: "O que podemos esperar observar é restringido pelas condições necessárias para a nossa presença enquanto observadores". Em sua forma fraca – o Princípio Antrópico Fraco –, Barrow e Tipler argumentam de modo bastante razoável que, para o cosmo poder ser observado, deve estar estruturado de tal forma que dê origem aos seus observadores: "Os aspectos básicos do Universo, incluindo propriedades como a sua forma, tamanho, idade e leis de mudança, devem ser observados como sendo de um tipo que permita a evolução dos observadores, pois, se a inteligência não evoluísse num universo de outro modo possível, é óbvio que ninguém estaria perguntando sobre a razão da forma, tamanho, idade etc. do Universo" (1986, pág. 2). O princípio é tautológico: para que o universo possa ser observado, deve haver observadores. Obviamente. Quem discordaria? A controvérsia gerada por Carter, Barrow e Tipler não reside no Princípio Antrópico Fraco, mas no Princípio Antrópico Forte, no Princípio Antrópico Final e no Princípio Antrópico Participativo. Barrow e Tipler definem o Princípio Antrópico Forte afirmando que "o Universo deve ter aquelas propriedades que permitem que a vida se desenvolva nele em algum estágio da sua história" e o Princípio Antrópico Final defende que "o processamento inteligente de informação deve passar a existir no Universo e, quando passar a existir, nunca mais se extinguirá" (págs. 21-23).

Ou seja, o universo deve ser exatamente como é, caso contrário não existiria vida; portanto, se não existisse vida, não poderia haver universo. Além disso, o Princípio Antrópico Participativo declara que, uma vez que a vida foi criada (o que é inevitável), ela mudará o universo de um modo tal que ele assegure a sua imortalidade e a de toda a vida: "No instante em que o Ponto Ômega for alcançado, a vida terá ganhado controle sobre toda a matéria e força, não só num universo isolado, mas em todos os universos cuja existência seja logicamente possível; a vida se terá espalhado em todas as regiões do espaço, em todos os universos que possam existir logicamente, e terá armazenado uma quantidade infinita de informação, incluindo todos os *bits* de conhecimento que é logicamente possível conhecer. E este é o fim" (pág. 677). Esse Ponto Ômega, ou o que Tipler chama de uma "singularidade" do espaço e do tempo, corresponde à "eternidade" na religião tradicional. A singularidade é também o termo usado pelos cosmólogos para descrever o ponto inicial teórico do Big Bang, o ponto central de um buraco negro e o possível ponto final do Big Crunch. Tudo e todos no universo vão convergir para esse ponto final.

Como o doutor Pangloss, Barrow e Tipler relacionam as suas incríveis afirmações com diversas condições, eventos e constantes físicas aparentemente coincidentes, que *devem* ser de certo modo, caso contrário não poderia haver vida. Por exemplo, eles encontram grande sentido no fato de

$$\frac{\text{a força elétrica entre um próton e um elétron}}{\text{a força gravitacional entre um próton e um elétron}} \quad ou \quad \frac{e^2}{Gm_p m_e} = 2{,}3 \times 10^{39}$$

equivale aproximadamente a

$$\frac{\text{a idade do universo}}{\text{o tempo para a luz atravessar um átomo}} \quad ou \quad \frac{t_u}{e^2/m_e c^3} = 6 \times 10^{39}$$

Eles também acham significativo que

$$\frac{\text{a constante de Planck x a velocidade da luz}}{\text{a constante gravitacional de Newton x a massa de um próton ao quadrado}} \quad ou \quad \frac{bc}{Gm_p^{\ 2}} = 10^{39}$$

equivale aproximadamente à

$$\text{raiz quadrada do número de prótons no universo observável,} \quad ou \quad \sqrt{p_u} = 10^{39}$$

Mude essas relações significativamente e o nosso universo e a vida como os conhecemos não poderão existir; assim, concluem eles, este não é apenas o melhor dos mundos possível, é o *único* mundo possível. Barrow e Tipler pressupõem que essa relação, conhecida como Hipótese dos Grandes Números de Dirac, não é coincidência. Mude qualquer das constantes e o universo será diferente o suficiente para que a vida como a conhecemos não possa existir, nem o universo. Há dois problemas com esse argumento.

1. *O Problema da Loteria.* O nosso universo talvez seja apenas uma bolha entre muitos universos-bolha (com a coisa toda compondo um multiverso), e cada um desses universos-bolha teria leis físicas ligeiramente diferentes. Segundo essa controvertida teoria recentemente introduzida por Lee Smolin (1992) e Andrei Linde (1991), toda vez que um buraco negro colapsa, ele o faz tornando-se uma singularidade, como a entidade a partir da qual o nosso universo foi criado. Mas, conforme cada buraco negro colapsa e cria um novo universo-bebê, altera as leis da física ligeiramente dentro desse universo-bebê. Como provavelmente bilhões de buracos negros já colapsaram, existem bilhões de bolhas com leis de física ligeiramente diferentes. Somente aquelas bolhas com leis de física como as nossas podem dar origem aos nossos tipos de vida. Aqueles que estiverem em uma dessas bolhas vão imaginar que a sua é a única bolha e, portanto, que eles são únicos e especialmente projetados. É como a loteria – é extremamente improvável que qualquer pessoa ganhe, mas alguém *vai* ganhar! O astrofísico e escritor científico John Gribbin sugere até uma analogia com a evolução, em que cada nova bolha sofreria mutação para ser ligeiramente diferente da que lhe deu origem, e as bolhas ficariam competindo entre si, "disputando campo de ação no espaço-tempo dentro do superespaço" (1993, pág. 252). O cientista da Caltech Tom McDonough e o escritor científico David Brin (1992) escreveram melodramaticamente: "Talvez devamos nossa existência e o conveniente aprimoramento das nossas leis científicas à evolução por tentativa e erro de inumeráveis gerações de universos anteriores, uma cadeia de cosmo do tipo mãe e filho, cada um deles gestado nas profundezas acolhedoras de buracos negros".

Esse modelo explica muita coisa. O nosso universo-bolha particular é único, mas não é a única bolha nem é por si único em nenhum sentido programado. O conjunto de condições que se reuniram para criar a vida é meramente contingente – uma conjuntura de eventos sem projeto. Não há necessidade de postular uma inteligência superior. A longo prazo, esse modelo faz sentido histórico. Desde a época de Copérnico, a nossa perspectiva do cosmo se foi expandindo: sistema solar, galáxia, universo, multiverso. O universo-bolha é o próximo passo lógico e é a melhor explicação até aqui para o projeto aparente das leis da física.

2. *O Problema do Projeto.* Como David Hume argumentou em sua brilhante análise da causalidade em *An Enquiry Concerning Human Understanding* (1758), um mundo ordenado com cada coisa no seu lugar certo só parece assim porque nós o experimentamos desse modo. Temos percebido a natureza como ela é, portanto para nós é assim que o mundo *deve* ser projetado. Altere o universo e o mundo e você altera a vida de tal maneira que o *seu* universo e o *seu* mundo parecerão do jeito que devem para este observador, e não de outro. O Princípio Antrópico Fraco diz que o universo deve ser como é para poder ser observado, mas deveria incluir o modificador "por seus observadores *particulares*". Como observou Richard Hardison, "Tomás de Aquino considerou que dois olhos eram o número ideal e que isso evidenciava a existência e a benevolência de Deus. No entanto, cabe a pergunta: não é provável que dois pareça ser o número de olhos adequado pela simples razão de ser o padrão ao qual nos acostumamos?" (1988, pág. 123.) A chamada relação de coincidência das constantes físicas e dos grandes números do universo pode ser encontrada praticamente em qualquer parte por alguém que tenha paciência e uma inclinação para números. Por exemplo, John Taylor, em seu livro *The Great Pyramid* (1859), observou que, se você divide a altura da pirâmide pelo dobro do lado da sua base, você chega a um número próximo de π; ele também acreditou ter descoberto a medida do antigo cúbito como uma divisão do eixo da Terra por 400 mil – e Taylor achou isso incrível demais para ser mera coincidência. Outros descobriram que a base da Grande Pirâmide dividida pela largura de uma pedra da sua cobertura é igual ao número de dias do ano e que a altura da Grande Pirâmide multiplicada por 109 equivale aproximadamente à distância da Terra ao Sol. E assim por diante. O matemático Martin Gardner analisou o Monumento de Washington, "só por diversão", e "descobriu" que apresentava recorrentemente o número cinco: "Sua altura é de 555 pés e 5 polegadas. A base tem 55 pés quadrados e as suas janelas estão a uma altura de 500 pés da base. Se a base for multiplicada por sessenta (ou cinco vezes o número de meses de um ano) o resultado será 3.300, que é o peso exato da pedra superior em libras. Além disso, a palavra "Washington" tem exatamente dez letras (duas vezes cinco). E se o peso da pedra superior for multiplicado pela base, o resultado é 181.500 – o que se aproxima bastante da velocidade da luz em milhas por segundo" (1952, pág. 179). Depois de brincar que "um matemático mediano deve levar uns 55 minutos para descobrir as 'verdades' acima", Gardner observa "como é fácil trabalhar com uma massa indigesta de dados e extrair dela um padrão, sendo esse à primeira vista tão intricadamente articulado que fica difícil acreditar que não seja nada mais do que o produto de um cérebro humano" (pág. 184). Como cético dos céticos, Gardner deixa "a cargo dos leitores decidirem se devem optar por OPT [a Omega Point Theory, ou "Teoria do Ponto Ômega"] como uma nova religião científica superior à Cientologia… ou optar pelo ponto de vista de que a OPT é uma mirabolante fantasia gerada por um excesso de leituras de ficção científica" (1991b, pág. 132).

Nada disso deteve Tipler, que foi adiante, agora sem John Barrow, com seu livro *The Physics of Immortality*. Ele apresentou um esboço à sua editora, a Oxford University Press, que pediu resenhas de colaboradores externos. O livro foi recusado. Tipler recebeu as resenhas "anônimas", mas por acidente o nome dos autores não foi excluído da cópia. Um deles, um físico que é dos maiores defensores mundiais da integração de ciência e religião, disse que "só poderia recomendar que este livro fosse publicado se eu o escrevesse como se não acreditasse realmente nessa coisa" (1995).

Um original mais longo e detalhado foi oferecido e aceito pela Doubleday para publicação. Embora as vendas tenham ido melhor na Europa (especialmente na Alemanha) do que na América, a maior parte das críticas foi devastadora. O conhecido teólogo alemão Wolfhart Pannenberg, que acredita em Deus como um ser futuro, deu o seu apoio ao livro na *Zygon* (edição do verão de 1995), mas a maioria dos cientistas e teólogos fez eco à resenha do astrônomo Joseph Silk na *Scientific American*: "Tipler, no entanto, leva a busca de uma ciência de Deus a um extremo ridículo. A humildade diante dos grandes e persistentes mistérios é a verdadeira filosofia que a moderna física tem a oferecer" (julho de 1995, pág. 94).

Frank Tipler enfrenta os grandes mistérios não com humildade, mas com eterno otimismo. Quando lhe pediram para resumir o seu livro numa única frase, ele afirmou: "A racionalidade aumenta sem limites; o progresso segue adiante para sempre; a vida nunca desaparece". Como? Os complexos argumentos de Tipler podem ser resumidos em três pontos: 1) No futuro distante do universo, humanos – a única vida no universo, diz Tipler – terão deixado a Terra, povoando o resto da galáxia da Via Láctea e eventualmente todas as demais galáxias. Se não fizermos isso, estamos condenados a morrer quando o Sol se expandir para englobar a Terra e reduzi-la a cinzas. Portanto, se é o que devemos fazer, é o que faremos. 2) Se a ciência e a tecnologia continuarem progredindo à velocidade atual (pense em quanto fomos longe desde os computadores do tamanho de uma sala na década de 1940 aos laptops de hoje), em mil ou 100 mil anos será possível não só povoar a galáxia e o universo, como os supercomputadores com supermemórias e super-realidades virtuais vão essencialmente tomar o lugar da vida biológica (vida e cultura são apenas sistemas de informação – genes e memes – a ser reproduzidos nesses supercomputadores). 3) Quando o universo finalmente colapsar, humanos e seus supercomputadores vão utilizar a energia do processo de colapso para recriar cada um dos humanos que já tiver vivido (como se trata de um número finito, o supercomputador terá memória suficiente para realizar esse feito). Como esse supercomputador é, para todos os efeitos, onisciente e onipotente, ele é como Deus; e como "Deus" vai recriar-nos, a todos, em sua realidade virtual, somos, para todos os efeitos, imortais.

Como Wallace e Paley, Tipler tenta basear os seus argumentos na pura racionalidade – sem apelar ao misticismo, sem recorrer à fé religiosa. Mas será que é pura coincidência que as suas conclusões criem uma cosmologia na qual a humanidade tem tido e continuará a ter lugar... para sempre? "Não seria melhor se fosse verdade que você realmente fez uma diferença para a história universal do que saber que, não importa o que você faça, em última instância será irrelevante?", insistiu Tipler. "O universo seria um lugar mais feliz se isso fosse verdade e eu acho que é irracional não considerar pelo menos a possibilidade de que o universo seja assim" (1995).

Isso pode soar a esperança brotando eterna, mas Tipler afirma que é "uma consequência lógica da minha própria área de pesquisa em relatividade geral global". E, embora ele acredite que parte do problema é que seus colegas "são treinados para detestar religião tão furiosamente que até a mera sugestão de que pode haver alguma verdade nas declarações sobre religião é um ultraje", Tipler diz que "a única razão pela qual grandes nomes no campo da relatividade geral global, como Roger Penrose e Stephen Hawking, não chegaram às mesmas conclusões é que eles se retraem quando compreendem as estranhas consequências das equações". Embora Penrose e Hawking possam se retrair movidos por uma compreensão profunda, num comentário revelador Tipler explicou que não poderia colocar as coisas de modo mais simples, porque "a essência da Teoria do Ponto Ômega é a relatividade geral global. Você precisa estar treinado a pensar o universo na escala mais ampla possível e a ver automaticamente o cosmo em sua integridade temporal – visualizando a estrutura matemática do futuro assim como a do passado. Isso significa que você se tornou um relativista global. E por aí só há três melhores do que eu, e apenas dois que se equiparam a mim" (1995).

Um destacado astrônomo com o qual conversei disse que Tipler devia estar precisando de dinheiro para ter escrito um livro tão ridículo. Mas qualquer um que fale com Tipler sobre o seu livro, seja por quanto tempo for, logo percebe que ele não fez isso por dinheiro ou fama. Ele leva muito a sério os seus argumentos e estava bem preparado para enfrentar as paixões que sabia que o livro ia despertar. Frank Tipler é um homem que, na minha opinião, está profundamente preocupado com a humanidade e o seu futuro. Dedicou o livro aos avós da sua mulher, "os bisavós dos meus filhos", que foram mortos no Holocausto, mas que "morreram na esperança da Ressurreição Universal, e cuja esperança, como devo mostrar neste livro, será satisfeita próximo ao Fim do Tempo". Aqui há uma motivação mais profunda. Talvez Tipler nunca tenha de fato abandonado a sua criação batista, fundamentalista, apesar de tudo. Por meio de muito trabalho, uma vida honesta e, agora, boa ciência, a imortalidade é nossa. Mas teremos que esperar. Enquanto isso, como podemos reestruturar os sistemas social, político, econômico e moral da sociedade para assegurar que vamos sobreviver o suficiente para ressuscitar? Como uma espécie de doutor Pangloss do nosso tempo, Frank Tipler arriscará uma resposta em seu próximo livro, que tem o título provisório de *The Physics of Morality.*

Gostei da leitura do livro de Tipler. Seja qual for o assunto – exploração espacial, nanotecnologia, inteligência artificial, mecânica quântica, relatividade –, ele escreve com clareza e desenvoltura. Mas encontrei seis problemas, dos quais os quatro primeiros são aplicáveis a quaisquer afirmações controvertidas. Esses problemas não provam que a teoria de Tipler, ou qualquer outra teoria, esteja errada. Apenas nos alertam para exercitar o ceticismo. Embora Tipler possa muito bem estar certo, cabe-lhe o ônus da prova, de fornecer dados empíricos em vez de confiar quase exclusivamente num engenhoso raciocínio lógico.

1. *O Problema da Esperança que Brota Eterna.* Na primeira página de *The Physics of Immortality*, Tipler afirma que a sua Teoria do Ponto Ômega é uma "teoria física testável sobre um Deus onipotente, onisciente, onipresente, que um dia no futuro vai ressuscitar cada um de nós para fazer-nos viver numa morada que em todos os aspectos essenciais é o Paraíso Judeu-Cristão" e que, "se algum leitor perdeu algum ente querido, ou tem medo da morte, a física moderna diz: 'Confortem-se, você e eles devem viver de novo'". Assim, tudo o que sempre acreditamos ser verdade com base na fé revela-se verdadeiro com base na física. Quais as probabilidades disso? Não muito boas, receio. E depois de 305 páginas de argumentação concisa e convincente, Tipler finalmente admite: "A Teoria do Ponto Ômega é uma teoria científica viável do futuro do universo físico, mas a única evidência a seu favor no momento é a sua beleza teórica". A beleza por si só não torna uma teoria certa ou errada, mas, quando uma teoria preenche os nossos anseios mais profundos, devemos ter especial cautela para não abraçá-la precipitadamente. Quando uma teoria parece atender às nossas esperanças eternas, o mais provável é que esteja errada.

2. *O Problema da Fé na Ciência.* Ao deparar com uma limitação na teoria científica de alguém, não basta argumentar que um dia a ciência resolverá isso, baseando-nos no simples fato de a ciência já ter resolvido tantos outros problemas no passado. Tipler declara que, para colonizar a nossa galáxia e eventualmente todas as galáxias, teremos de ser capazes de acelerar as naves espaciais até perto da velocidade da luz. De que modo seremos capazes de fazer isso? Não importa. A ciência encontrará um caminho. Tipler gasta vinte páginas comentando todos os incríveis avanços em computadores, naves espaciais e velocidades das naves espaciais, e em seu "Apêndice para Cientistas" explica com precisão como um foguete relativista antimatéria poderia ser construído. Tudo isso é relevante e fascinante, mas de modo nenhum prova que, pelo fato de *poder* acontecer, *vai* acontecer de fato. A ciência tem, sim, as suas limitações, e a história da ciência é cheia de fracassos, guinadas equivocadas e becos sem saída. Só porque a ciência tem sido imensamente bem-sucedida no passado não significa que possa ou vá resolver todos os problemas no futuro. E será que podemos realmente prever o que os seres num futuro distante vão fazer com base no que pensamos (e esperamos) que façam?

3. *O Problema do Argumento Se-Então.* A teoria de Tipler se desenvolve mais ou menos assim: *Se* o parâmetro de densidade é maior do que 1 e portanto o universo é fechado e vai colapsar; *se* o limite de Bekenstein está correto; *se* o bóson de Higgs é 220 ± 20GeV; *se* os humanos não causarem a sua própria extinção antes de desenvolver a tecnologia que lhes permita abandonar permanentemente o planeta; *se* os humanos deixarem o planeta; *se* os humanos desenvolverem tecnologia para viajar distâncias interestelares à velocidade exigida; *se* os humanos descobrirem outros planetas habitáveis; *se* eles desenvolverem a tecnologia necessária para desacelerar o colapso do universo; *se* não encontrarem formas de vida hostis às suas metas; *se* construírem um computador que se aproxime da onisciência e da onipotência no fim do tempo; *se* Ômega/Deus quiser ressuscitar todas as vidas anteriores; *se*...; *então* a sua teoria está correta. O problema é óbvio: se qualquer uma dessas etapas falhar, o argumento inteiro colapsa. E se o parâmetro de densidade for inferior a 1 e o universo se expandir para sempre (como algumas evidências indicam que o fará?)? E se nossas armas nucleares e a poluição nos enviarem para o limbo? E se passarmos a alocar recursos para os problemas da Terra e não para a exploração espacial? E se encontrarmos seres alienígenas que queiram colonizar a galáxia e a Terra, condenando-nos à escravidão ou à extinção?

Não importa quanto seja racional, uma argumentação do tipo se-então sem dados empíricos para apoiar cada passo da argumentação é mais filosofia (ou protociência ou ficção científica) do que ciência. Tipler criou um argumento extremamente racional para Deus e a imortalidade. Cada passo segue o passo anterior. Mas são tantos os passos que podem estar errados, que a teoria é essencialmente especulativa. Além disso, a sua engenhosa transferência do quadro de referência temporal para o futuro distante contém uma falha lógica. Ele *primeiro* assume a existência de Deus e da imortalidade ao nos aproximarmos do fim do tempo (as suas condições-limite do Ponto Ômega) e *depois* trabalha de trás para diante para derivar o que já assumiu ser verdadeiro. Tipler diz que é assim que todos os relativistas gerais trabalham (isto é, quando analisam buracos negros). Mesmo que seja verdade, suspeito que a maioria dos relativistas gerais não confia totalmente nas suas suposições até que haja dados empíricos para apoiá-las, e não vi outras teorias de relativistas gerais que tentem abranger Deus, imortalidade, céu e inferno. Tipler fez algumas poucas previsões testáveis, mas está muito *distante* de provar a nossa imortalidade; e o fim do universo, bem, ele também está igualmente muito *distante*.

4. *O Problema das Analogias.* Em seu livro de 1975, *O Tao da Física: Um Paralelo entre a Física Moderna e o Misticismo Oriental* (Cultrix, 1983), o físico Fritjof Capra afirma que esses "paralelos" não são acidentais. Ao contrário, argumenta ele, existe uma única realidade subjacente que tanto os antigos filósofos orientais como os modernos físicos ocidentais descobriram. Embora a linguagem de descrição seja diferente, Capra consegue ver que ambos os grupos estão de fato falando da mesma coisa. (Ver *The Dancing Wu Li Masters*, de Gary Zukav, para uma análise similar.) Será mesmo? Ou é mais provável que a mente humana tenha ordenado o universo em apenas essas duas formas e que existam vagas similaridades entre os mitos antigos e as teorias modernas, especialmente quando alguém deseja encontrá-las?

Tipler foi um passo além em relação a Capra. Ele não só está encontrando similaridades das doutrinas judaico-cristãs com a física e a cosmologia modernas; está redefinindo ambas para *conseguir* encaixar uma na outra: "Cada um dos termos da teoria – por exemplo, 'onipresente', 'onisciente', 'onipotente', 'corpo (espiritual) de ressurreição', 'céu' – será apresentado como um puro conceito de física" (1994, pág. 1). Em cada um deles, o leitor encontra Tipler esforçando-se para fazer o termo se encaixar em sua física, ou vice-versa. Começando com Deus e imortalidade e raciocinando de trás para diante, Tipler na verdade não está descobrindo essas conexões de física e religião, ele as cria. No seu entender, isso é fazer tanto boa física quanto boa teologia. Eu defendo que, sem evidência empírica, ela é boa filosofia e boa ficção científica especulativa. O simples fato de duas ideias de reinos separados se parecerem uma com a outra não significa que haja uma conexão significativa delas.

5. *O Problema da Memória e Identidade.* Tipler argumenta que Ômega/Deus, por volta do fim do universo, vai reconstruir todos os que já viveram, ou poderiam ter vivido, numa realidade supervirtual que incluirá as suas memórias. O primeiro problema é que, se a memória é produto de conexões neuronais e da nossa falha e sempre mutante reconstrução dessas conexões neuronais, como é que Ômega/Deus vai reconstruir algo que na realidade não existe? Há muita diferença entre cada memória que *poderia* ser reconstruída e um conjunto real e individual de padrões de memória, a grande maioria deles perdidos no tempo. A controvérsia sobre a síndrome da falsa memória é um bom exemplo. Temos uma compreensão muito pequena de como a memória funciona, e bem menor ainda de como reconstruí-la. As memórias não podem ser reconstruídas como se passássemos de novo uma fita de vídeo. O evento ocorre. Uma impressão seletiva do evento é registrada no cérebro por meio dos sentidos. Depois o indivíduo acessa a memória e nesse processo modifica-a um pouco, dependendo de emoções, memórias prévias, eventos e memórias subsequentes e assim por diante. Esse processo é repetido milhares de vezes ao longo dos anos, a ponto de devermos perguntar se temos memórias ou apenas memórias de memórias de memórias.

Há ainda outro problema. Se Ômega/Deus me faz ressuscitar com todas as minhas memórias, que memórias podem ser essas? As memórias que eu tive numa etapa particular do meu tempo de vida? Nesse caso, não seria tudo o que me compõe. Seriam então todas as memórias que já tive em cada momento da minha vida? Isso tampouco seria eu. Assim, seja o que for que Ômega/Deus ressuscite, não poderá ser eu, com as minhas próprias memórias. E se um Michael Shermer for ressuscitado e não tiver as minhas memórias, quem será ele? E já que estamos no assunto, quem sou eu? Esses problemas de memória e identidade devem ser bem equacionados antes que possamos até mesmo começar a especular direito sobre ressuscitar uma pessoa real.

6. *O Problema da História e do Passado Perdido.* Um ser humano pode ser apenas um computador que consista de DNA e memórias neuronais, mas uma *vida* humana, ou seja, a *história* de um humano é muito mais do que DNA e memórias neuronais. É produto de todas as interações da pessoa com outras vidas e histórias de vida, mais o ambiente, ele mesmo um produto de inumeráveis interações, como uma função de inumeráveis conjunturas de eventos numa matriz complexa, com tantas variáveis, que é inconcebível que mesmo o computador de Tipler, capaz de armazenar 10 elevado à potência 123 bits (1 seguido por 10^{123} zeros), seja capaz de representá-lo (essa cifra depende de o limite de Bekenstein ser real, o que o cosmólogo Kip Thorne acha altamente questionável). Mesmo que tivesse o poder computacional de reconstruir todas as inumeráveis necessidades históricas – clima, geografia, imigrações e emigrações populacionais, guerras, revoluções políticas, ciclos econômicos, recessões e depressões, tendências sociais, revoluções religiosas, mudanças de paradigma, revoluções ideológicas e coisas desse tipo –, de que modo Ômega/Deus capturaria de novo todas as conjunturas individuais, todas as interações das contingências e necessidades da história?

A resposta de Tipler é que a mecânica quântica nos diz que pode haver apenas um número finito dessas memórias, eventos e conjunturas históricas, e, pelo fato de os computadores do futuro distante terem poder computacional ilimitado, serão capazes de ressuscitar cada variação possível de você em todos os momentos dados da sua vida. Mas, na página 158, Tipler confessa haver um problema importante com um aspecto da sua resposta: "Devo advertir o leitor que tenho ignorado o problema da opacidade e o problema da perda de coerência da luz. Enquanto não forem levados em consideração, não posso dizer exatamente quanta informação poderá de fato ser extraída do passado". O problema da irrecuperabilidade do passado é grave, já que a história é uma conjuntura de eventos que leva a um certo curso de ação a partir da coação de eventos anteriores. A história com frequência ativa pequenas contingências, e poucas delas são do nosso conhecimento. Considerando essa dependência sensível das condições iniciais – o efeito borboleta –, como fará Ômega/Deus para ressuscitar todas as borboletas?

Essa percepção da história faz descarrilar o doutor Tipler e o doutor Pangloss, como observou Voltaire no final do seu *Cândido*:

> *"Todos os acontecimentos", dizia às vezes Pangloss a Cândido, "estão devidamente encadeados no melhor dos mundos possível; pois, afinal, se não tivesses sido expulso de um lindo castelo, a pontapés no traseiro, por amor da senhorita Cunegunda, se a Inquisição não te houvesse apanhado, se não tivesses percorrido a América a pé, se não tivesses mergulhado a espada no barão, se não tivesses perdido todos os teus carneiros da boa terra do Eldorado, não estarias aqui agora comendo doce de cidra e pistache." "Tudo isso está muito bem dito", respondeu Cândido, "mas devemos cultivar o nosso jardim." (1985, pág. 328.)*

Em outras palavras, qualquer que fosse a sequência de contingências e necessidades em nossa vida e na história, o resultado teria nos parecido igualmente inevitável. Mas na resposta de Cândido há também outra parte de verdade. Nunca podemos saber todas as contingências e necessidades que guiam a história a qualquer momento dado do tempo, menos ainda as condições iniciais de qualquer sequência histórica, e dessa fragilidade metodológica vem a força da filosofia. A liberdade humana – cultivar o nosso jardim – pode ser encontrada não só na nossa incapacidade de processar todos os dados do passado e do presente, mas também na nossa ignorância das condições iniciais e conjunturas de eventos que moldam as nossas ações. Somos livres em nossa ignorância, livres no conhecimento de que a maioria das causas que nos determinam está perdida no passado... para sempre. É desse conhecimento, mais do que da física da imortalidade e da ressurreição por supercomputadores, que a esperança brota eterna.

17

Por que as pessoas *realmente* acreditam em coisas estranhas?

Na noite de 16 de maio de 1996, uma quinta-feira, eu andei sobre brasas de carvão com os pés descalços num programa da PBS, *Bill Nye "The Science Guy"*. Os produtores dessa esplêndida série sobre educação científica voltada para o público infantil queriam fazer um segmento sobre a pseudociência e o paranormal, e acharam que uma explicação científica sobre o ato de caminhar em cima de brasas teria bom impacto televisivo. Como Bill Nye é o herói da minha filha, concordei em fazer a caminhada pelas brasas. Bernard Leikind, um físico de plasma e um dos principais especialistas mundiais em caminhada sobre brasas, acendeu o fogo, espalhou o carvão e passeou por cima, sem sapatos, sem meias – e sem bolhas. Quando cheguei perto dos carvões em brasa, Leikind me informou que a temperatura no meio da trilha em brasa era de 426 graus centígrados. Tentei me focar em sua garantia de que aquilo não era uma questão de poder positivo da mente, mas de física. Quando você assa um bolo no forno, para usar uma analogia, o ar, o bolo e a travessa de metal estão todos a mais de 200 graus centígrados, mas apenas a travessa poderá queimar a sua pele. Carvões em brasa, mesmo a 400 e tantos graus centígrados, são como o bolo – não conduzem calor com muita rapidez –; assim, desde que eu passasse pela cama de brasas sem demorar muito, estaria a salvo. Meus dedos dos pés, apenas a alguns centímetros do fulgor dos carvões avermelhados, estavam céticos. Aquilo não era um bolo, disseram eles ao meu cérebro. Não era mesmo, mas, 1,80 metro e três segundos mais tarde, eles não estavam nada machucados. A minha confiança na ciência foi restabelecida, da cabeça aos pés.

Andar sobre brasas ardentes. Que coisa mais estranha de fazer. Eu tenho arquivos e prateleiras de livros cheias de registros dessas coisas estranhas. Mas o que faz com que uma coisa seja estranha? Não tenho uma definição formal. Coisas estranhas são como pornografia – difíceis de definir, mas óbvias quando você depara com elas. Cada afirmação, caso ou pessoa deve ser examinado à parte. O que para uma pessoa é uma coisa estranha, para outra pode ser uma crença muito cara. Quem pode dizer?

Bem, um dos critérios – o critério escolhido por mim e por milhões de outras pessoas – é a ciência. Qual é, perguntamos nós, a evidência científica de uma determinada afirmação? O mega-astro infocomercial Tony Robbins, guru de autoajuda que iniciou a sua carreira na década de 1980 realizando seminários de fim de semana que culminavam com uma caminhada sobre brasas, pergunta à sua plateia: "O que aconteceria se você descobrisse uma maneira de conseguir agora qualquer meta que desejar?" Se você é capaz de andar sobre carvões em brasa, diz Robbins, você pode realizar qualquer coisa. Será que Tony Robbins realmente anda descalço sobre brasas sem queimar os pés? Com certeza. E eu também. E você. Mas você e eu podemos fazê-lo sem precisar meditar, entoar mantras ou pagar centenas de dólares por um seminário, porque andar sobre brasas não tem nada a ver com poder mental. Acreditar que tem a ver é que é uma das coisas que eu poderia chamar de estranhas.

Gente que anda sobre brasas, médiuns, ufólogos, pessoas abduzidas por alienígenas, crionicistas, imortalistas, objetivistas, criacionistas, negadores do Holocausto, afrocentristas radicais, teóricos raciais e cosmólogos que acreditam que a ciência prova a existência de Deus – conhecemos um monte de gente que acredita num monte de coisas estranhas. E posso garantir a você que, depois de duas décadas acompanhando tais pessoas e crenças, eu apenas arranhei a superfície do assunto neste livro. O que podemos fazer com as coisas a seguir?

- As oficinas da Whole Life Expo sobre assuntos como "Afastamento Eletromagnético de Fantasmas", "Megacérebro: Novas Ferramentas para a Expansão Mental", "A Revolucionária Máquina de Energia" e "Lazaris", o guru de 35 mil anos de idade canalizado por Jach Pursel.
- A Cúpula Intensiva para a Expansão do Cérebro/Mente "projetada por John-David para uma ampla gama de aplicações voltadas para a expansão do cérebro/mente, incluindo reeducação para quem sofreu danos cerebrais". A cúpula vem completa, com um "abrangente treinamento de som e Certificado de Treinamento, som estereofônico, amplificadores, sintonizadores, cabos e a Matriz de Mixagem Cérebro/Mente (patente requerida). Material à prova de som e consultoria incluídos". O preço? Apenas 65 mil dólares.
- Um cartão telefônico para comunicações especiais que instrui você a raspar um ponto roxo do cartão com o dedo indicador e depois "pressionar o seu dedo firmemente na bola embaixo e fazê-la rolar da esquerda para a direita. Você agora está pronto para contatar A CONEXÃO CÓSMICA!".

A conexão é um número de prefixo 900, é claro, que custa apenas 3,95 dólares por minuto. "Um médium experiente vai esclarecê-lo sobre todas as questões do PASSADO, PRESENTE E FUTURO!"

Será que Jach Pursel é realmente capaz de falar com alguém que está morto há dezenas de milhares de anos? Não parece muito provável. O mais provável é que estejamos ouvindo a imaginação ativa de Jach Pursel. Será que a Cúpula Intensiva de Expansão do Cérebro/Mente é capaz de curar realmente danos cerebrais? Vejamos quais são as evidências dessa afirmação impressionante: não é oferecida nenhuma. Será que um médium pode de fato me dar uma compreensão profunda e significativa pelo telefone (ou mesmo pessoalmente)? Duvido.

O que será que está acontecendo na nossa cultura e pensamento que dá lugar a tais crenças? São muitas as teorias propostas por céticos e cientistas: falta de instrução, falhas no sistema educacional, falta de pensamento crítico, ascensão da religião, declínio da religião, substituição da religião tradicional por cultos, medo da ciência, a Nova Era, a Idade das Trevas revisitada, televisão demais, leitura insuficiente, leitura dos livros errados, pouca atenção dos pais, maus professores e a boa e velha ignorância e estupidez. Um correspondente de Ontário, Canadá, enviou-me o que chamou de "a mais abjeta corporificação daquilo que você combate". Era um cartaz fosforescente da sua livraria local em que estava rabiscado um aviso: A SEÇÃO DE LIVROS DE AUTOAJUDA FOI INCORPORADA À SEÇÃO DE CIÊNCIA. "Eu estou realmente assustado com a facilidade com que a sociedade está colocando o vodu e a superstição no lugar da informação e do exame crítico", escreveu ele. "Se precisarmos de um ícone que mostre em que medida esse fenômeno se entranhou na nossa cultura, então acho que definitivamente podemos escolher este aviso." Como cultura, parece que temos dificuldade de distinguir ciência de pseudociência. Mas acho que o problema está numa camada mais profunda. Para chegar até ele precisamos cavar as camadas da cultura e da sociedade e chegar até a mente e o coração humano. Não existe uma única resposta que explique por que as pessoas acreditam em coisas estranhas, mas podemos juntar algumas motivações subjacentes, todas interligadas, aos diversos exemplos que discuti neste livro:

Credo Consolans. Mais do que qualquer outra, a razão pela qual as pessoas acreditam em coisas estranhas é porque elas querem acreditar. Dá bem-estar. É reconfortante. Consola. Segundo uma pesquisa de 1996 da Gallup, 96% dos adultos americanos acreditam em Deus, 90% no céu, 79% em milagres e 72% em anjos (*Wall Street Journal*, 30 de janeiro, pág. A8). Céticos, ateus e militantes antirreligião, em suas tentativas de minar a crença num poder superior, numa vida após a morte e na providência divina, estão batendo de frente com 10 mil anos de história e possivelmente 100 mil anos de evolução (se a religião e a crença em Deus têm uma base biológica, o que alguns antropólogos acreditam ser verdade). Ao longo de toda a história registrada, em todas as partes do globo, tais crenças e porcentagens similares são comuns. Até que sobrevenha um substituto secular adequado, esses números provavelmente não vão mudar muito.

Céticos e cientistas não estão imunes. Martin Gardner – um dos fundadores do moderno movimento cético e carrasco de todas as formas de crenças estranhas – classifica a si mesmo como um teísta filosófico ou, para usar um termo mais amplo, um fideísta. Gardner explica:

> *O fideísmo consiste em acreditar em algo com base na fé, ou em razões emocionais, e não em razões intelectuais. Como fideísta, não acho que existam argumentos que provem a existência de Deus ou a imortalidade da alma. Mais que isso, penso que os melhores argumentos estão do lado dos ateus. Portanto, é um caso de crença emocional quixotesca que realmente vai contra a evidência. Se você tem fortes razões emocionais para uma crença metafísica e ela não é frontalmente negada pela ciência ou pela razão lógica, você tem o direito de promover um salto de fé se ele lhe der suficiente satisfação. (1996)*

Similarmente, em relação à pergunta frequente: "Qual a sua posição sobre a vida após a morte?", a minha resposta padrão é: "Sou favorável a ela, é claro". O fato de ser *favorável* à vida após a morte não significa que vou consegui-la. Mas quem não a quereria? E é esse o ponto. É uma reação muito humana acreditar nas coisas que nos fazem sentir melhor.

Gratificação Imediata. Muitas coisas estranhas oferecem gratificação imediata. A linha de prefixo 900 do médium é um exemplo clássico. Um mago/mentalista amigo meu trabalha numa dessas linhas, por isso tive o privilégio de ver a partir de dentro como funciona o sistema. A maioria das empresas cobra 3,95 dólares por minuto e o médium recebe 60 centavos por minuto; isso dá 36 dólares por hora para o médium, se ele trabalhar direto, e 201 dólares por hora para a empresa. A meta é manter a pessoa que liga o tempo suficiente na linha para obter um bom lucro, mas não tempo demais a ponto de fazer com que ela se recuse depois a pagar a conta de telefone. Atualmente, o recorde do meu amigo para uma única chamada é de 201 minutos, o que deu um total de 793,95 dólares! As pessoas ligam por uma ou mais de quatro razões: amor, saúde, dinheiro, carreira. Usando técnicas de leitura a frio, o médium começa do geral e trabalha em direção ao específico. "Eu sinto que existe uma tensão em seu relacionamento – que um de vocês está mais empenhado que o outro." "Estou começando a sentir que as pressões financeiras lhe vêm causando problemas." Essas afirmações banais são verdadeiras para quase todos nós. Se o seu médium escolhe a errada, ele só precisa dizer que ela *vai* acontecer – no futuro. E o médium só precisa estar certo ocasionalmente. Quem liga costuma esquecer os erros e lembrar mais dos acertos, e, o mais importante, as pessoas *desejam* que o médium acerte. Os céticos não gastam 3,95 dólares por minuto em linhas telefônicas de médiuns, mas os crentes, sim. As chamadas ocorrem em geral à noite e aos fins de semana e a maioria das pessoas precisa de alguém com quem conversar. A psicoterapia tradicional é formal, cara e consome tempo. Nela, como norma a gratificação demora a vir e a satisfação instantânea é a exceção. Já o médium está sempre ali, basta ligar. (Muitos médiuns de linha 900, meu amigo inclusive, justificam o serviço como "terapia de pobre". Mas, por 3,95 o minuto, não acho que seja. Fato interessante é que as duas grandes associações de médiuns estão em conflito, com os chamados médiuns "verdadeiros" achando que os médiuns de "entretenimento" estão fazendo os médiuns em geral parecerem uma fraude.)

Simplicidade. A gratificação imediata das nossas crenças é muito mais fácil de obter por meio de explicações simples para um mundo frequentemente complexo e contingente. Coisas boas e ruins acontecem tanto para as pessoas boas como para as ruins, aparentemente de modo aleatório. As explicações científicas costumam ser complicadas e requerem treino e esforço para ser entendidas. A superstição e a crença no destino e no sobrenatural oferecem um caminho mais simples para trilhar a complexa barafunda da vida. Veja o exemplo a seguir, de Harry Edwards, chefe da Australian Skeptics Society.

Como experimento, em 8 de março de 1994 Edwards publicou uma carta em seu jornal local, em St. James, Nova Gales do Sul, sobre a sua galinha de estimação, que ficava empoleirada no seu ombro e às vezes deixava lá o "cartão de visita". Registrando a hora e a localização dos "depósitos" da galinha e correlacionando-os com eventos subsequentes, Edwards relatou aos leitores que vinha sendo agraciado com boa sorte. "Nas últimas semanas, ganhei na loteria, me devolveram dinheiro que eu já havia até esquecido que me deviam e recebi um grande pedido para os meus livros recém-publicados." O filho de Edwards, que também recorria à galinha e aos seus vestígios, numa das vezes que a pôs no ombro "encontrou carteiras contendo somas em dinheiro, que devolveu aos donos obtendo gratificações em troca; numa outra vez achou um relógio de pulso, um cartão de telefone sem uso, um cartão de aposentado e um relógio". Edwards então contou que levou as penas da galinha a um quiromante, "levantou o horóscopo dela e consultou um leitor de vidas passadas, que confirmou que a galinha era na verdade encarnação de um filantropo e que eu deveria disseminar a boa sorte vendendo o produto". Ele terminou a carta oferecendo vender o seu "cocô de galinha da sorte" e fornecendo um endereço para o qual os leitores deviam mandar o dinheiro. Edwards me escreveu exultante: "Como alguém firmemente convencido de que você pode vender qualquer coisa desde que a associe com 'boa sorte', acredite ou não, recebi dois pedidos e 20 dólares por meu 'cocô de galinha da sorte'!" Eu acreditei.

Moralidade e Sentido. Até o momento, sistemas científicos e seculares de moralidade e sentido se mostraram relativamente insatisfatórios para a maioria das pessoas. Se não tivermos uma crença num poder superior, perguntam as pessoas, para que ser moral? Qual a base da ética? Qual o sentido último da vida? Qual o sentido disso tudo? Cientistas e humanistas seculares têm boas respostas para essas boas perguntas, mas por muitas razões as suas respostas não chegam ao grande público. Para a maioria das pessoas, a ciência parece oferecer apenas uma lógica fria e brutal em sua apresentação de um universo infinito, indiferente e sem propósito. Pseudociência, superstição, mitos, magia e religião oferecem cânones simples, imediatos e consoladores de moralidade e sentido. Pelo fato de ter sido cristão renascido, tenho empatia com aqueles que se sentem ameaçados pela ciência. Quem é que se sente ameaçado?

Como outras revistas, de vez em quando a *Skeptic* manda um e-mail a dezenas de milhares de pessoas para aumentar a circulação. As nossas remessas incluem um envelope de "Carta de Retorno Comercial", junto com literatura sobre a Skeptics Society e a *Skeptic*. Nesses e-mails nunca discutimos religião, Deus, teísmo, ateísmo ou qualquer coisa relacionada com tais assuntos. Mesmo assim, a cada remessa dessas recebemos de volta dezenas de envelopes-resposta pré-pagos de pessoas obviamente ofendidas por nossa existência. Alguns dos envelopes vêm cheios de coisas inúteis ou de jornal velho picado. Um deles veio colado a uma caixa cheia de pedras. Alguns contêm a nossa própria literatura com mensagens ofensivas rabiscadas. "Não obrigado – não há pior cego que aquele que não quer ver", dizia uma. "Não obrigado, dispenso seu fanatismo anticristão", dizia outra. "Incluindo vocês céticos, todo joelho vai dobrar-se, toda língua vai confessar que Jesus Cristo é Nosso Senhor", advertia uma terceira. Muitas vêm com panfletos e literatura religiosa. Uma pessoa me enviou um "INGRESSO GRÁTIS NÚMERO 777 PARA PASSAR A ETERNIDADE NO CÉU COM JESUS CRISTO, O FILHO DE DEUS". O "preço para entrar" é simples. Eu tenho apenas que reconhecer "Jesus Cristo como SEU Salvador e Senhor. NESSE MESMO INSTANTE você é salvo PARA SEMPRE!" E se não fizer isso? A dobra do folheto contém outro bilhete, um "BILHETE GRÁTIS PARA PASSAR A ETERNIDADE NO LAGO DE FOGO COM O DEMÔNIO E SEUS ANJOS". Você consegue adivinhar o número desse bilhete? Isso mesmo: 666.

Se pelo menos houvesse alguma coisa que céticos, cientistas, filósofos e humanistas pudessem fazer para resolver o problema geral da crença em coisas estranhas, construindo um sistema de moralidade e sentido satisfatório e expressivo, já seria um bom ponto de partida.

A Esperança Brota Eterna. Juntando todas essas razões, temos o título da parte final deste livro. Ele expressa a minha convicção de que os humanos são, por natureza, uma espécie progressista, sempre à procura de maiores níveis de felicidade e satisfação. Infelizmente, o corolário é que os humanos com excessiva frequência se dispõem a agarrar-se a promessas não realistas de uma vida melhor ou a acreditar que uma vida melhor só pode ser conseguida prendendo-se à intolerância e à ignorância, depreciando a vida dos outros. E, às vezes, ao ficarmos focados numa vida futura, perdemos o que temos nesta vida. Trata-se de uma fonte diferente de esperança, mas é esperança de qualquer modo: esperança de que a inteligência humana, combinada com compaixão, possa resolver a nossa miríade de problemas e melhorar a qualidade de cada vida; esperança de que o progresso histórico continua a sua marcha em direção a maiores liberdades e aceitação para todos os humanos; e esperança de que a razão e a ciência, assim como o amor e a empatia, possam ajudar a compreender o nosso universo, o nosso mundo e a nós mesmos.

18

Por que pessoas *inteligentes* acreditam em coisas estranhas?

"Quando os homens desejam construir ou justificar uma teoria, é impressionante como torturam os fatos para colocá-los a seu serviço!"
– *John Mackay,* Extraordinary Popular Delusions and the Madness of Crowds, *1852.*

Contingência: "Uma conjuntura de eventos ocorrendo sem um plano definido". (Oxford English Dictionary)

Considere a seguinte conjuntura de eventos que me levou a responder à pergunta sugerida no título deste capítulo. No mês de abril de 1998, quando eu estava numa turnê de palestras para a primeira edição deste livro, o psicólogo Robert Sternberg (mais conhecido por seu trabalho pioneiro com inteligências múltiplas) compareceu à minha apresentação na Faculdade de Direito de Yale. A sua reação à palestra foi ao mesmo tempo esclarecedora e perturbadora. Com certeza é divertido ouvir falar das crenças estranhas de outras pessoas, refletiu Sternberg, porque confiamos que nunca seremos tão tolos para acreditar em bobagens como abdução por alienígenas, fantasmas, percepção extrassensorial, o Big Foot[1] e todo tipo de ocorrência paranormal. Mas, ele retorquiu, a questão interessante não é por que as outras pessoas acreditam

1 Criatura humanoide bípede que supostamente habitaria as florestas do noroeste dos Estados Unidos. A maioria dos cientistas descarta a sua existência. (*N. do T.*)

em coisas estranhas, e sim por que eu e você acreditamos em coisas estranhas; e, como um subconjunto desse Nós (*versus* Eles), por que pessoas inteligentes acreditam em coisas estranhas? Sternberg passou então a recitar de cor um número de crenças sustentadas por seus colegas em psicologia – sob todos os aspectos, um grupo razoavelmente inteligente – que poderiam com boa dose de razão ser consideradas estranhas. E, imaginou ele com amarga ironia, quais de suas próprias crenças... e minhas... poderiam um dia vir a ser consideradas também estranhas?

Minha contingência se deu no dia seguinte, quando estava em Boston para uma palestra no MIT. Falando na mesma hora, no mesmo edifício, a apenas algumas portas de onde eu estava, o doutor William Dembski, um filósofo da matemática, dava uma palestra sobre a inferência de sinais de projeto dentro do ruído de um sistema. Pelos critérios que regem a esfera acadêmica, Dembski é inteligente. É *Ph.D.* em matemática pela Universidade de Chicago, tem um segundo *Ph.D.* em filosofia pela Universidade de Illinois, em Chicago, e um doutorado em teologia pelo Seminário Teológico de Princeton. O seu livro de 1998 *The Design Inference* foi publicado pela Cambridge University Press. No entanto, o assunto da sua palestra e do seu livro – na verdade, o assunto com o qual se ocupa em tempo integral como pesquisador do Center for the Renewal of Science and Culture, do Discovery Institute, em Seattle – é mostrar que a ciência prova a existência de Deus (inferir um projeto na natureza implica a existência de um grande projetista). No meu panteão de "coisas estranhas" para se acreditar, essa ocupa o topo da lista (Darwin desbancou o argumento de Paley sobre um projeto quase um século e meio atrás) e, mesmo assim, ao conversarmos por várias horas num fantástico *pub* de Boston depois das nossas palestras simultâneas, fiquei impressionado por ver em que medida Dembski é ponderado, racional e inteligente. Por que alguém com tamanho talento e credenciais se desviaria de uma carreira promissora para ir atrás da quimera de provar o que é inerentemente improvável – Deus? (Para uma defesa completa dessa posição, ver o meu livro de 1999 *How We Believe*.)

Para ser justo com William Dembski, ele não está sozinho: há vários outros acadêmicos e cientistas altamente inteligentes e cultos que compartilham as suas crenças. Embora criacionistas da velha guarda como Henry Morris e Duane T. Gish ostentem *Ph.D.* depois de seu nome, eles estão em campos fora das ciências biológicas e não se filiam à corrente principal da academia. Mas a nova geração de criacionistas vem de locais mais tradicionais, como é o caso de Philip Johnson, professor de Direito no destacado campus da Universidade da Califórnia em Berkeley, cujo livro de 1991, *Darwin on Trial*, deu impulso à mais recente onda de negadores da evolução. Hugh Ross tem *Ph.D.* em astronomia pela Universidade de Toronto e detinha um cargo como pesquisador no California Institute of Technology (Caltech) antes de fundar a Reasons to Believe, uma organização cujo propósito declarado (implícito no nome) é oferecer aos cristãos razões científicas para a sua fé (ver Ross, 1993, 1994 e 1996).

Mais impressionante ainda é Michael Behe, um professor de bioquímica da Universidade Lehigh e autor do livro de 1996 *Darwin's Black Box*, que se tornou uma espécie de Bíblia do movimento do "Projeto Inteligente". E ambos receberam o apoio da *intelligentsia* conservadora quando foram convidados por William F. Buckley para se juntar à sua equipe num debate de televisão pela rede americana PBS sobre evolução e criação. (O programa da PBS *Firing Line*, de Buckley, levado ao ar em dezembro de 1997, em que ficou decidido que "os evolucionistas deveriam admitir a criação". O debate foi emblemático do novo criacionismo, empregando eufemismos recentes como "teoria do projeto inteligente", "teoria do surgimento abrupto" e "teoria da complexidade inicial", e nele se argumentava que a "complexidade irredutível" da vida prova que ela foi criada por um projetista inteligente, isto é, Deus.)

Na minha opinião, porém, o exemplo mais perfeito de uma pessoa inteligente acreditando numa coisa estranha é Frank Tipler, um professor de teoria matemática na Universidade Tulane e um dos mais destacados cosmólogos e relativistas gerais globais do mundo. Tipler desfruta de amizade próxima com luminares como Stephen Hawking, Roger Penrose e Kip Thorne. Ele publicou centenas de trabalhos técnicos em importantes revistas de física e, quando faz física tradicional, é muito respeitado por seus colegas. No entanto, Tipler também é o autor de um livro de 1996, *The Physics of Immortality: Modern Cosmology, God and the Resurrection of the Dead*, no qual afirma provar (por meio de não menos do que 122 páginas de equações matemáticas e fórmulas físicas num "Apêndice para Cientistas") que Deus existe, que a vida após a morte é real e que seremos todos ressuscitados no futuro distante do universo por meio de um supercomputador com uma memória grande bastante para recriar uma realidade virtualmente indistinguível da nossa própria. É o *holodeck* da Guerra nas Estrelas ampliado.

Como é possível conciliar essa crença com o alto intelecto de Tipler? Eu coloquei essa questão a vários de seus colegas. Kip Thorne, da Caltech, balançou a cabeça e observou que, numa troca de ideias com Tipler na Caltech, apontou que, embora cada etapa no argumento dele fosse cientificamente sólida, os saltos de uma etapa a outra eram totalmente infundados. Uma cosmóloga da UCLA declarou que Tipler devia estar precisando de dinheiro; se não, por que uma pessoa escreveria uma bobagem dessas? Outros deram avaliações menos publicáveis. Cheguei a perguntar a Stephen Hawking a sua opinião e ele disse (por meio do seu hoje famoso sintetizador de voz): "A minha opinião seria depreciativa".

É claro que tanto Tipler quanto Dembski com certeza devem ver-me como o camarada da crença estranha – aquele que nutre um ceticismo dogmático diante da sua esmagadora evidência empírica e raciocínio lógico. "Você não pode depreciar as leis da física", respondeu Tipler quando lhe contei da avaliação de Hawking. "Se eu não achasse que havia algo nesses argumentos sobre o projeto não os estaria defendendo", comentou Dembski comigo. Portanto, é razoável ser cético até mesmo em relação aos céticos, embora valha a pena lembrar que o ônus da prova recai sobre quem está fazendo as afirmações originais, não sobre os céticos que os questionam. Meu objetivo aqui, porém, não é julgar a validade dessas afirmações (conheço Dembski e Tipler e os considero meus amigos, embora critique as ideias de Dembski em meu livro *How We Believe* e tenha colocado a teoria de Tipler como objeto do penúltimo capítulo deste livro). Ao contrário, o meu propósito é explorar a relação entre inteligência (e outras variáveis psicológicas) e crenças – particularmente crenças que, sob praticamente qualquer padrão (e não importa se elas se revelam certas ou erradas), são consideradas radicais.

Coisas estranhas, pessoas inteligentes

Devido ao meu trabalho como editor-chefe da revista *Skeptic*, diretor-executivo da Skeptics Society e responsável pela coluna "Skeptic" da revista *Scientific American*, a análise e explanação do que chamamos vagamente de "coisas estranhas" constitui para mim uma rotina diária. Infelizmente, não existe uma definição formal de coisa estranha com a qual a maioria das pessoas concorde, porque depende muito da afirmação particular que está sendo feita, do contexto de conhecimento de base que a cerca e do indivíduo ou comunidade que a profere. A crença estranha de uma pessoa pode ser a teoria normal de outra, e o que é uma crença estranha numa certa época pode virar algo normal tempos depois. Pedras caindo do céu foram durante um tempo a crença de alguns ingleses malucos; hoje, temos uma teoria dos meteoritos bem aceita. No jargão do filósofo da ciência Thomas Kuhn (1962, 1977), ideias revolucionárias que são inicialmente anátema em relação ao paradigma aceito podem, com o tempo, tornar-se a ciência normal, na medida em que o campo de estudo passa por uma mudança de paradigma.

Não obstante, é possível formular um esboço geral do que poderia constituir uma coisa estranha ao considerarmos exemplos específicos. Na maior parte dos casos, o que entendo por uma "coisa estranha" é: 1) uma afirmação não aceita pela maioria das pessoas naquele campo de estudo em particular; 2) uma afirmação que é não só logicamente impossível como muito improvável, e/ou 3) uma afirmação para a qual a evidência é largamente anedótica e não corroborada. No meu exemplo introdutório, a maioria dos teólogos reconhece que a existência de Deus não pode ser provada em qualquer sentido específico e, portanto, a meta de Dembski e Tipler de usar a ciência para provar Deus é não só inaceitável para a maioria dos membros da sua comunidade de conhecimento como é também não corroborada, por ser logicamente impossível. A fusão a frio, para escolher outro exemplo, não é aceita pela quase totalidade dos físicos e químicos; ela é altamente improvável e os seus resultados positivos não foram confirmados. No entanto, há um punhado de pessoas inteligentes (Arthur C. Clarke é o mais conhecido) que alimentam esperanças para a fusão a frio no futuro.

"Pessoas inteligentes" é outro termo que coloca problemas similares para uma definição operacional, mas nesse caso pelo menos a nossa tarefa é auxiliada por critérios de realização com os quais a maioria concorda, e a própria pesquisa científica já mostra e requer um nível mínimo de inteligência. Graus acadêmicos (especialmente o *Ph.D.*), cargos universitários (especialmente em instituições reconhecidas e de prestígio), publicações que são revistas por pares e coisas como essas nos permitem concordar com o fato de que, embora possamos discutir a respeito de quão inteligentes algumas dessas pessoas são, o problema de haver gente inteligente acreditando em coisas estranhas é um problema genuíno, que pode ser quantificado por meio de dados mensuráveis. Além disso, posso fazer uma avaliação subjetiva a partir das experiências que tive em lidar diretamente com muitas pessoas cujas afirmações avaliei. Embora não tenha tido oportunidade de aplicar testes de inteligência aos meus vários sujeitos, por meio de muitas participações em programas de tevê e rádio e de entrevistas pessoais que realizei com tais pessoas, e especialmente por meio da série de palestras que organizei e apresentei na Caltech, tive a boa sorte de encontrar um monte de pessoas realmente inteligentes, alguns acadêmicos e cientistas absolutamente brilhantes e até um punhado de gênios que me impressionaram como algo fora do comum. Todos esses aspectos combinados me permitem fazer uma avaliação razoavelmente acurada da inteligência dos meus interlocutores.

Uma resposta fácil a uma questão difícil

"O cavalheiro engoliu uma quantidade razoável de baboseiras durante a sua vida toda."
"O que é isso, O'Brien?", repliquei...
"Ora, Peter", ele continuou, "é o que eles dão como alimento aos tolos."

– P. Simple, Marryat, *1833*

Um pressuposto do movimento cético – na verdade, elevado a uma máxima – é que a inteligência e a instrução servem como uma profilaxia impenetrável contra as bobagens que supomos que as massas não inteligentes e incultas engolem com credulidade. De fato, na Skeptics Society investimos consideráveis recursos em material educacional distribuído em escolas e na mídia, imaginando que isso vai fazer alguma diferença em nossa luta contra a pseudociência e a superstição. Esses esforços sem dúvida são úteis, particularmente para aqueles que, embora tenham conhecimento dos fenômenos que estudamos, não ouviram nenhuma explanação científica deles. Mas será que a elite cognitiva está protegida das besteiras que passam por coisas com sentido na nossa cultura? As baboseiras são alimento apenas dos tolos? A resposta é "não". E a questão é: por quê?

Para aqueles de nós que estão no negócio de refutar as bobagens e explicar o inexplicado, isso é o que eu chamo de A Questão Difícil: Por que pessoas *inteligentes* acreditam em coisas estranhas? A Minha Resposta Fácil vai parecer um pouco paradoxal de início: *Pessoas inteligentes acreditam em coisas estranhas porque têm capacidade para defender crenças às quais chegaram por razões não inteligentes.*

Ou seja, a maioria de nós em geral constitui as suas crenças por uma variedade de razões que têm pouco a ver com evidência empírica e raciocínio lógico (que, presumivelmente, pessoas inteligentes sabem empregar melhor). Ao contrário, variáveis como predisposições genéticas, predileções parentais, influência de irmãos, pressão dos pares, experiências educacionais e impressões de vida moldam as preferências da personalidade e as inclinações emocionais que, em conjunção com numerosas influências sociais e culturais, nos levam a fazer certas escolhas de crenças. É raro que qualquer um de nós se disponha a sentar diante de uma mesa cheia de fatos para avaliar os seus prós e contras e escolher a crença mais lógica e racional, com independência em relação àquilo em que acreditamos previamente. Ao contrário, os fatos do mundo vêm até nós por meio dos filtros coloridos de teorias, hipóteses, pressentimentos, propensões e preconceitos que acumulamos ao longo da vida. Então selecionamos dentre a massa de dados aquilo que confirme mais as coisas em que já acreditamos, e ignoramos ou racionalizamos o que não vem confirmá-las.

Todos fazemos isso, é claro, mas pessoas inteligentes fazem melhor, seja por talento ou por estar treinadas. Algumas crenças realmente são mais lógicas, racionais e apoiadas em evidência do que outras, mas não é meu objetivo aqui julgar a validade das crenças; ao contrário, estou interessado, em primeiro lugar, na questão de como chegamos a elas e, em segundo lugar, em como nos aferramos a elas diante tanto da ausência de evidência como de evidências contrárias.

A Psicologia da Crença

Existem alguns princípios da psicologia da crença que permitem detalhar bem a minha Resposta Fácil à Questão Difícil.

1. Inteligência e Crença

Embora haja alguma evidência de que pessoas inteligentes têm uma probabilidade um pouco menor de acreditar em certas superstições e crenças no paranormal, as conclusões gerais são duvidosas e limitadas. Um estudo realizado em 1974 com estudantes do colegial da Geórgia, por exemplo, descobriu que aqueles que haviam obtido melhor pontuação num teste de QI eram significativamente menos supersticiosos do que os estudantes com QI mais baixo (Killeen *et al.*, 1974). Um estudo de 1980, dos psicólogos James Alcock e L. P. Otis, constatou que a crença em vários fenômenos paranormais estava correlacionada com uma menor capacidade de pensamento crítico. Em 1989, W. S. Messer e R. A. Griggs descobriram que a crença em fenômenos psíquicos, tais como experiências fora do corpo, percepção extrassensorial e pré-cognição, apresentava correlação negativa com o desempenho em sala de aula, medido pelas notas (quanto maior a crença, mais baixas as notas).

Mas deve-se notar que esses três estudos usam três medidas diferentes: QI, capacidade de pensamento crítico e desempenho escolar. Esses fatores nem sempre são indicação de que alguém é "inteligente". E o que queremos dizer aqui por "coisas estranhas" não se limita estritamente a superstição e a manifestações de paranormalidade. Por exemplo, a fusão a frio, o criacionismo e a revisão do Holocausto não podem razoavelmente ser classificados como superstições ou fenômenos paranormais. Na sua revisão de literatura de um dos seus melhores livros sobre esse assunto (*Believing in Magic*), o psicólogo Stuart Vyse (1997) conclui que, embora a relação de inteligência e crença seja válida para algumas populações, pode revelar-se oposta em outras. Ele observa que o movimento Nova Era, em particular, "levou a uma crescente popularidade dessas ideias nos grupos previamente considerados imunes à superstição: aqueles com inteligência mais alta, status socioeconômico mais elevado e maior nível de instrução. Como resultado, a visão consagrada pelo tempo de que os crentes religiosos seriam menos inteligentes do que os não crentes pode ser válida apenas para certas ideias ou para grupos sociais particulares".

Na maioria das vezes, a inteligência é ortogonal e independente da crença. Em geometria, ortogonal significa "em ângulo reto com alguma outra coisa"; em psicologia, ortogonal significa "estatisticamente independente". Num projeto experimental, aquilo que varia sob investigação pode ser tratado como "estatisticamente independente"; por exemplo, "o conceito de que a criatividade e a inteligência são relativamente ortogonais (ou seja, não relacionados estatisticamente) em altos níveis de inteligência" (definição do *Oxford English Dictionary*). Intuitivamente, parece que, quanto mais inteligentes as pessoas, mais criativas elas são. De fato, em quase qualquer profissão que seja significativamente afetada pela inteligência (como ciência, medicina ou artes criativas), uma vez que você se situe num certo nível entre a população de praticantes (e esse nível parece ser o de um QI em torno de 125), não há diferença em inteligência entre o mais bem-sucedido e a média dentro de cada profissão. Nesse ponto, outras variáveis, independentes da inteligência, assumem o lugar, como a criatividade ou a motivação para realizar e a vontade de ser bem-sucedido (ver Hudson, 1966; Getzels e Jackson, 1962).

A pesquisa sobre genialidade, criatividade e liderança (1999) realizada pelo psicólogo da cognição Dean Keith Simonton, por exemplo, revelou que a inteligência pura e simples dos gênios criativos e líderes não é tão importante como a sua capacidade de gerar um monte de ideias e selecionar dentre elas as que têm maior probabilidade de ser bem-sucedidas. Simonton argumenta que o gênio criativo pode ser entendido mais como um processo darwiniano de variação e seleção. Gênios criativos geram uma imensa variedade de ideias e selecionam dentre elas apenas as que têm maior probabilidade de sobreviver e se reproduzir. Como notou o gênio científico Linus Pauling, duas vezes ganhador do Nobel, a pessoa deve "ter montes de ideias e jogar fora as ruins... Você só terá boas ideias se produzir um monte delas e contar com alguma espécie de princípio de seleção". Como Forest Gump, um gênio é quem age como tal, diz Simonton: "São indivíduos aos quais se creditam ideias criativas que deixaram uma grande marca numa área particular da atividade intelectual ou estética. Em outras palavras, o gênio criativo alcança eminência deixando para a posteridade um vasto corpo de contribuições, que são tanto originais como adaptativas. Na realidade, estudos empíricos têm mostrado repetidamente que o aspecto isolado que permite prever com maior força a eminência em qualquer domínio criativo é o grande número de produtos influentes que um indivíduo deu ao mundo". Em ciência, por exemplo, o principal aspecto que faz prever que alguém receberá um Prêmio Nobel é o número de citações em revistas, o que, em parte, é uma medida da produtividade da pessoa. Do mesmo modo, observa Simonton, Shakespeare é um gênio literário não apenas porque era bom, mas porque "talvez apenas a Bíblia tenha maior probabilidade de ser encontrada em lares de fala inglesa do que um volume com as obras completas de Shakespeare". Em música, observa Simonton, "Mozart é considerado um gênio musical de maior porte do que Tartini em parte porque o primeiro responde por trinta vezes mais música no repertório erudito do que o segundo. Na verdade, quase um quinto de toda a música erudita foi escrito por apenas três compositores: Bach, Mozart e Beethoven". Em outras palavras, esses três gênios criativos não eram apenas inteligentes, eram produtivos e seletivos (ver também Sulloway, 1996).

Portanto, a inteligência é também ortogonal às variáveis que concorrem para moldar as crenças de alguém. Pense nesta relação visualmente do seguinte modo:

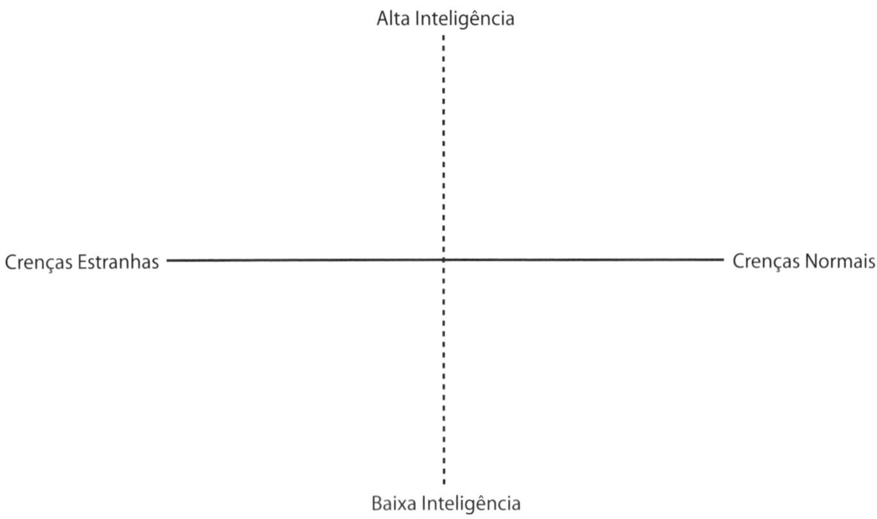

A mágica serve como uma analogia útil para essa relação. O senso comum diz que é mais difícil os mágicos enganarem pessoas inteligentes porque elas são mais engenhosas para imaginar como são feitos os truques. Mas pergunte a qualquer mágico (já perguntei a muitos deles) e ele dirá que não existe plateia melhor do que uma sala cheia de cientistas, professores universitários ou, os melhores de todos, membros do Mensa, o clube das pessoas de QI excepcionalmente alto. Membros de tais grupos, em razão da sua inteligência e do grau de instrução, imaginam-se mais aptos a descobrir os segredos de um mágico, mas são mais fáceis de enganar, porque, ao observar os truques com muita intensidade, caem mais fácil nas pistas que os mágicos soltam de propósito para desorientar o espectador. O mágico James "the Amazing" Randi, uma das pessoas mais inteligentes que conheci, diverte-se ludibriando vencedores do Nobel com as mágicas mais simples, pois sabe que a inteligência não está relacionada (ou talvez nesse caso até tenha uma correlação inversa) com a capacidade de discernir a mágica verdadeira por trás dos truques. Fato revelador, ao longo dos anos tenho dado muitas palestras para membros do Mensa pelo país e ficado impressionado com o número de crenças estranhas que essas pessoas muito inteligentes alimentam, em especial a percepção extrassensorial. Numa conferência houve até uma discussão a respeito de se os membros da Mensa tinham também um Psi-Q (*Psychic Quotient*, ou "coeficiente de mediunidade") mais elevado do que as pessoas comuns!

Outro problema é que as pessoas inteligentes podem ser inteligentes apenas em um campo. Dizemos então que a sua inteligência é de domínio específico. No campo dos estudos da inteligência há um debate antigo sobre se o cérebro é de "domínio geral" ou de "domínio específico". Os psicólogos evolucionistas John Tooby, Leda Cosmides e Steve Pinker, por exemplo, rejeitam a ideia de um processador de domínio geral e se concentram em módulos cerebrais que evoluíram para resolver problemas específicos na nossa história evolucionária. Por outro lado, muitos psicólogos aceitam a noção de uma inteligência global que poderia ser considerada de domínio geral (Barkow *et al.*, 1992). O arqueólogo Steven Mithen (1996) vai a ponto de dizer que foi um processador de domínio geral que nos fez humanos: "O passo crítico na evolução da mente moderna foi a passagem de uma mente projetada como um canivete suíço para outra com fluidez cognitiva, de um tipo de mentalidade especializada para outra generalista. Isso permitiu às pessoas projetarem ferramentas complexas, criarem arte e acreditarem em ideologias religiosas. Mais ainda, o potencial para outros tipos de pensamento cruciais para o mundo moderno pode ser atribuído à fluidez cognitiva". (Ver também Jensen, 1998; Pinker, 1997; Sternberg, 1996; e Gardner, 1983.) Parece razoável argumentar que o cérebro consiste de módulos tanto de domínio específico como de domínio geral. David Noelle, do Centro para a Base Neural da Cognição, da Universidade Carnegie Mellon, informou-me que "a moderna neurociência deixou claro que o cérebro adulto contém de fato circuitos funcionalmente distintos. Conforme a nossa compreensão do cérebro avança, no entanto, descobrimos que esses circuitos raramente podem ser diretamente associados a domínios complexos da experiência humana, como 'religião' ou 'crença'. Ao contrário, descobrimos circuitos para coisas mais básicas, como reconhecimento do nosso lugar no espaço, predição de quando algo de bom vai acontecer (por exemplo, quando vamos receber alguma recompensa), lembrar eventos da nossa própria vida e manter-nos focados na nossa meta atual. Aspectos complexos do comportamento, como práticas religiosas, advêm de uma interação desses sistemas – não de qualquer módulo isolado" (correspondência pessoal, ver também Karmiloff-Smith, 1995).

O que ocorre quando pessoas inteligentes são inteligentes em um campo (domínio específico), mas não num campo totalmente diferente, do qual podem advir crenças estranhas? Quando o biólogo marinho de Harvard, Barry Fell, saltou de um campo a outro e passou à arqueologia para escrever o best-seller *America B.C.: Ancient Settlers in the New World* (1976), sobre as pessoas que descobriram a América antes de Colombo, ele estava lamentavelmente despreparado e deixou claro que ignorava o fato de que os arqueólogos já haviam considerado as suas diversas hipóteses sobre quem descobrira primeiro a América (egípcios, gregos, romanos, fenícios etc.), tendo-as rejeitado por falta de evidência confiável. Esse é um esplêndido exemplo dos aspectos sociais da ciência e de por que ser inteligente em um campo não torna alguém inteligente em outro. A ciência é um processo social, em que a pessoa é treinada num certo paradigma e trabalha com outras em certo campo. Uma comunidade de cientistas reúne gente que lê as mesmas revistas, vai às mesmas conferências, faz resenhas dos trabalhos e livros dos colegas e em geral troca ideias sobre os fatos, hipóteses e teorias naquele campo. Com base na sua vasta experiência, essas pessoas sabem logo se ideias novas têm alguma chance de ser bem-sucedidas ou se estão obviamente erradas. Os recém-chegados de outros campos, que em geral se enfiam com os dois pés sem o treino e a experiência exigidos, passam a gerar novas ideias que consideram – por causa do sucesso que obtiveram em seu próprio campo – revolucionárias. No entanto, quase sempre são recebidos com desdém (ou, o que é mais comum, simplesmente ignorados) pelos profissionais da área. Isso não ocorre (como eles costumam imaginar) porque quem está dentro não gosta de gente de fora (ou porque todos os grandes revolucionários são perseguidos ou ignorados), mas porque na maioria dos casos aquelas ideias já foram avaliadas anos ou décadas antes e rejeitadas por razões muito legítimas.

2. Gênero e Crença

Em muitos aspectos, a relação ortogonal de inteligência e crença não difere da relação de gênero e crença. Com o surto de popularidade de médiuns como John Edward, James Van Praagh e Sylvia Browne, ficou óbvio para os observadores, particularmente os jornalistas destacados para cobri-los, que em qualquer grupo que se reúna (em geral, em salas de conferência de grandes hotéis com capacidade para abrigar centenas de pessoas, cada uma delas pagando centenas de dólares para estar ali), a grande maioria (pelo menos 75%) é de mulheres. Como seria de esperar, os jornalistas levantam a questão de se as mulheres são mais supersticiosas ou menos racionais do que os homens, cuja atitude típica é não dar importância a esses médiuns e ridicularizar a ideia de conversar com os mortos. De fato, vários estudos descobriram que mais mulheres do que homens abrigam crenças supersticiosas e aceitam os fenômenos paranormais como reais. Por exemplo, em um estudo com 132 homens e mulheres na cidade de Nova York, os cientistas descobriram que mais mulheres do que homens acreditam que bater na madeira ou passar debaixo de uma escada pode afastar ou trazer má sorte (Blum e Blum, 1974). Outro estudo mostrou que mais mulheres de nível universitário do que homens declararam acreditar em pré-cognição (Tobacyk e Milford, 1983).

Embora a conclusão geral desses estudos pareça convincente, ela está errada. O problema aqui é a amostra limitada. Se você for a qualquer encontro de criacionistas, "revisionistas" do Holocausto ou ufólogos, por exemplo, praticamente não encontrará nenhuma mulher (as poucas que vejo nessas conferências são esposas dos membros participantes e, em geral, parecem estar mortalmente entediadas). Por uma variedade de razões ligadas ao próprio assunto e ao estilo de raciocínio, criacionismo, revisionismo e ufologia são crenças de homens. Assim, embora o gênero tenha relação com o alvo das crenças da pessoa, parece não estar relacionado com o processo de acreditar. Na verdade, o mesmo estudo que constatou haver mais mulheres do que homens que acreditam em pré-cognição revelou que mais homens do que mulheres acreditam no Big Foot e no monstro do Lago Ness. Enxergar o futuro é coisa de mulher, rastrear monstros é coisa de homem. Não há diferença entre homens e mulheres no poder da crença, apenas no que eles escolhem acreditar.

3. Idade e Crença

A relação de idade e crença tampouco é conclusiva. Alguns estudos, como uma pesquisa Gallup de 1990 que indicava que pessoas com menos de trinta anos eram mais supersticiosas que as de grupos etários mais velhos, mostram que as pessoas mais velhas costumam ser mais céticas que as mais jovens (http://www.gallup.com/poll/releases/pr010608.asp). Outro estudo mostrou que os policiais mais jovens eram mais inclinados a acreditar no efeito lua cheia (segundo alguns, as taxas de crimes aumentam nessa fase da lua) do que policiais mais velhos. Outros estudos são menos claros a respeito dessa relação. O estudioso britânico de cultura popular Gillian Bennett (1987) descobriu que as aposentadas inglesas mais velhas tinham maior propensão a acreditar em premonição do que as mulheres mais jovens. O psicólogo Seymour Epstein (1993) estudou três diferentes grupos etários (9-12, 18-22, 27-65) e constatou que a porcentagem de crença em cada grupo etário dependia do fenômeno específico em questão. Para telepatia e pré-cognição, não havia diferença entre os grupos etários. Para amuletos de boa sorte, houve maior porcentagem de adultos mais velhos do que de estudantes de faculdade ou crianças. A crença segundo a qual desejar que algo aconteça faz com que ocorra de fato caiu de forma constante com a idade (Vyse, 1997). Por fim, Frank Sulloway e eu vimos que a religiosidade e a crença em Deus caem consistentemente com a idade, até cerca dos 75 anos, quando voltam a subir (Shermer e Sulloway, no prelo).

Esses resultados variados devem-se ao que é conhecido como efeito pessoa/situação, segundo o qual raramente existe uma relação causal linear simples entre duas variáveis. Ao contrário, para a questão "será que X causa Y?", a resposta é com frequência "depende". Bennett, por exemplo, concluiu que as mulheres mais velhas em seu estudo haviam perdido poder, status e especialmente entes queridos, razão pela qual a crença no sobrenatural ajudava na sua recuperação. Sulloway e eu concluímos em nosso estudo que idade e religiosidade variam segundo a situação da pessoa em relação tanto a poderosas influências anteriores como à percepção do fim iminente da vida.

4. Grau de Instrução e Crença

Estudos sobre a relação do grau de instrução com a crença também dão resultados variados, assim como os que tratam de inteligência, gênero e idade. O psicólogo Chris Brand (1981), por exemplo, descobriu uma forte correlação inversa de QI e autoritarismo (conforme o QI aumenta, o autoritarismo decresce). Brand concluiu que os autoritários se caracterizam não por uma afeição pela autoridade, mas pela "maneira simplista segundo a qual, na concepção deles, o mundo está dividido". Nesse caso, o autoritarismo é expresso por meio de preconceito, ao dividir o mundo por raça, gênero e idade. Brand atribui a correlação a uma "inteligência cristalizada", uma forma relativamente flexível de inteligência moldada por educação e experiência de vida. Mas Brand logo aponta que apenas quando esse tipo de inteligência é modificado por uma educação liberal é que podemos ver um acentuado decréscimo no autoritarismo. Em outras palavras, não é tanto que as pessoas inteligentes sejam menos preconceituosas e autoritárias, mas que as instruídas passam a exibir essas características em menor grau.

Os psicólogos S. H. e L. H. Blum (1974) encontraram uma correlação negativa de grau de instrução e superstição (conforme o grau de instrução cresce, as crenças supersticiosas diminuem). Laura Otis e James Alcock (1982) mostraram que os professores universitários são mais céticos do que os estudantes de faculdade e o público em geral (com os últimos dois grupos não exibindo diferenças em relação a crenças), mas que entre os professores universitários havia variação nos tipos de crença abrigados, com os professores de inglês mais inclinados a acreditar em fantasmas, percepção extrassensorial e adivinhações do futuro. Outro estudo (Pasachoff *et al.*, 1971) descobriu, como seria de esperar, que os cientistas naturais e sociais eram mais céticos do que os seus colegas de artes e humanidades; adequadamente, nesse contexto, os psicólogos eram os mais céticos de todos (talvez devido à sua melhor compreensão da psicologia da crença e de como é fácil ser iludido).

Por fim, Richard Walker, Steven Hoekstra e Rodney Vogl (2001) descobriram não haver relação entre educação científica e crença no paranormal em três grupos de estudantes de ciências de três faculdades diferentes. Ou seja, "ter uma base sólida de conhecimento científico não é suficiente para poupar a pessoa de abrigar crenças irracionais. Os estudantes que tiveram boa pontuação nesses testes não eram nem mais nem menos céticos em relação a afirmações pseudocientíficas do que os estudantes que haviam tido pontuação baixa. Ao que parece, os estudantes não foram capazes de aplicar o seu conhecimento científico para avaliar essas afirmações pseudocientíficas. Sugerimos que essa incapacidade se deve em parte à maneira pela qual a ciência é tradicionalmente apresentada aos estudantes: ensina-se aos alunos o que devem pensar, não como devem pensar".

Se ensinar aos estudantes como pensar vai atenuar a crença no paranormal, é algo que ainda precisa ser visto. Supostamente, é isso que o movimento do pensamento crítico vem enfatizando há três décadas, embora as pesquisas mostrem que as crenças no paranormal continuam a crescer. Uma pesquisa da Gallup de 8 de junho de 2001, por exemplo, relatou um significativo aumento na crença em diversos fenômenos paranormais desde 1990, incluindo casas mal-assombradas, fantasmas, bruxas, comunicação com os mortos, curas mediúnicas ou espirituais, a crença de que os extraterrestres visitam a Terra e clarividência. Em apoio à minha afirmação de que os efeitos de gênero, idade e grau de instrução se mostram dependentes do conteúdo, a pesquisa da Gallup constatou:

- ***Gênero:*** As mulheres são levemente mais inclinadas que os homens a acreditar em fantasmas e que as pessoas são capazes de se comunicar com os mortos. Os homens, por sua vez, são mais propensos que as mulheres a acreditar em apenas uma das dimensões testadas: que os extraterrestres já visitaram a Terra em algum tempo passado.
- ***Idade:*** Americanos mais jovens – entre 18 e 29 anos de idade – tendem mais a acreditar em casas mal-assombradas, bruxas, fantasmas, extraterrestres visitando a Terra e clarividência do que os americanos mais velhos. Há pouca diferença significativa nas crenças em outros itens por grupo etário. Aqueles com 30 ou mais anos tendem um pouco mais a acreditar em possessão demoníaca do que o grupo mais jovem.
- ***Grau de Instrução:*** Americanos com níveis mais altos de instrução são mais propensos do que os demais a acreditar no poder da mente para curar o corpo. Por outro lado, a crença em três dos fenômenos testados – possessão demoníaca, astrologia e casas mal-assombradas – sobe conforme o nível de instrução decresce.

A seguir, outros resultados da pesquisa:

	Acredita	Não tem certeza	Não acredita
Percepção extrassensorial:	50%	20%	27%
Casas mal-assombradas:	42%	16%	41%
Possessão demoníaca:	41%	6%	41%
Fantasmas e espíritos:	38%	17%	44%
Telepatia:	36%	26%	35%
Contatos extraterrestres:	33%	27%	38%
Clarividência:	32%	23%	45%
Comunicação com os mortos:	28%	26%	46%
Astrologia:	28%	18%	52%
Bruxas:	26%	15%	59%
Reencarnação:	25%	20%	54%
Canalização:	15%	21%	62%

Um resultado de pesquisa ainda mais impressionante foi relatado pela Gallup em 5 de março de 2001, sobre a surpreendente falta de crença e de compreensão da teoria da evolução. Especificamente, entre os americanos entrevistados:

45% concordaram com a afirmação: "Deus criou os seres humanos praticamente em sua forma atual, em algum ponto dos últimos 10 mil anos mais ou menos".

37% concordaram com a declaração: "Os seres humanos se desenvolveram ao longo de milhões de anos a partir de formas de vida menos avançadas, mas Deus guiou esse processo".

12% concordaram com a afirmação: "Os seres humanos se desenvolveram ao longo de milhões de anos a partir de formas de vida menos avançadas, mas Deus não teve participação nesse processo".

Apesar dos enormes fundos e esforços alocados para o ensino da evolução nas escolas públicas e da proliferação de documentários, livros e revistas apresentando a teoria em todos os níveis, os americanos não mudaram de maneira perceptível a sua opinião sobre essa questão desde que a Gallup começou a pesquisá-la em 1982. A Gallup constatou que indivíduos com maior instrução e pessoas com renda mais alta são mais propensos a achar que há evidência que apoie a teoria da evolução, e que as pessoas mais jovens são mais inclinadas que as mais velhas a achar que há evidência em apoio à teoria de Darwin (de novo, a variável idade mostra-se desconcertante). Mesmo assim, apenas 34% dos americanos consideram-se "muito bem informados" sobre a teoria da evolução, enquanto um índice um pouco maior – 40% – consideram-se "muito bem informados" sobre a teoria da criação. Pessoas mais jovens, com maior nível de instrução e renda mais alta, têm maior inclinação a dizer que estão muito bem informadas sobre ambas as teorias.

5. Personalidade e Crença

Fica claro que o pensamento e o comportamento humanos são complexos; portanto, estudos como os que acabamos de citar raramente mostram achados simples e consistentes. Estudos sobre as causas e os efeitos de experiências místicas, por exemplo, mostram achados variados. O erudito religioso Andrew Greeley (1975) e outros (Hay e Morisy, 1978) descobriram uma tendência leve mas significativa de as experiências místicas aumentarem com a idade, a instrução e a renda, mas não constataram diferenças de gênero. J. S. Levin (1993), em contraste, ao analisar os dados do recenseamento de 1988, não encontrou tendências significativas em idade no que se refere a experiências místicas.

Mas será que, no interior de cada grupo, conforme definido por inteligência, gênero, idade ou grau de instrução, existem características de personalidade relacionadas com a crença ou a descrença em coisas estranhas? Primeiro, notamos que a personalidade é mais bem caracterizada por traços ou por disposições relativamente estáveis. A suposição é que esses traços, ao ser "relativamente estáveis", não são estados provisórios, ou condições do ambiente, cuja alteração poderia modificar a personalidade. A teoria dos traços mais popular hoje é o modelo conhecido como dos Cinco Fatores, ou "Big Five": 1) Consciência (competência, ordem, senso de responsabilidade), 2) Concordância (confiança, altruísmo, moderação), 3) Abertura à experiência (fantasia, emoções, valores), 4) Extroversão (caráter gregário, assertividade, inclinação para procurar) e 5) Aspectos neuróticos (ansiedade, raiva, depressão). No estudo sobre religiosidade e crença em Deus que Frank Sulloway e eu realizamos, descobrimos que a abertura à experiência era um dos aspectos de previsão mais significativos, com os níveis mais altos de abertura relacionados com níveis mais baixos de religiosidade e crença em Deus. Em estudos da personalidade individual de cientistas e a sua receptividade a ideias fora do padrão, como a de paranormalidade, descobri que um equilíbrio saudável de alta consciência e alta abertura à experiência leva a uma moderada parcela de ceticismo. Isso ficou mais claramente expresso na carreira do paleontólogo Stephen Jay Gould e na do astrônomo Carl Sagan (Shermer, no prelo). Eles estavam bem acima da média tanto em consciência como em abertura à experiência, o que lhes deu aquele equilíbrio de ter a mente aberta o suficiente para aceitar a afirmação extraordinária ocasional que se revela correta, mas não tão aberta que os leve a aceitar cegamente toda afirmação maluca feita por qualquer pessoa. Sagan, por exemplo, estava aberto à busca de inteligência extraterrestre, o que, na época, era considerado uma ideia moderadamente herética; mas tinha consciência demais para aceitar a afirmação ainda mais controvertida de que OVNIs e alienígenas haviam de fato pousado na Terra (Shermer, 2001).

O psicólogo David Wulff (2000), num estudo geral da literatura em psicologia sobre experiências místicas (um subconjunto das coisas estranhas), concluiu que havia algumas diferenças de personalidade consistentes:

Pessoas que tendem a uma alta pontuação nas escalas de misticismo tendem também a pontuar bem em variáveis como complexidade, abertura a novas experiências, amplitude de interesses, inovação, tolerância à ambiguidade e personalidade criativa. Além disso, é provável que pontuem alto em medições como sugestão à hipnose, absorção e inclinação à fantasia, sugerindo uma capacidade de suspender o processo de julgamento que permite distinguir imaginações de eventos reais e a investir os seus recursos mentais para representar o objeto imaginário do modo mais vívido possível. Indivíduos com alta suscetibilidade à hipnose também relatam com maior frequência ter passado por uma conversão religiosa, o que para eles é principalmente uma experiência, mais do que um fenômeno cognitivo – ou seja, algo marcado por notáveis alterações na percepção, na afetividade e nos padrões de reação ideomotora.

6. *Locus* de Controle e Crença

Uma das mais interessantes áreas de pesquisa na psicologia da crença é a que os psicólogos chamam de *locus* de controle. As pessoas que têm pontuação maior em *locus* de controle externo tendem a acreditar que as circunstâncias estão além do seu controle e que as coisas simplesmente lhes acontecem. As pessoas com pontuação alta em *locus* de controle interno tendem a acreditar que estão no controle dessas circunstâncias e que são elas que fazem as coisas acontecer (Rotter, 1966). O *locus* de controle externo produz maior ansiedade em relação ao mundo, enquanto o *locus* de controle interno torna a pessoa mais confiante no próprio julgamento, cética em relação à autoridade e menos complacente e conformada com as influências externas. Quanto a crenças, os estudos mostram que os céticos têm pontuação mais alta em *locus* de controle interno, enquanto os crédulos pontuam mais em *locus* de controle externo (Marshall *et al.*, 1994). Por exemplo, um estudo de 1983 feito por Jerome Tobacyk e Gary Milford com estudantes de primeiro ano de psicologia na Universidade Louisiana Tech descobriu que os que tinham maior pontuação em *locus* de controle externo tendiam a acreditar em percepção extrassensorial, espiritualismo, reencarnação, pré-cognição e eram mais supersticiosos do que os estudantes com alta pontuação em *locus* de controle interno.

No entanto, uma interessante mudança relacionada com esse efeito foi descoberta por James McGarry e Benjamin Newberry num estudo de 1977 sobre pessoas que tinham poderes extrassensoriais e mediúnicos ou que acreditavam muito neles. Surpreendentemente, esse grupo teve alta pontuação em *locus* de controle interno. Os autores ofereceram esta explicação: "Essas crenças [em percepção extrassensorial] podem tornar os problemas da pessoa menos difíceis e mais solucionáveis, diminuir a probabilidade de ocorrências imprevisíveis e oferecer esperança de que decisões políticas e governamentais possam ser influenciadas". Em outras palavras, um profundo comprometimento com a crença em percepção extrassensorial, que em geral abre margem para a pessoa acreditar que possui tal percepção, muda o foco do *locus* de controle, de externo para interno.

O efeito do *locus* de controle sobre a crença também é mitigado pelo ambiente, quando há uma relação da incerteza em um ambiente com o nível de crença supersticiosa (conforme aumenta a incerteza, aumenta a superstição). O antropólogo Bronislaw Malinowski (1954), por exemplo, descobriu entre os habitantes das ilhas Trobriand (litoral da Nova Guiné) que, quanto mais eles se afastavam no mar para pescar, mais recorriam a rituais supersticiosos. Nas águas calmas das lagunas do interior havia poucos rituais. Já quando os ilhéus chegavam às perigosas águas da pesca em mar aberto, recorriam bem mais à magia. Malinowski concluiu que o pensamento mágico derivava de condições ambientais, não de uma estupidez inerente: "Encontramos a magia sempre que os elementos de acaso e acidente e o jogo emocional entre esperança e medo têm um âmbito amplo e extensivo. Não encontramos magia quando a atividade é certa, confiável e está sob o controle de métodos racionais e de processos tecnológicos. Além disso, encontramos magia sempre que o elemento de perigo é conspícuo". Pense nas superstições dos jogadores de beisebol. Acertar uma bola de beisebol é tremendamente difícil e é raro que os melhores jogadores consigam rebater mais de três bolas em cada dez. Muitos rebatedores são conhecidos por se apoiar em rituais e superstições que acreditam trazer boa sorte. Esses mesmos jogadores supersticiosos, no entanto, abandonam as superstições quando colocam a bola em jogo, já que a maioria deles obtém sucesso nisso em 90% das vezes. Assim, como ocorre com as outras variáveis que contribuem para moldar a crença e que são elas mesmas ortogonais à inteligência, o contexto da pessoa e o sistema de crenças são também importantes.

7. Influência e Crença

Pesquisadores que estudam cultos (ou "novos movimentos religiosos", como muitos preferem chamá-los, por ser um termo menos pejorativo) explicam que não há uma resposta simples para a pergunta "Quem adere aos cultos?". A única variável consistente parece ser a idade – jovens são mais inclinados a aderir a cultos do que pessoas mais velhas –, mas, além disso, variáveis como histórico familiar, inteligência e gênero são ortogonais à crença em cultos e ao compromisso com eles. Pesquisas mostram que dois terços dos membros de cultos vêm de famílias com funcionamento normal e não exibem anormalidades psicológicas de nenhum tipo ao aderir ao culto (Singer, 1995). Pessoas inteligentes e pessoas não inteligentes dispõem-se igualmente a aderir a cultos e, enquanto as mulheres são mais propensas a entrar para grupos como o de J. Z. Knight, baseado em "Ramtha" (ela afirma canalizar um velho guru de 35 mil anos de idade chamado "Ramtha", que distribui sabedoria de vida e conselhos, em inglês mas com sotaque indiano, como não!), os homens tendem mais a se juntar a milícias e outros grupos antigovernamentais.

De novo, embora a inteligência possa estar relacionada com a competência da pessoa em justificar a própria adesão a um grupo, e apesar de o gênero poder estar relacionado com o tipo de grupo ao qual a pessoa escolhe se filiar, inteligência e gênero não estão relacionados com o processo geral de adesão, com o desejo de se filiar a um culto e com a crença nos seus princípios. O psiquiatra Marc Galanter (1999) sugere até que a filiação a tais grupos faz parte da condição humana, à qual estamos todos sujeitos devido à nossa herança evolucionária comum. Juntar-se a grupos coesos era uma prática comum da nossa história evolucionária, pois reduzia o risco e aumentava a sobrevivência, por nos deixar ao lado de outros que percebíamos da mesma espécie. Mas, se o processo de aderir a grupos é comum à maioria dos humanos, por que algumas pessoas aderem e outras não?

A resposta está no poder de persuasão dos princípios de influência e na escolha do tipo de grupo ao qual aderir. Os especialistas em culto e ativistas Steve Hassan (1990) e Margaret Singer esboçam um número de influências psicológicas que moldam os pensamentos e comportamentos das pessoas, levando-as a aderir a grupos mais perigosos (e que são bastante independentes da inteligência): dissonância cognitiva; obediência à autoridade; obediência e conformidade a grupos; e especialmente a manipulação de recompensas, punições e experiências com o propósito de controlar comportamento, informação, pensamento e emoção (o que Hassan, 2000, chama de "modelo BITE" – *Behavior, Information, Thought* e *Emotion*). O psicólogo social Robert Cialdini (1984) demonstra, em seu imensamente persuasivo livro sobre influência, que todos nós somos influenciados por uma série de variáveis sociais e psicológicas, incluindo atração física, similaridade, contato ou exposição repetida, familiaridade, difusão de responsabilidade, reciprocidade e muitas outras.

Desvios Inteligentes na Defesa de Crenças Estranhas

Em 1620, o filósofo e cientista inglês Francis Bacon ofereceu a sua própria Resposta Fácil à Pergunta Difícil:

> *O entendimento humano, depois que adota uma opinião (quer seja ela tolerada ou agradável), leva todas as demais coisas a apoiarem e concordarem com ela. E, mesmo que haja do outro lado um número e um peso maior de coisas e instâncias, ele não obstante negligencia e despreza tudo isso, ou então o coloca de lado e rejeita, por meio de alguma distinção; faz isso para que, por meio dessa grande e perniciosa predeterminação, a autoridade das suas conclusões anteriores possa ficar inviolada... E é esse o caminho de todas as superstições, em astrologia, sonhos, prognósticos, adivinhações ou outras coisas do tipo; assim, os homens, encontrando deleite nessas futilidades, percebem os eventos quando os satisfazem, mas, quando isso não ocorre, o que é mais frequente, os negligenciam e deixam de levá-los em conta.*

Por que pessoas inteligentes acreditam em coisas estranhas? Porque, para enunciar de novo a minha tese agora à luz do *insight* de Bacon, *têm capacidade para defender crenças às quais chegaram por razões não inteligentes.*

Como já vimos, há uma abundância de evidência científica em apoio a esta tese, mas também há dois desvios cognitivos extremamente poderosos, que tornam difícil para qualquer um de nós avaliar objetivamente uma afirmação. Esses desvios, na verdade, são especialmente bem manipulados por pessoas inteligentes: o Desvio de Atribuição Intelectual e o Desvio de Confirmação.

Desvio de Atribuição Intelectual. Quando Sulloway e eu perguntamos aos nossos entrevistados por que acreditavam em Deus e ao que atribuíam o fato de outras pessoas acreditarem em Deus (permitindo que nos dessem respostas por escrito), fomos inundados por longos e ponderados tratados (muitas páginas grampeadas, com respostas datilografadas detalhando o seu ponto de vista) e descobrimos que o material poderia ser uma valiosa fonte de dados. A seguir, com as respostas classificadas em categorias, estão as principais razões oferecidas:

Por que as pessoas acreditam em Deus

1. Argumentos baseados no bom projeto/beleza natural/perfeição/complexidade do mundo ou do universo. (28,6%)
2. A experiência de Deus na vida cotidiana/um sentimento de que Deus está em nós. (20,6%)
3. Acreditar em Deus é reconfortante, dá alívio, consolo, sentido e propósito à vida. (10,3%)
4. A Bíblia diz que é assim. (9,8%)
5. Simplesmente por fé ou pela necessidade de acreditar em algo. (8,2%)

Por que as pessoas acham que as demais pessoas acreditam em Deus

1. Acreditar em Deus é reconfortante, dá alívio, consolo, sentido e propósito à vida. (26,3%)
2. Pessoas religiosas foram educadas para acreditar em Deus. (22,4%)
3. A experiência de Deus na vida cotidiana/um sentimento de que Deus está em nós. (16,2%)
4. Simplesmente por fé ou pela necessidade de acreditar em algo. (13,0%)
5. As pessoas acreditam porque têm medo da morte e do desconhecido. (9,1%)
6. Argumentos baseados no bom projeto/beleza natural/perfeição/complexidade do mundo ou do universo. (6,0%)

Note-se que as razões de base intelectual para acreditar em Deus, como "bom projeto" e "experiência de Deus", que estavam em primeiro e segundo lugares na primeira questão ("Por que as pessoas acreditam em Deus?"), caíram para sexto e terceiro lugares na segunda questão ("Por que as pessoas acham que as demais pessoas acreditam em Deus?). Em seu lugar, como duas razões mais comuns pelas quais as demais pessoas acreditam em Deus, aparecem as categorias de natureza emocional da religião julgada como "reconfortante" e das pessoas "terem sido educadas para acreditar" em Deus. Agrupando as respostas em duas categorias gerais – de razões racionais e razões emocionais para se acreditar em Deus –, fizemos um teste de qui-quadrado e descobrimos que a diferença era significativa (qui-quadrado[1] = 328,63 [r = 0,49], N = 1,356, p < .0,0001). Com um quociente de possibilidades de 8,8 para 1, podemos concluir que as pessoas estão quase nove vezes mais inclinadas a atribuir a sua própria crença em Deus a razões racionais do que o fazem em relação à crença das demais pessoas, que elas debitam a razões emocionais.

Uma explicação para esse achado é o desvio de atribuição, ou seja, colocar como causa do nosso próprio comportamento e do comportamento alheio tanto uma situação como uma disposição. Quando fazemos uma atribuição situacional, identificamos a causa no ambiente ("minha depressão tem por causa uma morte em família"); quando fazemos uma atribuição disposicional, identificamos a causa na pessoa como um traço persistente ("a depressão dela é causada por uma personalidade melancólica"). Podem surgir problemas de atribuição quando nos apressamos em aceitar a primeira causa que vem à mente (Gilbert *et al.*, 1988). Além disso, as psicólogas sociais Carol Tavris e Carole Wade (1997) explicam que há nas pessoas uma tendência de "assumirem o crédito por suas boas ações (uma atribuição disposicional) e colocarem a culpa por suas más ações na situação". Ao lidar com os outros, por exemplo, podemos atribuir o nosso sucesso a um trabalho duro e à nossa inteligência, enquanto atribuímos o sucesso das outras pessoas à sorte ou a circunstâncias (Nisbett e Ross, 1980).

A nosso ver, há evidências de um desvio de atribuição intelectual quando consideramos as nossas próprias ações como tendo motivação racional, mas vemos as ações dos outros como motivadas mais por suas emoções. O nosso compromisso com uma crença é atribuído a uma decisão racional e a uma escolha intelectual ("Sou contra o controle de armas porque as estatísticas mostram que o crime decresce quando a posse de armas aumenta"); no entanto, atribuímos a crença de outra pessoa à necessidade e à emoção ("Ele é favorável ao controle de armas porque é um liberal de coração mole que precisa se identificar com a vítima"). Esse desvio de atribuição intelectual aplica-se à religião como um sistema de crença e a Deus como o sujeito da crença. Como animais buscadores de padrões que somos, a questão do aparente bom projeto do universo e a ação percebida de uma inteligência superior nas contingências do dia a dia das nossas vidas são uma poderosa justificação intelectual para a crença. Mas atribuímos as crenças religiosas das demais pessoas às suas necessidades emocionais e à maneira como elas foram criadas.

Pessoas inteligentes, por ser mais inteligentes e mais instruídas, estão mais capacitadas a dar razões intelectuais para justificar as suas crenças, às quais chegaram por razões não intelectuais. No entanto, pessoas inteligentes, assim como as demais, reconhecem que as necessidades emocionais e o fato de termos sido criados para acreditar em algo determinam como a maioria de nós chega a abrigar as nossas crenças na maioria das vezes. O desvio de atribuição intelectual entra assim em cena, especialmente nas pessoas inteligentes, para justificar aquelas crenças, não importa quão estranhas possam ser.

Desvio de Confirmação. No cerne da Resposta Fácil à Questão Difícil está o desvio de confirmação, ou a tendência de procurar evidência desfavorável ou interpretar como tal a evidência que vai contra crenças já existentes. O psicólogo Raymond Nickerson (1998), numa resenha abrangente de literatura sobre esse desvio, concluiu: "Se tivéssemos que identificar um único aspecto problemático do raciocínio humano que merecesse mais atenção que os demais, o desvio de confirmação teria que estar entre os candidatos... ele parece ser suficientemente forte e difundido a ponto de sermos levados a imaginar que o próprio desvio poderia responder por uma significativa parcela das discussões, altercações e desentendimentos que ocorrem entre indivíduos, grupos e nações".

Os advogados utilizam intencionalmente um tipo de desvio de confirmação em seu estilo confrontacional de raciocínio nas salas dos tribunais, para propositadamente selecionar as evidências que se mostrem mais adequadas aos seus clientes e ignorar evidências contraditórias (isto é, em situações nas quais vencer a causa se sobrepõe à verdade ou falsidade da afirmação), mas os psicólogos acreditam que todos nós fazemos isso, em geral de modo inconsciente. Num estudo de 1989, as psicólogas Bonnie Sherman e Ziva Kinda apresentaram a estudantes evidências que contradiziam uma crença que eles tinham muito arraigada, junto com evidências que apoiavam essas mesmas crenças; os estudantes tendiam a atenuar a validade do primeiro conjunto de evidências e acentuar a validade do segundo. Num estudo de 1989 com crianças e jovens adultos que eram expostos a evidência inconsistente em relação a uma teoria que defendiam, Deanna Kuhn descobriu que eles "ou não conseguiram reconhecer evidência discrepante ou lhe davam atenção de maneira seletiva, distorcida. Evidência idêntica era interpretada de uma maneira em relação a uma teoria defendida por eles e de outra maneira em relação a uma teoria que não tivesse o seu apoio". Mesmo num *recall* após o experimento, as pessoas não conseguiam lembrar qual a evidência contraditória que havia sido apresentada. Num estudo posterior, de 1994, Kuhn expôs os sujeitos da experiência a uma gravação de áudio de um julgamento real de assassinato e descobriu que, em vez de avaliarem a evidência objetivamente, a maioria dos sujeitos primeiro compunha uma história do que havia acontecido e depois selecionava a evidência, para ver qual se adequava melhor à história. Fato interessante, os sujeitos mais focados em encontrar evidência para um ponto de vista particular a respeito do que havia acontecido (em oposição àqueles que pelo menos se dispunham a considerar um cenário alternativo) eram os mais confiantes em suas decisões.

Mesmo ao julgar algo tão subjetivo como a personalidade, os psicólogos descobriram que enxergamos aquilo que procuramos numa pessoa. Numa série de estudos, foi pedido às pessoas que avaliassem a personalidade de alguém que estavam prestes a conhecer; para algumas foi dado um perfil de pessoa introvertida (tímida, medrosa, quieta) e para outras um perfil de pessoa extrovertida (sociável, falante, expansiva). Quando se pediu às pessoas que fizessem uma avaliação da personalidade, aqueles a quem se informou que a pessoa era extrovertida fizeram perguntas que levavam a essa conclusão; o grupo a quem se deu o perfil de pessoa introvertida fez o mesmo. Ambos os grupos encontraram na pessoa a personalidade que estavam procurando encontrar (Snyder, 1981). É claro, o desvio de confirmação opera nos dois sentidos no experimento. Ou seja, as pessoas cujas personalidades estavam sendo avaliadas tendiam a dar as respostas que viriam confirmar qualquer que fosse a hipótese que o interrogador estivesse sustentando.

O desvio de confirmação não só é muito difundido, como os seus efeitos podem ter uma influência poderosa na vida das pessoas. Num estudo de 1983, John Darley e Paul Gross mostraram às pessoas um vídeo de uma criança sendo testada. A um dos grupos foi dito que a criança era de classe socioeconômica alta e ao outro foi dito que a criança era de classe socioeconômica baixa. Pediu-se então às pessoas que avaliassem a competência escolar da criança com base nos resultados do teste. Como seria de esperar, o grupo ao qual foi dito que a criança era de classe alta avaliou-a como tendo nível escolar acima da média, e o outro grupo, ao qual se disse que era de classe baixa, afirmou que a criança tinha nível escolar abaixo da média. Em outras palavras, os mesmos dados foram vistos de modo diferente pelos grupos de avaliadores, dependendo de quais eram as suas expectativas. Os dados então confirmaram essas expectativas.

O desvio de confirmação pode também se sobrepor aos estados emocionais e preconceitos. Os hipocondríacos interpretam cada pequena dor e desconforto como indicação de uma nova calamidade iminente para a sua saúde, enquanto as pessoas normais simplesmente ignoram esses sinais corporais aleatórios (Pennebaker e Skelton, 1978). A paranoia é outra forma do desvio de confirmação, na qual, se você acredita muito que "eles" estão atrás de você, então vai interpretar a ampla diversidade de anomalias e coincidências da vida como evidência da sua hipótese paranoica. Do mesmo modo, o preconceito depende de um tipo de desvio de confirmação no qual as expectativas pré-julgadas sobre as características de um grupo levam a pessoa a avaliar um indivíduo membro daquele grupo nos termos daquelas expectativas (Hamilton *et al.*, 1985). Mesmo na depressão, as pessoas tendem a se concentrar naqueles eventos e informações que possam reforçar ainda mais a depressão e a suprimir evidências de que as coisas estão, na verdade, melhorando (Beck, 1976). Como Nickerson observou no resumo: "A suposição de uma relação predispõe a pessoa a encontrar evidência dessa relação mesmo quando não há nenhuma para ser encontrada ou, se houver, a supervalorizá-la e chegar a uma conclusão que vai além do que a evidência justifica".

Mesmo os cientistas estão sujeitos ao desvio de confirmação. Muitas vezes, quando estão à procura de um fenômeno em particular, os cientistas que interpretam os dados podem ver (ou selecionar) aqueles que mais corroboram a hipótese em questão, ignorando (ou descartando) os dados que não apoiam a hipótese. Os historiadores da ciência determinaram, por exemplo, que num dos mais famosos experimentos na história da ciência o desvio de confirmação estava em plena operação. Em 1919, o astrônomo britânico Arthur Stanley Eddington testou a previsão de Einstein sobre até que ponto o sol ia defletir a luz proveniente de uma estrela durante um eclipse (a única oportunidade em que é possível ver estrelas atrás do sol). Acontece que o erro na medição de Eddington foi tão grande quanto o efeito que ele estava medindo. Como Stephen Hawking (1988) descreveu: "A medida feita pela equipe inglesa decorreu de pura sorte, ou de um caso de saber de antemão o resultado ao qual queriam chegar, o que não é uma ocorrência incomum em ciência". Ao examinarem os dados originais de Eddington, os historiadores S. Collins e J. Pinch (1993) descobriram que "Eddington só podia dizer que confirmava Einstein porque usou as derivações de Einstein ao decidir quais eram realmente as suas observações, enquanto as derivações de Einstein só se tornaram aceitas porque a observação de Eddington pareceu confirmá-las. Observação e predição estavam associadas num círculo de confirmação mútua, em vez de ser independentes uma da outra, como esperaríamos segundo a ideia convencional de um experimento". Em outras palavras, Eddington descobriu o que ele estava procurando. É claro, a ciência contém um mecanismo especial de autocorreção para evitar o desvio de confirmação: outras pessoas vão checar os seus resultados ou refazer o experimento. Se os seus resultados forem inteiramente fruto do desvio de confirmação, alguém cedo ou tarde pegará o seu erro. É isso o que coloca a ciência à parte das outras formas de conhecimento.

Finalmente, e o mais importante para os nossos propósitos aqui, o desvio de confirmação opera para confirmar e justificar crenças estranhas. Médiuns, adivinhos, leitores de mão e astrólogos, por exemplo, dependem todos do poder do desvio de confirmação para dizer aos seus clientes o que podem esperar do seu futuro. Ao lhes oferecer eventos unilaterais (em vez de eventos bilaterais, nos quais mais de um resultado seja possível), a ocorrência do evento é percebida, ao passo que a sua não ocorrência não o é. É o caso da numerologia. A busca de relações significativas em várias medidas e números disponíveis em quase toda estrutura do mundo (incluindo o próprio mundo, bem como o cosmo) levou numerosos observadores a encontrar profundo significado na relação desses números. O processo é simples. Você pode começar com o número que procura e tentar encontrar alguma relação que acabe expressando esse número ou outro número próximo. Ou então, o que é mais comum, você fica manipulando os números e vê se sai disso algo que possa parecer familiar. Na Grande Pirâmide, por exemplo (como vimos no capítulo 16), a relação da base da pirâmide com a largura de uma pedra da sua cobertura é de 365, o número de dias do ano. Tal manipulação de números com o desvio de confirmação operando levou as pessoas a "descobrirem" na pirâmide a densidade média da Terra, o período de precessão do eixo da Terra e a temperatura média da superfície do planeta. Como Martin Gardner (1957) ironicamente observou, esse é um exemplo clássico da "facilidade com que um homem inteligente, apaixonado por sua teoria, pode manipular o seu assunto de modo a fazê-lo conformar-se precisamente às opiniões defendidas". E quanto mais inteligente a pessoa, melhor ela faz isso.

Em suma, não importa se a inteligência é alta ou baixa, ela é ortogonal e independente do caráter normal ou estranho das crenças que a pessoa abriga. Mas essas variáveis não deixam de ter efeitos de interação. A alta inteligência, como se observa na minha Resposta Fácil, torna alguém capacitado a defender crenças às quais chegou por razões não inteligentes. No capítulo 3 eu discuto um estudo realizado pelo psicólogo David Perkins (1981) no qual ele descobriu uma relação positiva da inteligência com a capacidade de justificar crenças, e uma relação negativa da inteligência com a capacidade de considerar as crenças dos outros como viáveis. Ou seja, as pessoas inteligentes são melhores na racionalização das suas crenças com argumentos racionais, mas em consequência disso mostram-se menos abertas a considerar outras posições. Assim, embora a inteligência não afete aquilo em que você acredita, não deixa de influenciar a maneira de justificar as crenças, racionalizá-las e defendê-las, depois que elas são adquiridas por razões não inteligentes.

Bem, chega de teoria. Como notou o arquiteto Mies van der Rohe, Deus mora nos detalhes. Os exemplos que vamos apresentar a seguir da diferença entre inteligência e crença foram cuidadosamente escolhidos não entre gente lunática ou à margem da cultura, mas entre membros da corrente principal da sociedade e especialmente da esfera acadêmica. É isso o que torna a Questão Difícil tão difícil. Porque uma coisa é avaliar as afirmações a respeito de um acobertamento de informações por parte do governo feitas por um conspirador delirante que publica uma *newsletter* produzida em sua garagem numa obscura cidade do Estado de Idaho, e outra coisa bem diferente é quando o discurso vem de um professor de ciência política da Universidade Columbia, ou de um professor de História da Universidade Temple, ou de um cientista social da Universidade Emory, ou de um multimilionário gênio dos negócios do Vale do Silício, ou de um professor de psiquiatria da Universidade de Harvard, ganhador de um Prêmio Pulitzer.

OVNIs e Abdução por Alienígenas: Uma Crença Estranha com Defensores Inteligentes

Os OVNIs e as abduções por alienígenas se encaixam nos meus critérios de coisas estranhas porque a afirmação de que esses avistamentos e experiências representam encontros reais com inteligências extraterrestres 1) não é aceita pela maioria das pessoas ligadas à astronomia, exobiologia e Busca de Inteligência Extraterrestre (apesar do desejo quase universal de seus praticantes de encontrar vida em qualquer grau que seja, em algum lugar fora da Terra); 2) é extremamente improvável (embora não seja impossível do ponto de vista lógico); e 3) é baseada em grande parte em evidência anedótica e não corroborada. As afirmações sobre os OVNIs e a abdução por alienígenas são apoiadas por pessoas inteligentes? Sim. Embora a comunidade de pessoas que acreditam nessas coisas costume ser constituída por aqueles que habitam os meandros alternativos da sociedade, tais assuntos migraram para a corrente principal da cultura. Nas décadas de 1950 e 1960, pessoas que contavam histórias sobre encontros com alienígenas eram, na melhor das hipóteses, motivo de riso a portas fechadas (e às vezes também a portas abertas) ou, na pior das hipóteses, mandadas para um psiquiatra para avaliação de suas condições mentais. E constituíam motivo de piada entre os cientistas. Mas nas décadas de 1970 e 1980 houve uma mudança gradual nas credenciais das pessoas que acreditam nisso, e na década de 1990 tais pessoas receberam um estímulo da academia, que ajudou a metastasear as suas crenças para o corpo principal da sociedade.

Um exemplo é o livro de 1998 de Jodi Dean, muito resenhado, *Aliens in America*. Dean é doutora pela Universidade Columbia, professora de ciência política no Hobart College e no William Smith College e uma conhecida estudiosa do feminismo. Seu livro saiu pela Cornell University Press e começa como se fosse uma ponderada sociologia da ufologia, com uma tese segundo a qual os abduzidos se sentem "alienados" da moderna sociedade americana devido à insegurança econômica, ameaças de destruição ambiental, militarismo em escala mundial, colonialismo, racismo, misoginia e outros bichos-papões culturais: "Meu argumento é que os alienígenas infiltrados na cultura popular americana fornecem ícones por meio dos quais é possível acessar as novas condições da política democrática no milênio". Como rejeita a ciência e a racionalidade como métodos de discriminar entre o que faz sentido e o que não faz, Dean argumenta que "não temos critérios para escolher entre políticas e veredictos, tratamentos e afirmações. Mais ainda, não temos como recorrer a procedimentos, quer sejam científicos ou jurídicos, que possam fornecer alguma 'suposição de razoabilidade'". Para Dean, a ciência não só não é solução, como faz parte do problema: "São os cientistas que têm problemas com a 'racionalidade' daqueles que integram a comunidade dos OVNIs. São os cientistas que sentem a necessidade de explicar por que algumas pessoas acreditam em discos voadores, ou que desdenham essas pessoas tachando-as de 'distorcidas' ou de 'preconceituosas' ou 'ignorantes'". De fato, a conclusão de Dean é que, já que o pós-modernismo mostrou que toda verdade é relativa e consensual, então as afirmações dos ufólogos são tão verdadeiras quanto as de qualquer outra pessoa: "Os primeiros ufólogos lutaram contra o entendimento essencialista da verdade, que inscrevia a verdade nos objetos do mundo (e nas relações de objetos). Rejeitando essa ideia, eles se apoiaram num entendimento da verdade como algo consensual. Se a nossa vida no mundo é o resultado de um consenso sobre a realidade, então devemos parar e perceber que nem todo mundo está de comum acordo com a visão da realidade desposada pela ciência e pelo governo".

Com essa visão relativista da verdade, Dean nunca nos diz se acredita nas histórias de abdução e de OVNIs contadas pelas pessoas que ela entrevista. Então lhe perguntei exatamente isso numa entrevista de rádio e ela retrucou: "Eu acredito que eles acreditam nas histórias deles". Agradeci pelo esclarecimento, mas pressionei um pouco mais: "Mas em que você acredita?" Dean recusou-se a responder à pergunta. É justo, suponho, já que ela tenta adotar uma perspectiva de não julgamento (se bem que não consegui obter dela uma opinião mesmo fora do ar e sem estar gravando). Mas minha questão aqui é que, ao fazer isso, essa pessoa inteligente está dando crédito a uma crença estranha, aumentando-lhe a credibilidade como pressuposto aceitável de verdade que deveria ser parte de um diálogo social aceitável, quando, na verdade, não há evidência da existência de alienígenas na Terra mais do que há evidência de fadas (que na década de 1930 desfrutaram do seu próprio auge cultural e do apoio de pessoas inteligentes como o criador de Sherlock Holmes, o escritor Arthur Conan Doyle; ver Randi, 1982).

Dean se equivoca na questão da veracidade, mas o professor de História da Universidade Temple, David Jacobs, não comete o mesmo erro. Ele obteve o seu doutorado na Universidade de Wisconsin e depois publicou a sua dissertação em 1975 como *The UFO Controversy in America* pela Indiana University Press. Em 1992, escreveu *Secret Life: Firsthand Accounts of UFO Abductions* (aterrissando numa grande editora comercial, a Simon & Schuster, uma das maiores e mais prestigiosas do mundo). Em 1998, aumentou as apostas com *The Threat: The Secret Agenda – What the Aliens Really Want... and How They Plan to Get It*. Ele admite em seu livro mais recente que, "quando falo sobre o assunto com os meus colegas na comunidade acadêmica, sei que eles pensam que a minha capacidade intelectual está seriamente comprometida". Pouco após o lançamento de *The Threat*, entrevistei Jacobs no meu programa de rádio semanal pela NPR de Los Angeles. A sua capacidade intelectual não está nem de longe comprometida. Achei-o brilhante, articulado e completamente comprometido com a sua crença. Falou como um acadêmico, explicou a sua teoria e a evidência dela com o sereno desembaraço de um estudioso experiente e agiu como se a sua afirmação principal equivalesse a discutir qualquer outro aspecto da história americana do século 20, matéria que ele ensina.

No entanto, nos livros de Jacobs ressoa sempre o mantra "Sei que isso parece maluco, mas sou um cara inteligente". O seu primeiro livro inclui um prefácio de John Mack (falaremos mais dele a seguir), de Harvard, que elogia Jacobs como "um acadêmico sério e imparcial" e elogia a sua obra como produto de "rigorosa pesquisa acadêmica", "cuidadosa observação" e "documentação meticulosa". No seu segundo livro, o título de *Ph.D.* é ostentado não só na capa, mas no chapéu de cada página, martelando para o leitor a mensagem de que não importa quanto tudo pareça estranho, é algo que está endossado por um doutor em filosofia. O estilo de narrativa de Jacobs procura soar acadêmico e científico. Ele fala da sua "pesquisa", das "metodologias" usadas, dos seus colegas "pesquisadores", do seu "imenso banco de dados", da "documentação" que dá sustentação aos dados, das numerosas "teorias", "hipóteses" e "evidências" que confirmam não apenas o fato de que os alienígenas estão aqui, mas que nos esclarecem qual é a sua agenda. Embora esse campo de estudo não tenha um mínimo de evidência física – todas as evidências dependem inteiramente de fotos borradas, vídeos com granulação estourada, memórias resgatadas por hipnose e incontáveis relatos de coisas que saltitam à noite –, Jacobs admite essas limitações de seus "dados", mas argumenta que, se você combiná-los, poderá dar o salto do ceticismo para a crença: "Os nossos encontros com o fenômeno da abdução com frequência se deram sob o véu da confabulação, canalização e memórias não confiáveis, relatados por pesquisadores inexperientes ou incompetentes. Eles têm tanta cara de fantasia cultural e psicogênese que as barreiras à aceitação da sua realidade parecem intransponíveis". É verdade, mas nunca subestime o poder da crença. "No entanto, estou convencido de que o fenômeno da abdução é real. E, como resultado, a rede de segurança intelectual com a qual operei por tantos anos agora foi removida. Estou tão vulnerável quanto os próprios abduzidos. Preciso 'conhecer mais', mas abraço como real um cenário que é ao mesmo tempo embaraçoso e difícil de defender." Se a evidência desse fenômeno é tão escassa, então como é que um cara inteligente como Jacobs acredita nela? A sua resposta, que está nas páginas finais do livro, isola a crença de uma contraprova: "Os alienígenas nos enganaram. Seduziram-nos para que adotássemos uma atitude de descrença – e, portanto, de complacência – logo no início da nossa consciência sobre a sua presença". É o perfeito argumento circular (e impenetrável). Os alienígenas causaram tanto a sua crença quanto o seu ceticismo. Seja como for, os alienígenas existem.

Enquanto Jacobs admite que a sua evidência é anedótica e, portanto, irrefutável, Courtney Brown, professor de ciência política da Universidade Emory, com dois best-sellers sobre alienígenas e OVNIs publicados por grandes editoras, fundamenta as suas crenças num método de "coleta de dados" que chama de *Scientific Remote Viewing* (ou "Visão Remota Científica"). O SRV (tanto o nome como a abreviatura são "marcas registradas da Farsight, Inc.", conforme explica a página de créditos da obra) é mais conhecido como Remote Viewing, um processo empregado por um grupo de pesquisadores contratado pela CIA para tentar superar o *psi gap*, o "atraso em poderes mentais", similar ao *missile gap* entre os Estados Unidos e a União Soviética na década de 1980 (um desses pesquisadores, Ed Dames, foi mentor de Brown). Durante a guerra fria havia o receio da parte do governo americano de que os russos estivessem deixando os EUA para trás em poderes mentais. Então a CIA criou um pequeno departamento que gastou 20 milhões de dólares em dez anos para determinar se seria possível ter uma "visão remota" da localização dos silos de mísseis e reunir outras informações de inteligência. O nome é quase autoexplicativo. Para ver remotamente, você fica sentado numa sala e tenta "ver" (pelo olho da sua mente, digamos) o objeto-alvo, que pode estar localizado em qualquer parte do mundo. Depois que aprendeu como funcionava a visão remota, instalado em sua casa na periferia de Atlanta e mais tarde em seu próprio instituto dedicado a promover o SRV – o Farsight Institute –, Brown começou a ver remotamente alienígenas e extraterrestres.

Assim como o título acadêmico de Jacobs, o *Ph.D.* de Brown aparece com destaque em seus livros. O interessante, porém, é que a ligação com a Universidade Emory não consta de nenhum lugar no seu segundo livro, *Cosmic Explorer: Scientific Remote Viewing, Extraterrestrials, and a Message for Mankind.* Perguntei-lhe a esse respeito numa entrevista de rádio de 1999. Ao que parece, a Emory não quer ficar associada à ufologia e a encontros com alienígenas – Brown teve que assinar um documento especificando que ao falar dos seus encontros com alienígenas para a mídia e o público não deve fazer nenhuma menção à universidade. E, como Jacobs, Brown se apresenta no ar como um cientista ponderado e inteligente "que apenas vai atrás dos dados" (como costumam dizer todos eles), não importa aonde possam conduzir.

As afirmações dos dois livros de Brown são espetacularmente estranhas. Por meio das suas numerosas sessões de SRV ele diz que falou com Jesus e com Buda (ao que parece, ambos são alienígenas avançados), visitou outros planetas habitados, fez uma viagem no tempo a Marte quando o planeta era todo habitado por ETs inteligentes, e declara até que há alienígenas vivendo entre nós – um grupo em particular mora no Novo México, em subterrâneos. Quando perguntei, no ar, a respeito dessas afirmações incomuns, ele não levou o assunto adiante, desviando a conversa para os aspectos "científicos" da visão remota, explicando que se trata de um método válido e confiável de coleta de dados, que na condição de cientista social ele aplica as rigorosas metodologias das ciências estatísticas à sua recém-descoberta metodologia de pesquisa e que tudo isso devia ser levado muito a sério pelos cientistas. (O seu primeiro livro, publicado em 1996, tinha o título *Cosmic Voyage: A Scientific Discovery of Extraterrestials Visiting Earth.*) A retórica da sua narrativa escrita também exala cientificismo, para transmitir a mensagem de que essa coisa estranha está sendo apresentada por uma pessoa muito inteligente. Avalie apenas uma página, escolhida ao acaso:

> *Uma P4 1/2E é o mesmo que uma P4 1/2, mas é um esboço, mais do que uma descrição verbal. Quando o visualizador percebe algum dado visual na Fase 4 que pode ser esboçado, ele escreve "P4 1/2E" quer na coluna "Física", quer na coluna "Subespacial", dependendo de o esboço ser de alguma coisa que está na realidade física ou na realidade subespacial. O visualizador então pega outra folha de papel, coloca-a no sentido horizontal, identifica-a escrevendo P4 1/2E centralizado no alto e dá a essa página um número, o mesmo da folha matriz que contém a coluna "P4 1/2E", acrescentando-lhe um A. Assim, se a entrada para a P4 1/2E estiver na página 9, então o esboço P4 1/2E ficará na página 9A.*

O que essa passagem descreve são os diferentes métodos que um visualizador remoto pode usar para registrar os diversos aspectos da sua viagem pela fantasia, que pode ser uma viagem pelo mundo físico ou pela existência "subespacial". A minha intenção aqui não é ridicularizar a coisa toda por sua obscuridade, mas revelar a que ponto pessoas inteligentes podem chegar no seu intuito de racionalizar uma crença estranha. Quando Brown comparece ao programa de rádio de fim de noite de Art Bell, ele pode expressar-se poeticamente sobre invasões alienígenas e sobre os conselhos de Jesus. Mas, quando vem ao meu programa – que por definição é um programa sobre ciência no sul da Califórnia, ouvido por muitas pessoas da Caltech, do Jet Propulsion Laboratory e por grupos ligados ao setor aeroespacial –, ele prefere falar apenas do rigor das suas metodologias científicas.

Reação similar teve o multimilionário gênio dos negócios do Vale do Silício, Joe Firmage (1999), quando o entrevistei no rádio. Com 28 anos de idade, Joe é o fundador da USWeb, uma empresa da internet de 3 bilhões de dólares, e aos 19 anos já havia vendido a sua primeira empresa da internet por 24 milhões de dólares. Não obstante, ele pediu para ser apresentado como o fundador e diretor-geral da International Space Sciences Organization (ISSO) e estava interessado apenas em discutir o seu amor pela ciência e o seu novo trabalho como "cientista" para a ISSO (pelo que sei, ele não tem treino formal como cientista). Perguntei: O que você acha de todos esses comentários pela imprensa, que surgiram logo após o anúncio de que você estava saindo da USWeb para se dedicar à crença de que vários OVNIs haviam aterrissado e que o governo dos Estados Unidos se havia apossado de tecnologia alienígena, submetendo-a a "engenharia reversa" para disponibilizá-la para setores de ciência e tecnologia americanos? Segundo Joe Firmage, a mídia estava distorcendo e exagerando aquilo em que ele realmente acredita. Ele nunca teria afirmado que o governo americano roubou tecnologia alienígena. Tampouco se dispôs a entrar em detalhes a respeito de uma experiência sua de 1997 (pareceu bastante incomodado quando eu trouxe isso à tona), de seu contato com uma inteligência alienígena. A mídia, explicou ele, exagerou esse fato também. Achei isso estranho, insincero, já que foi a sua própria empresa de relações públicas que chamou a atenção da mídia, citando também as histórias de roubo de tecnologia alienígena e do seu encontro com um alienígena, que teria mudado a sua vida.

No outono de 1997, Firmage diz que acordou no começo da manhã e viu "um ser impressionante, coberto por uma luz branca brilhante e flutuando acima da minha cama". O ser perguntou a Firmage: "Por que você me chamou aqui?" Firmage diz ter respondido: "Quero viajar pelo espaço". O alienígena questionou o seu desejo e perguntou por que deveria atender a um desejo como aquele. "Porque estou disposto a morrer por ele", respondeu Firmage. A essa altura, diz Firmage, emergiu do ser alienígena "uma esfera azul-elétrico, um pouco menor que uma bola de basquete… Ela saiu do seu corpo, flutuou no ar e entrou em mim. Instantaneamente fui tomado pelo êxtase mais inimaginável que já havia experimentado, um prazer muito maior que o do orgasmo… Alguma coisa me havia sido dada". O resultado foi a ISSO de Firmage e o seu livro eletrônico de 1999, que ostenta o pouco modesto título de *The Truth* ("A Verdade"), uma obra divagante de 244 páginas, cheia de advertências à humanidade que poderiam ter sido extraídas de um filme B de ficção científica da década de 1950. O livro é cheio do jargão da física e da aeronáutica e expressa o objetivo de Firmage de convencer o "*establishment* científico" da realidade dos OVNIs e de tecnologias avançadas como a da Energia do Ponto Zero a partir do vácuo do espaço, "a propulsão não propelente" e a "propulsão gravitacional" para viagens em "velocidade superior à da luz", "flutuações no vácuo" para alterar "as massas gravitacional e inercial" e coisas assim.

De novo, a minha intenção não é subestimar, mas entender. Por que um homem inteligente como Joe Firmage desistiu de uma carreira tão notavelmente lucrativa e bem-sucedida como mago do Vale do Silício para ir atrás da quimera dos alienígenas? Bem, ele foi educado como mórmon, mas em sua adolescência "começou a questionar os aspectos mais dogmáticos da religião". Os mórmons acreditam em contatos diretos de humanos e anjos, com base na afirmação de que o fundador da igreja, Joseph Smith, foi contatado pelo anjo Moroni e guiado até as sagradas tábuas de ouro, a partir das quais o *Livro dos Mórmons* foi escrito. Em *The Truth*, Firmage explica que a revelação "foi recebida por um homem chamado Joseph Smith, cujas descrições de encontros com seres brilhantes, cobertos por uma luz branca, são quase indistinguíveis de muitos relatos atuais sobre encontros de primeiro grau com 'visitantes'". Ou seja, Joseph Smith teve um contato imediato de terceiro grau. Ao que parece, não foi de modo algum o primeiro. Mil e oitocentos anos antes, São João Evangelista recebeu a sua "revelação", a partir da qual o último livro da *Bíblia* foi escrito, e pouco antes disso um carpinteiro da pequena aldeia de Nazaré experimentou as suas próprias visões e epifanias vindas do plano mais elevado. Embora não diga isso diretamente, a inferência é clara: Jesus Cristo, São João Evangelista, Joseph Smith e Joseph Firmage fizeram contato com um desses seres do plano superior, e como consequência mudaram o mundo. Firmage descobriu a sua missão e o sentido dos seus contatos imediatos:

> *Um dos objetivos deste livro pela internet é compartilhar com cada um de vocês ideias fundamentalmente novas – ideias que um dia poderão transformar o mundo. Nesta obra, quero propor uma maneira de reestruturar completamente as nossas instituições econômicas, para que operem de uma maneira compatível com uma Terra viva, preservando ao mesmo tempo a comprovada criatividade empreendedora que construiu a notável civilização moderna… Será esta uma proposta radical? Sem dúvida. É maluca? Sim. É uma fantasia utópica? Totalmente. Propostas radicais e malucas são necessárias para evitar que uma nação perigosamente arrogante e míope chegue à autodestruição… O meu parceiro de negócios e eu criamos a USWeb Corporation, a maior empresa de serviços da internet do planeta, por isso eu sei o que estou dizendo aqui quando falo em criar.*

Sem dúvida ele sabe. É um homem inteligente, com uma crença estranha e um monte de dinheiro para legitimá-la. Mas nem a inteligência nem o dinheiro alteram minimamente o fato de que não existe uma única evidência tangível da visita de alienígenas ao nosso planeta. E quando falta evidência, a mente preenche as lacunas. E mentes inteligentes são as melhores para fazer isso.

A Universidade Cornell, a Universidade Emory, a Universidade Temple e o Vale do Silício são locais de peso para lançar coisas estranhas, mas os ufólogos e pessoas que tiveram experiências com alienígenas (um termo preferido, em vez de "abdução") receberam o seu maior incentivo em 1994 com a publicação de *Abduction: Human Encounters with Aliens*, de John Mack, psiquiatra da Harvard Medical School. O título de doutor em medicina de Mack é bem destacado na capa, junto com "Ganhador do Prêmio Pulitzer" (que ele recebeu por sua biografia de T. E. Lawrence, não por um livro sobre psiquiatria), o que confere credibilidade. O editor poderia do mesmo modo ter imprimido ao pé da sobrecapa: "homem inteligente que endossa uma crença estranha". Mack admite na sua introdução que, da primeira vez em que ouviu falar de Budd Hopkins, pioneiro e proponente da abdução, e de pessoas que afirmavam ter sido abduzidas por alienígenas, "eu disse então algo equivalente a que ele e as tais pessoas deveriam ser malucos". Mas, quando Mack encontrou com algumas delas, "pareciam quanto ao resto pessoas bastante sadias". Mais ainda, pelo que ele podia perceber, eram pessoas que não tinham nada a ganhar e tudo a perder com o fato de revelarem tais histórias, portanto "estavam preocupadas com algo que aparentemente havia de fato acontecido com elas". O ceticismo de Mack metamorfoseou-se em crença depois que ele entrevistou mais de cem pessoas que tiveram experiências com alienígenas, concluindo que "nada sugeria que as suas histórias fossem ilusórias, ou fossem uma interpretação equivocada de sonhos ou fruto de fantasia. Nenhuma delas parecia o tipo de pessoa que inventa uma história estranha por alguma razão pessoal".

Tudo bem, mas será que "inventar" é a palavra certa? Acho que não. "Experimentar" é uma descrição mais adequada, porque não há dúvida de que as experiências que tais pessoas tiveram foram muito reais. A questão essencial é: isso ocorreu exclusivamente em sua mente ou fora, no mundo real? Desde que não há evidência física que confirme a validade da última hipótese, a conclusão lógica a ser extraída, sabendo tudo o que sabemos sobre a fantástica imagística que o cérebro é capaz de produzir, é que as experiências dessas pessoas nada mais são do que representações mentais de fenômenos cerebrais estritamente internos. A sua motivação para relatar a Mack e às demais pessoas essas experiências, supondo (talvez ingenuamente) que não fazem isso por desejo de atenção pública, fama ou dinheiro, é a validação externa de um processo interno. E quanto maior o prestígio da fonte de validação externa – quanto mais "inteligente" for a pessoa que dá validação, por assim dizer –, mais válida se torna a experiência: "Calma lá, não estou pirando – aquele cara inteligente de Harvard diz que isso é uma coisa real".

A associação de Harvard com conteúdos alternativos como esse não deixou de receber atenção da administração da universidade, que se mobilizou para controlar Mack e silenciar o seu trabalho sobre alienígenas, mas ele contratou um advogado, fez pé firme na questão da liberdade acadêmica (Mack é do quadro permanente da instituição) e ganhou o direito de levar adiante o seu centro acadêmico chamado PEER, Program for Extraordinary Experience Research. Muitos questionaram os seus motivos. "Ele gosta de ser o centro das atenções", disse Arnold S. Relman, professor emérito da Harvard Medical School, que conduziu a investigação formal acadêmica sobre a pesquisa de Mack. "Ele não é mais levado a sério por seus colegas", prosseguiu Relman, "mas, em nome da liberdade acadêmica, Harvard pode se dar ao luxo de abrigar um ou dois excêntricos" (citado em Lucas, 2001).

As consequências dessa mudança de crença para Mack – a sua própria forma de validação, de certo modo – foram profundas: "O que o fenômeno da abdução me levou a ver... é que participamos de um universo de universos, que estão cheios de inteligências das quais nos desconectamos, já que perdemos os sentidos por meio dos quais podemos conhecê-las". No entanto, permitam-me completar as reticências da frase anterior: "eu diria agora inevitavelmente" (leia de novo a frase toda com o trecho acrescentado). Por que inevitavelmente? A resposta de Mack é esclarecedora: "Ficou claro para mim também que a nossa limitada visão de mundo ou paradigma está por trás da maioria dos principais padrões destrutivos que ameaçam o futuro humano – a insensível cobiça empresarial que perpetua as grandes diferenças entre ricos e pobres e contribui para a fome e a doença; a violência etnonacional que resulta em homicídios em massa e pode produzir um holocausto nuclear; e a destruição ecológica numa escala que ameaça a sobrevivência dos sistemas de vida da Terra".

A história é tão velha quanto a do gênero da ficção científica, de onde ela deriva, e revela a profunda motivação mítica por trás das narrativas de contatos, como uma espécie de teologia secular em que OVNIs e alienígenas são deuses e messias descendo para nos salvar da nossa autoimposta destruição – pense no livro de Robert Wise, de 1951, *The Day the Earth Stood Still*, no qual uma inteligência superior alienígena, como alegoria de Cristo (o nome terráqueo do alienígena é "Senhor Carpinteiro"), vem salvar o planeta do armagedon nuclear. Aqui vislumbramos uma possível motivação de Mack. Seria ele um santo secular, Moisés descendo do monte de Harvard para se juntar às massas e esclarecer-nos sobre o verdadeiro sentido do cosmo? Isso talvez seja um exagero, mas há algo mais profundo na história de Mack, que ele revela perto do final da introdução do seu livro, que é o fascínio pelo conceito de paradigma e de mudança revolucionária de paradigma, de Thomas Kuhn:

Conheço Tom Kuhn desde menino, pois os pais dele e os meus eram amigos em Nova York e eu muitas vezes participava das festas de eggnog[2] *na época do Natal, na casa dos Kuhn. O que achei mais auspicioso foi a observação de Kuhn de que o paradigma científico do Ocidente havia chegado a assumir a rigidez de uma teologia e que esse sistema de crença era sustentado por estruturas, categorias e polaridades de linguagem, como real/irreal, existe/não existe, objetivo/subjetivo, mundo intrapsíquico/mundo externo e aconteceu/não aconteceu. Ele sugeriu que ao realizar as minhas investigações eu suspendesse, no grau em que fosse capaz de fazê-lo, todas essas formas de linguagem e simplesmente colhesse informação bruta, deixando de lado se aquilo com que eu travava conhecimento se encaixava ou não em qualquer visão de mundo particular. Mais tarde eu veria o que havia descoberto e se alguma formulação teórica coerente era possível.*

Há uma notável ironia nessa declaração – uma ironia que achei difícil acreditar que Kuhn tivesse endossado –, porque um dos pontos principais do revolucionário livro de Kuhn de 1962, *A Estrutura das Revoluções Científicas* (São Paulo, Perspectiva), afirma que é praticamente impossível para nós "suspender... formas de linguagem e simplesmente colher informação bruta". Estamos todos incrustados numa visão de mundo, trancados num paradigma e abrigados numa cultura. E, como vimos, os desvios de atribuição e de confirmação são muito poderosos e difundidos, a ponto de ninguém conseguir escapar deles. As formas de linguagem dos relatos de abdução por alienígenas são em grande medida parte de uma cultura mais ampla da América no século 20, que inclui literatura de ficção científica sobre extraterrestres, a exploração real do espaço, filmes e programas de tevê sobre naves espaciais e alienígenas e especialmente a Search of Extra-Terrestrial Intelligence (SETI), conduzida por cientistas da corrente principal. Essa é, em grande parte, a explicação que os céticos oferecem das histórias de abdução – que os motivos da memória vêm dessas contribuições culturais da experiência comum. Mas o ponto é que a alegada coleta pura de "informação bruta" parece pouco sincera a partir do que sabemos sobre como as crenças se formam. (Eu também destacaria – embora Mack não tivesse como saber disso a partir dessa sua única incursão pelo paranormal – que a identificação do paradigma de Kuhn e o apelo a uma mudança revolucionária para que se aceite a ideia radical dos que acreditam são feitos por quase todos aqueles que estão fora da corrente principal, desde os ufólogos e pesquisadores da paranormalidade até os defensores da fusão a frio e do moto perpétuo das máquinas). A frase de Joe Friday, "Apenas os fatos, senhora"[3], soa boa em princípio, mas nunca é aplicada

---

2 *O* eggnog *é uma bebida americana, feita com leite, ovos, açúcar, noz-moscada e um pouco de conhaque, tradicionalmente servida na época do Natal.* (N. do T.)

3 *Joe Friday é um personagem da série de tevê americana da década de 1950* Dragnet, *na qual o ator Jack Webb fazia o papel de um detetive da polícia de Los Angeles.* (N. do T.)

na prática. Todas as observações são filtradas por um modelo ou teoria; assim, em algum ponto as observações de Mack feitas dentro de um paradigma cético viraram dados que sustentam um paradigma de crença. Como isso aconteceu?

John Mack é bastante inteligente para entender que os dados e as técnicas de coleta de dados que ele e outras pessoas utilizam para obter esses relatos de abdução são questionáveis, para dizer o mínimo. Regressão hipnótica, fantasias de desempenho de papéis e conversas terapêuticas com uso de sugestão, tudo isso que leva ao chamado resgate de memórias é agora bem conhecido como um recurso capaz de gerar falsas memórias. Sobre o alegado desaparecimento de abduzidos, Mack admite que "não há uma prova conclusiva de que a abdução tenha sido a causa da sua ausência". As cicatrizes de cirurgias feitas por alienígenas, Mack também admite, são "usualmente triviais demais por si mesmas para ser significativas do ponto de vista médico". Quanto ao fato de não terem sido encontrados bebês nascidos de encontros sexuais de alienígenas e humanos, Mack observa que "ainda não há um caso em que um médico tenha documentado o desaparecimento de um feto relacionado com uma abdução". E, sobre a evidência no geral, Mack confessa que é "enlouquecedoramente sutil e difícil de confirmar com a quantidade de dados que uma comprovação sólida exigiria".

Para aceitar essas dificuldades e continuar o seu trabalho, Mack tem que fazer um salto de realidade de proporções kuhnianas. A limitação não está em nossas metodologias de pesquisa e sim nas próprias pessoas: "Se o fenômeno da abdução, como eu suspeito, se manifesta em nosso mundo físico de espaço/tempo mas não é deste mundo num sentido literal, as nossas noções da precisão da lembrança relativa ao que de fato 'aconteceu' ou não [o conselho de Kuhn sobre suspender categorias parece relevante aqui] podem não se aplicar, pelo menos não no sentido físico literal". Esses alienígenas podem não ser do "espaço", isto é, do espaço interplanetário, por exemplo, mas podem ser de outra dimensão, acessível apenas por meio desses efêmeros estados mentais e, portanto, imune à exigência dos céticos de um corpo ou de um artefato proveniente de alguma nave espacial. Isso pode ser um modelo kuhniano de ciência, mas não é popperiano, já que não há como refutar as afirmações. Quando Mack recua e permite que os "alienígenas" sejam seres de uma dimensão interior, que só podem ser detectados na mente dos que têm a experiência, a sua hipótese fica indistinguível da minha, de que eles são inteiramente fruto da atividade neural. Na impossibilidade de distinguir nessas duas hipóteses, somos expulsos do reino da ciência e entramos no campo da literatura criativa. Ficção científica, eu acho, descreveria mais adequadamente esse campo.

Assim, temos problemas epistemológicos imensos desde o início, como o próprio Mack confessa ao desistir totalmente do jogo da ciência: "Neste trabalho, como em qualquer investigação clinicamente sólida, a psique do investigador, ou, mais precisamente, a interação das psiques do paciente e do clínico, é o meio de obter conhecimento... Portanto, a experiência, o relato daquela experiência e o recebimento daquela experiência pela psique do investigador são, na ausência de verificação física ou de 'prova'... as únicas maneiras pelas quais podemos saber algo sobre abduções". Quatrocentas páginas adiante, numa seção final intitulada "Mudança de Paradigma", Mack de novo pede uma mudança comparável a uma revolução copernicana (uma das analogias preferidas pelos que acreditam em paranormalidade e por alternativos de todo tipo): "Parece que o que se exige aqui é uma espécie de morte do ego cultural, mais profundamente arrasadora (uma palavra que muitos abduzidos empregam quando falam da realidade de suas experiências) do que a revolução copernicana..." De que outro modo podemos compreender essas inteligências alienígenas? "É uma inteligência que fornece evidência suficiente de algo profundamente importante que está em ação, mas não oferece o tipo de prova que poderia satisfazer uma forma de conhecimento exclusivamente empírica e racionalista."

Como Mack contou a Robert Boynton (1994) na revista *Esquire*, "as pessoas sempre pensam que os alienígenas são ou reais ou psicológicos, e eu lhes peço que considerem a possibilidade de que, de algum modo, eles sejam ambas as coisas. Mas isso significa que toda a nossa definição de realidade precisa mudar". Boynton observa que Mack vem há muito tempo procurando essa realidade alternativa, por meio de crenças modernas da Nova Era como EST[4] e técnicas de respiração holotrópica: "Ele usa esta última para entrar num estado de transe. Durante uma sessão, ele teve uma experiência de vidas passadas na qual era um russo no século 16 que foi obrigado a ver um bando de mongóis decapitarem o seu filho de quatro anos de idade". Na verdade, Mack admitiu a Carl Sagan (1996) que "não estava procurando isso. Não há nada no meu histórico que pudesse me preparar para isso. E é totalmente convincente, devido ao poder emocional dessas experiências". Numa entrevista reveladora à revista *Time*, Mack declarou: "Não sei por que há esse zelo em encontrar uma explanação física convencional. Perdemos toda a capacidade de conhecer um mundo que esteja além desse nosso mundo físico. Eu sou uma ponte entre esses dois mundos".

A ponte de Mack se expandiu num outro livro (1999), *Passport to the Cosmos*, no qual ele de novo argumenta que "não estou neste livro procurando estabelecer a realidade material do fenômeno da abdução por alienígenas... em vez disso, estou mais preocupado com o sentido dessas experiências para os chamados abduzidos e para a humanidade em geral". Nesse aspecto, o sistema de crença de Mack na abdução opera de modo bastante similar ao da religião e de outras crenças baseadas na fé, no sentido de que, para aqueles que

4 EST, sigla de Erhard Seminars Training, seminários ministrados por Werner Erhard desde a década de 1970 sobre controle mental e autoconsciência, que por muitos anos tiveram sucesso com pessoas interessadas nas novidades do movimento da Nova Era nos Estados Unidos. (N. do T.)

acreditam, a prova não é necessária e, para os que não acreditam, a prova não é possível. Em outras palavras, a crença em OVNIs e em abduções por alienígenas, como outras crenças estranhas, é ortogonal e independente em relação à evidência a favor dela ou contra ela, e também em relação à inteligência dos seus defensores, o que expressa bem o que quero dizer. Q.E.D.[5]

---

5 *Q.E.D., expressão em latim:* Quod Erat Demonstrandum, *como se queria demonstrar.*

Bibliografia

Adams, R. L. e B. N. Phillips. 1972. Motivation and Achievement Differences Among Children of Various Ordinal Birth Positions. *Child Development* 43: 155-164.

Alcock, J. E. e Otis, L. P. 1980. Critical Thinking and Belief in the Paranormal. *Psychological Reports*. 46: 479-482.

Allen, S. 1993. The Jesus Cults: A Personal Analysis by the Parent of a Cult Member. *Skeptic* 2, nº 2: 36-49.

Altea, R. [pseud.]. 1995. *The Eagle and the Rose: A Remarkable True Story*. Nova York: Warner.

Amicus Curiae Brief of Seventy-two Nobel Laureates, Seventeen State Academies of Science, and Seven Other Scientific Organizations, em *Support of Appellees, Submitted to the Supreme Court of the United States, October Term, 1986, as* Edwin W. Edwards, em His Official Capacity as Governor of Louisiana, et al., Appellants v. Don Aguillard et al., Appellees. 1986.

Anti-Defamation League. 1993. *Hitler's Apologists: The Anti-Semitic Propaganda of Holocaust "Revisionism"*. Nova York: Anti-Defamation League.

App, A. 1973. *The Six Million Swindle: Blackmailing the German People for Hard Marks with Fabricated Corpses*. Tacoma Park, Md.

Applebaum, E. 1994. Rebel Without a Cause. *The Jewish Week*, abril 8-14.

Aretz, E. 1970. *Hexeneinmaleins einer Lüge.*

Ayala, E. 1986. Declaração à imprensa do doutor Francisco Ayala. *Los Angeles Skeptics Evaluative Report* 2, nº 4: 7.

Bacon, F. 1620 (1939). Novum Organum. In *The English Philosophers from Bacon to Mill*, ed. E. A. Burtt. Nova York: Random House.

Bacon, F. 1965. *Francis Bacon: A Selection of His Works*. Ed. S. Warhaft. Nova York: Macmillan.

Baker, R. A. 1987/1988. The Aliens Among Us: Hypnotic Regression Revisited. *Skeptical Inquirer* 12, nº 2: 147-162.

——. 1990. *They Call It Hypnosis*. Buffalo, NY: Prometheus.

——. 1996. Hypnosis. Em *The Encyclopedia of the Paranormal*, ed. G. Stein. Buffalo, NY: Prometheus.

Baker, R. A. e J. Nickell. 1992. *Missing Pieces*. Buffalo, NY: Prometheus.

Baldwin, L. A., N. Koyama e G. Teleki. 1980. Field Research on Japanese Monkeys: An Historical, Geographical, and Bibliographical Listing. *Primates* 21, nº 2: 268-301.

Ball, J. C. 1992. *Air Photo Evidence: Auschwitz, Treblinka, Majdanek, Sobibor, Bergen Belsen, Belzec, Babi Yar, Katyn Forest*. Delta, Canadá: Ball Resource Services.

Bank, S. P. e M. D. Kahn. 1982. *The Sibling Bond*. Nova York: Basic.

Barkow, J. H., L. Cosmides e J. Tooby. 1992. *The Adapted Mind*. Oxford: Oxford University Press.

Barrow, J. e E. Tipler. 1986. *The Anthropic Cosmological Principle*. Oxford: Oxford University Press.

Barston, A. 1994. *Witch Craze: A New History of European Witch Hunts*. Nova York: Pandora/HarperCollins.

Bass, E. e L. Davis. 1988. *The Courage to Heal: A Guide for Women Survivors of Child Sexual Abuse*. Nova York: Reed Consumer Books.

Bauer, Y. 1994. *Jews for Sale? Nazi-Jewish Negotiations, 1933-1945*. New Haven, Conn.: Yale University Press.

Beck, A. T. 1976. *Cognitive Therapy and the Emotional Disorders*. Nova York: International Universities Press.

Behe, M. 1996. *Darwin's Black Box*. Nova York: Free Press.

Bennett, G. 1987. *Traditions of Belief: Women, Folklore, and the Supernatural Today*. Londres: Penguin Books.

Bennetta, W. 1986. Looking Backwards. Em *Crusade of the Credulous: A Collection of Articles About Contemporary Creationism and the Effects of That Movement on Public Education*. San

Francisco: California Academy of Science Press.

Berenbaum, M. 1994. Transcrição de entrevista a M. Shermer, 13 de abril.

Berkeley, G. 1713. Em *The Guardian*, 23 de junho. Citado em H. L. Mencken, ed. 1987. *A New Dictionary of Quotations on Historical Principles from Ancient and Modern Sources*. Nova York: Knopf.

Berra, T. M. 1990. *Evolution and the Myth of Creationism: A Basic Guide to the Facts in the Evolution Debate*. Stanford, Calif.: Stanford University Press.

Beyerstein, B. L. 1996. Altered States of Consciousness. Em *The Encyclopedia of the Paranormal*, ed. G. Stein. Buffalo, NY: Prometheus.

Blackmore, S. 1991. Near-Death Experiences: In or Out of the Body? *Skeptical Inquirer* 16, nº 1: 34-45.

——. 1993. *Dying to Live: Near-Death Experiences*. Buffalo, NY: Prometheus.

——. 1996. Near-Death Experiences. Em *The Encyclopedia of the Paranormal*, ed. G. Stein. Buffalo, NY: Prometheus.

Blum, S. H. e L. H. Blum. 1974. Do's and Don'ts: An Informal Study of Some Prevailing Superstitions. *Psychological Reports* 35: 567-571.

Bowers, K. S. 1976. *Hypnosis*. Nova York: Norton.

Bowler, P. J. 1989. *Evolution: The History of an Idea*, ed. Rev. Berkeley: University of California Press.

Boynton, R. S. 1994. Professor Mack, Phone Home. *Esquire*, março, 48.

Brand, C. 1981. Personality and Political Attitudes. Em *Dimensions of Personality; Papers in Honour of H. J. Eysenck*, ed. R. Lynn. Oxford: Pergamon Press., 7-38, 28.

Branden, B. 1986. *The Passion of Ayn Rand*. Nova York: Doubleday.

Branden, N. 1989. *Judgment Day: My Years with Ayn Rand*. Boston: Houghton Mifflin.

Braudel, F. 1981. *Civilization and Capitalism: Fifteenth to Eighteenth Century*, vol. 1, *The Structures of Everyday Life*. Trad. S. Reynolds. Nova York: Harper & Row.

Briggs, R. 1996. *Witches and Witchcraft: The Social and Cultural Context of European Witchcraft*. Nova York: Viking.

Broszat, M. 1989. Hitler and the Genesis of the "Final Solution": An Assessment of David Irving's Theses. In *The Nazi Holocaust*, vol. 3, *The Final Solution*, ed. M. Marrus. Westport, Conn.: Meckler.

Brown, C. 1996. *Cosmic Voyage: A Scientific Discovery of Extraterrestrials Visiting Earth*. Nova York: Dutton.

——. 1999. *Cosmic Explorers: Scientific Remote Viewing, Extraterrestrials, and a Message for Mankind*. Nova York: Dutton.

Brugioni, D. A. e R. G. Poirer. 1979. *The Holocaust Revised: A Retrospective Analysis of the Auschwitz-Birkenau Extermination Complex*. Washington, D.C.: Central Intelligence Agency (disponível no National Technical Information Service).

Butz, A. 1976. *The Hoax of the Twentieth Century*. Newport Beach, Calif.: Institute for Historical Review.

Bynum, W. F., E. J. Browne e R. Porter. 1981. *Dictionary of the History of Science*. Princeton, NJ: Princeton University Press.

Campbell, J. 1949. *The Hero with a Thousand Faces*. Princeton, N.J.: Princeton University Press.

——. 1988. *The Power of Myth*. Nova York: Doubleday.

Capra, F. 1975. *The Tao of Physics: An Exploration of the Parallels Between Modern Physics and Eastern Mysticism*. Nova York: Bantam.

——. 1982. *The Turning Point: Science, Society, and the Rising Culture*. Nova York: Bantam.

Carlson, M. 1995. The Sex-Crime Capital. *Time*, 13 de novembro.

Carporael, L. 1976. Ergotism: Satan Loosed in Salem. *Science*, nº 192: 21-26.

Carter, B. 1974. Large Number Coincidences and the Anthropic Principle in Cosmology. Em *Confrontation of Cosmological Theories with Observational Data*, ed. M. S. Longair. Dordrecht, Países Baixos: Reidel.

Cavalli-Sforza, L. L. e F. Cavalli-Sforza. 1995. *The Great Human Diaspora: The History of Diversity and Evolution*. Trad. S. Thorne. Reading, Mass.: Addison-Wesley.

Cavalli-Sforza, L. L., P. Menozzi e A. Piazza. 1994. *The History and Geography of Human Genes*. Princeton, NJ: Princeton University Press.

Cerminara, G. 1967. *Many Mansions: The Edgar Cayce Story on Reincarnation*. Nova York: Signet.

Christenson, C. 1971. *Kinsey: A Biography*. Indianapolis: Indiana University Press.

Christophersen, T. 1973. *Die Auschwitz Luge*. Koelberhagen.

Cialdini, R. 1984. *Influence: The New Psychology of Modern Persuasion*. Nova York: William Morrow.

Cobden, J. 1991. An Expert on "Eyewitness" Testimony Faces a Dilemma in the Demjanjuk Case. *Journal of Historical Review* 11, nº 2: 238-249.

Cohen, I. B. 1985. *Revolution in Science*. Cambridge, Mass.: Harvard University Press.

Cole, D. 1994. Transcrição de entrevista de M. Shermer, 26 de abril.

——. 1995. Carta ao editor. *Adelaide Institute Newsletter* 2, nº 4: 3.

Collins, S. e J. Pinch. 1993. *The Golem: What Everyone Should Know About Science*. Nova York: Cambridge University Press.

Cowen, R. 1986. Creationism and the Science Classroom. *California Science Teacher's Journal* 16, nº 5: 8-15.

Crews, F. et al. 1995. *The Memory Wars: Freud's Legacy in Dispute*. Nova York: New York Review of Books.

Curtius, M. 1996. Man Won't Be Retried in Repressed Memory Case. *Los Angeles Times*, 3 de julho.

Darley, J. M. e P. H. Gross. 1983. A Hypothesis-Confirming Bias in Labelling Effects. *Journal of Personality and Social Psychology*, 44: 20-33.

Darwin, C. 1859. *On the Origin of Species by Means of Natural Selection: Or the Preservation of Favoured Races in the Struggle for Life. A Facsimile of the First Edition*. Cambridge, Mass.: Harvard University Press, 1964.

——. 1871. *The Descent of Man and Selection in Relation to Sex*. 2 vols. Londres: J. Murray.

——. [1883]. Em Box 106, Darwin archives, Cambridge University Library.

Darwin, M. e B. Wowk. 1989. *Cryonics: Beyond Tomorrow*. Riverside, Calif.: Alcor Life Extension Foundation.

Davies, P. 1991. *The Mind of God*. Nova York: Simon & Schuster.

Dawkins, R. 1976. *The Selfish Gene*. Oxford: Oxford University Press.

——. 1986. *The Blind Watchmaker*. Nova York: Norton.

——. 1995. Darwin's Dangerous Disciple: An Interview with Richard Dawkins. *Skeptic* 3, nº 4: 80-85.

——. 1996. *Climbing Mount Improbable*. Nova York: Norton.

Dean, J. 1998. *Aliens in America: Conspiracy Cultures from Outerspace to Cyberspace*. Nova York: Cornell University Press.

Dembski, W. 1998. *The Design Inference: Eliminating Chance Through Small Probabilities*. Cambridge: Cambridge University Press.

Demos, J. P. 1982. *Entertaining Satan: Witchcraft, and the Culture of Early New England*. Nova York: Oxford University Press.

Dennett, D. C. 1995. *Darwin's Dangerous Idea: Evolution and the Meanings of Life*. Nova York: Simon & Schuster.

Desmond, A. e J. Moore. 1991. *Darwin: The Life of a Tormented Evolutionist*. Nova York: Warner.

De Solla Price, D. J. 1963. *Little Science, Big Science*. Nova York: Columbia University Press.

Dethier, V. G. 1962. *To Know a Fly*. San Francisco: Holden-Day.

Drexler, K. E. 1986. *Engines of Creation*. Nova York: Doubleday.

Dyson, F. 1979. *Disturbing the Universe*. Nova York: Harper & Row.

Eddington, A. S. 1928. *The Nature of the Physical World*. Nova York: Macmillan.

——. 1958. *The Philosophy of Physical Science*. Ann Arbor: University of Michigan Press.

Ehrenreich, B. e D. English. 1973. *Witches, Midwives and Nurses: A History of Women Healer's*. Nova York: Feminist Press.

Eldredge, N. 1971. The Allopatric Model and Phylogeny in Paleozoic Invertebrates. *Evolution* 25: 156-167.

——. 1985. *Time Frames: The Rethinking of Darwinian Evolution and the Theory of Punctuated Equilibria*. Nova York: Simon & Schuster.

Eldredge, N. e S. J. Gould. 1972. Punctuated Equilibria: An Alternative to Phyletic Gradualism. In *Models in Paleobiology*, ed. T. J. M. Schopf. San Francisco: Freeman, Cooper.

Epstein, S. 1993. Implications of Cognitive-Experiential Self-Theory for Personality and Developmental Psychology. In *Studying Lives Through Time: Personality and Developmental Psychology*, eds. D. C. Funder et al. Washington, D.C.: American Psychological Association. 399-438.

Erikson, K. T. 1966. *Wayward Puritans: A Study in the Sociology of Deviance*. Nova York: Wiley.

Eve, R. A. e F. B. Harrold. 1991. *The Creationist Movement in Modern America*. Boston: Twayne.

Faurisson, R. 1980. *Memoire en defense: contre ceux qui m'accusent de falsifier l'histoire: la question des chambres a gaz* (Tratado em defesa: contra os que me acusam de falsificar a história: a questão das câmaras de gás). Paris: Vieille Taupe.

Feynman, R. P. 1959. There's Plenty of Room at the Bottom. Palestra proferida na reunião anual da American Physical Society, California Institute of Technology.

——. 1988. *What Do You Care What Other People Think?* Nova York: Norton.

Firmage, J. 1999. *The Truth*. Livro eletrônico disponível na internet produzido pela International Space Sciences Organization. Quando impresso no formato da página web chega a 244 páginas.

Futuyma, D. J. 1983. *Science on Trial: The Case for Evolution*. Nova York: Pantheon.

Galanter, M. 1999. *Cults: Faith, Healing, and Coercion*. 2ª edição. Nova York: Oxford University Press.

Gallup, G. 1982. *Adventures in Immortality*. Nova York: McGraw-Hill.

Gallup, G. H., Jr. e F. Newport. 1991. Belief in Paranormal Phenomena Among

Adult Americans. *Skeptical Inquirer* 15, nº 2: 137-147.

Gardner, H. 1983. *Frames of Mind: The Theory of Multiple Intelligences.* Nova York: Basic Books.

Gardner, M. 1952. *Fads and Fallacies in the Name of Science.* Nova York: Dover.

——. 1957. *Fads and Fallacies in the Name of Science.* Nova York: Dover.

——. 1981. *Science: Good, Bad, and Bogus.* Buffalo, N.Y.: Prometheus.

——. 1983. *The Whys of a Philosophical Scrivener.* Nova York: Quill.

——. 1991a. *The New Age: Notes of a Fringe Watcher.* Buffalo, N.Y.: Prometheus.

——. 1991b. Tipler's Omega Point Theory. *Skeptical Inquirer* 15, nº 2: 128-134.

——. 1992. *On the Wild Side.* Buffalo, N.Y.: Prometheus.

——. 1996. Transcrição de entrevista a M. Shermer, 11 de agosto.

Gell-Mann, M. 1986. Declaração à imprensa do doutor Murray Gell-Mann. *Los Angeles Skeptics Evaluative Report 2*, nº 4: 5.

——. 1990. Transcrição de entrevista a M. Shermer.

——. 1994a. What Is Complexity? *Complexity* 1, nº 1: 16-19.

——. 1994b. *The Quark and the Jaguar.* Nova York: Freeman.

George, J. e L. Wilcox. 1992. *Nazis, Communists, Klansmen, and Others on the Fringe: Political Extremism in America.* Buffalo, N.Y.: Prometheus.

Getzels, J. W. e P. W. Jackson. 1962. *Creativity and Intelligence: Explorations with Gifted Students.* Nova York: John Wiley.

Gilbert, D. T., B. W. Pelham e D. S. Krull. 1988. On Cognitive Busyness: When Person Perceivers Meet Persons Perceived. *Journal of Personality and Social Psychology* 54: 733-739.

Gilkey, L., ed. 1985. *Creationism on Trial: Evolution and God at Little Rock.* Nova York: Harper & Row.

Gish, D. T. 1978. *Evolution: The Fossils Say No!* San Diego: Creation-Life.

Godfrey, L. R., ed. 1983. *Scientists Confront Creationism.* Nova York: Norton.

Goldhagen, D. J. 1996. *Hitler's Willing Executioners: Ordinary Germans and the Holocaust.* Nova York: Knopf.

Goodman, L. S. e A. Gilman, eds. 1970. *The Pharmacological Basis of Therapeutics.* Nova York: Macmillan.

Gould, S. J. 1983a. *Hen's Teeth and Horse's Toes.* Nova York: Norton.

——. 1983b. A Visit to Dayton. Em *Hen's Teeth and Horse's Toes.* Nova York: Norton.

——. 1985. *The Flamingo's Smile*. Nova York: Norton.

——. 1986a. Knight Takes Bishop? *Natural History* 5: 33-37.

——. 1986b. Declaração à imprensa do doutor Stephen Jay Gould. *Los Angeles Skeptics Evaluative Report 2*, nº 4: 5.

——. 1987a. Darwinism Defined: The Difference Between Fact and Theory. *Discover*, janeiro, 64-70.

——. 1987b. *An Urchin in the Storm*. Nova York: Norton.

——. 1989. *Wonderful Life*. Nova York: Norton.

——. 1991. *Bully for Brontosaurus*. Nova York: Norton.

Grabiner, J. V. e P. D. Miller. 1974. Effects of the Scopes Trial. *Science*, nº 185: 832-836.

Greeley, A. M. 1975. *The Sociology of the Paranormal: A Reconnaissance*. Beverly Hills, Calif.: Sage.

Gribbin, J. 1993. *In the Beginning: The Birth of the Living Universe*. Boston: Little, Brown.

Grinfeld, M. J. 1995. Psychiatrist Stung by Huge Damage Award in Repressed Memory Case. *Psychiatric Times* 12, nº 10.

Grinspoon, L. e J. Bakalar. 1979. *Psychedelic Drugs Reconsidered*. Nova York: Basic Books.

Grobman, A. 1983. *Genocide: Critical Issues of the Holocaust*. Los Angeles: Simon Wiesenthal Center.

Grof, S. 1976. *Realms of the Human Unconscious*. Nova York: Dutton.

Grof, S. e J. Halifax. 1977. *The Human Encounter with Death*. Nova York: Dutton.

Gutman, Y. ed. 1990. *Encyclopedia of the Holocaust*. 4 vols. Nova York: Macmillan.

Gutman, Y. e M. Berenbaum, eds. 1994. *Anatomy of the Auschwitz Death Camp*. Bloomington: Indiana University Press.

Gutman, Y. 1996. Transcrição de entrevista a M. Shermer e A. Grobman, 10 de maio.

Hamilton, D. L., P. M. Dugan e T. K. Trolier. 1985. The Formation of Stereotypic Beliefs: Further Evidence for Distinctiveness-Based Illusory Correlations. *Journal of Personality and Social Psychology* 48: 5-17.

Hardison, R. C. 1988. *Upon the Shoulders of Giants*. Nova York: University Press of America.

Harré, R. 1970. *The Principles of Scientific Thinking*. Chicago: University of Chicago Press.

——. 1985. *The Philosophies of Science*. Oxford: Oxford University Press.

Harris, M. 1974. *Cows, Pigs, Wars, and Witches: The Riddles of Culture*. Nova York: Vintage.

Harwood, R. 1973. *Did Six Million Really Die?* Londres.

Hassan, S. 1990. *Combatting Cult Mind Control.* Rochester, Vt.: Park Street Press.

——. *Releasing the Bonds: Empowering People to Think for Themselves.* Somerville, Mass.: Freedom of Mind Press.

Hawking, S. W. 1988. Uma Breve História do Tempo: do Big Bang aos Buracos Negros. Rio de Janeiro: Rocco.

Hay, D. e A. Morisy. 1978. Reports of Ecstatic, Paranormal, or Religious Experience in Great Britain and the United States – A Comparison of Trends. *Journal for the Scientific Study of Religion* 17: 255-268.

Headland, R. 1992. *Messages of Murder: A Study of the Reports of the Einsatzgruppen of the Security Police and the Security Service*, 1941-1943. Rutherford, NJ: Fairleigh Dickinson University Press.

Herman, J. 1981. *Father-Daughter Incest.* Cambridge, Mass.: Harvard University Press.

Herrnstein, R. J. e C. Murray. 1994. *The Bell Curve: Intelligence and Class Structure in American Life.* Nova York: Free Press.

Hilberg, R. 1961. *The Destruction of the European Jews.* Chicago: Quadrangle.

——. 1994. Transcrição de entrevista a M. Shermer, 10 de abril.

Hilgard, E. R. 1977. Divided Consciousness: Multiple Controls in Human Action and Thought. Nova York: Wiley.

Hilton, I. 1967. Differences in the Behavior of Mothers Toward First and Later Born Children. *Journal of Personality and Social Psychology* 7: 282-290.

Hobbes, T. [1651] 1968. *Leviathan.* Ed. C. B. Macpherson. Nova York: Penguin.

——. 1839-1845. *The English Works of Thomas Hobbes of Malmesbury.* Ed. W. Molesworth. 11 vols. Londres: J. Bohn.

Hochman, J. 1993. Recovered Memory Therapy and False Memory Syndrome. Skeptic 2, nº 3: 58-61.

Hook, S. 1943. *The Hero in History: A Study in Limitation and Possibility.* Nova York: John Day.

Horner, J. R. e J. Gorman. 1988. *Digging Dinosaurs.* Nova York: Workman.

House, W. R. 1989. *Tales of the Holohoax.* Champaign, il.: John McLaughlin/Wiswell Ruffin House.

Hudson, L. 1966. *Contrary Imaginations: A Psychological Study of the English Schoolboy.* Londres: Methuen.

Hume, D. [1758] 1952. *An Enquiry Concerning Human Understanding.* Great Books of the Western World. Chicago: University of Chicago Press.

Huxley, A. 1954. *The Doors of Perception*. Nova York: Harper.

Imanishi, K. 1983. Social Behavior in Japanese Monkeys. Em *Primate Social Behavior*, ed. C. A. Southwick. Toronto: Van Nostrand.

Ingersoll, R. G. 1879. Entrevista ao *Chicago Times*, 14 de novembro. Citado em H. L. Mencken, ed. 1987. *A New Dictionary of Quotations on Historical Principles from Ancient and Modern Sources*. Nova York: Knopf.

Irving, D. 1963. *The Destruction of Dresden*. Londres: W. Kimber.

——. 1967. *The German Atomic Bomb: The History of Nuclear Research in Nazi Germany*. Nova York: Simon & Schuster.

——. 1977. *Hitler's War*. Nova York: Viking.

——. 1977. *The Trail of the Fox*. Nova York: Dutton.

——. 1987. *Churchill's War*. Bullsbrook, Austrália: Veritas.

——. 1989. *Goering: A Biography*. Nova York: Morrow.

——. 1994. Transcrição de entrevista a M. Shermer, 25 de abril.

——. 1996. *Goebbels: Mastermind of the Third Reich*. Londres: Focal Point.

Jackel, E. 1989. Hitler Orders the Holocaust. Em *The Nazi Holocaust, vol. 3, The Final Solution*, ed. M. Marrus. Westport, Conn.: Meckler.

——. 1993. *David Irving's Hitler: A Faulty History Dissected: Two Essays*. Trad. H. D. Kirk. Brentwood Bay, Canadá: Ben-Simon.

Jacobs, D. 1975. *The UFO Controversy in America*. Indianapolis: Indiana University Press.

——. 1992. *Secret Life: Firsthand Accounts of UFO Abductions*. Nova York: Simon & Schuster.

——. 1998. *The Threat: The Secret Agenda: What the Aliens Really Want... and How They Plan to Get it*. Nova York: Simon & Schuster.

Jensen, A. R. 1998. *The g Factor: The Science of Mental Ability*. Westport, Conn.: Praeger.

Johnson, D. M. 1945. The "Phantom Anesthetist" of Mattoon. *Journal of Abnormal and Social Psychology* 40: 175-186.

Johnson, P. 1991. *Darwin on Trial*. Downers Grove, il.: InterVarsity Press.

Karmiloff-Smith, A. 1995. *Beyond Modularity: A Developmental Perspective on Cognitive Science*. Londres: Bradford.

Kauffman, S. A. 1993. *The Origins of Order: Self-Organization and Selection in Evoluation*. Nova York: Oxford University Press.

Kaufman, B. 1986. SCS Organizes Important *Amicus Curiae* Brief for United States Supreme Court. Los Angeles Skeptics Evaluative Report 2, nº 3: 4-6.

Kawai, M. 1962. On the Newly Acquired Behavior of a Natural Troop of Japanese Monkeys on Koshima Island. *Primates* 5: 3-4.

Keyes, K. 1982. *The Hundredth Monkey*. Coos Bay, Oregon: Vision.

Kidwell, J. S. 1981. Number of Siblings, Sibling Spacing, Sex, and Birth Order: Their Effects on Perceived Parent-Adolescent Relationships. *Journal of Marriage and Family*, maio, 330-335.

Kihlstrom, J. F. 1987. The Cognitive Unconscious. *Science*, nº 237: 1.445-1.452.

Killeen, P., R. W. Wildman e R. W. Wildman II. 1974. Superstitiousness and Intelligence. *Psychological Reports* 34: 1.158.

Kinsey, A. C., W. B. Pomeroy e C. E. Martin. 1948. *Sexual Behavior in the Human Male*. Philadelphia: Saunders.

Klaits, J. 1985. *Servants of Satan: The Age of the Witch Hunts*. Bloomington: Indiana University Press.

Klee, E., W. Dressen e V. Riess, eds. 1991. *"The Good Old Days": The Holocaust as Seen by Its Perpetrators and Bystanders*. Trad. D. Burnstone. Nova York: Free Press.

Knox, V. J., A. H. Morgan e E. R. Hilgard. 1974. Pain and Suffering in Ischemia. *Archives of General Psychiatry* 80: 840-847.

Kofahl, R. 1977. *Handy Dandy Evolution Refuter*. San Diego: Beta.

Kremer, J. P. 1994. *KL Auschwitz Seen by the SS*. Oswiecim, Polônia: Auschwitz-Birkenau State Museum.

Kubler-Ross, E. 1969. *On Death and Dying*. Nova York: Macmillan.

——. 1981. Entrevista à *Playboy*: Elisabeth Kubler-Ross. *Playboy*.

Kuhn, D. 1989. Children and Adults as Intuitive Scientists. *Psychological Review* 96: 674-689.

Kuhn, D., M. Weinstock e R. Flaton. 1994. How Well Do Jurors Reason? Competence Dimensions of Individual Variation in a Juror Reasoning Task. *Psychological Science* 5: 289-296.

Kuhn, T. 1962. *The Structure of Scientific Revolutions*. Chicago: University of Chicago Press.

——. 1977. *The Essential Tension: Selected Studies in Scientific Tradition and Change*. Chicago: University of Chicago Press.

Kulaszka, B. 1992. *Did Six Million Really Die? Report of the Evidence in the Canadian "False News" Trial of Ernst Zündel*. Toronto: Samisdat.

Kusche, L. 1975. *The Bermuda Triangle Mystery – Solved*. Nova York: Warner.

Lea, H. 1888. *A History of the Inquisition of the Middle Ages*. 3 vols. Nova York: Harper & Brothers.

Lederer, W. 1969. *The Fear of Women*. Nova York: Harcourt.

Leeper, R. 1935. A Study of a Neglected Portion of the Field of Learning – The Development of Sensory Organization. *Journal of Genetics and Psychology* 46: 41-75.

Lefkowitz, M. 1996. *Not Out of Africa: How Afrocentrism Became an Excuse to Teach Myth as History*. Nova York: Basic Books.

Lehman, J. 1989. Transcrição de entrevista a M. Shermer, 12 de abril.

Leuchter, E. 1989. *The Leuchter Report*. Londres: Focal Point.

Levin, J. S. 1993. Age Differences in Mystical Experience. *The Gerontologist* 33: 507-13.

Lindberg, D. C. e R. L. Numbers. 1986. *God and Nature*. Berkeley: University of California Press.

Linde, A. 1991. *Particle Physics and Inflationary Cosmology*. Nova York: Gordon & Breach.

Loftus, E. e K. Ketcham. 1991. *Witness for the Defense: The Accused, the Eyewitnesses, and the Expert Who Puts Memory on Trial*. Nova York: St. Martin's.

——. 1994. *The Myth of Repressed Memory: False Memories and the Allegations of Sexual Abuse*. Nova York: St. Martin's.

Lucas, Michael. 2001. Venturing from Shadows into Light: They claim to have been abducted by aliens. A Harvard research psychiatrist backs them. *Los Angeles Times*, 4 de setembro.

Macfarlane, A. J. D. 1970. *Witchcraft in Tudor and Stuart England*. Nova York: Harper.

Mack, J. 1994. *Abduction: Human Encounters with Aliens*. Nova York: Scribner's.

——. 2001. *Passport to the Cosmos: Human Transformation and Alien Encounters*. Nova York: Crown.

Malinowski, B. 1954. *Magic, Science, and Religion*. Nova York: Doubleday, 139-140.

Mander, A. E. 1947. *Logic for the Millions*. Nova York: Philosophical Library.

Marcellus, T. 1994. An Urgent Appeal from IHR. Circular do Institute for Historical Review.

Markus, H. 1981. Sibling Personalities: The Luck of the Draw. *Psychology Today* 15, nº 6: 36-37.

Marrus, M. R., ed. 1989. *The Nazi Holocaust*. 9 vols. Westport, Connecticut: Meckler.

Marshall, G. N., C. B. Wortman, R. R. Vickers, Jr., J. W. Kusulas e L. K. Hervig. 1994. The Five-Factor Model of Personality as a Framework for Personality-Health Research. *Journal of Personality and Social Psychology* 67: 278-286.

Masson, J. 1984. *The Assault on Truth: Freud's Suppression of the Seduction Theory*. Nova York: Farrar, Straus & Giroux.

Mayer, A. J. 1990. *Why Did the Heavens Not Darken? The "Final Solution" in History*. Nova York: Pantheon.

Mayr, E. 1970. *Populations, Species, and Evolution*. Cambridge, Massachusetts: Harvard University Press.

——. 1982. *Growth of Biological Thought*. Cambridge, Massachusetts: Harvard University Press.

——. 1988. *Toward a New Philosophy of Biology*. Cambridge, Massachusetts: Harvard University Press.

McDonough, T. e D. Brin. 1992. The Bubbling Universe. *Omni*, outubro.

McGarry, J., JU e B. H. Newberry. 1981. Beliefs in Paranormal Phenomena and Locus of Control: A Field Study. *Journal of Personality and Social Psychology* 41: 725-736.

Mclver, T. 1994. The Protocols of Creationists: Racism, Antisemitism, and White Supremacy in Christian Fundamentalists. *Skeptic* 2, nº 4: 76-87.

Medawar, P. B. 1969. *Induction and Intuition in Scientific Thought*. Philadelphia: American Philosophical Society.

Messer, W. S. e R. A. Griggs. 1989. Student Belief and Involvement in the Paranormal and Performance in Introductory Psychology. *Teaching of Psychology* 16: 187-191.

Midelfort, H. C. E. 1972. *Witch Hunting in Southwest Germany*, 1562-1684. Palo Alto, Califórnia: Stanford University Press.

Mithen, S. 1996. *The Prehistory of the Mind: The Cognitive Origins of Art, Religion, and Science*. Londres: Thames and Hudson, 163.

Moody, R. 1975. *Life After Life*. Covinda, Georgia: Mockingbird.

Müller, F. 1979. *Eyewitness Auschwitz: Three Years in the Gas Chambers*. Com H. Freitag; ed. e trad. S. Flatauer. Nova York: Stein and Day.

Neher, A. 1990. *The Psychology of Transcendence*. Nova York: Dover.

Nelkin, D. 1982. *The Creation Controversy: Science or Scripture in the Schools*. Nova York: Norton.

Newton, I. [1729] 1962. Sir Isaac Newton's Mathematical Principles of Natural Philosophy and His System of the World. Trad. A. Motte; trad., rev. E. Cajoni. 2 vols. Berkeley: University of California Press.

Nickerson, R. S. 1998. Confirmation Bias: A Ubiquitous Phenomenon in Many Guises. *Review of General Psychology* 2, nº 2: 175-220, 175.

Nisbett, R. E. 1968. Birth Order and Participation in Dangerous Sports. *Journal of Personality and Social Psychology* 8: 351-353.

Nisbett, R. E. e L. Ross. 1980. *Human Inference: Strategies and Shortcomings of Social Judgment*. Englewood Cliffs, NJ: Prentice-Hall.

Numbers, R. 1992. *The Creationists*. Nova York: Knopf.

Obert, J. C. 1981. Yockney: Profits of an American Hitler. *The Investigator* (outubro).

Official Transcript Proceedings Before the Supreme Court of the United States, Case N 85-1513, Title: Edwin W. Edwards, Etc., et al., Appellants v. Don Aguillard et al., Appellees. 10 de dezembro de 1986.

Olson, R. 1982. *Science Deified and Science Defied: The Historical Significance of Science in Western Culture from the Bronze Age to the Beginnings of the Modern Era, ca. 3500 B.C. to A.D. 1640*. Berkeley: University of California Press.

——. 1991. *Science Deified and Science Defied: The Historical Significance of Science in Western Culture from the Early Modern Age Through the Early Romantic Era, ca. 1640 to 1820*. Berkeley: University of California Press.

——. 1993. Spirits, Witches, and Science: Why the Rise of Science Encouraged Belief in the Supernatural in Seventeenth-Century England. *Skeptic* 1, nº 4: 34-43.

Otis, L. P. e J. E. Alcock. 1982. Factors Affecting Extraordinary Belief. *The Journal of Social Psychology* 118: 77-85.

Overton, W. R. 1985. Memorandum Opinion of United States District Judge William R. Overton in *McLean v. Arkansas*, 5 de janeiro de 1982. Em *Creationism on Trial*, ed. L. Gilkey. Nova York: Harper & Row.

Padfield, P. 1990. *Himmler*. Nova York: Henry Holt.

Paley, W. 1802. *Natural Theology, or, Evidences of the Existence and Attributes of the Deity: Collected from the Appearances of Nature*. Philadelphia: Impresso para a John Morgan por H. Maxwell.

Pasachoff, J. M., R. J. Cohen e N. W. Pasachoff. 1971. Belief in the Supernatural Among Harvard and West African University Students. *Nature* 232: 278-279.

Pasley, L. 1993. Misplaced Trust: A First Person Account of How My Therapist Created False Memories. *Skeptic* 2, nº 3: 62-67.

Pearson, R. 1991. *Race, Intelligence, and Bias in Academe*. Nova York: Scott Townsend.

——. 1995. Transcrição de entrevista a M. Shermer, 5 de dezembro.

——. 1996. *Heredity and Humanity: Race, Eugenics, and Modern Science*. Washington, D.C.: Scott Townsend.

Pendergrast, M. 1995. *Victims of Memory: Incest Accusations and Shattered Lives*. Hinesberg, Va.: Upper Access.

——. 1996. First of All, Do No Harm: A Recovered Memory Therapist Recants – Entrevista a Robin Newsome. *Skeptic* 3, nº 4: 36-41.

Pennebaker, J. W. e J. A. Skelton. 1978. Psychological Parameters of Physical Symptoms. *Personality and Social Psychology Bulletin* 4: 524-530.

Perkins, D. N. 1981. *The Minds Best Work*. Cambridge: Harvard University Press.

Pinker, S. 1997. *How the Mind Works*. Nova York: W. W. Norton.

Pirsig, R. M. 1974. *Zen and the Art of Motorcycle Maintenance*. Nova York: Morrow.

Planck, M. 1936. *The Philosophy of Physics*. Nova York: Norton.

Platão. 1952. *The Dialogues of Plato*. Trad. B. Jowett. Great Books of the Western World. Chicago: University of Chicago.

Polkinghorne, J. 1994. *The Faith of a Physicist*. Princeton, NJ: Princeton University Press.

Rand, A. 1943. *The Fountainhead*. Nova York: Bobbs-Merrill.

——. 1957. *Atlas Shrugged*. Nova York: Random House.

——. 1962. Introducing Objectivism. *Objectivist Newsletter*, agosto, 35.

Randi, J. 1982. *Flim-Flam!* Buffalo, NY: Prometheus.

Rassinier, P. 1978. *Debunking the Genocide Myth: A Study of the Nazi Concentration Camps and the Alleged Extermination of European Jewry*. Trad. A. Robbins. Los Angeles: Noontide.

Ray, O. S. 1972. *Drugs, Society, and Human Behavior*. St. Louis, Mo.: Mosby.

Richardson, J., J. Best e D. Bromley, eds. 1991. *The Satanism Scare*. Hawthorne, N.Y.: Aldine de Gruyter.

Rohr, J., ed. 1986. *Science and Religion*. St. Paul, Minn.: Greenhaven.

Roques, H. 1995. Letter to the Editor. *Adelaide Institute Newsletter* 2, nº 4: 3.

Ross, H. 1993. *The Creator and the Cosmos: How the Greatest Scientific Discoveries of the Century Reveal God*. Colorado Springs, Colo.: Navpress.

——. 1994. *Creation and Time: A Biblical and Scientific Perspective on the Creation-Date Controversy*. Colorado Springs, Colo.: Navpress.

——. 1996. *Beyond the Cosmos: What Recent Discoveries in Astronomy and Physics Reveal About the Nature of God*. Colorado Springs, Colo.: Navpress.

Rotter, J. B. 1966. Generalized Expectancies for Internal versus External Control of Reinforcement. *Psychological Monographs* 80, nº 609: 1-28.

Ruse, M. 1982. *Darwinism Defended*. Reading, Mass.: Addison-Wesley.

——. 1989. *The Darwinian Paradigm*. Londres: Hutchinson.

Rushton, J. P. 1994. Sex and Race Differences in Cranial Capacity from International Labour Office Data. *Intelligence* 19: 281-294.

Russell of Liverpool, Lord. 1963. *The Record: The Trial of Adolf Eichmann for His Crimes Against the Jewish People and Against Humanity*. Nova York: Knopf.

Saavedra-Aguilar, J. C. e J. S. Gomez-Jeria. 1989. A Neurobiological Model for Near-Death Experiences. *Journal of Near-Death Studies* 7: 205-222.

Sabom, M. 1982. *Recollections of Death*. Nova York: Harper & Row.

Sagan, C. 1973. *The Cosmic Connection: An Extraterrestrial Perspective*. Nova York: Doubleday.

——. 1979. *Broca's Brain*. Nova York: Random House.

——. 1980. *Cosmos*. Nova York: Random House.

——. 1996. *The Demon Haunted World: Science as a Candle in the Dark*. Nova York: Random House.

Sagan, C. e T. Page, eds. 1974. *UFOs: A Scientific Debate*. Nova York: Norton.

Sagi, N. 1980. *German Reparations: A History of the Negotiations*. Trad. D. Alon. Jerusalém: Hebrew University/Magnes Press.

Sarich, V. 1995. In Defense of *The Bell Curve*: The Reality of Race and the Importance of Human Differences. Skeptic 3, nº 4: 84-93.

Sarton, G. 1936. *The Study of the History of Science*. Cambridge, Mass.: Harvard University Press.

Scheidl, E. 1967. *Geschicte der Verfemung Deutschlands*. 7 vols. Viena: Dr. Scheidl-Verlag.

Schmidt, M. 1984. *Albert Speer: The End of a Myth*. Trad. J. Neugroschel. Nova York: St. Martin's.

Schoonmaker, F. 1979. Denver Cardiologist Discloses Findings After 18 Years of Near-Death Research. *Anabiosis* 1: 1-2.

Sebald, H. 1996. Witchcraft/Witches. Em *The Encyclopedia of the Paranormal*, ed. G. Stein. Buffalo, NY: Prometheus.

Segraves, K. 1975. *The Creation Explanation: A Scientific Alternative to Evolution*. San Diego: Creation-Science Research Center.

Segraves, N. 1977. *The Creation Report*. San Diego: Creation-Science Research Center.

Sereny, G. 1995. *Albert Speer: His Battle with Truth*. Nova York: Knopf.

Sheils, D. 1978. A Cross-Cultural Study of Beliefs in Out of the Body Experiences. *Journal of the Society for Psychical Research* 49: 697-741.

Sherman, B. e Z. Kunda. 1989. Motivated Evaluation of Scientific Evidence. Trabalho apresentado no encontro anual da American Psychological Society, Arlington, Va.

Shermer, M. 1991. Heretic-Scientist: Alfred Russel Wallace and the Evolution of Man. Ann Arbor, Mich.: UMI Dissertation Information Service.

——. 1993. The Chaos of History: On a Chaotic Model That Represents the Role of Contingency and Necessity in Historical Sequences. *Nonlinear Science Today 2*, nº 4: 1-13.

——. 1994. Satanic Panic over in UK. *Skeptic* 4, nº 2: 21.

——. 1995. Exorcising Laplace's Demon: Chaos and Antichaos, History and Metahistory. *History and Theory* 34, nº 1: 59-83.

——. 1999. *How We Believe: The Search for God in an Age of Science*. Nova York: W. H. Freeman.

——. 2001. *The Borderlands of Science: Where Sense Meets Nonsense*. Nova York: Oxford University Press.

——. 2002. This View of Science: Stephen Jay Gould as Historian of Science and Scientific Historian.

Shermer, M. e A. Grobman. 1997. *Denying History: Who Says the Holocaust Never Happened and Why Do They Say It?* Jerusalém: Yad Vashem; Los Angeles: Martyrs' Memorial e Museum of the Holocaust.

Shermer, M. e F. Sulloway. 2001. Belief in God: An Empirical Study. No prelo.

Siegel, R. K. 1977. Hallucinations. *Scientific American*, nº 237: 132-140.

Simon Wiesenthal Center. 1993. *The Neo-Nazi Movement in Germany*. Los Angeles: Simon Wiesenthal Center.

Simonton, D. K. 1999. *Origins of Genius: Darwinian Perspectives on Creativity*. Oxford: Oxford University Press.

Singer, B. e G. Abell, eds. 1981. *Science and the Paranormal*. Nova York: Scribner's.

Singer, M. 1995. *Cults in Our Midst: The Hidden Menace in Our Everyday Lives*. San Francisco: Jossey-Bass Publishers.

Smith, B. 1994. *Smith's Report*, nº 19 (inverno).

Smith, W. 1994. The Mattoon Phantom Gasser: Was the Famous Mass Hysteria Really a Mass Hoax? *Skeptic* 3, nº 1: 33-39.

Smolin, L. 1992. Did the Universe Evolve? *Classical and Quantum Gravity* 9: 173.

Snelson, J. S. 1993. The Ideological Immune System. *Skeptic* 1, nº 4: 44-55.

Snyder, L., ed. 1981. *Hitler's Third Reich*. Chicago: Nelson-Hall.

Snyder, M. 1981. Seek and Ye Shall Find: Testing Hypotheses About Other People. Em *Social Cognition: The Ontario Symposium on Personality and Social Psychology*, eds. E. T. Higgins,

C. P. Heiman e M. P. Zanna. Hillsdale, NJ: Erlbaum, 277-303.

Somit, A. e S. A. Peterson. 1992. *The Dynamics of Evolution*. Ithaca, NY: Cornell University Press.

Speer, A. 1976. *Spandau: The Secret Diaries*. Nova York: Macmillan.

Starkey, M. L. 1963. *The Devil in Salem*. Nova York: Time Books.

Stearn, J. 1967. *Edgar Cayce – The Sleeping Prophet*. Nova York: Bantam.

Sternberg, R. J. 1996. *Successful Intelligence: How Practical and Creative Intelligence Determine Success in Life*. Nova York: Simon & Schuster.

Strahler, A. N. 1987. *Science and Earth History: The Evolution/Creation Controversy*. Buffalo, NY: Prometheus.

Strieber, W. 1987. *Communion: A True Story*. Nova York: Avon.

Sulloway, F. J. 1990. Orthodoxy and Innovation in Science: The Influence of Birth Order in a Multivariate Context. Cópia prévia à impressão.

——. 1991. "Darwinian Psychobiography". Resenha de *Charles Darwin: A New Life*, por John Bowlby. *New York Review of Books*, 10 de outubro.

——. 1996. *Born to Rebel: Birth Order, Family Dynamics, and Creative Lives*. Nova York: Pantheon.

Swiebocka, T. , ed. 1993. *Auschwitz: A History in Photographs*. Ed. inglesa. J. Webber e C. Wilsack. Bloomington: Indiana University Press.

Syllabus from the Supreme Court of the United States in Edwards v. Aguillard. 1987.

Taubes, G. 1993. *Bad Science*. Nova York: Random House.

Tavris, C. e C. Wade. 1997. *Psychology in Perspective*. Segunda edição. Nova York: Longman/ Addison-Wesley.

Taylor, J. 1859. *The Great Pyramid: Why Was It Built? And Who Built It?* Londres: Longman.

Thomas, K. 1971. *Religion and the Decline of Magic*. Nova York: Scribner's.

Thomas, W. A. 1986. Commentary: Science v. Creation-Science. *Science, Technology, and Human Values* 3: 47-51.

Tipler, F. 1981. Extraterrestrial Intelligent Beings Do Not Exist. *Quarterly Journal of the Royal Astronomical Society* 21: 267-282.

——. 1994. *The Physics of Immortality: Modern Cosmology, God and the Resurrection of the Dead*. Nova York: Doubleday.

——. 1995. Transcrição de entrevista a M. Shermer, 11 de setembro.

Tobacyk, J. e G. Milford. 1983. Belief in Paranormal Phenomena: Assessment Instrument Development and Implications for Personality Functioning. *Journal of Personality and Social Psychology* 44: 1.029-1.037.

Tourney, C. P. 1994. *God's Own Scientists: Creationists in a Secular World*. New Brunswick, NJ: Rutgers University Press.

Trevor-Roper, H. R. 1969. *The European Witch-Craze of the Sixteenth and Seventeenth Centuries and Other Essays*. Nova York: Harper Torchbooks.

Tucker, W. H. 1994. *The Science and Politics of Racial Research*. Urbana: University of Illinois Press.

Turner, J. S. e D. B. Helms. 1987. *Lifespan Development*, 3ª ed. Nova York: Holt, Rinehart & Winston.

Vankin, J. e J. Whalen. 1995. *The Fifty Greatest Conspiracies of All Time*. Nova York: Citadel.

Victor, J. 1993. *Satanic Panic: The Creation of a Contemporary Legend*. Chicago: Open Court.

Voltaire. 1985. *The Portable Voltaire*. Ed. B. R. Redman. Nova York: Penguin.

Vyse, S. A. 1997. *Believing in Magic: The Psychology of Superstition*. Nova York: Oxford University Press.

Walker, D. P. 1981. *Unclean Spirits: Possession and Exorcism in France and England in the Late Sixteenth and Early Seventeenth Centuries*. Philadelphia: University of Pennsylvania Press.

Walker, W. R., S. J. Hoekstra e R. J. Vogl. 2001. Science Education is No Guarantee for Skepticism. *Skeptic* 9, nº 3.

Wallace, A. R. 1869. Sir Charles Lyell on Geological Climates and Origin of Species. *Quarterly Review* 126: 359-394.

Watson, L. 1979. *Lifetide*. Nova York: Simon & Schuster.

Weaver, J. H., ed. 1987. *The World of Physics: A Small Library of the Literature of Physics from Antiquity to the Present*, vol. 2, *The Einstein Universe and the Bohr Atom*. Nova York: Simon & Schuster.

Weber, M. 1992. The Nuremberg Trials and the Holocaust. *Journal of Historical Review* 12, nº 3: 167-213.

——. 1993a. *Auschwitz: Myths and Facts*, brochura. Newport Beach, Calif.: Institute for Historical Review.

——. 1993b. *The Zionist Terror Network*. Newport Beach, Calif.: Institute for Historical Review.

——. 1994a. *The Holocaust: Let's Hear Both Sides*, brochura. Newport Beach, Calif.: Institute for Historical Review.

——. 1994b. Transcrição de entrevista a M. Shermer, 11 de fevereiro.

——. 1994c. The Jewish Role in the Bolshevik Revolution and Russia's Early Soviet Regime. *Journal of Historical Review* 14, nº 1: 4-14.

Webster, R. 1995. *Why Freud Was Wrong: Sin, Science, and Psychoanalysis*. Nova York: Basic Books.

Whitcomb, J., Jr. e H. M. Morris. 1961. *The Genesis Flood: The Biblical Record and Its Scientific Implications*. Philadelphia: Presbyterian and Reformed Publishing.

Wikoff, J., ed. 1990. *Remarks: Commentary on Current Events and History*. Aurora, NY.

Wulff, D. M. 2000. Mystical Experience. Em *Varieties of Anomalous Experience: Examining the Scientific Evidence*, eds. E. Cardena, S. J. Lynn e S. Krippner. Washington, D.C.: American Psychological Association, 408.

Yockey, F. P. [U. Varange, pseud.]. [1948] 1969. *Imperium: The Philosophy of History and Politics*. Sausalito, Calif.: Noontide.

Zukav, G. 1979. *The Dancing Wu Li Masters: An Overview of the New Physics*. Nova York: Bantam.

Zündel, E. 1994. Transcrição de entrevista a M. Shermer, 26 de abril.

Índice remissivo

A

B

C

D

E

F

G

H

I

J

K

N

O

P

Q

R

S

T

U

V

W

Y

Z

Impressão e Acabamento

Prol
EDITORA GRÁFICA